Gefühle regieren den Alltag

Rüdiger Posth

Gefühle regieren den Alltag

Schwierige Kinder zwischen
Angst und Aggression

mit Anmerkungen zur frühen Fremdbetreuung

Waxmann 2010
Münster / New York / München / Berlin

Bibliografische Informationen der Deutschen Nationalbibliothek
Die Deutsche Nationalbibliothek verzeichnet diese Publikation in
der Deutschen Nationalbibliografie; detaillierte bibliografische
Daten sind im Internet über http://dnb.d-nb.de abrufbar.

ISBN 978-3-8309-2275-9

© Waxmann Verlag GmbH, 2010
Postfach 8603, 48046 Münster

www.waxmann.com
info@waxmann.com

Umschlaggestaltung: Christian Averbeck, Münster
Umschlagabbildung: © Niklas Zimmer – photocase.com
Satz: Stoddart Satz- und Layoutservice, Münster
Druck: Hubert & Co., Göttingen

Gedruckt auf alterungsbeständigem Papier,
säurefrei gemäß ISO 9706

Das Gesicht der Gesellschaft von morgen wird
so aussehen wie das Mienenspiel, das wir heute
in die Gesichter unserer Kinder hineinschreiben.

Inhalt

Vorwort

Die Unterscheidung in eine normale, gesunde seelische Entwicklung bei einem Kind und in eine, die als gestört oder bereits krank zu gelten hat, wird immer schwer zu treffen sein. Aus entwicklungspsychologischer Sicht erscheint es daher sinnvoll, sich darauf zu einigen, dass immer erst die Zukunft des Kindes darüber endgültig entscheidet, was in der Beurteilung der frühkindlichen Entwicklung richtig oder falsch gewesen ist.

Der Gedanke der Vorsorge macht es aber erforderlich, bereits in der Entwicklungszeit des Kindes einigermaßen treffsichere Kriterien dafür zu finden, was einer guten seelischen Entwicklung an Einfluss aus der Umwelt zuträglich ist und was diesen Werdegang auf der anderen Seite möglicherweise gefährdet. In dem Bemühen, solche Kriterien zu finden, gehen die Wege in der Wissenschaft noch auseinander. Bislang hat man sich nur darauf verständigen können, das Erreichen definierter Entwicklungsschritte und bestimmter Reifungsmerkmale beim Kind als Marker für eine gesunde und ungefährdete Entwicklung heranzuziehen. Das Ausbleiben eines solchen Erreichens markiert die potenzielle Gefährdung. Die berühmten Meilensteine in der motorischen wie in der geistigen Entwicklung des Kindes mögen für dieses Vorgehen gute Beispiele sein.

In der psychosozialen Entwicklung hingegen verschwimmt das Schema definierter Entwicklungsschritte jedoch schnell und klare zeitliche Zuordnungen für den jeweiligen Fortschritt oder ein verlässliches Bausteinsystem an Einzelschritten wollen nicht so recht gelingen. Widerständige, anklammernde und trotzige Kleinkinder oder anpassungsbereite, sozial reife Kindergartenkinder lassen sich nicht so leicht in ein Entwicklungsschema pressen wie Sprache oder Motorik. Wie viel Trotz, wie viel Anklammern bei Zweijährigen ginge noch als entwicklungsbedingt normal durch, wie viel Trennungsangst darf man einem Kind mit vier Jahren beim Übergang in den Kindergarten noch zugestehen? Das sind schwer zu beantwortende Fragen. Zu individuell ist jede einzelne kindliche Entwicklung, zu variabel sind die verschiedenen Entwicklungswege. Eines ist sicher entscheidend: Dasjenige, was am Ende an sozialer Kompetenz und authentischer Persönlichkeitsstruktur bei aller Variation heraus kommt, zeigt, wie richtig oder falsch die vorausgegangenen Entwicklungsschritte verlaufen sind.

Aber wer kann das im Verlauf der Entstehung exakt messen und bestimmen und wie ließe es sich korrigieren, wenn es am Ende doch zu einer Fehlentwicklung gekommen ist? Dafür ist es dann in den meisten Fällen zu spät. Nur noch mit massivem Eingriff in die Lebensweise des betroffenen Menschen und/oder mit intensiver Psychotherapie sind die entstandenen Verhaltens- und Persönlichkeitsdefekte korrigierend zu beeinflussen.

Aus all diesen Gründen will ich mit meinem Konzept einen grundsätzlich anderen Weg beschreiten. Nicht Entwicklungsstufen und -schritte und nicht einzelne Reifungsmerkmale sollen den Pfad und die Zielrichtung der gesunden Persönlichkeits- und Sozialentwicklung wiedergeben und als Richtlinie festlegen, sondern die Wirkungen der verschiedenen emotionalen und psychosozialen Faktoren auf- und untereinander, in denen sich das Leben des älter werdenden Kindes abspielt. Anders gesagt: Das Messsystem für die gelungenen oder misslungenen Entwicklungsschritte sollen nicht so sehr die offenkundig sichtbaren Verhaltensmerkmale des Kindes sein, sondern die nicht direkt erkennbaren, aber durch gezielte Beobachtung heraus lesbaren Auswirkungen der Lebensumwelt auf das innere Gefühlsleben der kindlichen Seele. Das ist das, was man auch als **psychische Struktur** bezeichnet. Sie soll meiner Auffassung nach den Ausschlag dafür geben, was letztendlich gut für die seelische Entwicklung des Kindes ist und was schlecht.

Die strukturellen Merkmale der kindlichen Seele beginnen bei den genetischen Vorgaben für die charakterlichen Anlagen und enden bei dem ganz persönlichen, durch die individuelle Umwelt bedingten Lebensschicksal, in das das Kind hineingeboren wird. Dabei spielt die Familie, verbunden mit ihrem sozialen Hintergrund, eine – um nicht zu sagen die – entscheidende Rolle. Hinter der Familie steht dann der gesamte kulturelle Lebensraum, in den sie eingebunden ist. Die Lage der Familie ist dem vielfältigen gesellschaftspolitischen Einfluss ausgesetzt bis hin zu ihrer faktischen Zerschlagung. All das hat große Auswirkungen auf die individuell erlebte Gefühlswelt des Kindes.

Will man als Kindheitspsychologe den zukünftigen Lebensweg eines Kindes schon am Anfang seiner Lebenszeit emotional ausloten und psychosoziale Auswirkungen prognostizieren, wird man das diffizile Wirkungsgeflecht persönlicher Anlagen und sozialer Einflussnahmen wie Kenngrößen verstehen lernen müssen und zugleich zu einem **psychodynamischen Gesamtbild** der möglichen Entwicklungen zusammensetzen. Je genauer dabei die Kenngrößen definiert sind und je stärker die verschiedenen Einflussfaktoren aufeinander reflektiert werden, desto näher kommt man an die jeweils individuelle Entwicklung heran. Die einzelnen Reifungsschritte und das gesamte – weitgehend bekannte – Entwicklungsmuster im Verhalten sind dann nur noch die grobe Leitschnur in einem nahezu unendlichen Wirkungsgeflecht.

Um dieses Wirkungsgeflecht geht es mir in der Bestimmung dessen, was gut für die gesunde seelische Entwicklung des Kindes ist, und was sich ungünstig oder sogar gefährlich auswirkt. Denn jedes Kind hat für mich das

Recht, seelisch wie körperlich glücklich und gesund aufzuwachsen, so wie es die Natur für dieses Kind vorgesehen hat.

An diesem Grundsatz ist eine philosophische Einschränkung zu machen, die das immer wieder gern zitierte darwinistische Prinzip des „survival of the fittest" über seine individuelle Bezogenheit hinaushebt. Es kann in der frühen emotionalen und psychosozialen Entwicklung des Menschen nicht um die günstigste Anpassungsstrategie des Einzelnen gehen, frei nach dem Motto: Das stärkste und anpassungsfähigste Kind hat die besten Chancen. Nein, dieser Grundsatz lässt sich nicht auf das Einzelindividuum anwenden, sondern nur auf die gesamte Spezies Mensch. So steht im eben entworfenen, psychodynamischen Wirkungsgeflecht niemals der Einzelne in einer Gegenüberstellung zur Gemeinschaft, ist das Kind nicht Gewinner oder Verlierer durch seine Anlagen in einer auf vollständige Anpassung ausgerichteten Umwelt. Keinesfalls kann das Kind mit seinen Interessen gegen die Interessen seiner Eltern ausgespielt werden. Kind und Eltern können immer nur dieselben Interessen haben, nämlich die, über zwei Generationen hinweg eine friedlich funktionierende Gemeinschaft zu bilden.

Und jeder Nutzen, den das Kind aus der richtigen Interpretation der psychodynamischen Zusammenhänge bezieht, ist immer über seinen persönlichen Vorteil hinaus auch ein Nutzen für die gesamte Gesellschaft. Vielleicht ist das der entscheidende Trost für den großen Aufwand, der von Eltern und Erwachsenen generell zu treiben ist, um Kinder glücklich und gesund aufwachsen zu lassen; notfalls dafür auch sich selbst und gesellschaftliche Grundeinstellungen zu verändern.

Jeder, der sich mit Kindern und ihrer Lebenswelt befassen muss, sei es durch eigene Kinder oder sei es über den Weg des Berufes, fühlt anfangs viel Unsicherheit im Umgang mit den kindlichen Wesenszügen und den damit verbundenen charakterlichen Besonderheiten. Denn das Empfinden und Verhalten der Kinder ist ganz anders, als wir es im Umgang mit Erwachsenen gewohnt sind. Das rührt daher, dass ihr Auftreten und Agieren noch ganz von unverdeckten Gefühlen und Affekten bestimmt ist sowie von spontanen Reaktionen und von direkten Äußerungen über das, was von ihnen gerade gedacht oder empfunden wird. Das Kind richtet sich nicht oder noch nicht nach den zahllosen Konventionen und Regeln im allgemeinen gesellschaftlichen Umgang und im Sozialverhalten. Das gilt zumindest für die Lebensspanne zwischen Geburt und dem Alter von etwa fünf bis sechs Jahren. Um diesen Altersabschnitt soll es in dem vorliegenden Buch in der Hauptsache gehen. Denn in diesem Altersabschnitt werden im Menschen alle Grundlagen für sein späteres Sozialverhalten gelegt.

Erst nach dieser Zeit setzen immer stärker jene Affektstrukturen und Verhaltensmuster ein, die in der Erwachsenenwelt hinsichtlich des Miteinanderumgehens und der Kommunikationsformen gebräuchlich sind und die voneinander erwartet werden. Diese sind bestimmt von einer gezielten Zurückhaltung aller direkten Gefühlsäußerungen, von der Vorsicht und Rücksichtnahme in den Äußerungen und Meinungen über den Anderen und von Überlegung und Vernunft in Bezug auf die Handlungsweisen und die Entscheidungsfindung.

Kinder sind hinsichtlich all dieser gesellschaftlich erwarteten Umgangsformen noch ungeübt und müssen sich die Fähigkeiten dazu erst erwerben. Das hat den naturbedingten Vorteil, dass Kinder in ihrer Entwicklung weitgehend flexibel sind und sich in der Form ihres Sozialverhaltens ganz auf die Bedingungen ihrer individuellen Lebensumgebung einstellen können. Ein Kind aus Schwarzafrika oder Ostasien beispielsweise wird sich ganz anders entwickeln und verhalten, als ein mitteleuropäisches Kind oder ein kleiner Inuit nördlich des Polarkreises. Dabei spielt jedoch die geographische Lage des Herkunftslandes die geringere Rolle. Von sehr viel größerem Einfluss sind die Traditionen, Gepflogenheiten und Riten der ethnischen Zugehörigkeit sowie der gesamte Kulturraum, der diese spezifischen Verhaltensmuster hervorbringt.

Was sich auf der einen Seite so als ungeheurer Vorteil für die Anpassungsfähigkeit des Menschen erweist, ja geradezu als eine Unabdingbarkeit in der psychosozialen Entwicklung des Heranwachsenden gelten muss, wird auf der anderen Seite leicht zu einer Fußangel oder sogar Falle für das einzelne Individuum. Um das zu erklären, muss ich ein wenig weiter ausholen: Das Neugeborene bringt in Form seiner genetischen Veranlagung zunächst nur eine Art Matrix oder Schablone seiner Persönlichkeit mit auf die Welt und keineswegs die schon fertigen Ausdrucksformen. Die individuell geprägte Ausgestaltung seiner Charaktermerkmale ist aus gutem Grunde den diversen Einflüssen der individuell angetroffenen Lebensumwelt unterworfen.

So wird sich ein „farbiger" Säugling, wenn er von seinen Eltern anders als vorgesehen in einem mitteleuropäischen Staat großgezogen wird, weitgehend an die Lebensformen seiner westlich-europäischen Heimat anpassen, sogar wenn seine Eltern traditionelle Gewohnheiten für sich weiter pflegen. Ein Baby europäischer Eltern hingegen wird sich an die Sitten, Normen und Gebräuche seiner asiatischen Heimat angleichen, wenn es durch besondere Lebensumstände in Indien, China oder Japan zur Welt kommt. Das ist gut so, denn das Kind möchte nicht als ein Fremder in seiner Heimat gelten und an der Gesellschaft, in der es lebt, auch ohne kulturelle Schranken teilnehmen können.

Worin besteht nun aber die mögliche Falle hierbei? Was wie z.B. bei der Frage der ethnischen Herkunft eine Anpassung zum eigenen Wohl und Vorteil des Kindes ist, vor allem wenn der psychosoziale Anpassungsdruck von außen die ganz persönlichen Charakteranlagen dabei unangetastet lässt und nur die soziale Integration des Individuums im Auge hat, kann grundsätzlich auch ein Anpassungsdruck zum individuellen Nachteil werden, wenn die Grundvoraussetzungen für eine gesunde, psychische Entwicklung dabei missachtet werden. Durch eine solche negative Konstellation der Lebensumstände, ganz gleich aus was für Gründen, kann die Persönlichkeit deformiert und späteres Versagen im Sozialverhalten schon von Anfang an vorbereitet werden.

Die große Formbarkeit des Menschen durch seine Lebensumgebung, in der er aufwächst, ist einerseits also ein genialer Schachzug der Natur, weil die mit Geist und Psyche ausgestattete Gattung Mensch trotz hoher Individualität zu einem angepassten, gemeinschaftlichen Leben befähigt wird. Andererseits ist sie aber auch ein Schwachpunkt für das anfangs noch in reiner Entwicklung befindliche individuelle, menschliche Wesen, denn die unmittelbare Lebensumgebung kann sich auf die Formbarkeit so ungünstig auswirken (und damit derart in ihrem pädagogischen Auftrag versagen), dass selbst bei guten Anlagen ein für die Gemeinschaft untaugliches Wesen entsteht.

Was ich damit im Besonderen sagen möchte, ist Folgendes: In den genetischen Grundvoraussetzungen eines Individuums am Lebensanfang liegt, selbst wenn es sich um starke und gute Anlagen handelt, immer zugleich auch das Risiko eines Scheiterns durch negative, äußere Einflüsse. Es kommt – richtig gefolgert – demzufolge in der Hauptsache darauf an, dass die unmittelbare Lebensumgebung aus dem wie auch immer veranlagten, individuellen Wesenskern des Kindes nur das Beste zu machen versucht. Damit bekommt die Lebensumgebung eines Säuglings, sprich zuerst die Eltern und die Familie, aber eine besonders hohe Verantwortung für das Leben des Kindes, die mit nichts wegzudiskutieren ist, weder mit sozialpolitischen Argumenten noch mit natürlichen Beschränkungen.

Genau genommen befinden wir uns mit dieser Einstellung mitten im Streit darüber, ob das, was der einzelne Mensch in seinem Leben als Persönlichkeit herausbildet, überwiegend das Ergebnis seiner genetischen Anlagen ist oder das Resultat seiner Sozialisation. Wie ich gerade angedeutet habe, möchte ich mich hinsichtlich einer theoretischen Beantwortung dieser ewig ungelösten Frage ebenso ungern festlegen, wie irgendein anderer Wissenschaftler oder Philosoph vor mir. Dennoch habe ich mit den vorab geführten Schlussfolgerungen einen klaren, grundsätzlichen Standpunkt dazu eingenommen. Dieser besagt zweierlei: Das neugeborene Kind kommt, wie hinlänglich bekannt, mit genetisch vorgegebenen, charakterlichen Anlagen zur Welt. Diese Anlagen legen in gewissen Grenzen seine spätere Persönlichkeit fest. Der neugeborene Mensch ist also kein unbeschriebenes Blatt, keine leere körperliche Hülle. Was dann im Leben aber tatsächlich aus den Veranlagungen wird, liegt zum großen

Teil in den Händen der Lebensumwelt, sprich in der ganz individuellen Sozialisation des Kindes.

Im Hinblick auf die *geistigen* Fähigkeiten des neugeborenen Menschen ist diese Schlussfolgerung für jeden sofort verständlich. Denn die genetische Veranlagung besagt, dass ein Kind mit geringer, angeborener Intelligenz höchstwahrscheinlich keine Führungskraft im Industriemanagement und auch kein Hochschulprofessor werden wird, selbst wenn sich Eltern und Erzieher auch noch so um seine Bildung bemühen. Ein hochintelligentes Kind dagegen wird wohl kaum als Hilfsarbeiter enden, wenn es ausreichend Bildungschancen von seiner Familie und der Gesellschaft erhält. Derselbe Grundsatz gilt nun auch für die psychosozialen Eigenschaften. Ein emotionsarmer Mensch wird mit größter Sicherheit kein Sozialarbeiter in den Elendsvierteln der Millionenstädte in der Welt werden und das hochgradig sensible Kind kein Manager in den Chefetagen der großen Konzerne.

Diese Analogie zwischen gefühlsmäßiger und geistiger Entwicklung ist jedoch nicht so eindeutig wie sie erscheint. Der Grund für die aufkommenden Zweifel an diesem Rückschluss ist die Erkenntnis, dass auf dem emotionalen Sektor der menschlichen Entwicklung reine Erziehung und nüchterne Bildung keine so große Rolle spielen. So gibt es bei der Ausprägung der Emotionalität zwar auch gewisse genetische Grenzen, aber aufgrund der hohen Anpassungsbereitschaft und Flexibilität des Kindes ist die Beeinflussbarkeit des Entwicklungsspektrums durch die Umwelt ungleich größer als bei der Bildung. Bei dieser Einflussnahme kommt es nun aber viel stärker auf das liebevolle Zuhause an, auf die Bereitschaft der Eltern, die Bedürfnisse ihres Kindes zu achten und auf die gesamte Familie, ob sie bereit ist oder nicht, die Interessen des Kindes in ihren Mittelpunkt zu stellen oder nicht.

Es geht in diesem Entwicklungsprozess also hauptsächlich um den emotionalen Faktor im Umgang mit dem Kind und der wird in den bisherigen Diskussionen nicht als objektiv und in sich folgerichtig eingeschätzt, sondern als subjektiv, sprunghaft und völlig variabel, um nicht zu sagen beliebig. Daraus wird gefolgert, dass es mehr oder weniger gleichgültig sei, wie die emotionale und psychosoziale Umgebung des Kindes tatsächlich aussieht. Die diesbezügliche Entwicklung richte sich wenn überhaupt nach etwas, so ausschließlich nach den genetischen Anlagen. Dass das aber eine völlig falsche Sicht ist hinsichtlich der Frage, wie Persönlichkeit zustande kommt, versuche ich mit den folgenden Ausführungen, theoretischer wie praktischer Art, zu beweisen.

Die soziale Komponente in der Entwicklungsbeeinflussung des Kindes legt bei eher geringer genetischer Beschränkung erst im Aufwachsen fest, welche endgültige Ausgestaltung der angeborenen charakterlichen Anlagen in der Persönlichkeit des Jugendlichen und Erwachsenen zustande kommen wird. Damit wäre ich nun endgültig bei der Frage einer konkreten Abschätzung von prozentualen Anteilen zwischen genetischer Veranlagung und Sozialisationseinfluss angekommen. Spätestens an dieser Stelle beginnt die hinlänglich bekannte Scheu vieler Fachleute, sich definitiv festzulegen. Während man noch vor Jahren von einer starken genetischen Festlegung der menschlichen Persönlichkeit ausging, kommt man heutzutage wieder stärker auf die große soziale Beeinflussung zurück. Vorläufig geeinigt hat man sich auf eine einigermaßen gleichmäßige Verteilung zwischen Erbanlagen und Lebenseinfluss, also fünfzig Prozent für jede Größe. Ich will aber nicht verschweigen, dass es auch für „jede andere Position" Befürworter gibt, die dann für ihre Interpretation und Auslegung einen sehr viel höheren Anteil einfordern.

Der große Spielraum in der Ausgestaltung der individuellen Persönlichkeit, der sich meiner Auffassung nach mehr aus den Sozialisationsfaktoren und weniger aus den genetischen Anlagen ergibt, macht es nun – um wieder konkret und beispielhaft zu werden – möglich, dass sich unabhängig von den Chancen auf dem tatsächlichen Arbeitsmarkt aus einem hyperaktiven und emotional labilen Kind durchaus ein fähiger Handwerker oder ein passabler Akademiker entwickelt und aus einem Kind mit Anlagen zur Depressivität und Zwanghaftigkeit ein erfolgreicher Firmenchef. So begrenzend die genetischen Anlagen in der Festlegung der Grundpersönlichkeit auch sind, so flexibel sind sie dann doch in der realen, psychosozialen Ausgestaltung. Dabei gilt natürlich, dass je ungünstiger die Anlagen sind, desto entscheidender der soziale Einfluss wird und umgekehrt.

Wenn ich in diesem Buch also über die vielen Schwierigkeiten im Umgang mit Kindern und ihrer Persönlichkeitsentwicklung spreche, dann streife ich, und damit komme ich auf die Ausgangsfrage zurück, unvermeidlich neben der Chance zum Erfolg immer auch die Möglichkeit eines Scheiterns in der Entwicklung. Ich richte das Augenmerk in meinen Erklärungen und Empfehlungen also ständig auf jenes manchmal unvermeidbare Risiko, dass der gesamte Erziehungsprozess misslingt und sogar auch die bemühten Eltern und Erzieher(innen) den vielen Störeinflüssen aus dem Sozialisationsgeschehen erliegen.

Die Ursache für ein solches, nicht immer direkt einsichtiges Scheitern ist darin zu suchen, dass sich jeder erzieherische und sozial formende Druck, der dem kindlichen Anspruch auf integrative Selbstentwicklung direkt entgegenwirkt, ungünstig auf seine Persönlichkeitsstruktur auswirken kann. Gleiches gilt auch für eine Erziehung, die sich in Unklarheit und Orientierungslosigkeit verliert und damit das Kind in der Entscheidungsfindung sich selbst überlässt. Das heißt nicht, dass Erziehung zu unterlassen ist, und dem Kind in seiner Entwicklung Tür und Tor offen gelassen wird. Es heißt nur, dass der Anspruch an Erziehung hoch genug sein muss, um die originären kindlichen Anlagen und die erzieherische Führung nicht im Widerspruch enden zu lassen. Was an dieser Stelle noch einmal hervorgehoben werden soll, ist die Tatsache, dass ein erzieherisches Misslingen nicht den verursachenden Erwachsenen trifft (obwohl er es gerne in einer Umkehr der Tatsachen so darstellt), sondern vielmehr das Kind, das zu einem Opfer wird, häufig sein Leben lang.

Um die realen Auswirkungen des Misslingens oder Scheiterns in der Erziehung von Anfang an zu verhindern, dazu lohnt sich der hier gemachte, geistige Ausflug in die frühkindliche Gefühlswelt, und dazu dient die Arbeit einer Elternberatung, sei sie nun eher theoretisch in der Art einer erklärenden Kommentierung oder konkret in Form einer psychopädagogischen Begleitung.

Kinder in dieser Hinsicht vor allem als Opfer darzustellen tut Not, denn es ist längst gebräuchliches Denken geworden, Kinder und ihr Verhalten in der Familie überwiegend in der Täterschaft zu sehen und die Eltern in die Opferposition zu lancieren. Das Wort von den kleinen Tyrannen macht immer wieder die Runde. Wenn ich hier von Opfer rede, meine ich aber nicht so sehr die Opferrolle des Kindes durch häusliche Gewalt, die es fraglos gibt und auf die in solchen Zusammenhängen eigentlich immer zuerst einzugehen ist. An dieser Stelle beziehe ich mich vielmehr auf das Kind als Opfer pädagogischer Fehltritte seiner Eltern und Erzieher und das Kind als Opfer verfehlter Familienpolitik in der Gesellschaft.

In diesen Zusammenhängen löst sich das Menschwesen Kind plötzlich aus der engen Eltern-Kind-Beziehungssicht heraus und wird in eine allgemein gesellschaftliche Dimension gestellt. Und gerade vor diesem Hintergrund kann das Kind besonders leicht zum Opfer werden, entscheidet doch die Familienpolitik allzu schnell über den Kopf des Kindes hinweg und ignoriert sein wahres Wohl und Weh.

So scheint der aktuelle Trend in der Familienpolitik zu sein, die Elternschaft in einen neuen Bezugsrahmen zu setzen, welcher sich mehr von den sozialpolitischen Notwendigkeiten in der modernen Konsumgesellschaft herleitet, als von den tatsächlichen kindlichen Bedürfnissen. Familie erscheint auf einmal nicht mehr als der gehütete Ort für das Aufziehen der Kinder und als der kindliche Biotop, in dem sich gesund aufwachsen lässt, sondern als eine Zweckgemeinschaft von zwei Arbeitnehmern in der Produktion oder im Dienstleistungsbereich zur Förderung des allgemeingesellschaftlichen Wirtschaftslebens. Dabei gleichzeitig auch für den gesellschaftlichen Nachwuchs zu sorgen, erscheint nur noch als ein günstiger Nebeneffekt. Faktisch werden dabei die Frauen in ihrer Doppelfunktion als „Erzeugerinnen" der Kinder und wichtige Arbeitskräfte trotz ständiger, gegenteiliger Beteuerungen nicht wirklich respektiert und schon gar nicht entlastet.

Ein Weiteres: Die durch Kind und Job entstehende Doppelfunktion der Eltern betrifft auf einmal nicht mehr nur die Frauen, sondern in Wahrheit jetzt beide Elternteile, also Vater und Mutter. Denn der bisherige Haupternährer der Familie, der Vater, hat nun keine Gewissheit mehr über eine gute, zuverlässige Betreuung seiner Kinder während seines Fortseins. Die Tatsache der Unterschlagung dieses Faktums wirft als Nebeneffekt ein Licht auf die nach wie vor bestehende Sicht der Gesellschaft auf die Vaterrolle, die in ihrer Notwendigkeit für die Erziehung der Kinder heutzutage immer noch als vernachlässigenswert gilt. Denn wenn die Mutter ebenfalls am Erwerbsleben der Familie teilnehmen soll, dann müsste sich der Vater viel stärker im Familiengeschehen engagieren. Die Möglichkeit dazu muss ihm aber auch im wirtschaftlichen wie im allgemeingesellschaftlichen Kontext gegeben werden.

Das Kind ist aber bei allem natürlich am meisten betroffen. Denn wenn auch mit dem täglichen Fortfall beider Eltern zu Hause häufig der wirtschaftliche Druck auf die Familie etwas schwindet, der psychosoziale Druck auf das Kind selbst nimmt in unverhältnismäßiger Stärke zu.

In den früheren Jahrhunderten waren die Mütter nur dann in dieser Weise betroffen, wenn sie neben der Versorgung von Haushalt und Kindern aus wirtschaftlichen Gründen arbeiten gehen mussten oder die Erwerbssituation der Familie dies aus organisatorischen Gründen (z.B. Kleinbetriebe) notwendig machte. Ansonsten war es den Frauen, wenigstens in der bürgerlichen Gesellschaft, möglich, die ersten Jahre bei ihren Kindern zu bleiben. Jetzt, da alle Frauen offiziell mitarbeiten sollen, stehen alle Frauen dem Großziehen der Kinder nur noch zum Teil zur Verfügung. Auf die Notwendigkeit, dass sich dann die Väter am Erziehungsgeschehen stärker beteiligen müssten, wird dabei sozialpolitisch gar nicht erst reflektiert. Denn die auf diese Weise im Entstehen begriffene, gesellschaftliche „Kreuzreaktion" der Geschlechterrollen in der Elternschaft (also Väter statt Mütter) scheint ebenso wenig gewünscht zu sein, wie das Zuhausebleiben der Mütter in den ersten Lebensjahren des Kindes. Auf der Strecke bleibt das Kind. Dieses soll daher in Zukunft von früh auf für einen Großteil des Tages in die Fremdbetreuung abgegeben werden.

Für die angestrebte Fremdbetreuung werden dann wieder Arbeitnehmer(innen) im Dienstleistungssektor benötigt. Vielleicht sind es diejenigen, die gar keine Kinder haben oder die, die ihre eigenen zur Arbeit gleich mitbringen (müssen). Aus Müttern werden Tagesmütter oder sie bringen als Erzieherinnen ihre Kinder in die Kinderkrippen mit. So droht ein kurioser Kreislauf zu entstehen von Befreiung der Frau von Haus und Hof und gleichzeitiger Arbeitsbeschaffung für die scheinbar Befreiten, und Absicherung der dadurch unversorgt bleibenden Kinder durch eben diese Frauen in den dazu geeigneten Arbeitsstellen. Väter werden an diesem Prozess so gut wie nicht teilnehmen.

Was sozialpolitisch einigermaßen logisch und in finanztechnischer Hinsicht sogar sinnvoll erscheint (für das Steueraufkommen und die Sozialversicherung stehen de facto mehr Erwerbstätige zur Verfügung), ist aus sozialpsychologischer Sicht ein gefährlicher Eingriff in die Beziehungsstrukturen der die Kinder aufziehenden Familien. Denn die Auflösung der Familiengrundstrukturen in den ersten drei bis vier Lebensjahren des Kindes schafft ein hohes Risikopotenzial für Störungen in der psychosozialen Entwicklung. Diese Erkenntnis wird nicht dadurch relativiert, dass auch andere gesellschaftliche Entwicklungen den Status der Familie massiv gefährden.

Vor diesem Hintergrund entwickelt sich ein – noch weitgehend – statistisch geführter Streit darüber, ob nicht Kinder aus schwierigen Familienverhältnissen häufiger psychische Störungen oder Störungen im Sozialverhalten erleiden, als solche, die in frühe Fremdbetreuung gekommen sind. Unethisch an dieser Auseinandersetzung ist nicht nur die Tatsache, dass man das eine gegen das andere zweckdienlich ausspielen will. Ebenso verwerflich ist der Standpunkt, dass ein Ziel wünschenswert sein kann, welches besagt, Kinder aus schwierigen Familienverhältnissen sind häufiger psychisch krank und demzufolge besser in der frühen Fremdbetreuung aufgehoben. Für die Schwierigkeiten, denen diese Familien tatsächlich ausgesetzt sind, ist jedoch in der herkömmlichen Familienpolitik bislang präventiv nur unzureichend gesorgt. Oft in Bausch und Bogen verworfen wird dabei das Gegenargument, dass es immer noch die Familie ist, selbst wenn sie schlecht ist, welche der bessere Ort für das Großwerden der Kinder in den ersten Lebensjahren darstellt.

Aber erst bei genauem Hinsehen lässt sich die ganze Unsinnigkeit solcher Argumentationslinien erkennen. Denn zunächst einmal müssen Kriterien geschaffen werden für die Skalierung, was überhaupt eine gute und was eine schlechte Familie ist. Gleichzeitig müssen die Eigenschaften guter oder schlechter Fremdbetreuung definiert und festgelegt werden. Ohne solche klaren Kennlinien läuft jeder Redner Gefahr, immer nur Äpfel mit Birnen zu vergleichen. Hier ist nicht nur der sozialpsychologischen Forschung noch eine Aufgabe gestellt, sondern ebenso auch den sozialaktiven kommunalen Einrichtungen in Sachen der praktischen Umsetzung. Und nicht zuletzt ist immer noch die Frage erlaubt, was sich eigentlich die Kinder selbst wünschen, denn sie sind doch die Hauptpersonen in dem angestrebten Bertreuungssystem.

Selbstverständlich ist (auch heute noch) die gut funktionierende Familie der beste Ort für das Großwerden der Kinder. Wer das anzweifeln wollte, stellte damit die gesamte abendländische, soziokulturelle Grundfeste infrage. Gleichwohl liegt es auf der Hand, dass eine gut funktionierende Familie der Entwicklung des Kindes auch dann keinen Schaden zufügt, wenn sie durch eine fachkundig eingesetzte Fremdbetreuung (d.h. nicht-elterliche Versor-

gung) ihre zeitliche Beanspruchung entlastet. Diese Art von Familienunterstüt-
zung hat es schon immer gegeben, das heißt schon vor hunderten und tau-
senden von Jahren, ohne dass die Kinder davon psychisch krank geworden
wären. Mal sind es befreundete Nachbarn gewesen, mal die Großeltern, häufig sind es auch die älteren Geschwister, welche die Eltern in der Betreuungsleistung und Erziehungsarbeit effektiv unterstützt und entlastet haben. Die Eltern waren dadurch in der Lage, ihren Aufgaben und Geschäften auch ohne
die ständige Beaufsichtigung ihrer Kinder nachzukommen. Allerdings war diese Fremdbetreuung gewöhnlich immer wohl durchdacht und auf das Nötigste begrenzt. Ob sie in jedem Fall auch gut gewesen ist, bleibt dahingestellt. Als
nahezu selbstverständlich galt, dass dem kindlichen Bedürfnis nach selbst ge-
steuerter Kontaktanbahnung zu den Nichteltern als Ersatzbetreuer Rechnung
getragen wurde, außer in echten Notfällen.

Als schlechte Familie müsste man jene häuslichen Lebensgemeinschaften
bezeichnen, die ihre positiven Beziehungsgrundlagen für die Kinder verloren
haben und nur noch notdürftig eine größere Wohngemeinschaft bilden. Diese
Eltern verbringen hauptsächlich ihre Zeit damit, das eigene Leben zu bewältigen und ihre partnerschaftlichen Konflikte zu regeln. Den Kindern bleibt kein
Raum für unvorbelastete Identifikation, und das Erziehungsgeschehen verliert
sich allzu schnell in unkalkulierbarer Beliebigkeit. Übermäßige und unangebrachte Verwöhnung wechseln sich meist sehr abrupt ab mit Desinteresse am
Kind und Vernachlässigung, und dadurch entstehende, erzieherische Konflikte werden immer stärker mit autoritärer Gewalt gelöst. Dabei entwickelt sich
ein emotional karger Boden, auf dem sich keine gegenseitige Liebe mehr erhalten kann, geschweige denn neu gedeihen kann. Die Kinder bleiben oft nur aus
Hilflosigkeit und Angst bei ihren Eltern oder fühlen sich viel zu früh zur hilfreichen Beteiligung bei der Regulation der elterlichen Schwierigkeiten berufen,
was ihnen nicht gut tut.

Auf diesem Boden einer Broken-home-Situation ist es natürlich leicht, vom
Nutzen der frühen Fremdbetreuung zu reden – und in diesem Zusammenhang wäre es noch nicht einmal falsch. Vor allem dann, wenn sich erfahrene
(Sozial-)Pädagoginnen und Pädagogen als Betreuungspersonen zur Verfügung
stellen und das Kind mit sanfter Ablösung zum rettenden Ufer hinüberziehen,
hat das Kind dadurch unbestreitbar einen großen Vorteil. Aber so eindeutig,
wie gerade skizziert, liegen die Verhältnisse keineswegs immer.

Das Gros der frühzeitig fremdbetreuten Kinder hingegen erwächst aus den
Familien, in denen aus finanziellen Gründen die Mutter bald nach der Geburt
wieder mitarbeiten muss, um den Lebensstandard der Familie zu halten. Bietet
hier neuerdings das Elterngeld (derzeit für max. 14 Monate) Entlastung, stellt
sich dieselbe Situation ab dem zweiten Lebensjahr des Kindes erneut ein. Vor

allem auch allein erziehende Mütter sind auf die frühzeitige Fremdbetreuung angewiesen, da sie sonst mit ihrem Kind oder ihren Kindern häufig auf Sozialhilfeniveau leben müssen. Das bedeutet ein Leben an der Armutsgrenze mitten in einer überaus reichen Gesellschaft. In dem einen wie dem anderen Fall ist frühe Fremdbetreuung aus rein wirtschaftlichen Gründen erforderlich und nicht, weil Verwahrlosung droht oder Gewalt in der Familie stattfindet.

Nicht so klar einzuschätzen sind jene immer häufiger auftretenden Fälle, in denen die Mutter bald nach der Geburt wieder an ihren Arbeitsplatz zurückkehren möchte, und zwar aus Gründen der Selbstverwirklichung oder aus Angst vor dem Verlust ihres Arbeitsplatzes. Bleibt gerade bei diesen Fällen die Frage, inwieweit der Vater sich vorübergehend aus dem Arbeitsprozess herauslösen kann, um seine Frau zu unterstützen und zu entlasten.

Was ist von den ursprünglichen Modellen im Konzept der Fremdbetreuung geblieben? Ältere Geschwister kommen immer weniger zu Unterstützung im Großziehen jüngere Geschwister infrage. Es gibt schlichtweg zu wenige Kinder in den Familien. Auch die Großeltern fallen vielfach weg, weil die Familien auseinandergerissen sind und an zu weit entfernten Orten leben oder weil die Großeltern noch rüstig genug sind, um ihre Rentnerzeit mit Reisen und Freizeitangeboten zu verbringen. Nachbarn und gute Freunde schließlich plagen sich mit denselben Problemen, was die Kinderbetreuung angeht herum, wie die bedürftige Familie. Im Übrigen sind die meisten Ortschaften so groß geworden, dass zwischen den einzelnen Anwohnern eine viel zu große Anonymität herrscht, um sich gegenseitig beim Großziehen der Kinder zu unterstützen. Da wird es vor allem auf dem Land natürlich Ausnahmen geben.

Die Kindergärten gibt es seit etwa der Mitte des 19. Jahrhunderts. Sie haben sich bis heute als ein sinnvolles Konzept zu außerfamiliären Betreuung der Kinder in kleinen Gruppen bewährt. Die Anforderungen der Grundschule mit einem immer volleren Lehrplan und längeren Unterrichtszeiten fordern mehr Tribut von den Familien, als die Lehranstalten selbst an Hilfe für die Familie zu leisten imstande sind. Als eine sinnvolle, familienergänzende Einrichtung zur Erziehung der Kinder sind sie eindeutig überfordert. Was bleibt sind Angebote über die Unterrichtszeit hinaus als sogenannte Randstundenbetreuung. Unter diesen Gesichtspunkten bleibt den Familien also keine andere Wahl, als die Angebote früher oder späterer Fremdbetreuung, ob privat oder institutionalisiert, anzunehmen.

Um die aufgezeigten Konflikte in den Familien zu lösen, bedarf es eines fachlich durchdachten, hoch qualifizierten und finanziell abgesicherten Kinderbetreuungsangebots von dem Augenblick an, in dem man Kinder fremden Hilfen ohne Gefahr anvertrauen darf. Aus entwicklungspsychologischer Sicht ist dieser Zeitpunkt eher nach dem dritten als nach dem zweiten Geburtstag des Kindes anzusiedeln. Mit zwei Jahren befinden sich die Kinder mitten in der Trotzphase, die der Loslösung dient und die Selbstentwicklung vorantreibt. In dieser Phase brauchen die Kinder noch ganz stark ihre Hauptbezugspersonen, die in der Regel die Mutter und der Vater sind.

Eine Anmerkung zur Konzeption des Buches am Ende des Vorworts erscheint mir angebracht. Die große Themenfülle, die sich um die frühe Kindheit und ihre Situation in der Gesellschaft rankt, legt mir eine gewisse Beschränkung auf. Das bezieht sich auch auf die Störungsbilder, die sich aus den falschen Erziehungsmustern und den zu hohen Belastungen des Lebensumfelds beim Kind ergeben. Denn die entstehenden Störungsbilder sind der Hauptinhalt dieses Buches. Es ist schlicht unmöglich, jeden Aspekt hierzu anzusprechen und jedes Detail erschöpfend zu behandeln. Es wird also notgedrungen Auslassungen geben müssen, für die ich den Leser um Verständnis bitte.

1. Die Grundlagen der emotionalen und psychosozialen Entwicklung

Mit unverstelltem Blick und frei von erziehungsgeschichtlichen Vorurteilen über die Natur des Kindes haben die Menschen schon immer gespürt, dass sie ihrem Nachwuchs liebevoll, nachsichtig und voller Zuneigung begegnen müssen, um ihn zu glücklichen und ihren erblichen Anlagen gemäß heranreifenden Menschen zu erziehen. Diesem Gespür sind die Menschen aber nicht wirklich gefolgt. Ich habe es als meine Aufgabe angesehen, das profunde Wissen über das menschliche Wesen und seine Entwicklung und die sich daraus ergebenden Standpunkte zum Umgang mit Säuglingen und Kleinkindern neu zu formulieren und mit wissenschaftlichen sowie philosophisch-ethischen Grundlagen zu untermauern. Es geht in dieser ausführlichen Darstellung der frühkindlichen, seelischen Entwicklung also nicht darum, ein vielleicht überfälliges, anderes Erziehungskonzept zu entwerfen. Vielmehr erscheint es mir wichtig, die ursprünglich in den Menschen vorhandenen, von Schutz und Sorge getragenen Gefühle ihrem Nachwuchs gegenüber wieder auszugraben und auf neue, das heißt von Beobachtung, Intuition und Wissenschaft getragene Fundamente zu stellen.

Die eigentliche Kernfrage muss meines Erachtens lauten: Warum bedürfen die Säuglinge soviel Zuwendung und Umsichtigkeit und was ist der Hintergrund dafür, mit ihnen so behutsam umgehen zu müssen? Dass diese Frage überhaupt zu stellen ist, setzt vom Fragenden stillschweigend voraus, dass es in den Jahrhunderten der Menschheitsgeschichte vorzugsweise einen ganz anderen Umgang mit Kindern gegeben hat. An diesem Wissen ist im kritischen, historischen Rückblick nicht mehr zu zweifeln. Ich möchte eine solche Behauptung allerdings nur für den mitteleuropäischen Raum aufstellen und damit einräumen, dass es irgendwo auf der Welt auch Völker gegeben hat oder noch gibt, die ganz anders mit ihrer Nachkommenschaft umgegangen sind oder noch umgehen. Von diesen Völkern könnten wir hoch-industrialisierten Zivilisationen in der Frage des Umgangs mit Kindern viel lernen, wären wir nur bereit, unsere soziologische Überheblichkeit abzustreifen und den Begriff des Primitiven als den des Ursprünglichen und Naturgemäßen anzuerkennen sowie das Naturgemäße nicht als etwas vermeintlich Rückständiges verächtlich zu machen.

Ich muss einräumen, dass diese ethnologische Betrachtungsweise des Umgangs mit kleinen Kindern schon vielfältig vorgenommen worden ist. Sie hat es dennoch bis heute nicht geschafft, unseren auf Erwachsene zentrierten Anspruch der modernen Pädagogik durch eine mehr Kind orientierte Betrachtungsweise zu relativieren.

Daher möchte ich mich gleich auf die Beantwortung der von mir eingangs gestellten Frage konzentrieren und die Erklärung dafür liefern, warum der sanfte und einfühlsame Umgang mit Säuglingen und Kleinkindern ohne Alternative ist. Dass ich damit vielen Eltern, besonders vielen Müttern das Wort rede und sie darin bestärke, mit ihrem intuitiven Verständnis von liebevoller Kindererziehung recht zu behalten, und zwar gegen alle, oft nur pseudopädagogische Besserwisserei, ist bei meiner Arbeit erklärte Absicht. Auch bei mir liegt das Kindeswohl absolut im Zentrum des Interesses, und die nachträgliche oder noch aktuelle Bestätigung vieler Eltern ist mir ein wesentliches Anliegen.

Ein Kind kommt nicht zur Welt, weil es sich darum beworben hat. Diese banale Aussage hat eine tiefere Bedeutung. Bevor ich nun aber auf diese tiefere Bedeutung zu sprechen komme, muss ich mich erklären und sagen, dass mir jede spirituelle oder esoterische Anschauung in der Frage der menschlichen Fortpflanzung fern liegt. Auch der religiöse Aspekt, der mir sehr geläufig ist, und den ich selbstverständlich auf dem Boden christlicher Überlieferungen akzeptiere, gibt für mich diesbezüglich keine wirkliche Grundlage ab. Es gibt für mich keinen verborgenen Sinn in der Entstehung eines bestimmten Menschen, außer dem, dass zwei lebende und sich liebende Personen fortpflanzen möchten. Das allein genügt als Erklärung für den Zeugungsakt von menschlichen Nachkommen, ganz gleich ob gezielt geplant oder durch Zufall zustande gekommen. Der entstehende Mensch, der kleine Embryo, der Fetus und das Neugeborene sind völlig passiv in diesem Geschehen und ihrem Schicksal als werdende Menschen ganz und gar ausgeliefert.

Diese Grundeinstellung zum neugeborenen Menschen bestimmt nun das Verhältnis von Pflicht und Anspruch zwischen Eltern und Kind. Das Kind als der zum Leben bestimmte Mensch hat in dieser Sichtweise einen Anspruch auf liebevolles Großgezogenwerden. Die zeugenden Eltern hingegen haben dabei die Pflicht, jedes ihrer Kinder nach ihren Kräften und Möglichkeiten so liebevoll wie es geht aufzuziehen.

Scheinbar entkräftet wird diese Grundposition immer dann, wenn Erklärungen für schwieriges Verhalten von Säuglingen und Kleinkindern gesellschaftlich oder auch medizinisch-psychologisch dahingehend ausgedeutet werden, dass die Ursachen für solche Entwicklungsprobleme in angeborenen Störungen der genetisch festgelegten Hirnstrukturen zu suchen sind. Die bewusst kritische Frage, die hierzu zu stellen ist, ist die, ob diese meinungsbildende Wirkung aus Gründen einer erwünschten pädagogischen Entlastung für die Eltern nicht geradezu gezielt erzeugt werden soll. Also wenn gesagt wird, eine liebevolle Erziehung dieses Kindes sei nahezu unmöglich, weil es sich um ein schlecht veranlagtes Kind handelt, wird der allgemeinen Anschauung Vorschub geleistet, dass es schlecht oder gar böse veranlagte Kinder gibt. Geschlussfolgert wird nun dahingehend, dass deren negative Verhaltensweisen nur durch stark reglementierende, erzieherische Maßnahmen in den Griff zu bekommen sind.

Nicht viel anders stellt sich die Position dar, wenn medizinisch von genetischen Fehlanlagen im emotionalen und psychosozialen Bereich gesprochen wird, deren potenziell ungünstige Folgen für das spätere Sozialverhalten der Kinder nur durch eine psychosoziale Regulation von frühester Kindheit an verhindert werden könnten.

Um gleich einer Gegenrede vorzubeugen, es ist hier nicht die Rede von erwiesenermaßen genetischen Störungen in der Hirnfunktion, die zu einer mangelhaften Entwicklung von geistigen oder psychosozialen Funktionen führen. Dass ein autistisch veranlagtes Kind keine zuverlässigen Bindungsstrukturen aufbauen kann und ein Kind mit x-chromosomalem Schwachsinn keine ausreichende gesellschaftliche Anpassungsleistung entwickeln, ist eine unstrittige Tatsache. Dass aber Säuglinge – und nun komme ich auf mein eigentliches Anliegen zurück –, die vermehrt schreien, und Kleinkinder, die ein extrem trotziges und oppositionelles Verhalten zeigen, Kinder mit neurochemischen Abweichungen in der Feinstruktur ihrer Hirnfunktion sein sollen, die mit strengem Reglement dennoch zu anpassungsfähigen Mitbürgern erzogen werden können, ist eine unzutreffende Vorstellung über die Funktionszustände des menschlichen Gehirns. Völlig unterschätzt wird dabei der gesellschaftliche Einfluss, dem dieses Kind von Geburt an unaufhörlich ausgesetzt ist.

Als Gegenmodell hierzu möchte ich mich einer Anschauung anschließen, die besagt, dass die angeborenen Funktionsweisen des individuellen Gehirns und die jeweiligen umweltbedingten Einflüsse, denen es unter und nach der Geburt zeitlebens ausgesetzt ist, ganz einfach mal besser und mal schlechter zusammenpassen (sogenannte **Misfits**, D. Bürgin, 2008). Dabei gibt es Anlagen im menschlichen Gehirn, die ein schwieriges Temperament hervorrufen und damit die Anpassungsfähigkeit erschweren und Anlagen, die ein sehr viel einfacheres und leichter anpassungsfähiges Wesen im Menschen erzeugen, und damit das Verhalten ganz spontan umgänglich und angenehm machen. Aber wie es schwierige und günstige Temperamente gibt, so gibt es auch schwierige und günstige Umweltbedingungen, in die ein Kind hineingeboren wird. Das wird dann gerne unterschlagen. Es ist schneller gesagt, dass das Kind ungünstig veranlagt ist und deswegen Entwicklungsschwierigkeiten und Defizite aufweist, als zuzugeben, dass die Lebensbedingungen für das Kind ungünstig sind und sein schwieriges Verhalten nur die Antwort auf die problematischen existenziellen Voraussetzungen sind. Schließlich haben ja die Erwachsenen das Wort und nicht die Kinder.

Was ich mit all dem sagen will ist, dass es nicht nur zu nichts Gutem im Umgang zwischen Eltern und Kind führt, wenn man das Kind zum Verantwortlichen für seine Schwierigkeiten stempelt, sondern auch leicht zu dem höchst gefährlichen Ablenkungsmanöver beiträgt, die wahren Ursachen für die entstandenen Schwierigkeiten zu verschleiern.

Wissenschaftlicher Hintergrund 1

Das **Temperament** des Menschen ist auf unterschiedlichen Ebenen zu betrachten. Darüber hinaus unterliegt es im Leben des Menschen einer Entwicklung. Nur im Zusammenspiel zwischen genetischer Anlage und Umweltbedingungen lässt sich einigermaßen abschätzen, welches Temperament ein Kind von Natur aus besitzt.

Zunächst einmal ergibt sich das Temperament aus den charakterlichen Anlagen des Individuums. Zwei genetisch vorgegebene, große Impulsgeber für Reaktionen auf die Umwelt stehen sich in ihren Wirkungsweisen gegenüber. Gemeint sind die **Appetenz**, ein inneres Empfinden, das sich uneingeschränkt in Aktivität äußert, und die **Aversion**, die sich in einer handlungsbezogenen Abwehr oder einfacher Passivität zeigt. Auf dem jeweiligen Boden von Aktivität und Passivität erwachsen nun Verhaltenmuster, die einem Kind grundlegend zueigen werden. In Aktivität äußern sich Interesse und Neugier, leichte Erregbarkeit, eine gewisse Impulsivität sowie ein positive Stimmungslage. Gefördert wird dieses charakterliche Profil durch das **Belohnungszentrum** im Gehirn, das sich zwischen Mittelhirn, Basalganglien (insb. Nucleus accumbens) und Frontalhirn (Orbitofrontaler Cortex) aufspannt. Die Neurotransmitter Dopamin, Noradrenalin, Serotonin sowie die Endorphine gestalten dieses System in Abhängigkeit ihrer jeweiligen Gewebsspiegel.

Gegenteilig dazu stellt sich die Passivität dar, welche Desinteresse und Gleichgültigkeit erzeugt sowie eine verringerte Erregbarkeit und ein gewisses Phlegma. Grundsätzlich herrscht in diesem System eine eher negative Grundstimmung vor. Neurophysiologische Verbindungen im Gehirn stellt dazu das **Bestrafungszentrum** dar, dessen Funktionsweisen im Limbischen System (insb. der Amygdala) und dem Frontalhirn (Ventromedialer Cortex) vorerst noch nicht in allen Punkten verortet sind. Nicht sehr viel klarer ist hier auch das Zusammenspiel der Neurotransmitter bzw. der Botenstoffe. Eine zu hohe Serotoninaktivität in Verbindung mit einem zu niedrigen Dopamin- und Noradrenalinspiegel könnte die empfindungsbezogene Färbung ergeben. Demzufolge lässt sich Serotonin nicht so einfach als ein Glückshormon bezeichnen wie häufig zu lesen ist. Aber einen ausreichend hohen Serotoninspiegel braucht das Gehirn tatsächlich, um der Depressivität zu entgehen.

Während das Kind diese Charaktermerkmale seiner Umwelt präsentiert, wirkt diese selbst durch ihre realen Bedingungen auf das Sosein des Kindes zurück. So entstehen Wechselwirkungen, die mit zunehmendem Lebensalter ein immer dichteres Funktionsgeflecht ergeben, so dass eines Tages kaum noch zu unterscheiden ist, was Ursache und Wirkung im Verhalten des Kindes ist. Vorhersehbarkeit im Verhalten (aber auch in den biologischen Reaktionen) steht dann der Unberechenbarkeit gegenüber, Anpassungsfähigkeit den Anpassungsproblemen, Offenheit und Inangriffnahme der Vermeidung und dem Rückzug, Unablenkbarkeit und Konzentriertheit der Fahrigkeit und Irritabilität sowie Konstanz und Ausdauer der Inkonstanz und der schnellen Ermüdung.

Die aufgezählten, einander entgegengesetzten Grundformen des Verhaltens durchlaufen ganz gewöhnlich die Entwicklungsphasen im Leben des Kindes, verändern sich dabei und nehmen unter den vielen Einflüssen der Umwelt variable Gestaltung an. Dabei beeinflussen die variierten Grundformen die regulativen Funktionen des älter werdenden Kindes. So stehen sich mit der Zeit gute Steuerbarkeit und schlechte Selbstregulation gegenüber sowie Kontrolle über die eigenen Funktionen und diesbezügliche Unkontrolliertheit. Auf die entstehenden kindlichen Verhaltensweisen reagiert die Umwelt zurück mit Anerkennung oder Ablehnung, so dass regelrechte Kreisschlüsse im Wirkungsgefüge zustande kommen. Die Rückwirkung der Umwelt auf das Kind erzeugt schließlich individuell eine eher positive oder eher negative Gesamteinstellung zum Leben.

Jedes Kind, auch das schwierig veranlagte, das mit ungünstigem Temperament, hat den berechtigten Anspruch, liebevoll großgezogen zu werden. Dies ergibt sich allein schon aus der zuvor herausgestellten Grundposition zur menschlichen Existenz. Kein Kind kommt auf seine Weise veranlagt freiwillig auf die Welt. Es muss das Beste aus dem machen, was es in sich vorfindet. Anders ausgedrückt: Auch für eine problematische, psychosoziale Veranlagung gilt die „Unschuldsvermutung" bis zum Beweis des Gegenteils. Für organisch kranke Kinder gilt dieser Grundsatz schon längst und ist unbestritten.

Ein Beweis des Gegenteils im Hinblick auf die Unschuldsvermutung ist aus philosophischen wie aus humanethischen Gründen ohnehin nicht zu führen. Denn kein Kind ist für das verantwortlich, was in seinen Genen steckt, und schon gar nicht für die Lebensumgebung, die es bei seiner Geburt antrifft. Diese methodische „Exkulpierung" des Kindes unterstreicht es selbst über alle triftigen Begründungen und Erklärungen hinaus, in dem es völlig vorbehaltlos seiner Lebensumgebung begegnet und diese akzeptiert, selbst wenn es sich um die Broken-home-Situation schlechthin handelt. Das Kind liebt seine Eltern ohne wenn und aber, selbst wenn es sich um vernachlässigende und misshandelnde Eltern handelt.

Gerade die zuletzt getroffene Feststellung wirft einen entscheidenden Blick auf die geradezu tragische Verstrickung der Kinder mit solchen Eltern, die oft bis zur Kriminalität aus allen sozialen Bezügen herausgefallen sind. Dass auch diese Eltern wiederum Opfer ihrer einstigen sozialen Lebensbedingungen in der frühkindlichen Entwicklung sind, macht die Beurteilung der transgenerationalen Verhältnisse nach Schuld-Kriterien sicherlich höchst problematisch, wirft aber keinerlei Schuld auf die jetzt lebenden Kinder.

Allerneueste Forschungen aus der Neuro- und Entwicklungsbiologie tragen zur Verwicklung von genetischer Veranlagung und umweltbedingtem Einfluss auf das zum Ausdruck kommenden Verhalten des einzelnen Menschen durch epigenetische Phänomene bei. **Epigenetik** bedeutet, dass sich Gene unter dem Einfluss realer Lebensbedingungen an- und abschalten lassen und somit Erbanlagen und tatsächliches Erscheinungsbild permanent flexibel gestalten. Ein chemischer Vorgang, der Methylierung genannt wird, spielt dabei ein entscheidende Rolle (J. Bauer, 2004, 2007). Das bedeutet, dass ungünstige Lebensbedingungen rückwirkend die an sich günstige genetische Veranlagung negativ beeinflussen und ihre Funktionen in ungünstiger Weise verstellen können. Umgekehrt in positiver Hinsicht gilt selbstverständlich das gleiche Prinzip. Auf diese Weise können anlagebedingte Eigenschaften unter dem Einfluss lebensumweltlicher Bedingungen nachhaltig verändert werden. Bei der Besprechung der einzelnen Verhaltensstörungen bei Kindern werde ich darauf in spezieller Weise zurückkommen.

Ich möchte nun auf die Grundlagen der Entwicklung des Säuglings und Kleinkinds zu sprechen kommen, so wie sie in der modernen Entwicklungspsychologie mehr und mehr zum aktuellen Standard werden. Bei diesen Grundlagen spielt die **Bindungstheorie** (J. Bowlby, M. Ainsworth, 1953, 1978, 2001) inzwischen eine zentrale Rolle. Die Grundlagen der Bindungstheorie, erweitert von mir um die emotionale Integrationstheorie und den Selbstwerdungsprozess (mit der Loslösung), sind so etwas wie die mathematischen Grundformeln der Persönlichkeitsentstehung des einzelnen Menschen und seiner sich daraus ergebenden Beziehungsstrukturen in der Gesellschaft. Diese Grundregeln sind heutzutage nicht mehr zu ignorieren.

Die Bindungstheorie stellt regelhaft die **primäre Bindung** des Kindes an eine Bezugsperson im ersten Lebensjahr in den Mittelpunkt als Grundlage für seine gesamte psychosoziale Entwicklung. Diese Bezugsperson, die **primäre Bezugsperson**, ist im Normalfall die Mutter, kann aber durch den Vater oder auch eine Ersatzbezugsperson ersetzt werden. Auch die Adoptivmutter wird dann primäre Bezugsperson, wenn sie von ganz früh an, am besten gleich nach der Geburt, das Kind angenommen hat (u.a. K.-H. Brisch, 1999, K.-H. Brisch, Th. Hellbrügge, 2007).

Die primäre Bindung ist in der Evolution die logische Fortentwicklung der Prägungsvorgänge im Tierreich beim mit Psyche und Verstand begabten Menschen. Anders als bei der Prägung sind bei der Bindung aber persönliche Fixierungen zu beachten und längere zeitliche Verläufe anzunehmen. Ihr gleich ist jedoch die Festlegung auf ein zeitliches Entwicklungsfenster. Offenbar hat die Natur diesen Weg zur Sozialisation eingeschlagen, um die geistige und psychosoziale Entwicklung des ganz auf Individualität angelegten Menschen auf ein verträgliches, soziales Auskommen vorzubereiten. Denn der von Emotionen unkontrollierte, „kalte" Verstand allein ist schlecht tauglich für ein Leben in sozialer Gemeinschaft. Ohne die soziale Gemeinschaft jedoch wäre die Spezies Mensch auf diesem Globus mit ihrer eher schwachen physischen Natur nicht überlebensfähig. Folglich bedurfte es einer sinnvollen Paarung des Verstandes mit den Emotionen, um die Gemeinschaftsfähigkeit des individuellen Menschen zu ermöglichen und um die Nutzung der Intelligenz in verantwortlicher Form und im Einklang mit den Belangen der anderen Gesellschaftsmitglieder zu sichern.

Von der Bindungstheorie ist es genau genommen nur ein kleiner Schritt zur **emotionalen Integrationstheorie** (R. Posth, 2007). Diese besagt, dass das Bindungsprinzip von seinem zunächst rein sozialen Geschehen zwischen zwei oder mehr Menschen in die seelischen Strukturen seines grundsätzlichen Empfängers, des Kindes, hinein verlagert wird. Die Dynamik zwischen Gelingen und Nichtgelingen der Bindung wird dadurch im Kind selbst gespiegelt, und zwar als günstige oder ungünstige emotionale Konstitution seiner innerseelischen Struktur. Dies geschieht de facto in Form einer im neuronalen Netzwerk gespeicherten **Repräsentation**. Psychosoziale Erlebniszusammenhänge und Erfahrungen werden in Form von neuronalen Netzwerken ein Stück Hirnstruktur selbst. Von dieser Struktur hängt das psychisch gesunde Aufwachsen des Kindes ab. Somit kann bezüglich der Binnenwelt des Kindes nur das Ziel ein Erreichen bzw. Überwiegen von günstigen (positiven) Emotionen sein.

Positive Emotionen kann sich das Kind – von wenigen spontanen glücklichen Augenblicken abgesehen – nicht selbst erzeugen, sondern ist hierfür auf die einfühlsame Interaktion mit der primären Bezugsperson angewiesen. Das ist von der Natur offenbar so gewollt, denn ein Säugling, der mit sich selbst immer glücklich und zufrieden ist (spontaner Hedonismus), hat nicht genügend Interesse daran, Bindung herzustellen und zu erhalten. Die Bindungsstrukturen aber sind Ausgang und Bestandteil späteren Sozialverhaltens. Anders formuliert: Die Unzufriedenheit des Säuglings, herrührend aus allen Entbehrungen, denen er durch die realen Lebensumstände prinzipiell ausgesetzt ist, ist die Grundvoraussetzung dafür, dass er Bindung anstrebt und auf Biegen und Brechen zu erhalten sucht. Notfalls schreit er sich dafür „die Seele aus dem Hals".

Wie nun die Bindung die Grundvoraussetzungen für soziales Leben im einzelnen Menschen schafft, erzielt die **Loslösung** (R. Posth, 2004) die Chancen für ein individuelles Leben innerhalb dieser sozialen Strukturen. Bindung steht für Sozialität und Loslösung für Individualität. Die ambivalente Psychodynamik (Wirkung der Gefühle aufeinander) zwischen diesen beiden Bestrebungen, das heißt der ewig widersprüchliche Kampf des Menschen zwischen einem Leben in Bindung und einem solchen in der gewollten Vereinzelung und Unabhängigkeit (Autonomie), findet hier seine Fundamente und bleibt ihm lebenslang erhalten.

Die Loslösung des Kindes aus der primären Bindung ist denn auch von Anfang an ein von hoher Dynamik gekennzeichneter Vorgang, der je nach charakterlicher Veranlagung zwischen einfachem **Widerstand** und offen ausgetragener **Aggression** hin und hier schwankt. Aggressiv veranlagte Kinder reaktivieren in ihrem Inneren hierfür alle ihnen erblich mit auf den Weg gegebenen, urtriebhaften Angriffsformen vom Hauen/Schlagen der Bezugspersonen bis hin zum Beißen und vereinzeltem Spucken. Gerade letztere Angriffsformen irritieren die Eltern stark, wenn sie nicht über die Hintergründe dieser Verhaltensweisen aufgeklärt sind und nicht wissen, dass der Angriff eigentlich nur ein Scheinangriff ist und von vorübergehender Natur. Wenig aggressiv veranlagte Kinder treten eher als hartnäckige Verweigerer auf oder äußern ihre gegenteiligen Absichten in lang anhaltendem Quengeln und Murren.

Das Generalthema der Loslösung im Kleinkindalter ist das Verhaltensspektrum des **Trotzes**. Von weichen Formen des Trotzes, die sich nur im beharrlichen Widerstand äußern, bis hin zur Zerstörungswut und dem aggressive Angriff kommt alles vor. Eins wie das Andere hat zum Ziel, die Bindungsstrukturen aufzubrechen und über das **Loslösungsvorbild**, das im Idealfall der Vater abgibt, zum individuellen Selbst zu gelangen. Dabei hilft dem Kind der erwachende **Wille**, der die **Selbstbehauptung** zum Ausdruck bringt und das Ich in Szene setzt (R. Posth, 2007).

Kleiner Exkurs über den Willen

Seit der amerikanische Neurophysiologe Benjamin Libet in den Neunzehnhundert-achzigern mit einem Experiment Zweifel an der Freiheit des menschlichen Willens geäußert hat, ist die Diskussion um diese Frage entbrannt. Die moderne Hirnfor-schung ist mit vielen Beiträgen bemüht, eine Klärung in dieser Frage zu erzielen (W. Singer, Th. Metzinger, 2002, G. Roth, 2003). Sie geht in Anlehnung an Libet von der Unfreiheit des Willens aus, weil im Experiment passende Signale im Ge-hirn schon vor der ausgeführten Handlung festgestellt werden können. Die Philo-sophie und die Religionswissenschaften nehmen konträre Standpunkte dazu ein.

Warum ist diese Frage für die frühe Kindheit wichtig? Beim Kind formt sich der **Wille** als bewusstes Entscheidungsinstrument aus den unbewussten Steuerungs-mechanismen der Absichten und des Handelns. Gemeint ist damit der **Drang**, der den Säugling von Anfang dazu antreibt, bestimmte Dinge zu tun. Die entscheiden-de Frage ist dabei die, *will* der Säugling das tun, das heißt, ist es ihm bewusst und ist es geplant oder *muss* der Säugling das tun, weil ihm ein motivationaler Drang dazu treibt.

Wenn der Säugling es tatsächlich *will*, dann müssen ihm Bewusstseinfähigkei-ten unterstellt werden, die ihn auch zu anderen gewollten Absichten und Hand-lungen führen. Es würde bedeuten, dass der Säugling z.B. gezielt schreit, weil er erreichen möchte, dass seine Bezugsperson herbei kommt und ihn füttert oder herumträgt. Es bedeutete weiter, dass er immer mehr schreit, weil er sie herbeizi-tieren will. Das käme auf eine Art Kommandieren des Säuglings aus. Aber zu sol-chen Bewusstseinsleistungen ist das Säuglingsgehirn noch nicht fähig.

Wenn der Säugling in Wahrheit also *muss*, dann können ihm solche Bewusst-seinfähigkeiten (vorläufig) tatsächlich noch abgeschrieben werden, und er er-füllte sich nur ein (angeborenes) Bedürfnis, Sicherheit und Versorgung durch seine Bezugsperson zu erhalten. Sein Schreien entspräche so einem Notsignal aus dem Gefühl der Entbehrung heraus und wäre eine frühe Form des Hilfeschrei-es wie der Schrei des Ertrinkenden, der seine Situation benebelt von Angst schon nicht mehr richtig wahrnimmt (sich später auch gar nicht daran erinnern kann).

Wenn auch der gemachte Vergleich etwas hinkt, weil der Ertrinkende ein Mensch ist, der schon gelernt hat, sich in einer Notsituation richtig zu verhalten, und der Säugling rein intuitiv reagiert und noch keine (wissentliche) Kenntnis von realen Gefahren hat, so erklärt er doch ganz gut, worum es geht. Einmal wird ab-sichtsvolles Handeln unterstellt und damit auch Verantwortung für dieses Handeln und zu anderen wird die Handlung entschuldet, weil der Handelnde, der Säugling, noch gar kein kritisches Bewusstsein über sein Handeln besitzt. Im ersten Fall ge-winnt der Erwachsene daraus das Recht, seinen Säugling erziehen zu wollen, im anderen Fall ist er bereit sich zu unterwerfen und den Säugling rundum und jeder-zeit zu versorgen, wann dieser es einfordert.

Den Säuglingswillen als Drang zu verstehen nähert sich stark der modernen Erkenntnis der Hirnforschung, dass der Wille zumindest nicht so frei ist, wie der

Mensch es sich in seiner **Illusion** zurechtlegt. Das Gehirn reagiert unbewusst schon Bruchteile vorher, bevor der Mensch meint, seine Entscheidung getroffen zu haben. Das jedoch merkt der Mensch nicht, und er bildet sich ein, frei entschieden zu haben. Beim Säugling fehlt einstweilen noch diese Illusion, weil sie ein eigenständiges Selbst mit einem bewussten Ich voraussetzt. Das Körper-Ich allein (s.u.) reicht dafür nicht aus. Neurophysiologische Untersuchungen von A.J. Fallgatter et al. (2004, 2005) an der Universität Würzburg unterstützen diese Position.

In dem geschilderten Rahmen der widerständig-trotzigen Affekterscheinungen löst sich das autonome **Selbst** aus der Mutter-Kind-Dyade (M. Mahler et al., 1980). Die Dyade hat das kindliche Selbst von Geburt an in sich vereinigt, um es in seinem ursprünglichen Werdegang zu unterstützen und in der ersten Zeit vor Beschädigung durch fremde Menschen zu beschützen. Zugleich ist diese anfängliche Dyade zwischen Mutter und Kind ein Tribut der Evolution an die Gemeinschaftsfähigkeit des individuellen Menschen. Denn ein Säugling mit einem bereits definierten, eigenen Selbst liefe Gefahr, sich zu einem Zeitpunkt von seiner primären Bezugsperson loszusagen, da ihm noch keinerlei emotionale und geistige Fähigkeiten für einen solchen Schritt zur Verfügung stehen. In seinem ersten Lebensabschnitt besitzt der Mensch noch keinerlei Rüstzeug, über klare, logische Schlussfolgerungen zu Entscheidungen und sinnvollen Lösungen hinsichtlich seiner Existenz zu gelangen, was nicht heißt, dass er durchaus schon erste geistige Operationen vollzieht. Anders ausgedrückt, ein zu frühes und schon ausgeprägtes Selbst wäre für einen Säugling absolut lebensgefährlich.

Zu dieser Gefahr käme die falsche Einschätzung der an den Bindungsstrukturen beteiligten Erwachsenen, der Säugling sei für sein Handeln, weil von Anfang an ich-konform und authentisch, schon voll verantwortlich. Denn durch ein solches Urteil entstünde ein massives Ungleichgewicht zwischen einem in Wahrheit noch vollkommen unselbstständigen und für sich alleine lebensunfähigen Kind und dem im Leben längst erfahrenen Erwachsenen bei eben nur scheinbar gleicher Verantwortlichkeit für ihr Denken und Handeln. Eine solche Auffassung würfe bei kritischem Hinterfragen schwerwiegende, ethische Probleme in der Beurteilung dessen auf, wie Eltern auf solche Grundlagen gestützt mit ihren Säuglingen umzugehen haben.

Konkret gesagt: Die ständige Beanspruchung der Eltern durch den Säugling aus seiner Hilflosigkeit heraus würde umgedeutet zu maßlosem Eigennutz und uferlosem Egoismus. Die hohen Anforderungen, die der Säugling zwangsläufig an seiner Bezugsperson stellt, würden in Kategorien gemessen wie unrechtmäßige Anspruchshaltung und Schuldhaftigkeit für egozentrisches Begehren. Die Pädagogik, die sich daraus ableitete, wäre zwangsläufig eine negativ ausgerichtete, die darauf abzielte, Einschränkung, Zurückweisung und Bestrafung auszuüben, um der Maßlosigkeit Einhalt zu gebieten. Damit wären die Grundlagen der primären Bindung in Frage gestellt, wenn nicht gar zerstört. Leider sind die hier aufgezählten negativen Folgen derart falscher Prämissen heutzutage durchaus existent.

Um nun die Parallelität von Selbststruktur und Ichempfindung zu verstehen, bedarf es noch einmal eines Rückblicks auf die Bindungsphase. Zunächst einmal muss herausgestellt werden, dass das Ich-Bewusstsein ohne gleichzeitige Selbsterkenntnis nur ein rudimentäres sein kann, das sich allein auf Körperzustände und Eigenwahrnehmung beschränkt. Sigmund Freund prägte vor ungefähr hundert Jahren hierfür den Begriff des Körper-Ichs. Aus dem **Körper-Ich** muss aber ein **persönliches** (geistiges) **Ich** werden, das die **Identität** des einzelnen Menschen in sich aufnehmen und abbilden kann. In der emotionalen Integrationstheorie geht meine Vorstellung dahin, das personelle Ich in seiner Entstehung unter anderem als ein Ergebnis der Aufsummierung positiver Erlebnisse im Zusammenhang mit sich selbst zu betrachten. Hierzu zählen alle positiven Gefühlserfahrungen in der Bindung mit (mutter-kind-)dyadischer Absicherung sowie alle erfolgreichen Handlungserfahrungen auch in der Loslösung, verbunden mit erfolgreicher Willenfunktion und wachsender Authentizität.

Aus der Sicht des Säuglings geht es um die entscheidenden Faktoren wie: Werde ich in der Bindung achtungsvoll aufgenommen und gespiegelt und wie gut gelingt es mir, die Unternehmungen in Bindung und Loslösung auszuführen, die ich beabsichtige? Sie alle verdichten sich im Endeffekt zur anwachsenden Ich-Gewissheit. Die innerseelische Wahrnehmung hierzu lautet: Wird mein Wille respektiert, gibt es ein Gelingen meines Tuns, werde ich positiv bestätigt? Wenn ja, dann bewegt sich die Wahrnehmung der eigenen Person ohne Selbstzweifel auf das Ich zu.

Der emotionale Aspekt des Ichs ist, um es noch einmal in einen Satz zu gießen, das emotionale Produkt des erfolgreich umgesetzten Willens. Diese Ansicht ist weitgehend deckungsgleich mit den modernen Erkenntnissen zur Neurophysiologie und Neuropsychologie (R. Posth, ebd.).

Da der Wille, „technisch" betrachtet, zunächst nur ein Empfinden von Drang ist (s.o. Exkursion über den Willen), durch dessen Erleben der Mensch lernt Handlungen zu konzipieren und Wünsche in Anstrengungen zu ihrer Erfüllung umzusetzen, kommt es darauf an, dem Kind dabei zu helfen, seinen diffusen Drang mehr und mehr in einen gerichteten Willen umzubauen. Denn je dranghafter das Kind in seiner Willensäußerungen verbleibt, desto schwächer sind auch die Grundfesten seines Ichs basiert. Um den zwanghaften Drang in „freiheitlichen", das heißt hier also steuerbaren und gerichteten Willen umzuwandeln, dazu braucht das Kind aber positive Erfahrungen aus seiner Lebensumwelt in Form von persönlicher Befriedigung seiner Bedürfnisse, Anerkennung seines Handelns und Erfolg seiner Bemühungen. In dieser günstigen Konstellation der Willensführung entsteht das, was in der Lerntheorie als **Motivation** bezeichnet wird. Die Bewertung durch die Hauptbezugspersonen gibt zu dieser Entwicklung den entscheidenden Ausschlag. Das anerkennende Wort der Hauptbezugspersonen als das Lob wird mit der Zeit zu einem inneren Wertekanon für das Kind, welcher lebenslang als Grundlage seiner Selbsteinschätzung bestehen bleibt.

Kurz gesagt, nur die sichere Bindung und die zeitgerecht einsetzende und erfolgsversprechende Loslösung sichern den sozialen Rahmen und die Garantie für den entscheidenden Entwicklungsschritt der Ich-Werdung im seelischen Gefüge. Der Umkehrschluss hierzu lautet folgerichtig, unsichere Bindungsverhältnisse und verzögerte oder erschwerte Loslösung erhalten den Drang in starker Funktion und vereiteln es, dass sich ein entscheidungsfähiger Wille ausbilden kann. Das Ich geht daraus geschwächt hervor. Entsprechend drang- und sogar zwanghaft stellen sich diese Kinder im sozialen Kontext dar. Eine angeborene Veranlagung zu Zwanghaftigkeit ist davon allerdings abzugrenzen. Sie ist nach bisherigem Kenntnisstand gekennzeichnet als veranlagter psychopathologischer Prozess in der Stirnhirnfunktion.

An dieser Stelle und auf die Willensausprägung gerichtet möchte ich zur Verdeutlichung des Ganzen einmal die – grob aufgeteilt – zwei verschiedenen Entwicklungstypen unter den Kindern benennen. Da ist zum einen die Gruppe, welche erfolgreich und der Situation weitgehend angepasst mit ihrem Willen umzugehen gelernt hat. Und da ist zum anderen jene Gruppe, welche diesbezüglich nahezu erfolglos agiert und vor allem in der konflikthaften Situation, aber auch bei Misserfolg, unangemessen in heftige Trotzreaktionen ausbricht.

Während die erste Gruppe es bei einem erträglichen Maß von **Trotz** belässt, um sich selbst zu behaupten, reaktiviert die andere ihr gesamtes energetisches und nicht zuletzt auch aggressives Potenzial, um dem erwünschten Ziel der Selbstbestimmung näher zu kommen. In Wahrheit sind die verschiedenen Typen der Kinder im Trotzalter noch ein wenig stärker differenziert, und es gibt manche Übergänge zwischen der einen und der anderen Form. Das hängt mit den verschiedenen Bindungs- und Loslösungsvoraussetzungen zusammen, den unterschiedlichen Lebensbedingungen, denen sich die Kinder in ihrer Entwicklung aktuell ausgesetzt sehen und nicht zuletzt auch mit individuellen, charakterlichen Veranlagungen.

Ist das Trotzalter einigermaßen überwunden (das Entwicklungsfenster hierzu liegt zwischen eineinhalb und drei Jahren), ergibt sich automatisch eine Bilanz zwischen guten und schlechten Resultaten aus dieser Phase. Diese Resultate sind nun gehalten, den **Selbstwert** des Kindes zu repräsentieren und damit den Grad seines bisher erreichten Selbstbewusstseins festzulegen. Es bedarf keiner weiteren Erläuterung dazu, dass diejenigen Kinder aus der Trotzphase mit einem größeren **Selbstbewusstsein** hervorgehen, die ihren Willen unter Kontrolle bekommen haben und demzufolge aus der sozialen Umgebung auch viele günstige Rückmeldungen und Bewertungen als **positive Attribute** zu verzeichnen haben. Dabei zählt auch früh erworbene Bestimmungsmacht über das eigene Selbst als starkes positives Attribut (s. auch 3. Kapitel, Probleme des Selbstbewusstseins).

Dagegen sind die Kinder in ihrem Selbstbewusstsein geschwächt, denen die Schritte zur Aufwertung des Selbst nicht gelungen sind. Statt vieler positiver Attribute mussten sie in ihrem kurzen Leben viele **negative Attribute** hinnehmen und zeichnen sich entsprechend geringwertig aus.

Die ersteren Kinder empfinden in sich ein Gefühl von **Stolz** auf ihre Leistung, wobei es ihnen einerlei ist, ob diese Leistung tatsächlich von ihnen hervorgebracht worden ist oder nur das Ergebnis glücklicher Umstände ist. Die letzteren Kinder empfinden dagegen ein Gefühl von **Scham** in sich und halten sich hierfür in gleicher Weise für die Selbstverursacher. Das hat eine tragische Note, denn was im ersten Fall zum positiven Selbstläufer wird, wird im zweiten Fall zu einem negativen Kreisgeschehen. Negative Kreisläufe aber oder sogenannte Teufelskreise führen ein Kind unter Umständen ins Verderben. Ein Grundmaß an Scham ist aber dennoch in jedem Menschen von Natur aus vorhanden und nivelliert von Vornherein das wachsende Selbstbewusstsein.

Die Kinder jedoch, die zu stark mit Scham behaftet aus der Loslösung hervorgehen, haben genau genommen eine doppelte Schwierigkeit, nämlich erst einmal in sich die Voraussetzungen für eine bessere Selbsteinschätzung zu schaffen und dann noch ihre Bezugspersonen und die Umwelt davon zu überzeugen, dass sie in Wahrheit tatsächlich auch besser sind. Das ist für sie eine kaum zu stemmende Aufgabe, und so sind sie dazu verurteilt, immer weiter auf die anerkennenden Bezeugungen aus ihrem Lebensumfeld zu warten, – oft ihr ganzes Leben lang. Für dieses bald unstillbare Bedürfnis fangen sie mit der Zeit an, regelrecht zu kämpfen.

Dabei verlängern sie das Trotzgeschehen weit über das dritte Lebensjahr hinaus und steigern ihren Selbstbehauptungsdrang in Bereiche einer **permanenten Opposition**. Während um den dritten Geburtstag herum die Kinder anfangen, Regeln zu akzeptieren und sich auf Verhandlungen mit ihren Eltern über die Notwendigkeit des Einhaltens solcher Regeln einzulassen, bleiben diese Kinder widerständig und kämpfen weiter um ihr Selbst.

Stolz und Scham werden nun zu den selbstbewertenden Kerngefühlen in der frühen Kindheit und bleiben es von da an lebenslang in immer komplizierter werdenden Modifikationen. Die Scham spaltet sich dabei zum einen auf in ihre ursprünglich positive Funktion des Selbstschutzes bei stark persönlichen und ins Intime gehende Herausforderungen durch die Gemeinschaft. Die Schüchternheit als Charaktereigenschaft (s.u.) bildet sich in ihr ab. Zum anderen aber sammelt sie die gesamte Negativattribuierung und führt damit die werdende Persönlichkeit in die Krise des Selbst. Auch der Stolz verzweigt sich im weiteren Geschehen in den mehr positiven Bereich der Selbstaufwertung sowie in den mehr negativen Bereich einer zunehmenden Überheblichkeit und sich darauf aufbauenden Arroganz.

Neben der individuellen **Attribution des Selbst** mit Erstellung einer persönlichen Wertigkeit spielen in der weiteren Ausgestaltung der Persönlichkeit immer mehr soziale Faktoren eine Rolle. Da ist zunächst das Abbild der Eltern, das die Kinder in ihrer Innenwelt vereinnahmen als Spiegel für das noch unfertige Selbst. Dazu gesellt sich dann die Gruppenidentität, welche durch Stellung und Rang des Individuums einen wichtigen Beitrag zur Selbstpositionierung leistet. Und da ist nicht zuletzt die geschlechtliche Identität, die die Gruppenzugehörigkeit spezifiziert und eine Rollenzuweisung vornimmt.

Vier Grundrichtungen des **Selbstgefühls** sind meiner Auffassung nach in der hier dargestellten Konzeption zu unterscheiden. Erstens das **ausgewogene Selbst** mit ausreichend positiven Attributen zur eigenen Person. Zweitens das **unausgewogene Selbst**, bei dem die negativen Attribute mehr oder weniger stark überwiegen. Drittens das Selbst, das nicht nur unausgewogen ist, sondern gleichzeitig auch **Minderwertigkeit** in sich verspürt. Und viertens ist das Selbst abzugrenzen, welches ebenfalls als unausgewogen zu gelten hat, aber „**grandiose**" **Züge** angenommen hat. Diese vier Selbsttypen sind aber nur als die Fundamente einer immer weitergehenden und ausgefeilteren Selbstkonstruktion anzusehen. Sie bilden dabei die Grundlagen für das, was im späteren Leben als gesunde oder pathologische Persönlichkeit gewertet wird (s. 6. Kapitel). Die weitere Ausgestaltung des individuellen Selbst, ob gesund oder pathologisch, unterliegt den selbst-regeneratorischen Kräften und dem unendlich variierenden Einfluss der Lebensumwelt. Voraussagen sind schwer zu treffen, obwohl einmal festgelegte Charakterstrukturen im Laufe des Lebens sehr stabil bleiben.

Bildlich kann man sich die Selbstkonstruktion wie ein Gebäude aus Steinen vorstellen, dessen Stabilität letztlich vom Zementgemisch erzeugt wird, mit dem die Steine zusammengeklebt sind. Der Mörtel bzw. der Kitt, der die Steine zusammenhält, ist in diesem Vergleich das verinnerlichte positive Bild, das das Kind durch die vielen Bewertungen seiner Umwelt, vor allem natürlich seiner Eltern, über sich selbst erhält. Das „Gebäude" ist umso stabiler, je besser der Mörtel gemischt ist und je ausführlicher und zielgenauer er im Mauerwerk eingebracht worden ist. Die Qualität des Mörtels gibt diesem Bild in seinem übertragenen Sinn eine wichtige, zusätzliche Aussage. Zement und Wasser müssen in einem guten Mischungsverhältnis stehen. Lob (verbunden mit Stolz) und Kritik bzw. Tadel (verbunden mit Scham) in günstiger Verteilung ergeben ziemlich genau diese optimale Mischung. Ohne ausreichende, substanzielle Beigabe, in diesem Vergleich das Lob, klebt der Zement nicht; zuviel Wasser, im Vergleich der Tadel, macht ihn unbrauchbar. Die Steine stehen dann sehr wackelig aufeinander, das Selbstgebäude wankt.

Stolz und Scham formen nicht nur das Selbst, sondern werden auch zum Erzeuger von **Gewissen** und **Vernunft**, wozu aber das Kind erst das Wertespektrum der Gesellschaft aufgenommen haben muss und die Gepflogenheiten und Normen des Kulturraumes, in dem es groß wird. Aus den bis dahin rein subjektiven und individuellen Einschätzungen müssen jetzt objektive und vor allem sozial konforme werden. Wiederum steht ein komplizierter und von Irrungen und Fallen gespickter Weg vor dem Kind.

Zunächst muss das Selbst vom Ich-Kern ausgefüllt sein und im Zentrum gestärkt werden als subjektives und von allen anderen Menschen getrenntes Sein. Das starke Ich ist, wie ich bereits ausgeführt habe, das Ergebnis positiver emotionaler Integration. Subjektivität wird von nun an für immer als persönliches Dasein erkannt in einer Welt, die sich als objektiver Lebensraum um dieses ganz persönliche Dasein herum bewegt. Aber das reicht noch nicht aus für die Ich-Konformität. Das Kind muss gleichzeitig verstehen lernen, dass es als fertiges Ich mit seinem zugehörigen Selbst nicht manipulativ umgehen kann und sich das Dasein nicht so zurecht biegen und gestalten kann, wie es ihm am liebsten wäre.

Mit etwa vier Jahren beginnt daher der Abschied vom eigenen Ich als Zentrum des Weltgeschehens und die Konfrontation mit der Erkenntnis, dass jeder andere Mensch ein ganz eigenes Ich besitzt mit genau denselben Voraussetzungen und Ansprüchen, die das Kind auch in sich erfährt. Nur ein jedes dieser anderen Ichs hat zu den gemeinsamen Wahrnehmungen und Erlebnissen ganz unterschiedliche Meinungen und Ansichten. Wie macht sich diese Erfahrung konkret im Kind bemerkbar?

Um in diese Veränderung der inneren Welt des Kindes einen Einblick zu geben, möchte ich auf den Begriff des Konfliktes zu sprechen kommen. In den ersten vier Lebensjahren bestand beim Kind der Eindruck, es müsse nur genügend *wollen* und alle anderen Menschen würden sich ihm zuneigen und ihm die Welt passend gestalten. Die Hauptbezugspersonen stellten sich diesem Ansinnen des Kindes auch – mehr oder weniger stark– zur Verfügung und boten ihm damit eine sichere Plattform für seine Aktionen. Konflikte traten entweder im Kind selbst auf, wenn es mehrere, aber sich ausschließende Dinge, gleichzeitig *wollte*. Das bezeichnet man als **Ambivalenz**. Oder sie traten auf, wenn die „Erfüllungsgehilfen", die Eltern und Bezugspersonen, sich dem kindlichen Ansinnen widersetzten. Das führte zum Widerstand und Trotz. Der Konflikt war bisher ein rein personelles Geschehen.

Jetzt aber entsteht der **Konflikt** immer häufiger dann, wenn das Kind Normen, Werte, Sitten und Gebräuche der Gemeinschaft, sprich Regeln und Grundsätze, nicht anerkennen will, verletzt oder sich aus eigennützigen Gründen darüber hinwegzusetzen versucht. Die Personenebene wird zunehmend mit der Sachebene getauscht. Das heißt nicht, dass es keine Konflikte auf Personenebene mehr gäbe, ganz im Gegenteil, aber die Sachebene beansprucht zunehmend mehr Raum und erzeugt eine neue, zweite Dimension, welche dem Kind bislang unbekannt war und es jetzt in völlig veränderte Bezüge stellt.

Es gibt dadurch im Erleben des Kindes eine geteilte Weltwahrnehmung, die **Innenwelt** (der subjektiv-personellen Erlebnisse und Konflikte) und die **Außenwelt** (der objektiv-sachlichen Erlebnisse und Konflikte). Beide Welten werden aber vorerst vom Kind noch als nahezu gleichwertig betrachtet. Viel später wird die Außenwelt dann in der Einschätzung des Kindes bedeutender als die Innenwelt, was zu deren Zusammenbruch führen kann, wenn sie nicht durch starke Ichhaftigkeit stabil genug ist. Das trifft auf die Lebensphase der (Prä-)Pubertät und anschließenden Adoleszenz zu und macht deren immense Schwierigkeit in der neuen Selbstbetrachtung aus. Erst im Erwachsenenalter wendet sich dann wieder die Betrachtungsweise von Innen- und Außenwelt und schafft im besten Fall einen Ausgleich zwischen beiden Blickwinkeln zum persönlichen Dasein.

Bei den Vierjährigen geschieht etwas in der Wahrnehmung ihrer Lebensumwelt, was theoretisch psychologisch betrachtet in die **Theory of Mind** (D. Bischof-Köhler, 2000, B. Sodian, 2003) gekleidet worden ist. Durch die Objektivierung ihrer Wahrnehmung (bisher haben die Kinder wie gezeigt vollkommen subjektiv wahrgenommen und alles nur aus ihrem Blickwinkel gesehen) begreifen die Kinder jetzt, dass die vielen Menschen auch unterschiedliche Wahrnehmungen ein- und derselben Gegenstände und Vorgänge haben und zu diesen Dingen und Ereignissen auch verschiedene Meinungen, Einschätzungen und Gefühle. Die Kinder lernen ihre eigene Perspektive zu überdenken, zu relativieren, sie notfalls zu korrigieren und die Dinge auch mit den Augen des anderen Menschen zu sehen. Dazu brauchen sie aber Menschenkenntnis und die Fähigkeit, sich in die Gefühlswelt anderer Menschen hinein zu versetzen. Es ist die Rede von der erweiterten **Empathie**, deren Grundlagen die Kinder schon im zweiten, dritten und vierten Lebensjahr im Abgleich mit den Gefühlen ihrer Bezugspersonen erworben haben (sollten).

Ausgerüstet mit dem jetzt höheren Grad an Empathie und dem Verständnis von der Verschiedenheit eigener Vorstellungen und denjenigen anderer Menschen beginnt ein neuer Abgleich der kindlichen Verhaltensweisen und Selbstdarstellungen in der Gemeinschaft. Dazu gerät das Selbstbild, das die Kinder bisher erwerben konnten, in den Brennpunkt der Beurteilung durch die Anderen. Die Kinder fangen an sich zu fragen, wie wirke ich auf den Anderen, wie muss ich mich verhalten, um anerkannt zu werden, wie werde ich in den Augen des/der Anderen gesehen usw. Es entsteht auf einmal ein sozial ausgerichtetes **Selbstverständnis**.

Ein weiteres Entwicklungsgeschehen erlangt in diesem Alter große Bedeutung für die Kinder im sozialen Miteinander der Menschen. Sprachliche Entwicklung und Verständnis ihrer eigenen Gefühlshaftigkeit versetzen sie in die Lage, mit den Anderen über ihre Gefühle zu sprechen, anstatt diese immer in Mimik und Gestik zum Ausdruck bringen zu müssen. Das Gefühlsleben der Kinder wird auf diese Weise kommunizierbar und erspart so manchen emotionalen Ausbruch. Zugleich verschafft dieser Schritt dem Kind die Möglichkeit, ein gewisses Quantum an Gefühlslast in sich selbst zum Ausgleich zu bringen und die Gemeinschaft damit nicht mehr zu belasten. Das nennt sich **Affektregulation** oder **Selbstregulation**.

Erfahrungsgemäß gibt es jetzt Kinder, die immer wieder über ihre Gefühle sprechen möchten und auch ihre Bezugspersonen nach deren Gefühlen fragen (Extrovertiertheit), und Andere, die kaum über ihre Gefühle sprechen und sehr verschlossen wirken (Introvertiertheit). Da diese sich nun auch affektiv viel weniger äußern als vorher, kommt man an ihr Gefühlsleben nur noch schwer heran.

Der große Schritt in Richtung sozial verträglichen Verhaltens und Übernahme von Verantwortung für das eigene Handeln, und zwar im Sinne von Schuldhaftigkeit, geschieht auf dem zuvor geschilderten Boden der zunehmenden Selbsterkenntnis mit der Entstehung des Gewissens. Bis dahin wurde Schuld vom Kind nur als Verursachung verstanden. Normen, Werte, Ansprüche, Regeln und Gebote der Gesellschaft werden ab jetzt täglich ergänzt und in einem **Verhaltenskodex** gespeichert. Sich nach diesem Kodex zu richten, hat für das Kind immer dann besonderen Sinn und Nutzen, wenn es dafür gelobt wird und rechtmäßige Anerkennung erhält. Diese Anerkennung kann es auf der Seite der positiven Attribute (oder Attributionen) verbuchen und damit seinen persönlichen Stolz bestärken. Der damit verbundene emotionale Gewinn für das Kind führt zu seiner Bereitschaft, den Anweisungen seiner Eltern oder Erzieherinnen und Erzieher zu **gehorchen**.

Kann das Kind aber diesen Kodex nicht annehmen, begeht es demzufolge Fehler, versagt und wird dafür gescholten oder bestraft, mehrt sich in ihm die

Seite der Scham und unterminiert das noch wenig stabile Selbstbewusstsein. Daher hat ein Kind im Prinzip großes Interesse daran, sich regelkonform zu verhalten. Noch zu starker trotziger Selbstbehauptungsdrang steht ihm dabei aber im Wege. Das Interesse an Regelkonformität wächst stetig an und erhält sich hauptsächlich auf dem Boden positiver Verinnerlichung der elterlichen Zuwendungsangebote aus den frühen Kinderjahren. Hier ist neben der tatsächlich erfolgten Erziehung der Begriff vom **elterlichen Vorbild** angebracht, das an dieser Stelle seine große Bedeutung entfaltet. Das verinnerlichte elterliche Vorbild zeigt sich in der Möglichkeit des Kindes zur positiven **Identifikation** mit seinen Eltern.

Die Verinnerlichung anderer positiv aufgenommener Personen kann fehlende Elternschaft allerdings bis zu einem gewissen Grad ersetzen. Sind aber zu wenig oder keine positiven inneren Personenbilder vorhanden, ist der Boden für dieses wichtige Geschehen in der Sozialisation zu mager und trägt später keine Früchte. Spätestens in diesem Prozess zeigen sich, darauf ist besonders hinzuweisen, die sozialen Erträge des in den ersten Lebensjahren durch hohen Einsatz der Eltern oder weiterer Bezugspersonen erzeugten Seelengrundes.

Ob genügend Stolz oder zuviel Scham das kindliche Selbst auszeichnen, ist ein entscheidender Faktor dafür, wie es sich in der neuen Rolle des Verantwortlichen für sein Handeln einrichtet. Ausreichend stolze Kinder akzeptieren die Regeln leichter und bemühen sich, sie auch zu erfüllen. Ihr Konflikt, der im Abgleich mit den Eigeninteressen und dem natürlichen Egoismus auftritt, wird immer häufiger zugunsten der gesellschaftlichen Normen gelöst. Der weitere Zugewinn an Stolz ist zu verlockend.

Kinder, die von zuviel Scham geprägt sind, sehen in der Anerkennung der Regeln und der Unterordnung ihrer persönlichen Interessen hingegen wenig Sinn. Nichts verspricht ihnen, das Überwiegen der Scham dadurch etwa aufzuheben. Sie stellen sich der Regel lieber entgegen, bestärkt von der Hoffnung, im Üben von Widerstand und Trotz (wie im frühen Kleinkindalter) der Scham ausweichen zu können. Immerhin bleibt ihnen als Trost das Gefühl der Selbstbehauptung. Ein Quäntchen Hoffnung leitet sie allerdings auch, auf diese (paradoxe) Weise dem Stolz doch einen Stück abzugewinnen. Die Eltern oder Erzieherinnen und Erzieher verstehen das verzweifelte Bemühen solcher Kinder in der Regel nicht, da sie mit dem anhaltenden Trotz ernsthaft hadern, und sie beschämen durch ihr Beschimpfen und Bestrafen das Kind noch weiter, das sich dadurch ein weiteres Mal um seine Hoffnungen betrogen fühlt.

Die Scham bleibt aber bei den einen wie den anderen Kindern ein wichtiger Motor für die Bereitschaft, ihr Handeln auf die Gebote der Gemeinschaft abzustimmen. Insofern ist Scham im kindlichen Gefühlsleben ein Element von zentraler Bedeutung. Sie darf nur nicht überwiegen. Die Scham ist hauptsächlich für die Regulation des Stolzes gut, aber untauglich als nahezu einziger seelischer Nährboden.

Auf diese regulative Scham baut sich mithilfe der **Reue** (als Bedauern für die begangene, fehlerhafte Handlung) das Empfinden der jetzt verantwortlichen **Schuld** auf, wenn die geforderte Regel der Gemeinschaft aus Eigeninteresse, aus Protest gegen die Auflagen der Eltern (oder Anderer) oder auch nur aus Versehen gebrochen wurde. Die einsetzende Reue und das Fühlen der Schuld erzeugt dabei eine innere Spannung, die unbedingt auf baldigen Ausgleich drängt, denn Schuld wird normalerweise empfunden als innerer Stress, der abgebaut werden muss. Und empfundene Schuld nährt die Scham.

Als Ausgleich bietet die menschliche Gesellschaft zwei Möglichkeiten: erstens die **Wiedergutmachung** und zweitens den Verzicht auf Wiederholung, die **Unterlassung**. Erst einige Zeit später kommt das rein ideelle Element der verbalen **Entschuldigung** dazu.

Wiedergutmachung und zukünftige Unterlassung sind materielle Formen der Abgeltung von Schuld. Sie werden vom verantwortungsbewussten Kind gerne angenommen. Dabei müssen die von der Gemeinschaft hierzu gemachten Formvorschläge den Möglichkeiten des Kindes entsprechen und sich aller negativ attribuierenden Auswirkungen enthalten. Denn die Wiedergutmachung, in welcher Form auch immer, darf nur zur positiven Attribuierung führen, sonst wird sie in ihrer Chance zur Aufhebung der Schuld wertlos und vernichtet ihr eigenes Konzept. Das Kind muss in sich den Auftrag empfinden, die Wiedergutmachung zu üben, um der Gemeinschaft zu gefallen und von ihr wieder anerkannt zu werden.

Geschehen diese Abläufe in sich folgerichtig durch adäquates Reagieren der Gemeinschaft und fallen auf hinsichtlich der Sozialentwicklung des Kindes bereits fruchtbaren Boden, dann ergibt sich die folgende Gefühls- und Empfindungskonstellation: Die Scham für das Fehlverhalten wird Ausgangspunkt für das Bedürfnis nach Vermehrung von Stolz durch die bereitwillig geübte Wiedergutmachung. Das ist ein hoher Gewinn für das Kind, denn vor Fehlern und vor eigennützigem Streben ist es nie sicher geschützt. Diese Einsicht gewinnt auch das Kind schon sehr früh.

Folglich muss es etwas in sich finden, das es der wiederkehrenden Schuld und der Anhäufung von Scham wirkungsvoll entgegensetzen kann. In der Möglichkeiten der Wiedergutmachung findet das Kind das Gesuchte und wendet so Scham und Schuld um in Reue und Stolz. Diese Wandlung der Gefühle im eigenen Seelenleben von schlecht nach gut (Psychodynamik, s.o.) ist der **Anfang des menschlichen Gewissens** (R. Posth, ebd.).

Und auch umgekehrt lernt das Kind etwas Neues, dass nämlich seine Fähigkeit, Scham zu empfinden und sich Schuld eingestehen zu können, dazu führt, Stolz zu entwickeln. Auch in dieser Umkehr also liegt die Wurzel des Gewissens.

Ich bespreche hier die Entstehung des Gewissens so ausführlich, weil sie am Anfang jedweden nachhaltigen, prosozialen Verhaltens steht und Grundbestandteil der auf Ausgleich und Verträglichkeit ausgerichteten Persönlichkeit des Menschen wird. Alle weiteren, in der Gesellschaft definierten, ethisch-moralischen Verhaltenskodices, alle allgemein gesellschaftlichen Werte und Normen, die Grundsätze des menschlichen, altruistischen Denkens und Empfindens und auch das, was allgemein als Tugend bezeichnet wird, entspringen letztendlich diesem Ursprungsgefüge des emotionalen Ausgleichs von Scham durch Stolz und Schuld durch Reue. Die Wiedergutmachung und später die (präventive) Unterlassung sind zugleich die Chance, das positiv gewendete Gefühlsleben im Inneren in den Augen der Gemeinschaft ereignisnah bestätigen zu lassen.

Erst jetzt ist die Persönlichkeit wirklich bereit, ethische Grundsätze, religiöse Moralkonzepte (gleich welcher Religion) und demokratische Gesetzeskonstrukte in der eigenen Gefühlswelt einzubauen und zu einem dauerhaften Regulativ der ursprünglich auf Eigennutz ausgerichteten Entscheidungskriterien werden zu lassen. Der immer wieder im Inneren zu lösende Konflikt, die „gute Tat" zum Wohle der Gemeinschaft über die „schlechte Tat" zum persönlichen Vorteil zu stellen, kann jetzt auf gesellschaftlich ausgerichteten emotionalen und psychosozialen Grundlagen zugunsten der ersteren gelöst werden. Man darf dabei nicht übersehen, dass dieser Schritt dem Kind schwer fällt, weil es lernen muss, sein hart errungenes Ich und sein tapfer verteidigtes Selbst plötzlich dem Interesse der oder des Anderen und der Gemeinschaft unterzuordnen. Das muss es selbstverständlich nicht jedes Mal, nicht bei jeder Handlung, aber jedes Mal und bei jeder geplanten Unternehmung muss es in Zukunft prüfen, ob eine solche Entscheidung nicht doch geboten ist. Allein das ist schon ein schwieriger, aber wichtiger Schritt in Richtung auf soziale Verantwortung. Dieser wird noch erschwert durch die Tatsache, dass mit zunehmendem Verständnis der Abläufe in der Gesellschaft, die Kriterien für das, was gut und das, was schlecht ist, immer komplizierter zu erfassen sind.

Wenn wir also über Religion und biblische Gebote, über ethische Grundsätze und Verantwortung für die Gemeinschaft, über Rücksichtnahme auf den Anderen und Verzicht auf persönlichen Vorteil, über Ehrlichkeit und Rechtschaffenheit im Handeln in Bezug auf das Kindesalter diskutieren, dann müssen wir erst einmal die hier dargestellten, elementaren Grundlagen offen legen, um zu verstehen, warum das eine Kind dazu in der Lage ist und gehorcht, und das andere Kind nicht, indem es immer wieder gegen die Anweisungen verstößt. Allerweltsformeln wie, dass es eben „gute" und „schlechte/böse" Kinder gibt, oder auch nur gut oder schlecht erzogene, bringen uns in dieser Debatte nicht weiter. Weiter oben hatte ich die Nutzlosigkeit und Unrechtmäßigkeit dieser Klassifikation von Kindern bereits ausführlich erörtert. Interessant und aussagekräftig allein ist die Analyse, warum das eine Kind sich rechtschaffen erziehen lässt und im sozialen Kontext anpassungswillig ist und das andere bereits in diesen jungen Jahren auf ein schlechtes Sozialverhalten zusteuert.

Wenig hilfreich sind, auch das möchte ich noch einmal bekräftigen, medizinisch geprägte Verweise auf angeborene Strukturschwächen in der Hirnausreifung, begründet etwa durch neurophysiologisch-neurochemische Fehlprozesse in den Entscheidungszentren des Gehirns. Die zahlreichen emotionalen Störungen und antisozialen Tendenzen älterer Kinder und junger Erwachsener sind regelmäßig Ergebnis **genetischer** wie **epigenetischer** Einflüsse auf den Persönlichkeitstyp, wenn sie nicht überhaupt rein umweltbedingter Ursache sind; das heißt angeborene Charaktermerkmale treffen immer auf mitgestaltende, umweltbedingte und soziale Einflüsse. Die sozialen Einflüsse wiederum wirken auf die Gene zurück und bestimmen, welche von ihnen in verstärkter Funktion bleiben und welche nur noch abgeschwächt arbeiten oder gänzlich abgeschaltet werden (Methylierung, s.o.). Nur in der gemeinsamen Auswirkung von Anlage und Umwelt auf die individuellen, genetischen Voraussetzungen werden diese beiden Kräfte prägend für die Ausdifferenzierung des menschlichen Gehirns und die damit verbundenen Affektformen und Verhaltensweisen.

Einfacher ausgedrückt: Kein Kind kommt mit schlechten, antisozialen Genen zur Welt, kein Mensch ist von Geburt an böse. Jeder Mensch trägt günstige und ungünstige Anlagen in seinen Genen, und was daraus im Leben als Persönlichkeit entsteht, ist allein das Gemeinschaftsprodukt dieser Anlagen im Zusammenwirken mit den Einflüssen aus seiner Lebensumwelt.

Die Frage nach guten und bösen Kindern ist eine Äußerung aus den Zeiten der Unaufgeklärtheit des Menschen und rührt an Aberglauben und Mythos. In den Zeiten der Aufklärung, in denen der Glaube an den Teufel, die Erbsünde und das angeblich Böse im Menschen in Vernunft orientierten Wertmaßstäben über den homo sapiens seine Geltung verliert, muss das ganze Menschenbild neu entworfen werden. Die Wissenschaft mit ihren diesbezüglich wertfreien, physiologischen Einblicken in menschliche Hirnfunktionen, sowie ihren vorurteilsfrei formulierten psychologischen Erkenntnissen über das menschliche Wesen, ist die wichtigste Triebfeder in der Entmythifizierung des Menschen und seiner Rehabilitierung als höchstes Lebewesen in der Natur. Jede Verteufelung seiner Nachkommen, der Kinder, ist ihm ebenso abträglich wie jede Vergötterung.

Noch ein weiterer Punkt in der Anschauung über die Entwicklung des Menschen im Kindesalter muss neu gefasst werden. Es handelt sich um die grundsätzliche pädagogische Ansicht, dass schlechte Eigenschaften oder unsoziale Verhaltensweisen des Kindes durch Grenzen setzende, erzieherische Maßnahmen auszumerzen seien und an deren Stelle allein durch pädagogische Korrekturen Vernunft und Prosozialität zu setzen sind. Vernunft lässt sich nicht „autoritär" verordnen und prosoziales Verhalten ist nicht das Ergebnis von wie auch immer streng geführten Belehrungen. Ausschluss aus der Gemeinschaft und andere Strafmaßnahmen, körperlich wie seelisch, führen höchstens durch Angst zur Verhaltenskorrektur und nicht durch eine nachhaltige Wandlung des Charakters. Überhaupt lässt sich der Charakter eines Menschen durch Strafen nicht so zurechtbiegen, wie es die Gesellschaft gerne hätte oder gerade braucht. Allenfalls kommt ein Persönlichkeitsphantom zustande, welches eine Zeit lang angepasst reagiert, im entscheidenden Moment aber seine Maske fortwirft und sich wieder mit seinem wahren Gesicht zeigt. Im schlimmsten Fall rächt sich dann das Individuum für die Last der Auflagen, denen es sich jahrelang hat unterwerfen müssen.

So ist es auch verständlich, dass indoktriniert und von oben herab verordnete Moral- und Normkonzepte nicht einfach per Gehorsam von der Vernunft vereinnahmt werden, sondern immer nur als eine Art Fremdkörper im eigenen Verhalten mit sich geführt werden. Solche Konzepte werden eines Tages voller Lust abgestreift und oft in ihr Gegenteil verkehrt. Diesen Moment empfinden dann die „indoktrinierten" Individuen als Befreiung, jedoch ohne zu wissen, welche wahre und in sich gewachsene Moral sie an deren Stelle setzen könnten. Eine solche Befreiung ist also nicht gleich der Übergang in eine Gemeinschaftsform voller Prosozialität und Menschlichkeit, sondern immer nur der Anfang eines Gruppenverhaltens und einer Gesellschaft, die auf einem Flickenteppich einstmals verordneter und jetzt selbst neu entworfener Moralität und Ethik steht.

In der Regel wird in solchen Momenten auf religiöse Grundsätze zurückgegriffen, weil diese über die Zeiten und die verordneten Norm- und Wertekodices hinweg als untadelig angesehen wurden und mit ihrer transzendentalen Logik die Ratlosigkeit in der eigenen Ethiksuche immer ausgefüllt haben. Dass auch in diesem Zugriff auf ein Wertesystem nur die Unterwerfung unter externe Einflüsse vollzogen wird, wird von den Menschen dadurch gerechtfertigt, dass sie ihre eigene biologische Herkunft in dieses System einflechten können (die Genesis) und das Transzendentale im Selbst verorten (Gott ist im Menschen).

Das hier vorgestellte Konzept der Werteschaffung im einzelnen Menschen sieht die Wurzeln hingegen in der emotionalen, und sich auf ihrer Basis zunehmend auch kognitiv ausgestaltenden Entwicklung des Kindes, so wie ich es ausgeführt habe. Das positive, eigene Gefühlsleben und die Befriedigung bei der erfolgreichen, persönlichen Verwirklichung in der menschlichen Gruppe, größeren Gemeinschaft und schließlich ganzen Gesellschaft ist der Ursprung aller Moralität und Prosozialität. Entscheidend hierfür ist ein von Stolz erfülltes Kind, das Herr über seine Scham werden kann, das Identität in sich selbst sowie in einer seiner Persönlichkeit nahe stehenden Gruppe fühlt und das seine Leistung in dieser Gruppe anerkannt weiß. In dieser Hinsicht ist die Gruppe sehr viel mehr das Idol als irgendein einzelner Mensch. Aber diese Identifikation mit der Gruppe hat nur solange Bestand, solange diese die Authentizität des Einzelnen wertschätzt und anerkennt.

Von diesem Standpunkt aus betrachtet, ist die Erklärung des Bösen im Menschen und in der Gesellschaft plötzlich eingängig und verständlich. Hat man erkannt, wie sich das Gute im Menschen entwickelt, ist der Schritt zur Erklärung des Bösen nicht mehr groß. Antisozialität, fehlende Moral und Ethik, die Beugung des Rechts und die totale Aberkennung der menschlichen Würde sind in diesem Zusammenhang nur die absoluten Endpunkte einer gedachten Linie, an deren Ansatz die kleinen Boshaftigkeiten, Regelübertretungen und Provokationen des Kindes stehen. In gewisser Weise treten alle Menschen in ihrer Kindheit vorübergehend diese Entwicklung an, bleiben aber ganz im Rahmen ihrer natürlichen Grenzen für Aggression gegenüber den Beziehungspersonen und Gruppenmitgliedern. Je größer die Liebe zu den Beziehungspersonen, ob einzelne oder in der Gruppe, geworden ist, je stärker die Identifikation mit diesen in der eigenen Gedanken- und Vorstellungswelt zustande gekommen ist, desto klarer sind diese natürlichen Grenzen und bedürfen kaum einer größeren Sanktionierung durch die Gemeinschaft.

Im gegenteiligen Fall beginnt an dieser Stelle jedoch der Weg in die Aggressivität dem Anderen und vor allem der Gemeinschaft gegenüber, weil sich das Kind in ihr nicht anerkannt und aufgehoben fühlt. Denn an dieser Stelle beginnt sein erbitterter Kampf ums Selbst unter Aufopferung der Bindungsprinzipien. Das geschieht keineswegs bewusst, dem Kind ist das alles überhaupt nicht klar, es handelt nur passiv unter dem Druck seiner Lebensumstände. Wird dabei der Stolz der Scham nicht mehr Herr und beginnt die Scham das Innenleben des Kindes auszuhöhlen, ist der Weg in die Antisozialität vorgezeichnet.

Nun bedarf es nur einiger weniger weiterer Weichenstellungen im Leben, dass dieser Weg der Vollendung entgegen geht. Gewalterfahrungen in der eigenen Familie, sowohl an sich selbst als auch an anderen Familienmitgliedern, permanente Zurückweisung, Demütigung und Liebesentzug, Orientierungslosigkeit im Beziehungsgefüge zwischen sich und den Eltern oder Verlust wichtiger Bezugspersonen, alle diese Vorgänge und Ereignisse in der Gesellschaft sind geeignet, diesen Weg nicht mehr abbrechen zu lassen, um in die Prosozialität zurückzukehren. An irgendeinem Punkt dieser Unumkehrbarkeit wird die in der Scham zum Ausdruck kommende, eigene Wertlosigkeit zur Triebfeder für jedes weitere Agieren und Handeln in der Gesellschaft, das fern ab jeder Werteakzeptanz und Moral zu einer auf Selbstverteidigung beruhenden Dauerkampfhaltung geriert.

Das Fatale an dieser Entwicklung ist, dass mit zunehmendem Bewusstsein und größer werdendem Verständnis von der Lage der eigenen Existenz der schlechte Bodensatz in der Persönlichkeit als Rechtfertigung einer gezielten Aggression auf die Gruppe und schließlich die ganze Gesellschaft benutzt wird, und das noch nicht einmal zu Unrecht. Das Kind hat sich ja eine solche Ausgangslage seiner Persönlichkeitsentwicklung nicht freiwillig ausgesucht. Es ist zunächst einmal selbst Opfer, das durch spätere Fremdopfer nur die eigene Opferposition rächen will. Natürlich hat der Jugendliche und junge Erwachsene, der einmal dieses in den Abgrund gestoßene Kind gewesen ist, keine Legitimation für sein Handeln, stellt er sich doch außerhalb der Normen, Rechte und Gesetze in unserer Gesellschaft. Aber den Sprung von der Notwendigkeit einer Erduldung seiner persönlichen Entwicklung, seiner verpfuschten Biographie, hin zu der Akzeptanz der Gesetzesnormen in der Gesellschaft und der Rechte des Anderen ist für ihn kaum noch zu vollziehen. Zu weit ist die emotionale Kluft geworden zwischen der Rache für das erlittene, persönliche Leid und dem Mitleid mit den von ihm angegriffenen Menschen. Dazu kommt, dass die regulierenden, sich selbst besänftigenden Fähigkeiten der Empathie nicht mehr haben mitwachsen können, so dass am Ende eine fast mitleidlose Haltung dem Anderen gegenüber resultiert.

In den Kapiteln über die einzelnen Schritte der oppositionell-aggressiven Entwicklung sowie der Persönlichkeitsentwicklungsstörungen wird der Faden an dieser Stelle wieder aufzunehmen sein.

2. Einstig in die Elternberatung, die Frage familiärer Gewalt und das Strafen

Der nächste Schritt in der Besprechung über das Seelenleben der Säuglinge und Kleinkinder soll sich mit konkreten Grundlagen für all diejenigen Personen beschäftigen, die sich mit dem Aufziehen von Kindern befassen, sei es aus Gründen der Berufung wie bei der eingegangenen Elternschaft oder aus Gründen frei gewählter Profession wie bei Erzieherinnen und Erziehern oder Sozialpädagoginnen und -pädagogen. Dabei will ich im Unterschied zu allen bisher vorliegenden Ratgebern zu diesem Thema vor allem den von Gefühlen geprägten Entwicklungsprozess des Kindes mit konkreten frühkindlichen Verhaltensweisen in Beziehung setzen. Dadurch will ich eine Erklärung dafür geben, wie und warum es richtig ist, auf die jeweiligen Ausdruckweisen der Kinder in einer bestimmten Form zu reagieren.

Als Grundlage für solche Erklärungen verstehe ich die Ausführungen, die ich im vorigen Kapitel über den emotionalen und psychosozialen Werdegang des Kindes gemacht habe und die mit der **Theorie der Bindungsverhältnisse** zwischen Eltern und Kindern bereits von Geburt an in Zusammenhang stehen. An dieser Stelle will ich sie noch einmal schlagwortartig zusammenfassen, damit die nachfolgenden Empfehlungen direkt verständlich werden.

Auf die kognitiven Entwicklungsschritte, das heißt den geistigen Werdegang des Kindes, gehe ich nur insoweit ein, als er mit der konkreten Erziehung in direkter Verbindung steht. Das eigentliche Lernen und der Bildungsprozess sind ein Sonderkapitel in der frühkindlichen Entwicklung, für das es einen eigenen Ansatz und eine spezielle Literatur gibt. Beides soll an dieser Stelle nicht abgehandelt werden. Die Entwicklung des Kindes im Schulalter ist dann noch einmal ein ganz eigenes, umfangreiches Thema, das ich hier ebenfalls nicht abhandeln kann.

In der emotionalen und psychosozialen Entwicklung des Kindes gibt es mehrere große Entwicklungsabschnitte, die einigermaßen trennscharf voneinander abgegrenzt werden können. Ich meine damit die Phase der Bindung, die der Loslösung und Selbstentfaltung, die Phase der Rollenerfahrung in der Gruppe und in der größeren Gemeinschaft sowie die Darstellung des erreichten Selbst in der Gesellschaft (wozu letztlich auch das Schulalter und die Pubertät gehören). Diese Phasen bauen schrittweise aufeinander auf und stabilisieren sich hauptsächlich „von unten" durch das erfolgreiche Durchlaufen der jeweiligen Vorphase(n). Ganz generell lässt sich sagen, dass die soziale Entwicklung des Kindes umso günstiger und von Einbrüchen und Rückentwicklungen weniger bedroht verläuft, je stabiler die vorhergegangenen Phasen zum Abschluss gekommen sind. Also eine gute oder sichere Bindung schafft ideale Voraussetzungen für eine glückende Loslösung, eine gelungene Loslösung wiederum gute Voraussetzungen für ein ausgewogenes Selbst verbunden mit einem für kindliche Verhältnisse starken Selbstbewusstsein. Das ausgewogene Selbst schafft seinerseits günstige Voraussetzungen für ein anpassungsfähiges Sozialverhalten, die sogenannte Sozialkompetenz, das heißt für eine überzeugende Erfüllung der Rollenfunktion in der Gesellschaft, und diese wiederum setzt die Koordinaten für eine überzeugende Selbstdarstellung im ganzen späteren Leben.

Nun verläuft erfahrungsgemäß die Entwicklung des Kindes trotz aller Bemühungen der Eltern und Erzieherinnen und Erzieher nicht immer so glatt und reibungslos, wie diese es sich wünschen. Die Ursachen hierfür sind mannigfaltig und liegen sowohl in persönlichen Lebensumständen des betroffenen Kindes als auch in allgemeingesellschaftlichen Problemen. So sind an erster Stelle neben den charakterlichen Anlagen des Kindes die individuellen **Beschränkungen der Eltern** zu nennen, die von einem persönlichen, psychischen oder psychosozialen Defizit verbunden mit einer Unfähigkeit zur Elternschaft, bis hin zu rein sozialen Gründen in den aktuellen Lebensverhältnissen reichen. Als **allgemeingesellschaftliche Probleme** verstehe ich die Lebenssituation des Kindes, wie sie durch sozialpolitische Vorgaben beeinflusst wird.

Die Schuldfrage einer fehlerhaften Entwicklung des Kindes, die eigentlich nur im Sinne von Verursachung von Interesse ist, ist demzufolge immer äußerst schwierig zu beantworten. Neben vielen Vorwürfen, die man Eltern machen kann, gibt es auch genügend Gründe für ihre Entlastung, wie psychische oder körperliche Erkrankung, Verlust des Arbeitsplatzes, finanzielle Verschuldung, Trennung eines Elternteils von der Familie usw. Dennoch bleiben das Elternhaus und die unmittelbare soziale Lebensumgebung des Kindes mit all ihren Licht- und Schattenseiten die Hauptursache für die mögliche psychosoziale Fehlentwicklung. Das Kind selbst kann nicht Schuld an seiner fehlerhaften Entwicklung sein, denn selbst schwierigste Anlagefaktoren im Charakter sind wie angeborene Krankheiten immer nur genetische Merkmale und damit Mitgaben der Natur. Keinesfalls sind sie die Wahl des Kindes selbst. Die Schuldfrage ist damit also zugunsten des Kindes geklärt. Was im Leben des Kindes an Persönlichkeitsmerkmalen aus diesen Anlagen wird, liegt nur zum kleinsten Teil in seiner eigenen Hand. Der Hauptanteil geht auch hier zu Lasten der Familie und der Gesellschaft.

Häufig ist es auch der fehlende Rückhalt in der sogenannten **Großfamilie** mitverursachend für ein Versagen der Elternschaft. In diese „Großfamilie" gehen neben den Großeltern auch die vielen weiteren Familienmitglieder mit ein. Es fehlt den Eltern dadurch an notwendiger Unterstützung. Solche familiären Beschränkungen können sich ungünstig aufsummieren und die Verhältnisse schwierig gestalten. Die gebrochenen Familienverhältnisse sind meist offenkundig und schnell auszumachen.

Noch viel schwieriger zu erkennen sind die zahllosen subtilen Störungen im innersten Familiengefüge, die sich nach außen höchstens einmal durch besonders strenge Erziehung, offenkundige emotionale Zurückweisung des Kindes oder dem einen oder anderen **gewaltsamen Übergriff** bemerkbar machen. In diese Kategorie gehören auch die Familien, in denen es um psychische Stigmatisierung von Kindern geht oder um verborgenen sexuellen Missbrauch. Solche Familien gelten nach außen zumeist als unauffällig und intakt. Erst wenn es dann bei den pubertierenden Kindern zu einer dramatischen Abwendung von der Familie kommt oder zu extremen Gewaltausbrüchen, kommt ein Verdacht auf. Notorisch stellt sich die Frage nach dem Warum für einen solchen Gewaltausbruch.

Während in den „**Broken-home-Familien**" Gewalttaten gegenüber Kindern oft an der Tagesordnung sind, finden sie in den „verschwiegenen" Familien statistisch gesehen seltener statt, aber nicht unbedingt mit geringeren Folgen. Dieser Faktor wird häufig unterschätzt. Sowohl **offene** als auch **versteckte Gewalt** wird von den Kindern nicht gleich offenbart. Das kann soweit gehen, dass Kinder, die Gewalt nahezu täglich in der Familie erleben mussten (nicht nur an sich selbst), später wie abgestumpft ein gewisses Maß an Gewalt an sich selbst ertragen und nichts davon nach außen tragen. Dabei sind es eher diejenigen, denen Gewalt sehr gezielt und in Einzelaktionen von ihren Eltern zugefügt wurde, die später zu schweren Gewaltausbrüchen neigen. Jede an sich selbst erfahrene Gewalt in früher Kindheit prägt das Gehirn wie eine Sprache.

Der entscheidende Faktor bei der Gewalterfahrung ist die Art und Weise, wie dabei die Persönlichkeit des Kindes beschädigt wird. Erscheinen die Eltern selber eher wie Opfer ihrer Affekte und prügeln und demütigen sie aus einer eigenen Versagenssituation heraus, bleibt die Persönlichkeit des Kindes weitgehend unangetastet, und das Kind ist in der Lage, das Geschehen vom eigenen Kern abzuspalten. Sogar mitleidige Gefühle den Eltern gegenüber kommen bei den Kindern auf (bis hin zur Parentifizierung, s.u.). Hingegen ist die Erfahrung jeder kalten Berechnung im Prügelszenario oder in der – oft notorischen – Abwertung und Demütigung der eigenen Person pures Gift für das Selbstbewusstsein und zersetzt massiv die frühen sozialen Kompetenzen. Gerade die versteckte Gewalt findet auch in denjenigen Familien statt, die man gerne zu den sozial intakten zählt.

Was überhaupt zur Gewalt an einem Kind zählt, stellt eine weitere Unschärfe in der gesellschaftlichen Wahrnehmung, Darstellung und Interpretation von erziehungspraktischen Handlungen dar. Dadurch werden Irrtümer vorprogrammiert und wichtige pädagogische Fragen, vielleicht bewusst, unbeantwortet gelassen. Kann es z.B. wirklich als ein Teil verantwortlicher Erziehung gelten, weil mit dem Ziel von Ertragensfähigkeit und Rücksicht Anderen gegenüber verbunden, wenn man den kleinen Säugling stundenlang schreien lässt, damit er endlich Ruhe gibt und einschläft? Oder ist das schon Gewalt? Ist der berühmte Klaps auf die Finger oder den Po berechtigtes Erziehungsinstrument, um das ausgesprochene Verbot zu unterstreichen und die geforderte Unterlassung beim Kind zu erzwingen, weil es das wörtlich ausgesprochene Verbot nicht akzeptiert? Oder ist das nicht längst auch schon Gewalt? Ist der demonstrativ missachtete Trotzanfall des Zweijährigen eine berechtigte Reaktion von aufs Äußerste herausgeforderten Eltern oder doch eine Kränkung des in seelischer Not befindlichen Kindes? Ist verbale Abstrafung mit Beschimpfungsvokabular in Wahrheit nicht doch eine Form von Gewalt oder nur erregtes Abreagieren entnervter Erwachsener, die keine bessere Wortwahl finden? Wie ist es mit dem Ausgrenzen des Kindes vom gemeinschaftlichen Tisch, wenn es nicht essen mag, oder dem bewussten Alleinlassen am Abend im Bett, wenn es nicht einschlafen will? Alles Formen von Gewalt oder berechtigte Erziehungsinstrumente für ungehorsame Kinder?

Das Thema **Strafen** mit all dem, was dazugehört, ist bei den vorangegangenen Formulierungen erzieherischer Maßnahmen noch nicht zur Sprache gekommen. Dennoch ist klar, dass es sich bei den geschilderten elterlichen Reaktionen um ein Bestrafen handelt. Heißt das nun, Strafen ist berechtigte Erziehungsgewalt der Eltern oder nur der unberechtigte Rachefeldzug der Erwachsenen gegen den kindlichen Widerstand? Was genau ist also Gewalt gegen das Kind?

Ich möchte den Begriff „**Gewalt gegen das Kind**" in sechs möglichen Formen eines elterlichen oder von fremden Personen ausgeführten Übergriffs zusammenfassen:

a) Gewalt gegen das Kind fängt an bei der kalkulierten Missachtung seines berechtigten Wunsches oder Bedürfnisses, ganz gleich, ob diese Äußerung zur passenden Zeit oder im falschen Augenblick kommt. Dazu zählen insbesondere auch körperliche Vernachlässigung, Freiheitsentzug und Bestrafung durch Vorenthalten von Lebensmitteln.

b) Gewalt gegen das Kind ist jede Erzwingung kindlicher Reaktion oder Verhaltensweisen, die durch übermäßige verbale oder körperliche Macht erreicht wird. Dazu zählen insbesondere Anschreien, Anbrüllen, heftiges Stoßen und Zerren, an den Ohren ziehen usw.

c) Gewalt gegen das Kind ist jede Form von Beschreibung seiner Persönlichkeit, die geeignet ist, sie zu unterminieren oder zu demontieren, um damit bestimmte Verhaltensweisen auszulösen. Dazu zählen insbesondere Beschimpfung, Verächtlichmachung, gezielte Herabsetzung und Entwertung, entwürdigende Vergleiche usw.

d) Gewalt gegen das Kind ist jede Form von körperlicher Bestrafung und jede Form von seelischer Entblößung oder Beschämung. Dazu zählen insbesondere gezielte Schläge (mit und ohne Gegenstand), Prügel, zu hartes Anfassen, Zwingen zu unwürdigen Handlungen, Isolation oder Wegsperren, Quälen usw.

e) Gewalt gegen das Kind ist jede Form von sexueller Verfrühung und Nötigung. Dazu zählen insbesondere die Erzwingung von Körperkontakt (auch das ungewollte Küssen), die ungewollte Entblößung vor anderen Menschen (außer bei medizinischer Notwendigkeit), das gezielte Anwenden sexualisierter Sprache vor dem Kind, die Zweck gerichtete sexuelle Manipulation, die päderastische Ausnutzung usw.

f) Gewalt gegen das Kind ist auch, es Erlebnissen und Bildern auszusetzen, die Inhalte von Gewalt darstellen oder die grundsätzlich seinem Entwicklungs- und Reifestand zuwider laufen. Insbesondere sind auch eindeutig sexualisierte Bilder damit gemeint.

Das Thema Gewalt gegen Kinder rührt an das Thema Strafen von Kindern. **Strafe** wird nicht nur in unserer christlich abendländischen Kultur als Erziehungsmittel gegen Ungehorsam propagiert und zugleich reichlich angewandt. Vermutlich gibt es überhaupt keine größere menschliche Gemeinschaft auf der Welt und keinen Kulturraum, in der die Menschen ernsthaft bestrebt sind, ohne Strafen in der Erziehung von Kindern auszukommen. Die Methoden der Strafen sind von Ort zu Ort und in den verschiedenen Weltanschauungen jedoch sehr unterschiedlich. Gewöhnlich werden körperliche Strafakte angewandt und so wird Strafe landläufig auch verstanden. Aber z.B. können auch Verbote von beliebten Tätigkeiten, Einschränkung der persönlichen Freiheit, Ausgrenzung aus dem sozialen Mittelpunkt (in die Ecke stellen, „stiller Stuhl") sowie Verhinderung und Entzug von lebensnotwendigen Verrichtungen Strafen darstellen. In den Religionen wird Strafe durch Schuldzuweisung und Ausschluss von der Erlösung ausgesprochen.

Grundsätzlich geht es darum, durch Androhung oder tatsächlicher Erzeugung von Schmerz und Angst, durch Entzug von Liebegewordenem oder durch Zwang zu unliebsamen Handlungen ein unerwünschtes Verhalten des Kindes zu begrenzen, zu beenden und in ein von der Erzieherin/vom Erzieher erwünschtes Verhalten umzuwandeln. Legitimation hierfür ist regelmäßig die wohl unausgesprochene Überzeugung, dass die Erwachsenen oder Erzieher als schon erzogene Menschen das Recht haben, die Kinder als die noch zu Erziehenden mit den von ihm gewählten Mitteln und Methoden erziehen zu dürfen. Dieses Recht wird sogar noch in eine moralische wie gesetzliche Pflicht umgewandelt, um der Notwendigkeit solcher Maßnahmen Nachdruck zu verleihen. Gesetzesinhalte und religiöse Gebote werden gezielt aufgestellt und bei der Sanktion hinzugezogen, um sowohl vom weltlichen als auch vom religiösen Bereich Untermauerung für das Züchtigungsrecht am Menschen herzuleiten. Der Skeptiker muss sich fragen, wo dieses Recht am Menschen übergeht in Anmaßung diesem anderen Menschen gegenüber. Die Frage ist explizit auch im Verhältnis zwischen Erwachsenem und Kind zu stellen.

Ohne diese Fragestellung hier auszudiskutieren, möchte ich mich im Folgenden, dem konkreten Geschehen im Aufziehen von Säuglingen und Kleinkindern zuwenden. Bei den zu gebenden Antworten wird klar, welche Antwort auch auf die noch im Raum stehende Frage zu geben ist und wie menschlich-respektvolle Erziehung zu verstehen ist.

Mit dem bisher angesammelten und in den einzelnen Kapiteln noch weiter auszuführenden Rüstzeug zur Betrachtung des erzieherischen Umgangs mit Säuglingen und Kleinkindern, möchte ich mich im Folgenden also auf spezielle Fragestellungen konzentrieren. Bei meinem Vorhaben habe ich wegen der im gesellschaftlichen Zusammenleben schier unbegrenzten Zahl möglicher psychopädagogischer Konstellationen die einzelnen Fragen zu kleinen Komplexen zusammengefasst und dabei auf allzu persönliche Formulierungen verzichtet. So lassen sich die vielen Einzelvorkommnisse in der Erziehung etwas vereinheitlichen und in einem Komplex besprechen.

3. Elternberatung für Säuglinge und Kleinkinder anhand von Fallbeispielen

Eingangsbemerkung zu den ersten Lebensäußerungen

Bei der konkreten Elternberatung möchte ich, wie es die Chronologie des Lebens vorgibt, mit dem Neugeborenen und kleinen Säugling anfangen. Drei große Themenkomplexe stehen am Anfang des Lebens im Verhältnis zwischen Eltern und ihrem Kind zur Debatte. Erstens das **Schreien** und die anderen stimmlichen Lebensäußerungen, zweitens die Frage des Tag- und Nachtrhythmus mit dem **Schlafen** und Wachsein und drittens die Fragen der **Ernährung**. Ernährungsfragen haben aber in diesem Zusammenhang bis auf die Problematik der Trimenonkoliken kein großes Gewicht.

Die Problematik des **Geburtstraumas** möchte ich aus methodischen Gründen hier nicht ansprechen. Zu viele weltanschauliche oder auch spirituell-esoterische Aspekte haben diesen Augenblick im menschlichen Leben überfrachtet. In meiner Auffassung ist die Geburt nichts mehr als eine von der Natur nicht anders zu lösende Herausforderung des Menschen an seine Überlebensfähigkeit beim Übertritt in die Welt außerhalb des Mutterleibes. Sie ist, wie ich meine, viel weniger emotionalen Aspekten unterworfen, als wir erwachsenen Menschen oft annehmen. Das Neugeborene kommt unter dem Druck natürlicher Kräfte in der Gebärmutter zur Welt und empfindet dabei vermutlich weder Glück noch Unglück. Das einzige, was es empfindet, ist ein ungewöhnliches Maß von Stress und vielleicht auch Schmerz, den es bisher noch nie empfinden musste und den es einfach nur hinnehmen kann. Jedes Wehren dagegen führte über kurz oder lang zu seinem Tod. Dieser enorme Stress ist aber die erste Quelle von Angst im Leben, und worum es in den ersten Lebensmonaten im Gefühlsleben des Säuglings geht, wenn er sich nicht in der Mutter-Kind-Dyade (s.o.) abgesichert erlebt, ist eben Angst, das Gefühl, das ich auch als **Urangst** bezeichne.

Die natürliche emotionale Prägung des Neugeborenen auf Angst entspricht der Erfahrung im Umgang mit Neugeborenen und kleinen Säuglingen. Sind die ersten Wochen eines schlafähnlichen Zustandes vorbei und zeigt sich immer mehr Wachheit und Aufmerksamkeit im Wesen des Säuglings, entsteht auch sogleich seine große Irritierbarkeit im Hinblick auf innere Ruhe und spontane Zufriedenheit. So entwickelt sich seine Neigung, bei fehlender Bedürfnisbefriedigung und Abwesenheit der Bezugsperson – je nach Veranlagung seines Temperaments – schnell und lauthals zu schreien. Dieser Schrei kann von der Bezugsperson nun als Hilfeschrei, als Ärger- oder Wutschrei oder als Angstschrei gedeutet werden. Die Deutung des Schreis ist schwierig und setzt einige Erfahrung voraus. Denn die Intonation entspricht oft mehr dem Temperament des Kindes als der Formulierung eines differenzierten Inhalts. Diese in der Natur der Sache liegende Problematik ist der Ausgang über Jahrhunderte sich hinweg ziehender Irrtümer und Unterstellungen in Bezug auf das **Säuglingsschreien.**

Möglicherweise sind ganze Kulturen daran beteiligt, den Schrei des Säuglings „umzudeuten", um für sich selbst als Adressaten eine besser verträgliche, subjektive Interpretation herauslesen zu können. Das Verstehen des Säuglingsschreis als Hilfeschrei, ihm seine notwendigen Bedürfnisse zu befriedigen, entspricht noch am weitesten einem allgemeinen Konsens. Überall auf der Welt wird der schreiende Säugling spontan an die Brust gelegt oder er bekommt „sein Fläschchen". Hunger und Durst als unaufschiebbare Bedürfnisse werden in allen Kulturen fraglos anerkannt.

Das Schreien des Säuglings als Ausdruck von Angst zu verstehen, erfordert erhebliche innere Anstrengung vom Interpreten, da ihm diese Angst rational nicht nachvollziehbar erscheint. Der Denkfehler liegt darin, dass der Erwachsene immer eine klare Ursache für Angst sucht, eine solche aber beim Säugling noch nicht voraussetzen kann. Urangst beansprucht keinen mit dem Verstand erkennbaren Grund, allein das Gefühl der Sorge vor Verlassenheit, das den Säugling plötzlich überkommt, reicht aus.

Daher wird allzu leichtfertig auf die Interpretation Ärger und Wut ausgewichen, welche dann zum Anlass genommen wird, nicht mehr direkt auf das Signal Schreien zu reagieren. Es wird damit begonnen, den Säugling in seinem emotionalen Zuständen zu regulieren, weil dieser es – unterstützt von wissenschaftlicher Terminologie – allein nicht kann. Von der Sache her richtig, werden nun aber auch – wie seit Jahrhunderten üblich – Maßnahmen empfohlen, die dem tatsächlichen Bedürfnis des Säuglings nach Beruhigung, Trost und Angstminderung alles andere als gerecht werden.

Da es in Wirklichkeit drei Formen des Schreiens gibt und zwischen Bedürfnis nach Nähe, Wut und echter Angst nur einige Grade Unterschied auf einem emotional-linearen Geschehen in der Seele des Säuglings bestehen, der Säugling aber einheitlich mit Schreien reagiert, muss jedes Schreien prompt und angemessen beachtet werden. Die folgenden praktischen Beispiele sollen diese Forderung erklären und untermauern. Erziehungsbedürfnisse am Säugling auszuleben, um ihn frustrationstolerant und rücksichtsvoll zu machen, müssen noch um gut ein ganzes Lebensjahr verschoben werden, schon allein, weil der geistige Entwicklungsstand des Kindes solche Maßnahmen gar nicht zulässt. Alle Versuche dieser Art werden ohnehin automatisch auf eine reine Konditionierung reduziert, weil der Säugling noch keine höhere Form des Lernens umsetzen kann. Damit verfehlen solche Bemühungen das Ziel einer emotionalen Akzeptanz auf Seiten des Erzogenen, von einem geistigen Verständnis ganz zu schweigen. So sind sie hinsichtlich eines Erreichens ihrer Absicht einerseits vollkommen wertlos, andererseits aber auch gefährlich für die emotionale Entwicklung des Kindes. Einem Säugling fehlt jegliches Verständnis für die Erziehungswünsche seiner Bezugspersonen. Er quittiert sie allein mit wütender Abwehr.

Von einem **Schreibaby** spricht man erst dann, wenn angemessene Beruhigungsversuche nicht mehr erfolgreich sind, und der Säugling trotz liebevoller Versuche seiner Eltern, ihm Nähe und Trost zu geben, weiter schreit. Drei Gründe sind hierfür anzuschuldigen. Erstens der Schmerz als Ursache. So darf das Problem der Trimenonkoliken auf keinen Fall bagatellisiert werden. Zweitens die unzureichende Ernährungssituation, die in der Regel leicht durch Wiegen und Messen des Säuglings zu klären ist. Stillprobleme, Unerfahrenheit der Eltern und frühe Vernachlässigung kommen hierfür als Grund infrage. Drittens die ganz frühe Beziehungsstörung, die entweder ihre Ursachen in Unzulänglichkeiten der Eltern hat (junge, unerfahrene, überforderte oder psychisch instabile Eltern) oder im sogenannten **schwierigen Temperament** des Säuglings, mit dem die Eltern nicht umgehen können.

Vom schwierigen Temperament spricht man beim Säugling, wenn er aufbrausend (impulsiv) und ausdauernd schreit, sich schlecht beruhigen lässt und auf die Beziehungsangebote seiner Eltern inadäquat reagiert. Das heißt, die angestammten Methoden, einen emotional hoch erregten Säugling zu beruhigen und in seiner Gefühlshaftigkeit von außen günstig zu beeinflussen, sind bei Schreibabys schwer umzusetzen oder misslingen ganz. In den Kapiteln über die frühen Störungsentwicklungen im Kleinkinderalter wird von diesem Phänomen zu sprechen sein.

3.1 Der schreiende Säugling und weitere Schwierigkeiten am Anfang des Lebens

(Stichworte: Schreien, Urangst, Herumtragen, Quengeln, Schlafprobleme, Angst vor Verwöhnen, sichere und unsichere Bindung u.a.)

Frage 1:
Mütter berichten immer wieder über Ihre kleinen Säuglinge, die regelmäßig in den späten Nachmittagsstunden und am frühen Abend lang andauernd zu **schreien** beginnen. Die Säuglinge aus diesen Zuständen zu befreien und sie zu beruhigen, fällt besonders unerfahrenen, jungen Müttern schwer. Sie sind noch zu unsicher, wie sie auf diese unerwartet hohe Beanspruchung durch ihr

Kind reagieren sollen. Körperliche Beschwerden liegen dem Schreien allem Anschein nach nicht zugrunde und satt sind die Säuglinge auch. Alle Versuche, sie zu beruhigen, schlagen fehl. Erst nach „stundenlangem" **Herumtragen** gelingt es den Müttern, ihr Kind wieder zur Ruhe zu bekommen.

Trotz nicht zu erkennender Störungen des körperlichen Wohlbefindens ist es immer ratsam, einen häufig schreienden Säugling zum Ausschluss schwerwiegender Erkrankungen dem Kinderarzt oder der Kinderärztin vorzustellen! Schon die Kontrolle der Gewichtszunahme kann manchmal klären, woran das Schreien liegt.

Antwort 1:

Genau genommen ist **Schreien** bei Säuglingen ebenso nicht normal wie Schreien bei älteren Kindern oder Erwachsenen. Dass man ein gewisses Quantum an Schreien, resp. Weinen beim Säugling aber in Kauf nehmen muss, liegt nur daran, dass der Säugling zunächst nur ein sehr begrenztes Repertoire an Äußerungsmöglichkeiten besitzt, seine Bedürfnisse verständlich zu machen. Damit seine Signale als Ruf nach zuverlässigem Umsorgtsein und schneller Bedürfnisbefriedigung auch unüberhörbar sind, hat die Natur die hinlänglich bekannte Lautstärke und den Affekt des wütend wirkenden Schreiens hervorgebracht. Lautes Schreien und Wehklagen bleibt beim Menschen ein Leben lang Ausdruck höchster Not und einsetzender Verzweiflung.

Die Mütter haben Recht, wenn sie sagen, Hunger sei nicht immer die Ursache für das Schreien. Die andere Hauptursache des Schreiens ist nämlich das Bedürfnis nach Kontakt, denn das menschliche Wesen ist vom ersten Tag an auf einen zuverlässigen und dauerhaften Kontakt zu seinen Mitmenschen angewiesen. Kontakt ist ebenso wichtig wie Milch oder Brot, jedenfalls beim Säugling und Kleinkind. Verweigert man ihm aus was für Gründen auch immer diesen Kontakt, wird der Säugling zunächst wütend, danach bekommt er Angst. Nimmt die Bezugsperson diese Signale dauerhaft nicht zur Kenntnis, droht ihm am Ende die Deprivation (Bindungsstörung durch „Mutterentbehrung").

Nahrung sichert man dem Säugling durch Stillen oder Flasche geben, Kontakt durch Schmusen und Herumtragen. In den Nachmittags- und Abendstunden steigt das Kontaktbedürfnis des Säuglings häufig intensiv, weil er um diese Zeit in der Regel wacher und aufmerksamer ist. Das hat möglicherweise noch mit seinen Lebensrhythmen im Mutterleib zu tun, bestimmt aber mit der menschlichen Chronobiologie (allgemeine Lebens- und Zeitrhythmen).

Ihn trotzdem einfach ins Bettchen zu legen, ist daher sträflich. Nur wenn der Säugling eindeutige Zeichen von Müdigkeit erkennen lässt, kann man versuchen, ihn schlafen zu legen. Sonst muss man ihm den Kontakt gewähren, auch wenn es noch ältere Kinder zu Hause gibt. Diese sind doch spielend in das Kontaktgeschehen mit einzubeziehen. Das Herumtragen erleichtert man sich am besten durch verschiedene Tragehilfen. Damit hat man dann auch die Hände frei für andere Arbeiten.

Frage 2:

Zahllose Mütter äußern sich zu dem Problem der **Schlafphasen** ihres Säuglings im Tag-Nacht-Rhythmus. Sie beklagen, dass ihr Kind noch keine Bereitschaft zeige, sich dem Tagesablauf mit Helligkeit und Dunkelheit anzupassen. Manchmal möchte der kleine Sohn oder die Tochter nachts Gesellschaft haben und guckt wach in der Gegend herum oder produziert stimmhafte Laute. Außerdem missfällt es den Müttern, dass ihr Säugling sich nicht einfach ins Bettchen legen lassen will, sondern im Bett sofort protestiert und erst auf dem Arm wieder ruhig und zufrieden wird.

Die Väter spielen bei den Fragen zum frühen Säuglingsverhalten bislang noch eine sehr untergeordnete Rolle. Allenfalls wird auf deren berufliche Anspannung verwiesen und auf deren berechtigten Anspruch, einen ruhigen Nachtschlaf genießen zu dürfen. In den letzten Jahren mehren sich allerdings die Aktivitäten auch von Vätern in den Kinderzimmern.

Antwort 2:

Einen Tag-Nacht-Rhythmus, so wie wir Erwachsene ihn kennen, gibt es bei jungen Säuglingen noch nicht. Dieser entwickelt sich erst unter dem Einfluss von Licht und Dunkelheit in den jeweiligen Tageszeiten. Für ein Erfassen dieses Rhythmus' braucht das Gehirn aber mindestens zwölf Wochen. EEG-Untersuchungen bestätigen dies. Unabhängig davon braucht jeder Säugling zwei Dinge zu seiner Beruhigung: erstens Abwendung von Hunger, Durst, Kälte, Schmerzen usw. und zweitens innigen sozialen Kontakt zu seiner Bezugspersonen. Dieser Kontakt ist nur durch ständige Nähe und Zuwendung zu erreichen. Auf eine größere Distanz geht das noch nicht. Daher sind Menschen nicht nur Säuglinge, sondern auch „**Traglinge**".

Tragen bedeutet neben der Nähe zur Bezugsperson aber auch Bewegung. Folgerichtig haben die Menschen seit jeher Bewegungssysteme für die Versorgung ihrer Nachkommen entwickelt und zwar für Tag und Nacht. Daraus ist die Wiege in allen erdenklichen Formen entstanden. Ein feststehendes Bett wirkt auf einen Säugling im Gegensatz zum mütterlichen Arm kalt und leblos. Ein Bett toleriert der junge Säugling also nur, wenn er wirklich tief schläft, d.h. es nicht merkt, wo er liegt. Oder wenn jemand daneben liegt, der ihn liebevoll beruhigt. Ansonsten möchte er lieber herumgetragen werden, was seinem natürlichen Konzept von ständiger Bewegung entspricht. Dazu gibt es heutzutage viele gute Tragehilfen, bei denen man als Mutter (und natürlich auch Vater!) gleichzeitig die Hände frei hat. Wenn man dieses Prinzip innerlich anerkennt und akzeptiert, ist der Säugling in diesen Tragevorrichtungen, wie auch auf dem Arm glücklich.

Ein Schreienlassen ist immer schädlich und falsch. Und für einen wie auch immer definierten, erzieherischen Zweck reichen die Lernvorgänge des Säuglings noch nicht aus. Lediglich ein Konditionieren würde gelingen, hätte aber den erheblichen Nachteil, negative Gefühle zur Wirksamkeit der Maßnahme zu machen, was die Bindung beeinträchtigt und den Wandel ursprünglich negativer Gefühle in positive behindert.

Tragen heißt nun aber nicht verwöhnen, so wie auch Stillen kein Verwöhnen ist. Es wird wohl noch lange dauern, bis die Menschen das wieder verstehen – zum Wohle ihrer Nachkommenschaft. Immerhin sagt uns die Wissenschaft heutzutage klar und deutlich, dass der enorme Negativstress im Köpfchen des Säuglings, der beim Schreien entsteht, die überaus empfindlichen synaptischen Verschaltungen im Gehirn, die für eine gesunde Seele und einen gesunden Geist notwendig sind, über kurz oder lang nachhaltig schädigt. Viele spätere ADHS-Kinder sind neueren, zurückblickenden Studien zufolge ganz überwiegend frühere Schreibabys gewesen, gegen deren Schreien man nicht genug unternommen hat. Auch wenn klar ist, dass genetische Anlagefaktoren hierfür mit eine Rolle spielen, heißt das ja nicht, dass man diese Anlage in ihrer Ausprägung noch weiter unterstützen sollte.

Frage 3:
Manch eine Mutter beschwert sich darüber, dass sie das wütend erscheinende Schreien ihres Säuglings als eine **persönliche Herausforderung** empfindet und sich ungerechtfertig strapaziert fühlt. Sie spürt in sich die nachlassenden Kräfte, auf das häufige Schreien ihrer kleinen Tochter oder ihres Sohnes immer eingehen zu müssen und wünscht sich insgeheim, ihr Kind doch einfach einmal schreien zu lassen. Vielleicht begreift das Baby dann ja, so ihr Hintergedanke, dass sein Schreien nicht immer zum Erfolg führt und hört damit auf. Sie beruft sich dabei auf Empfehlungen dieser Art aus der Familie, der Nachbarschaft und auch einigen Elternratgebern.

Antwort 3:
Ein großer Fehler in der Interpretation von emotionalen Reaktionen des Säuglings liegt darin, das Schreien immer nur unter dem Aspekt von Schmerz oder Wut zu verstehen. Das geht den meisten Erwachsenen so, und es ist wichtig,

den – verständlicherweise – belasteten Eltern klar zu machen, dass der schreiende Säugling vor allem auch **Ängste** und **Unheimlichkeitsgefühle** hat. Das ist für den modernen Menschen schwer zu verstehen, aber aus der zigtausendjährigen Vorgeschichte der Menschheit lässt es sich doch relativ einfach ableiten. In seiner Vorzeit war der Mensch viel stärker den Unbilden der Natur und grundsätzlich viel größeren Gefahren durch andere Lebewesen ausgesetzt als heute. Die Natur hat es nun vorgesehen, dass diese Ur-Ängste, die den kleinen Säugling immer wieder ganz unvorbereitet überfallen (das hat also nichts damit zu tun, als Eltern einen Fehler gemacht zu haben!), herausgeschrieen werden, denn im anderen Fall könnte es passieren, dass die Eltern nicht zuverlässig reagierten. Es handelt sich also um einen eingebauten Sicherheitsmechanismus seitens der Natur.

In solchen seelisch schmerzvollen Momenten braucht der Säugling die ganze Zuwendung und Einfühlsamkeit seiner Eltern, die darin besteht, durch Stillen, Herumtragen und Schmusen das „aufgebrachte Nervenbündel" wieder zur Ruhe zu bekommen. Gerade auch aus diesen Bemühungen entsteht das, was man am Ende des ersten Lebensjahres die sichere Bindung nennt.

Man hat inzwischen herausgefunden, dass durch eine einfühlsame und zuwendungsintensive Behandlung des Säuglings sich die zentralnervösen Strukturen in seinem Gehirn besser ordnen und strukturieren, als ohne diese Maßnahmen! Allein das müsste es wert sein, in der Säuglingszeit seinem Kind ein Maximum an Zuwendung zu geben und ein Optimum an Zuneigung und Liebesbezeugung.

Frage 4:
Eine häufige Frage von Müttern in diesem Zusammenhang lautet, wann das **Unmutsverhalten** ihres Säuglings noch als einfache Unzufriedenheit abzutun ist, eine Nörgelei, auf die nicht unbedingt einzugehen ist, und ab wann dieser Unmut dann in ängstliches Schreien umschlägt und nun doch zum Eingreifen der Eltern aufruft. Darin verborgen steckt immer die Sorge, dass ein zu frühes und zu häufiges Eingehen auf die Beschwerdeäußerungen ihres Kindes zu einem Verwöhnen führt. Verwöhnen aber, so lautet die vorgetragene Angst, könne dazu führen, dass das Kind eines Tages seinen Eltern auf der Nase herum tanzt.

Antwort 4:
Reines **Quengeln** (wie auch kurze Wut) ist sicher unschädlich für den, der quengelt, denn es handelt sich dabei ja um einen eher günstigen Affekt, welcher innere Spannung abbaut. Kommt es aber trotz anfänglicher Geduld des

Kindes und trotz aller Ablenkbemühungen der Mutter oder des Vater doch zu lautem Schreien, wird man sich anstrengen müssen, sein Kind auf liebevolle Weise wieder zu beruhigen. Dabei wird man sich vor allem auch auf das alte Prinzip des Tragens zurückbesinnen müssen, denn Tragen ist nach dem Stillen das stärkste Beruhigungsmittel für den Säugling. Gleichförmige Bewegung und ein enger Kontakt zur Bezugsperson garantieren dem Säugling die nötigen Gefühle von Sicherheit und Bindung. Die Sorge vor einem Verwöhnen des Säuglings ist dabei unbegründet, denn der Säugling versteht noch nicht, dass ihm damit eine besondere Gunst zuteil wird.

Durch das Schreienlassen aber lernt er nichts, vor allem nicht, dass er damit Macht ausübt (und seine Eltern steuern kann), und schon gar nicht, dass er sich in Zukunft rücksichtsvoller ihnen gegenüber zu verhalten hat. Schreien ist enormer Stress für das Gehirn, und Stress blockiert erkenntnisreiche Lernprozesse (sofern sie in diesem Alter überhaupt schon stattfinden können).

Aber die mütterliche Behutsamkeit beim Wiederhinlegen, wenn Ihr Säugling sich beruhigt hat, ihre Geduld und ihr Einfallsreichtum, was zwischenzeitliche Beruhigungsmaßnahmen anbelangt, z.B. leise Musik auflegen oder Lieder singen, das alles wirkt sich auf Dauer günstig aus und führt zum Erfahrungslernen. Die Erfahrung beinhaltet aber beim Säugling das Gefühl, dass es die Eltern gut mit ihm meinen. Das ist wichtig für das Vertrauen in die eingegangene Bindung.

Frage 5:
Eines der häufigsten Probleme im Umgang mit dem Säugling ist die **Schlafproblematik**. Nahezu alle Eltern sind erschreckt über das wechselhafte und beinahe unvorhersehbare Schlafverhalten ihres Kindes und daher zugleich auch strapaziert. Schlafen die Neugeborenen in aller Regel noch ziemlich zuverlässig nachdem sie gestillt und trockengelegt worden sind, sind die etwas älteren Säuglinge nach dem Gesättigtsein und dem Windelwechsel oft über längere Phasen wach und wollen beschäftigt werden. Sie einfach in ihr Bettchen zu legen und sich selbst zu überlassen genügt ihnen auf Dauer nicht. Mutet man es ihnen dennoch zu, regt sich je nach Veranlagung, Frustration aushalten zu können, leichter bis heftiger Protest.

Wenn die Mutter oder (viel zu selten) der Vater den Bedürfnissen ihres/seines Kindes in der von ihm geforderten Weise nachgibt, bleibt natürlich vieles der zu verrichtenden Hausarbeit liegen. Ratgeberbücher suggerieren nun den gestressten Eltern, es gäbe einfach anzuwendende Konzepte, seinen Säugling (später das Kleinkind) auf die Erfordernisse und Ansprüche der modernen, möglichst reibungslos funktionierenden Familien frühzeitig einzuschwören.

Antwort 5:

In dem von mir angebotenen Internetforum wird die **Methode des Schrei-enlassens** zu erzieherischen Zwecken (auch in begrenzten Zeitintervallen) als eine frühe Form der Kindesvernachlässigung abgelehnt. Dass in der Bevölkerung immer noch diese Uraltsitten einer rigiden Säuglingsbehandlung verbreitet werden, ist beschämend angesichts der Tatsache, dass auch in den modernen Industriestaaten, in denen die Not der Familien durch soziale Absicherungen deutlich verringert ist, immer mehr Kindesmisshandlungen bekannt werden. Auf der einen Seite gibt es in Deutschland immer weniger Kinder und auf der anderen Seite werden die wenigen Kinder, die noch existieren, in ihren natürlichen Bedürfnissen vielfach beschnitten und von ihren Eltern missachtet, in mancher Hinsicht stärker als in Ländern der dritten Welt.

Ein Säugling, der schreit und nicht einschlafen kann, hat ein elementar wichtiges und nur durch den sicheren Kontakt zu seiner Bezugsperson zu stillendes Bedürfnis. Ein solches Bedürfnis kann erwachsen aus Hunger, Durst, Schmerz, Angst, Gefühlen von Einsamkeit und Unheimlichkeit. Schließlich kommt der kleine Mensch in eine Welt, von der er noch nichts, absolut nichts weiß. Er braucht also dringend eine zuverlässige und liebevolle Bezugsperson, die ihn in diese Welt sicher begleitet. Zu ihr baut er eine lebenslange vertrauensvolle Bindung auf, die primäre Bindung. Offene Ablehnung, ständiges Schreienlassen und bewusstes Nichtbeachten gefährden diese Bindung nachhaltig, beeinträchtigen, wie man inzwischen weiß, die Gehirnentwicklung und schaffen einen fruchtbaren Boden für spätere psychische Störungen. Es führt also kein Weg daran vorbei, jedes Mal die Schreiursache seines Säuglings schnellstmöglich zu erkunden und sich notfalls mit diesem Problem sogar an die Kinderärztin oder den Kinderarzt zu wenden. Sind nun körperliche Ursachen wie Hunger bei unzureichender Nahrungsaufnahme, schwerwiegende Erkrankungen wie z.B. eine Harnwegsinfektion oder Verdauungsprobleme (später auch Zahnungsprobleme) ausgeschlossen, ist das Problem damit nicht vom Tisch. Denn jetzt wird klar, dass es sich um eine seelische Ursache handeln muss, die nur durch eine intensive und zuverlässige Zuwendung in den Griff zu bekommen ist.

Dass die Unfähigkeit einzuschlafen ein Grund für Schreien beim Säugling ist, halte ich für die absolute Ausnahme. Sicherlich kann man einen Säugling durch eine zu hohe und häufige Konfrontation mit neuen Personen oder einer neuen Umgebung innerlich unruhig machen. Aber der auf diese Weise gestresste Säugling gibt seinem Unbehagen schon viel früher Ausdruck und aufmerksame Eltern spüren gleich, wann es zu viel für ihr Kind wird. In solchen Fällen ist der Rückzug in eine ruhigere Zone angezeigt und der „nervöse" Säugling gelangt ohne langes Schreien und im engen Kontakt zu seiner

Bezugsperson schnell zur Ruhe. Diese Grundsätze sind beim kleinen Säugling sicher auch tagsüber zu beachten, beim älteren Säugling ab etwa einem halben Jahr bedarf es vor allem während der Abendzeit einer solchen Abschirmung.

Frage 6:

Sehr häufig wird in der kinderärztlichen Praxis beim schreienden Säugling die Diagnose **Dreimonatskoliken** (Trimenonkoliken) gestellt. Es wird den Eltern gesagt, dabei handele es sich um ein natürliches Übergangsphänomen in der Anpassung des Verdauungstrakts an die Verhältnisse außerhalb des Mutterleibes. Ein geeignetes Mittel, diese Beschwerden zu beseitigen, gebe es nicht. Es sei auch nicht nötig, diese Beschwerden zu behandeln. Das Problem löse sich nach dem dritten Lebensmonat ganz von allein.

Antwort 6:

Nahezu ein Drittel aller Säuglinge plagt sich in den ersten drei bis vier Lebensmonaten mit den **Blähungen** herum. Darunter sind allerdings auch die schreienden Säuglinge, die weniger von ihren Blähungen, als vielmehr von ihren Ängsten geplagt werden. Letztere machen schätzungsweise fünf Prozent aus. Eine Unterscheidung ist oft schwierig, da kolikartige Bauchschmerzen, die nicht abgewendet werden, beim Säugling ebenfalls Angst verursachen.

Es ist ein Irrtum zu glauben, man könne gegen das Verdauungsproblem des kleinen Säuglings nichts unternehmen. Es ist auch falsch zu verbreiten, es gäbe überhaupt keinen Grund, etwas dagegen zu tun. Die Säuglinge leiden ja offensichtlich, schreien nicht umsonst und die Eltern sind dadurch massiv gestresst. Häufig überkommt sie ein Gefühl von großer Ohmacht, was den Bindungsprozessen nicht gut tut. Neben dem Tragen und mechanischen Maßnahmen, die sich alle darauf konzentrieren, den geblähten Bauch zu massieren, gibt es sanfte Medikamente, die sowohl die Gasbildung günstig beeinflussen als auch die überreizt reagierende Darmwand beruhigen. Daneben gibt es sogenannte Probiotika. Das sind Medikamente, die wichtige, die **Darmflora** stabilisierende Keime enthalten. Auch die Homöopathie trägt einige Möglichkeiten zur Behandlung bei. Versteht der Arzt sein Handwerk, sind mindestens neunzig Prozent aller „**Kolikbabys**" ausreichend zu behandeln. Für Kind wie Eltern ist das ein Segen. Man sollte sich immer klar vor Augen führen, dass die wirkungsvolle Behandlung des schreienden Säuglings lebenslange, günstige Auswirkungen für das betroffene Kind hat. Die ganze junge Familie wird dadurch stark entlastet.

Es gibt in zwischen mehrere sogenannte Längsschnittstudien, in denen der weitere Verlauf von Schreibabys und solchen, die nicht viel schreien mussten, im Vergleich untersucht wird. Die bekannteste ist die Mannheimer Längs-schnittstudie (s.u.). Jüngst sind Zwischenergebnisse vorgestellt worden. Da-nach zeichnet sich ab, dass das Schreien der Säuglinge immer dann ein hohes Risiko für die weitere Entwicklung des Kindes darstellt, wenn nichts Geziel-tes dagegen getan worden ist und die Kinder viel schreien mussten. Hingegen schneiden die Kinder in ihrer Entwicklung deutlich besser ab, die ausreichend getröstet und beruhigt wurden und selbstverständlich die, die von Natur aus gar nicht viel geschrieen haben.

Das Schreien ist allerdings nicht der Hauptfaktor, auf den dann in der wei-teren Entwicklung des Kindes abgehoben wird, sondern der Bindungsstatus des Kindes am Ende des ersten Lebensjahres. Kinder mit unsicheren Bindungs-strukturen tragen eindeutig ein höheres Risiko für spätere Verhaltensauffällig-keiten und psychische Störungen als sicher gebundene. Das Schreien im ersten Lebensjahr, wenn man den Säugling in seinen Stresszuständen belässt, trägt eindeutig zu einer unsicheren Bindung bei.

3.2 Das Fremdeln und die Probleme des etwas älteren Säuglings

(Stichworte: Fremdeln, Charakteranlagen und Temperament, Sympathie-Antipathie, Anhänglichkeit, Neugier/Explorationsverhalten u.a.)

Frage 7:

Viele Fragen drehen sich im ersten Lebensjahr um das **Phänomen des Frem-delns** und den richtigen Umgang mit Angsterscheinungen beim Säugling. Der Säugling reagiert auf das Hinzutreten einer ihm unbekannten Person plötz-lich mit Abweisung, ängstlichem Blick und nicht selten gleich mit panischem Schreien. Selbst wenn die Großeltern ihr Enkelkind auf den Arm nehmen wol-len, nachdem sie längere Zeit abwesend gewesen sind, oder wenn eine Nach-barin einmal eben das Kind halten soll, reagiert dieses mit Angsterscheinun-gen und sofortigem Schreien oder zeigt zumindest in seinem Gesichtsausdruck deutliche Züge der Besorgnis und Ablehnung. Sogar der Vater, der am Tag bei seiner Arbeitsstelle gewesen ist und erst am Abend wieder nach Hause kommt, wird manchmal vorübergehend wie ein Fremder behandelt und kann sein Kind nicht ungestraft auf den Arm nehmen. Nur die Mutter ist dann in der Lage, das schreiende Baby wieder zu beruhigen.

Antwort 7:

Der Säugling befindet sich jetzt in der **Fremdelphase**, die je nach angebore-nem Temperament und Veranlagung zur Angst unterschiedlich stark ausge-prägt ist. Fremdeln bedeutet, dass die Erkenntnisleistung des Säuglings einen großen Sprung gemacht hat, und fremd, bzw. beängstigend, und vertraut, bzw. beruhigend, genau unterscheiden kann. Da der Säugling eine Art Personalunion mit seiner primären Bezugsperson eingeht, irritiert es ihn stark, wenn ihn eine unvertraute Person auf den Arm nimmt. Das Gefühl ist begleitet von der Sorge, der Mutter weggenommen zu werden. Daher spricht man in der Entwicklungspsychologie auch von **Fremdelangst**. Das Fremdeln kann sich auch schon mal auf den Vater ausdehnen. Das geschieht aber in der Regel nur vorübergehend und verschwindet wieder, wenn sich der Vater liebevoll um die Rückgewinnung des Vertrauens seines Kindes bemüht. Damit entlastet er nebenbei auch die Mutter.

Säuglinge, die sehr stark fremdeln, werden häufig mit etwa einem Jahr auch stark anhänglich sein. Dies umso mehr, je stärker man sie fremden Personen trotz ihrer Angstgefühle beim Fremdeln aussetzt. Es ist also ganz anders, als vielfach behauptet wird. Die Toleranz von fremden Menschen lässt sich nicht lernen, auch nicht durch Erfahrung. Oder anders ausgedrückt: Vertrauen zu fremden Menschen zu entwickeln, ist kein Gewöhnungseffekt. Erst, wenn das Gefühl der Fremde und der Bedrohung aufgelöst ist, kann die Gewöhnung beginnen. Vertrauen zu fremden Menschen basiert auf Vertrauen zu der oder den Bezugspersonen (Urvertrauen). Das ist auch die Grundlage für alle Antworten auf Babysitterfragen.

Eltern müssen also die wenigen Monate des starken Fremdelns mit Ihrem Säugling aushalten und auf dessen Bedürfnisse nach Abstand von fremden Personen eingehen. (Nicht jeder Säugling fremdelt gleich stark). Die primäre Bindung ist weitgehend exklusiv. Zugleich können sie ihrem Säugling eine Gewöhnung an **Ersatzbezugspersonen** ermöglichen wie zum Beispiel die Großmutter oder eine familiäre Freundin. Dieses Vorgehen dient auch dazu, eine allzu große, von (Verlust-)Angst geprägte, Anhänglichkeit am Ende des ersten Lebensjahres zu vermeiden. Die Ersatzbezugsperson ist also neben der Mutter eine vom Säugling akzeptierte zweite Betreuungsperson. An diesem „Balanceakt" der Betreuung in der frühen Mutter-Kind-Bindung entzünden sich entscheidende Verhaltensweisen des älteren Säuglings, des Kleinkindes und des gesamten Sozialverhaltens in der späteren Kindheit. Um bei mehreren Bezugspersonen einer Bindungsverwirrung zu entgehen, entwickelt der Säugling eine Art **Bindungshierarchie**, d.h. die Mutter ist die Hauptbezugspersonen, dann kommt vielleicht der Vater und dann die Großmutter.

Frage 8:

Sorgenvolle Fragen von Eltern gelten der **Intensität des Fremdelns**. Viele Mütter wollen wissen, was die besondere Art und Weise des Fremdelns bei ihrem Säugling über seine spätere Entwicklung aussagt und wie das Fremdelverhalten mit der Bindung in Zusammenhang steht. Die mütterliche Angst geht oft dahin, dass schwach fremdelnde Säuglinge keine so starke Bindung an ihre Mutter entwickelten. Einige Mütter meinen auch, ihre Säuglinge fremdelten überhaupt nicht und seien deswegen gefühlsarm.

Antwort 8:

Die Auffassung, dass schwach oder scheinbar gar nicht fremdelnde Säuglinge keine Bindung eingingen, erscheint irgendwie plausibel, ist aber falsch. Das Ausmaß des Fremdelns ist mehr von den **Charakteranlagen** des Kindes abhängig als von der Bindungsintensität. Allerdings fremdeln schlecht gebundene ältere Säuglinge heftiger durch den erhöhten Angstfaktor, und dies v.a., wenn sie auch temperamentvoll veranlagt sind. Ebenso falsch ist auch die Auffassung, dass viel „herumgereichte" Säuglinge sich frühzeitig an die fremden Menschen gewöhnten und nachher weniger fremdelten oder später keine Fremdenangst entwickelten. In Wahrheit entwickeln sie aber nur ein vermeidendes Verhalten, was ihre Angstgefühle angeht, und wirken später so, als seien sie von weniger Angst belastet; ihr innerer Stresspegel ist aber vielen Untersuchungen zufolge deutlich erhöht. Ein vermeidendes Verhalten zählt zu den unsicheren Bindungen und ist ein deutlicher Risikofaktor für die weitere Entwicklung des Selbst.

Frage 9:

Große Unsicherheit herrscht gerade unter jungen Eltern, die das Fremdelphänomen bei einem Säugling zum ersten Mal erleben, was im Einzelnen von den **verschiedenen Affektformen** ihres Kindes tatsächlich zum Fremdeln gehört und wie sie damit umgehen sollen. Diese Unsicherheit in der Verhaltensinterpretation wird genährt durch die Erfahrung, dass das Fremdelverhalten stark von den Launen und momentanen Gemütszuständen des Säuglings abhängig ist und auch von seinen spontanen **Sympathien** und **Antipathien**.

Antwort 9:

Auch skeptische Blicke gehören eindeutig schon zum Fremdeln. Über das Fremdeln wurde bisher in der Entwicklungspsychologie wenig berichtet, und es wurde noch keine **Fremdelskala** entwickelt. Aufgrund dezidierter Beobachtungen an mehreren tausend Säuglingen habe ich das Fremdeln des Säuglings in drei Stufen eingeteilt, wobei die erste der lang andauernde, „skeptisch-ausforschende" Blick ist. Dieser kann je nach **Temperament** des Kindes und spontanen Sympathiegefühlen sehr schnell sogar in ein Kontaktlächeln übergehen. Es hängt natürlich viel auch von der Mimik des Fremden ab, wie er den Säugling anblickt. Es folgt als zweite Stufe das typische Herabziehen der Mundwinkel und Abwenden des Blickes als Ausdruck von Kontaktverweigerung. Das jammernde Weinen ist der Übergang in die dritte Stufe, dem oft ein abrupter Ausbruch von panischem Schreien folgt.

Das konsequente Beachten des Fremdelns beim Säugling und sein Abwenden durch den mütterlichen Schutz auf dem Arm trägt sehr viel zur sicheren Bindung bei. Im späteren Säuglingsalter erscheinen sicher gebundene Säuglinge insgesamt ruhiger und ausgeglichener als diejenigen, die als unsicher gebunden einzustufen sind.

Vor allem in der beginnenden Phase der Anhänglichkeit mit etwa einem Jahr zeigt der Säugling seine Bindungsqualität, die auch Ausdruck der Bewältigung seiner Fremdelerlebnisse ist. Stark fremdelnde Säugling sind auch am Anfang der Loslösungsphase noch eher anhängliche Kleinkinder, wobei die Anhänglichkeit mit der Grad der unsicheren Bindung wächst.

Frage 10:
Mütter fühlen sich schnell überfordert von dem großen Bedürfnis ihres Säuglings, immer nur auf dem Arm zu sein oder zumindest die **permanente Nähe** zur Hauptbezugsperson einzufordern. Sie fühlen sich davon genervt, dass ihnen ihr Kind ständig folgt, sobald es sich robbend oder krabbelnd fortbewegen kann, und ihnen dauernd zwischen den Füßen herumwuselt. Einige Säuglinge fangen auch sofort an zu schreien, sobald sie ihre Mutter aus den Augen verlieren. Das ginge zuweilen so weit, dass die Mutter sich nicht mehr in Ruhe duschen oder wenigstens das Nötigste der Hausarbeit verrichten kann.

Antwort 10:
Säuglinge begreifen erst Schritt für Schritt, dass es um sie herum einen Lebensraum gibt, der unverändert bleibt, solange der Ort nicht komplett gewechselt wird, und der überall Gleichzeitigkeit aufweist. So weiß der Säugling zunächst noch nicht, dass die Mutter nicht für immer verschwindet, wenn sie auf einmal für ihn unsichtbar ist. Je nach charakterlicher Veranlagung wächst bei dem einen Säugling schnell und bei dem anderen erst langsam die Sorge und Angst, von der Mutter verlassen worden zu sein. Damit so etwas erst gar nicht passieren kann, bleiben die Säuglinge am liebsten in unmittelbarer Nähe ihrer Bezugsperson(en). Ein großer Fehler besteht in der Auffassung, solche **Trennungen müsse der Mensch frühzeitig lernen,** oder es gäbe die Möglichkeit,

ein Kind von Anfang an an Trennungen zu gewöhnen. Das Gegenteil ist der Fall. Erzwungene Trennungen bei noch nicht selbstständigen Kindern führen zu einer Verunsicherung in der Bindung und im Vertrauen auf die Bezugsperson (Urvertrauen). Diese Verunsicherung lässt dann bestenfalls eine leidliche Anpassung zu, gewöhnlich aber verursacht sie eine massive Verdrängung. Je mehr Verdrängung, das jedenfalls lehrt die Tiefenpsychologie, desto höher das Risiko für eine psychische Irritation oder Störung in der Folgezeit. Die Trennungsängstlichkeit ist die häufigste psychische Störung im Kindesalter!

Frage 11:

Recht besorgt fragen viele Eltern, wie empfindlich eigentlich ein Säugling sei, und wie schnell es zu Schäden in der psychosozialen Entwicklung kommen kann, wenn die Vorzeichen in der **Eltern-Kind-Beziehung** nicht so günstig eingestellt sind. Schließlich ließen sich die Ansprüche eines Säuglings nicht immer vollständig verwirklichen oder zumindest nicht immer sofort. Auch seien die familiären Voraussetzungen keineswegs immer dergestalt, dass der Säugling in einem optimalen sozialen Umfeld aufwachsen kann.

Antwort 11:

Ein Säugling ist keine Porzellanpuppe. Keineswegs lässt er sich nur mit Samthandschuhen anfassen. Aber er muss immer spüren, dass er von sicheren und starken Händen gehalten wird. Und er muss bei kurzzeitiger, unvermeidbarer Entbehrung spüren, dass er immer willkommen ist und ohne wenn und aber geliebt wird. Die beste Methode, mit solchen unvermeidbaren Entbehrungen im Nachhinein umzugehen, ist, seinen Säugling von ganzem Herzen zu trösten. Auf seine Wünsche und Bedürfnisse sollte möglichst ohne größere Verzögerung eingegangen werden. Und Latenzen in der Bedürfnisbefriedigung aus Erziehungsgründen sind falsch am Platze. Sie gehen schlichtweg fehl in ihrer Wirkung, untergraben das Urvertrauen und stören den Bindungsprozess.

Das Fremdeln des Säuglings muss von fremden Erwachsenen toleriert werden, denn es ist Ausdruck einer „Verteidigung der eingegangenen Bindung". Erwachsene müssen lernen, die Bedürfnisse der Säuglinge zu verstehen und zu respektieren, nicht umgekehrt.

Frage 12:

Folgende zwei häufig gestellten Fragen möchte ich in einem Komplex zusammenfassen. Es geht um die **Selbstständigkeitsbestrebungen** beim Säugling. In der Fachsprache wird hierbei gerne von **Explorationsverhalten** gesprochen. In zweierlei Hinsicht bricht auch der Säugling schon aus der Bindung aus: erstens in seinem Neugierverhalten fremden Personen und neuen Orten gegenüber und zweitens in seinem Anspruch, feste Nahrung aufzunehmen und abgestillt zu werden.

Einige Mütter äußern sich besorgt über die Beobachtung, dass ihr Säugling gerne auch auf fremden Armen Platz nimmt und anfängt, mit der ihm unbekannten Person zu schäkern. In die Sorge, dass hier etwas Unnormales passiert, mischt sich auch ein Gefühl von Eifersucht und persönlicher Kränkung.

Die **Frage des Abstillens** muss genauer betrachtet werden. Während sich einige Säuglinge tatsächlich aktiv, d.h. von sich aus abstillen, weil sie Breikost, püriertes Gemüse oder schon feste Kost bevorzugen, brauchen andere für diesen wichtigen Schritt die Hilfe ihrer Eltern.

Es gibt allerdings keinen zwingenden Grund, seinen Säugling schon im zweiten Lebenshalbjahr abzustillen. Dennoch ist der häufigste Grund, der von den Müttern hinsichtlich des Abstillens vorgetragen wird, der des nächtlichen Stillens und Nichtdurchschlafens.

Antwort 12:

Neben der Angst vor fremden Personen, die beim Säugling das Phänomen des Fremdelns auslöst, existiert auch die **Neugier** auf eben diese fremden Personen. Das führt manchmal zu einem etwas widersprüchlichen Verhalten bei der Kontaktnahme. Auf eine ausreichende Distanz nimmt der Säugling spontan Kontakt auf mit dem Fremden, schäkert herum und lächelt ihn an, kommt der Erwachsene dann aber immer näher heran, weicht die Freundlichkeit aus seinem Gesicht und es stellt sich plötzlich Erschrecken und Angst ein. Schließlich fängt der Säugling an zu schreien.

Was zu beobachten ist, ist ein völlig normales Verhalten, das die widerstrebenden Kräfte im Säugling zum Ausdruck bringt. Auch bei Kleinkindern sieht man dieses Verhalten noch. Einerseits ist da die Neugier und **Motivation**, andererseits auch die Angst und Bedürftigkeit nach einhundertprozentiger Sicherheit bei der Hauptbezugsperson. Normalerweise reguliert das Kind diese widersprüchlichen Empfindungen durch die Einnahme von Nähe und Distanz. Dies kann der Säugling aber aus motorischen Gründen noch schwer durchführen. So ist es die Aufgabe des Erwachsenen, in der Mimik des Säuglings zu erkennen, wann diesem die eigene Nähe zu viel wird.

Ähnlich ist es bei der Ernährung und dem **Stillen**. Einerseits will der Säugling an der die Bindung fördernden Ernährungsform des Gestilltwerdens festhalten, andererseits zieht es ihn zu **anderen Kostformen** und neuen Nahrungsmitteln (die er sich bei seinen Bezugspersonen abguckt). Im zweiten Lebenshalbjahr sehen beinahe alle Eltern immer deutlicher die Lust ihres Kindes am Essen an sich und fühlen sich aufgefordert, ihrem Kind schon etwas Brot oder Obst zu geben. Der Übergang zur sogenannten Beikost ist somit fast nie ein Problem, es sei denn, der Säugling verpasst das hierfür optimale Zeitfenster (ein halbes bis ein Jahr).

Problematischer ist die Frage des Abstillens hinsichtlich des Zeitpunkts und der Radikalität. Vor allem das nächtliche Abstillen ist ein ständiger Konfliktpunkt in der Mutter-Kind-Beziehung. Will die Mutter ernsthaft in der Nacht abstillen und vollzieht es der Säugling nicht freiwillig, so ist Folgendes zu beachten:

Die abendliche Breimahlzeit ist obligat (womit der Zeitpunkt auf jenseits von 6 Monaten festgelegt ist) und zum Einschlafen kann dann (als Teil des Einschlafrituals) erst einmal doch noch die Brust gegeben werden. Später wäre ein Milch- oder Teefläschchen besser. In der Nacht dürften dann nur noch andere Beruhigungsmaßnahmen als Stillen erfolgen. Zur Not geht auch einmal das Tee- oder Wasserfläschchen als Übergang. Besser sind Nuckel, Schmusetuch, Mamas getragenes T-Shirt u.ä. Herumtragen, Lieder singen, Erzählen oder leise Musik hören sind die wichtigsten Ersatzberuhigungsmaßnahmen.

Auch sollte jetzt immer häufiger der Vater an dem Geschehen beteiligt sein. Dafür muss er sich aber auch schon tagsüber in die Kinderpflege mit einschalten. Wenn einem diese Schritte ruhig und besonnen gelingen, dauert es nur wenige Nächte und das Stillbedürfnis hört auf.

3.3 Die Anhänglichkeit und die Probleme am Übergang zum zweiten Lebensjahr

(Stichworte: Anhänglichkeit, Widerstand, Ambivalenzkonflikt, Nichtdurchschlafen, Einschlafritual, Schlafhygiene u.a.)

Frage 13:

Die wichtigste Frage von Müttern am Übergang des ersten zum zweiten Lebensjahr richtet sich auf die große **Anhänglichkeit** ihrer Kinder. Die Mütter beklagen, dass mit der Erlangung der Fähigkeit zum Laufen und der Fähigkeit, erste Wörter zu sprechen, noch kein entscheidender Schub in der Verselbstständigung erfolgt ist. Ganz im Gegenteil hat es den Anschein, als entwickele sich das Kind noch einmal wieder ein Stück zurück und sei plötzlich noch rockzipfliger als in der Phase des Krabbelns. Die schon eingesetzte Neugier auf fremde Personen, mit der Möglichkeit, das Kind diesen auch schon mal auf den Arm zu geben, sei nun plötzlich wieder verschwunden und die Angst vor fremden Personen wieder angestiegen.

Antwort 13:

Es erscheint tatsächlich etwas widersinnig, dass die **Anfänge der Loslösung** am Ende des ersten Lebensjahres mit einer verstärkten Anhänglichkeit einhergehen. Diese Feststellung hat die Bindungstheoretiker seinerzeit dazu bewogen, den sogenannten **Fremde-Test** genau auf diesen Zeitpunkt festzulegen. Sie wollten damit sehen, ob die Konfrontation des Kindes mit einer fremden Person unter standardisierten Versuchsbedingungen zu einer Auskunft über die Qualität der Bindung in der Säuglingszeit führt. Das gelang tatsächlich, und seitdem unterscheidet man die sichere Bindung von den beiden Formen der unsicheren Bindung sowie später auch zusätzlich die Form der desorganisierten Bindung.

Die Anhänglichkeit der Kinder am Beginn der Loslösung ist von der Natur so vorgesehen. Der Aufbruch des Kindes in die noch fremde Umgebung und fort von der Mutter als der primären Bezugsperson birgt Risiken für das Kind (die vielleicht heutzutage nicht mehr in diesem Maße zu erkennen sind). Das Kind wird sich also seinem Erforschungs- resp. **Explorationsdrang** hingeben, aber immer wieder nach der Mutter schauen, um zu sehen, ob sie noch erreichbar ist und um aus ihrem Gesicht herauszulesen, ob das, was es gerade unternimmt, auch genehm und zugelassen ist oder vielleicht doch zu gefährlich. Die Mutter wird somit zur „sicheren Basis" für ihr Kind. In der Fachsprache bezeichnet man die seine Unternehmungen begleitenden Sicherheitsreaktionen beim Kind als social referencing.

In diesen Vorgängen unterscheiden sich die Kinder natürlich vom Temperament her. Es gibt jetzt schon die kleinen Draufgänger, die sich nicht ständig nach der Mutter umsehen oder nach ihr richten und die kleinen Angsthasen, die am liebsten gleich wieder auf den Schoß der Mutter zurückklettern. Sicher gebundene Kinder sind allgemein mutiger. Vor allem die ambivalent unsicher gebundenen Kinder fühlen sich ohne die Mutter so verunsichert, dass sie besonders schnell zu weinen anfangen und sich erst wieder beruhigen, wenn die Mutter sie fest im Arm hält. Eine andere Person als die Mutter könnte sie nicht beruhigen. Die vermeidend unsicher gebundenen Kinder haben dieselben Ängste, wie durch den Cortisol-Test im Speichel nachgewiesen wurde, zeigen diese Ängste aber nicht mehr und erscheinen oberflächlich betrachtet geradezu wagemutig. Desorganisiert gebundene Kinder zeigen ein völlig diffuses Mut-Angst-Schema und wirken insgesamt wie unbekümmert.

Frage 14:

Viele Fragen im Zusammenhang mit dieser Altersphase beziehen sich auf die ersten Begegnungen der Eltern mit dem **gezielten Widerstand** ihrer Kinder. Ob noch Säugling oder nach dem ersten Geburtstag schon Kleinkind fangen die Kinder an, sich gegen das Gewickeltwerden zu wehren, gegen das Füttern, wenn sie sich gerade lieber mit etwas Anderem beschäftigen, gegen den Kinderwagen oder den Autositz, wenn es ihnen nicht passt, ausgeführt zu werden. Die Liste der Widerstände ist so lang wie die Verrichtungen, die gewöhnlich an einem Kind dieses Alters ausgeführt werden. Der auslösende Faktor ist der äußere Zwang des Kindes zur Passivität, das heißt etwas mit sich geschehen zu lassen.

Antwort 14:

Das **Üben von Widerstand** in dieser Entwicklungsphase gehört zu dem Bestreben des Kindes, aus den Bindungsverhältnissen so weit herauszukommen, dass es einen grundsätzlichen Grad von Freiheit des Selbst erlangen kann. Diese **Grundfreiheit** ist der Anfang einer sich im weiteren Verlauf ständig fortsetzenden Entwicklung zum persönlichen Selbst und zur Selbstständigkeit. Man muss sich das so vorstellen, dass ein Mensch in engsten persönlichen Bindungsstrukturen keine Chance besitzt, den für ihn notwendigen Grad von Autonomie zu erlangen und zu einer entscheidungsmächtigen Person zu werden. Zwar kann das Kind in diesem Alter noch nicht eigenmächtig entscheiden, dafür fehlen ihm vor allem die nötigen geistigen Voraussetzungen, aber es kann kraft seines weiter erstarkenden Willens schon die emotionalen Voraussetzungen dafür entwickeln und **Bestimmungsmacht** ausüben.

Genau das tut das Kind und gerät so, ohne dass ihm das bewusst ist, in Widerspruch zu seiner Umwelt. So anstrengend dieses Geschehen für die erziehenden Erwachsenen ist, so belastend ist es auch für die Kinder selbst, die manchmal regelrecht in Verzweiflung geraten, wenn sie mit ihren geliebten Bezugspersonen aneinander geraten, aber keinen Handlungsspielraum besitzen, aus dieser sozialen Klemme friedlich wieder herauszukommen.

Diese Aufgabe, nämlich die der Beschwichtigung und Entschärfung der Situationen, obliegt den Erwachsenen. Dazu sollten sie solche Instrumente anwenden wie grundsätzliches Annehmen des kindlichen „Aufstandes" mit Langmut und Nachsicht sowie Bemühen um Deeskalation, wenn sich die Situation noch nicht so sehr aufgeheizt hat. Das geht durch frühzeitige Vermeidung der Zuspitzung und Ablenkung mit Ausrichtung der Aufmerksamkeit auf andere Dinge. Später helfen auch Überredung und Verlockungen (in sinnvoller Form). Im Übrigen reagiert nicht jedes Kind mit einem derart starken Widerstand. Am schwierigsten sind die Kind mit hoher Impulsivität, weil ihren Eltern kaum Zeit bleibt, einer der genannten Strategien zur Beherrschung der Situation anzuwenden.

Frage 15:

Einige Mütter schreiben mit blankliegenden Nerven, dass ihre Kinder wie in einem **Entscheidungskonflikt oder -zwang** gefangen hin und her laborieren, was sie eigentlich wollen, jedoch ohne zu einem befriedigenden Ergebnis zu kommen. Einerseits wollen sie auf den Arm, kaum sind sie hoch genommen, wollen sie wieder auf den Boden. Bekommen sie den begehrten Keks, werfen sie ihn fort oder zerkrümeln ihn nur mit ihren Händen. Das erkämpfte Teefläschchen wird auf den Boden leer getropft oder an die Wand geschmissen, der gereichte Bauklotz oder zugespielte Ball wütend in die Ecke gepfeffert.

Auch beim Waschen oder Schlafenlegen geht es hin und her. Mal soll die Mutter kommen, dann soll sie wieder weggehen und der Vater stattdessen dabei sein. Mal ist der Vater beim Zubettgehritual heiß begeht, und dann wieder gibt es Geschrei, wenn er ins Zimmer hereinkommt. Gerade bei den Pflegeritualen, aber auch beim morgendlichen Anziehen treten diese Entscheidungsunfähigkeiten auf und stören das soziale Klima.

Antwort 15:

Was Sie als Eltern hier am Verhalten Ihres Kindes beobachten, nennt man in der Psychologie **Ambivalenz**. Ambivalenz heißt, dass mehrere Wünsche in gleich starker Weise existieren und der eine dem anderen nur durch eine klare Entscheidung vorgezogen werden kann. Aber gerade diese Entscheidung kann das Kind noch nicht fällen. Daher gerät es in einen Konflikt, den man als **Ambivalenzkonflikt** bezeichnet. Auch wir Erwachsenen werden noch von solchen Entscheidungsschwächen ereilt und manchmal ist der Konflikt tatsächlich auch von der Sache her unausweichlich.

Während wir Erwachsenen aber doch meistens die Fähigkeit besitzen, ein inneres Machtwort zu sprechen und uns festlegen, oder doch zumindest uns die unsinnige Konflikthaftigkeit vor Augen führen können, ist das Kleinkind diesen Empfindungen unausweichlich ausgeliefert. Es leidet daran und kann zu keinem Schluss kommen. Es ist also falsch zu sagen, das Kind sei bockig oder zickig, vielmehr steckt es in einer emotionalen Sackgasse, aus der es schlecht alleine herausfindet. Lässt man es darin bestehen, dann löst sich der Krampf erst durch emotionale Erschöpfung, die je nach charakterlicher Anlage früher oder später einsetzt. Einige Kinder durchleben dabei regelrecht Wutanfälle.

Viel besser ist es, seinem Kind so weit es das annehmen kann, Lösungsmöglichkeiten anzubieten. Das gelingt allerdings meist erst nach einer gewissen Beruhigungszeit. Gute Argumente in einfachen Worten oder in Gestik und konkreter Darstellung sind dann geeignet, das Kind aus seiner Sackgasse herauszuholen. Gleichzeitig sollte man sein Kind für die Notlage bedauern, in die es hineingeraten ist, wobei nicht so sehr der Inhalt der Worte entscheidend ist, als vielmehr der Tonfall und die guten Gesten. Geht so gut wie gar nichts mehr, ist das Kind letztendlich zufriedener mit dem Ausgang der Situation, wenn die Eltern ein konsequentes Machtwort sprechen. Darin darf aber nichts Feindseliges liegen.

Frage 16:

Häufig wird von Eltern die Frage gestellt, ob sie ihren Säugling überall mit hinnehmen können und ob sie ihn auch schon auf Reisen mitnehmen können. Die Sorge gilt der **Angst** des Säuglings **an fremden Orten** und seiner möglicherweise damit verbundenen Unruhe und Nervosität. Die Eltern malen sich aus, die bisher geschaffenen Strukturen und Rhythmen unnötig zu durchbrechen und damit den Seelenfrieden ihres Kindes zu stören. Ähnliche Erfahrungen haben offenbar viele Eltern schon gemacht und fürchten jetzt, ihrem Säugling letztlich Schaden zuzufügen.

Antwort 16:

Grundsätzlich ist es schwierig, ältere Säuglinge überall mit hinzunehmen und ihnen neue Strukturen zu präsentieren, an die sie sich nicht erst in Ruhe haben gewöhnen können. Die Reaktionsweise des Säuglings hängt natürlich stark von seinen **persönlichen Anlagen** ab, aber auch von den bisher entstandenen Bindungsstrukturen. So verhält sich ein wenig fremdelnder, sicher gebundener und allem Neuen gegenüber sehr aufgeschlossener Säugling viel unkomplizierter in der neuen Umgebung als ein ängstlicher und unsicher gebundener. Ersterer beginnt ziemlich bald sein erforschendes (explorierendes) Verhalten. Letzterer hängt die ganze Zeit auf dem Arm seiner Eltern und fängt jämmerlich an zu weinen, wenn man ihn auf den Boden bringt.

Von Natur aus ängstliche Säuglinge sind ebenso wie ambivalent unsicher gebundene Kinder fremder Umgebung, aber auch fremden Menschen gegenüber sehr vorsichtig. Sie brauchen in solchen Momenten ganz besonders die Nähe ihrer Bezugspersonen, über die sie ihr entstehendes Gefühlsmuster von Angst regulieren können. Solche Kinder brauchen viel länger, bis sie zu ihrem explorierenden Verhalten zurückfinden.

Aus den genannten Gründen ist es richtig und wichtig, möglichst viel Vertrautes für die Unternehmung und auf die Reise mitzunehmen und möglichst alle Rituale in der Beziehung und im Tagesablauf aufrechtzuerhalten. Nicht nur für das Kind sondern ebenso auch für die Eltern wird die Zeit am fremden Ort dadurch sehr viel angenehmer. Auf alle Reisen zu verzichten braucht man jedenfalls nicht.

Frage 17:

Einen enorm breiten Raum nehmen an der Wende zum zweiten Lebensjahr die Fragen zum **Schlafverhalten** ihres Kindes ein. Dabei berühren sich 2 Hauptthemenkomplexe: Erstens die **Einschlafproblematik** und das **gemeinsame Schlafen** in einem Zimmer. Und zweitens das Abstillen oder Aufgeben von Füttern in der Nacht sowie das **Durchschlafen**. Die gestellten Fragen lassen regelmäßig die große Not erkennen, in der sich die Eltern befinden, wenn sich Schlafprobleme über längere Zeit eingestellt haben. Die Störungsmuster im Einzelnen sind so vielfältig und variant wie die Kinder individuell sind.

Antwort 17:

Das **Schlafproblem** bahnt sich bei vielen Kindern bereits im Säuglingsalter an. Das lässt darauf schließen, dass es eine genetische Veranlagung für die Schlafdauer und Schlafintensität beim Menschen gibt. Es gibt Säuglinge, die von Anfang an gut und viel schlafen und solche, die für ihren Schlaf viel Zuwendung und Sicherheit von ihren Bezugspersonen brauchen. Die Urangst des Säuglings besteht darin, im Schlaf von seinen Bezugspersonen verlassen zu werden und damit den Gefahren der Umwelt schutzlos ausgeliefert zu sein. Dieses Empfinden scheint intuitiv von Anfang an zu existieren.

Ab etwa dem ersten Lebenshalbjahr kommt zu dieser Urangst eine konkrete Vorstellung vom Verlassenwerden durch das Eingegangensein einer festen Bindung und die Erfahrung von Trennung dazu. Fortan wird die primäre Bezugsperson vom Säugling nicht mehr aus dem Auge gelassen, bis der Tiefschlaf das Auge geschlossen hat. Am besten spürt der Säugling seine Bezugsperson körperlich, z.B. beim Herumgetragenwerden. Solche Angebote werden natürlich als feste Gewohnheit in das **Einschlafritual** vom Säugling aufgenommen und auf lange Sicht weiter eingefordert. Anzubieten von den Eltern wäre also nur das, was auch auf lange Sicht durchgehalten werden kann.

Das Herumtragen erledigt sich aber meistens am Ende des ersten Lebensjahres, weil der Säugling dann das Einschlafen im Liegen wie jeder Mensch bevorzugt. Angenehmer für ihn ist es, wenn sich das Bett wiegen oder auf Rädern hin und her bewegen lässt.

Mit einem Jahr erfährt das Einschlafproblem aber häufig seinen Höhepunkt, da sich jetzt Loslösungsgefühle in die Bindungsfestigkeit mischen und neue Verlustängste in Bezug auf die primäre Bezugsperson schüren. Jetzt beweist sich, wie gut alle Einschlafrituale gewesen sind. Am Bett sitzen und Lieder singen, leise Geschichten erzählen, Musikhören, Streicheln usw. sind ganz wichtige Faktoren beim Einschlafritual. Nuckel, Schmusetücher und erste Kuscheltiere als Schlafbegleiter sind sehr hilfreich. Sattsein und eine angenehme Schlafumgebung sind Grundvoraussetzung.

Immer wieder gibt es lange Diskussionen, ob der Säugling und das Kleinkind noch im **Elternschlafzimmer** schlafen soll oder nicht. Die einzig richtige Antwort darauf lautet: ja. Das Elternbett muss es dabei nicht sein. Ein Beistellbett oder Babybalkon sind genauso gut. In vielen anderen Kulturkreisen gibt es solche Diskussionen überhaupt nicht. Da gehören Kinder bis zum Kindergartenalter noch in das Schlafzimmer ihrer Eltern. So ist es auch das naturgewollte Prinzip, denn erst mit etwa vier Jahren ist das Kind in der Lage, seine Gefühlsströme in der Nacht beim Einschlafen und zwischenzeitlichen Erwachen einigermaßen selbstständig zu regeln. Jeder Mensch wacht in der Nacht immer wieder einmal kurzzeitig im Laufe der Traumphasen auf. Kinder rufen dann sofort nach ihren Eltern, um sich existenziell abzusichern. Die Absicherung gelingt nur, wenn die Eltern ohne große Zeitverzögerung bei ihren Kindern sein können. Andernfalls bekommen die Kinder Angst und fangen an zu weinen. Entbehrende Kinder schreien meistens ängstlich los.

Nahrung braucht der Säugling in der Nacht nicht mehr ab etwa dem zweiten Lebenshalbjahr. Das heißt aber nur, dass er sieben bis acht Stunden an einem Stück durchschläft, denn das entspricht dem Überschlafen der ursprünglichen Nachtmahlzeit. Einigen Säuglingen gelingt das automatisch, die Mehrzahl muss aber nachts abgestillt werden. Andere brauchen den Entzug der Flasche in der Nacht. Da der Nachtschlaf auch für die Eltern und ihr Wohlbefinden ein unentbehrliches Element ist, muss häufig eine Brust- oder Flaschenentwöhnung in der Nacht vorgenommen werden. Da das Kind sich dabei stoffwechselmäßig umstellen und Zucker aus dem eigenen Speicher in der Leber ins Blut schicken muss, hat es neben der veränderten Situation auch in den ersten drei bis vier Nächten mit Hungergefühl zu kämpfen. Hunger macht Angst und unberuhigte Angst erzeugt Wut und Panik. Die Kinder müssen also liebevoll und geduldig aufgefangen werden und durch einen ähnlich starken Reiz beruhigt werden, wie es das Füttern vermochte. Der stärkste Reiz neben dem Stillen und Füttern ist das Tragen, Wiegen und Schaukeln. Aber auch Tee- und Wasserfläschen als Saugangebote sind manchmal unumgänglich. Da sich hierbei aber der Stoffwechsel auch umstellt, lässt sich das Ziel auf diese Weise erreichen.

3.4 Der Beginn der Loslösung und die ersten Schritte in die Selbstständigkeit

(Stichworte: Loslösung, verstärkter Widerstand, Rollenzuweisung, Wiederannäherungskrise, erster Trotz, Bindungsverwirrung usw.)

Frage 18:

Häufig wird die Frage gestellt, was eigentlich **Loslösung** bedeutet, und ob dadurch die Bindung zur Mutter nachlässt oder gar zu Ende geht. Mütter sind deswegen besorgt bis hin zu einer aufkommenden Eifersucht auf den Vater. Sie verweisen auf die große Zuwendungsbereitschaft und Aufopferung ihrerseits im ersten Lebensjahr und fühlen sich vom Kind in ihrer Leistung nicht ausreichend gewürdigt und belohnt.

Antwort 18:

Das zweite Lebensjahr beginnt mit der **Hinwendung des Kindes zu seinem Vater**. Oft stellt man dieses Interesse des Kindes schon bei der Zunahme der Mobilität in der Krabbelphase fest. Der Säugling entwickelt die Tendenz, sich für einen kurzen Zeitraum von der Mutter zu entfernen und auf Entdeckungsreise zu gehen. Die Bindung zur Mutter geht dadurch nicht verloren. Im Gegenteil, sobald der Säugling merkt, aus dem Schutzraum der Mutter herausgeraten zu sein, macht er sich wieder auf die Suche nach ihr oder fängt an zu weinen, was einem Rufen gleichkommt.

Das Erkunden oder Erforschen seiner Umgebung beinhaltet auch das frühe Begehren, andere Personen kennenzulernen, wobei natürlich zuerst diejenigen angesteuert werden, zu denen der Säugling bereits im ersten Lebensjahr eine Beziehung aufgebaut hat. Die intensivste Beziehung nach der Mutter hat das Kind bei intakten Familienverhältnissen und im klassischen Rollenmodell zu seinem Vater. Er wird demzufolge zu seinem **Loslösungsvorbild**.

Das Leben in der Mutter-Kind-Dyade empfindet das Kind zunehmend als zu starke Begrenzung in seinen Willensempfindungen und in seinen explorativen Wünschen. Zwar soll die Mutter unbedingt eine Absicherung „im Rücken" für alle Fälle bleiben (**sichere Basis**) und diese Sicherheit wird auch immer wieder durch Kontaktaufnahme überprüft (social referencing, s.o.), aber der Drang nach der Unabhängigkeit von der primären Bezugsperson setzt sich immer stärker durch.

Vorbild für dieses Unabhängigkeitsempfinden muss eine Person sein, die einerseits Bindung repräsentiert, andererseits aber erfolgreiche Unverbundenheit mit der Mutter erkennbar werden lässt. Die hierfür ideale Person ist der Vater. Ein Ersatzloslösungsvorbild ist möglich, wenn der Vater vollständig fehlt oder sich seiner Rolle entzieht. Steht kein Loslösungsvorbild zur Verfügung entwickelt sich die **erschwerte Loslösung** (s.u.).

Ziel der Entwicklung ist es aber nicht, jetzt in einer neuen Dyade zum Vater unterzutauchen oder in der Mutter-Vater-Kind-Triade selbstzufrieden weiter zu agieren. Ziel ist es, den Vater als Sprungbrett zur Errichtung des unabhängigen Selbst zu benutzen. Verantwortungsbewusste Väter spüren diese Aufgabe intuitiv und stellen sich ihr zuverlässig zur Verfügung. Im Rahmen der Loslösung gibt es zahlreiche neue Fragen, die Mütter und jetzt auch vereinzelt Väter stellen.

Frage 19:

In diesen Zusammenhang gehören vor allem die vielen Fragen nach dem **Widerstandsverhalten** des Kleinkindes im Übergang zu den ersten Trotzerscheinungen. Die Eltern spüren jetzt immer deutlicher die **Willensäußerungen** ihres Kindes und sein Ringen darum, diesen Willen auch durchzusetzen. Von kleinen Böckchen und Zicken ist die Rede, wenn das Verhalten der Kinder beschrieben wird. Die Hartnäckigkeit, mit der die Kinder ihren einmal gefassten Plan durchzusetzen gewillt sind, setzt die Eltern oft genug in Erstaunen. Aus diesem Erstaunen wird dann schnell Verärgerung, wenn dieser Plan nicht ins elterlich disziplinarische Konzept passt.

Sind die Eltern aus ihrer eigenen früheren Erziehung die Gewährung des kindlichen Willens nicht gewohnt, klammern sie sich spontan – jetzt in die Elternrolle versetzt – an ein erzieherisches Eingreifen und verbieten ihren Kinder das Vorhaben, insbesondere wenn dadurch schädliche Folgen für das Kind selbst oder die erforschten Gegenstände zu befürchten sind. Ab wann, so wird an dieser Stelle fast regelmäßig die Frage angebracht, versteht das Kind das Wort „**nein**"?

Antwort 19:

Im Grunde rührt diese Frage an die Diskussion darüber, ab wann **Erziehung** eigentlich anfängt und welches die ersten erzieherischen Schritte sind. Es liegt nahe zu meinen, Erziehung finge mit dem Wort „nein" an. Wenn es so wäre, dann stünde am Anfang aller Erziehung das Verbot. Das würde bedeuten, dass das Kind sein Erfahrungs- und Erkenntnisbedürfnis entwickelt und sofort an die ersten Grenzen in seiner Umwelt stößt. Es muss also gleich gezügelt werden, damit die von den Erwachsenen aufgebaute und streng erhaltene Ordnung nicht gestört oder gar zerstört wird.

Aber ganz zu Anfang erreicht das Wort „nein" das Kind überhaupt nicht, denn es kennt noch nicht seinen **Symbolgehalt**, das Verbot. Das führt zu einem immer wieder festzustellenden Missverständnis. Die Eltern sagen „nein" und das Kind reagiert nicht. Darüber sind die Eltern dann verärgert, denn es hat den Anschein, als wolle ihr Kind **nicht gehorchen.**

In Wahrheit versteht das Kind erst einmal gar nicht, was seine Eltern von ihm wollen. Die ärgerlichen Reaktionen seiner Eltern sind es schließlich, die dem Kind über den Weg des Innehaltens und Erschreckens klar machen, was mit „nein" gemeint ist. Um nun aber zu lernen, in Zukunft richtig mit dem Auftrag zum Verzicht und zur Unterlassung umzugehen, muss das Kind seiner Natur gemäß den Vorgang immer wieder durchspielen, woran es tatsächlich auch Genuss hat, denn es erlebt diesen Wiederholungsvorgang als Spiel.

Auch das ärgert viele Eltern wieder, was völlig unberechtigt ist, denn das Kind hat nicht die Absicht, seinen Eltern den Nerv zu töten, sondern nur über die ständige Wiederholung des Vorgangs die Botschaft zu verstehen (s. auch Antwort 23).

Damit ist die Grundfrage nach dem Anfang der **Erziehung** noch nicht beantwortet. Sie lässt sich auch so nicht beantworten, denn es müsste zunächst erklärt werden, was überhaupt Erziehung ist. Nehmen wir die einfachste Interpretation des Begriffs, dann ist Erziehung steuernde oder lenkende Beeinflussung des Denkens und Verhaltens eines anderen Menschen. Eine solche Beeinflussung des Kindes findet aber längst vor dem ersten Verbot statt, so dass Erziehung demzufolge viel früher beginnt, genau genommen schon kurz nach der Geburt z.B. mit der Gewöhnung an das Warten bis die Nahrungsquelle verfügbar ist. Aber diese Beeinflussung ist kein Ergebnis eines Lernvorgangs, sondern nur eines der Gewöhnung durch Konditionierung. Das heißt Erziehung und Lernen sind erst durch geistige Prozesse miteinander verbundene Vorgänge im menschlichen Informationsaustausch. Und nun stellt sich die Frage, ab wann beim Säugling solche geistigen Prozesse stattfinden, dass Lernen über die Konditionierung hinaus angenommen werden kann. Die Feststellung dieses Zeitpunkts ist Forschungsgegenstand der kognitiven Entwicklungspsychologie.

Der **Widerstand**, den der ältere Säugling und das Kleinkind gegen die üblichen Pflegeverrichtungen seiner Eltern aufbringen, ist der Anfang ihres Aufbruchs in die Selbstständigkeit. Da es für das Kleinkind keinen anderen Weg einer Demonstration seines erstarkenden Willens gibt, als den Widerstand, wird dieser je nach Temperament mehr oder weniger stark ausgeübt. Der Wille kann vorläufig noch nicht in die Zukunft gerichtete, planvolle Aktivitäten hervorbringen, er muss vorerst immer in der Verweigerung zum Ausdruck gebracht werden. Bockigkeit ist das nicht, sondern der für uns Erwachsene noch hilflos erscheinende Ausdruck eigener Bestimmungsmacht.

Frage 20:

Vielen Eltern fällt auf, dass ihre Kinder, wenn sie etwa eineinhalb Jahre alt geworden sind und schon durch die Loslösung etwas Selbstständigkeit erlangt haben, **plötzlich wieder ganz anhänglich** werden und der Mutter am Rockzipfel hängen. Einige Kinder sind in dieser Zeit nachts vermehrt unruhig, träumen offenbar schon viel und lassen sich ungern bei den bislang immer geliebten Großeltern von ihren Eltern abgeben. Auch die Väter sind in diesem Moment nicht mehr ganz so beliebt beim Einschlafzeremoniell.

Sehen sich die Kinder zufällig im Spiegel oder werden von ihren Eltern vor den Spiegel gestellt, reagieren sie auch nicht mehr so unbekümmert und spaßig auf ihr Gegenüber wie früher und wirken erstaunt, fast beschämt und reagieren plötzlich unsicher und verlegen.

Antwort 20:

Das geschilderte Phänomen im Verhalten der Kleinkinder in dieser Phase stellt eine wichtige Zäsur dar, die mit einem entscheidenden Entwicklungsschritt in der Selbstempfindung verbunden ist. Die Mutter-Kind-Dyade wird endgültig gesprengt und das Kind begreift zum erstenmal in seinem Leben, das es ein von der Mutter vollkommen getrenntes und auf sich selbst gestelltes Menschenwesen ist. Wie zu Beginn der Loslösung ist dieses Empfinden mit Unbehagen und Angst verbunden. Je nach Veranlagung des Kindes zur Angst reagiert es darauf mit erneuter, großer Anhänglichkeit. Allerdings reagieren die Kinder auf diesen Entwicklungsschritt nicht gleich stark. Es gibt auch Kinder, bei denen diese Phase so gut wie nicht auffällt. In den frühen Jahren der Entwicklungspsychologie wurde dieses Phänomen mit dem Begriff der **Wiederannäherungskrise** (M. Mahler ebd.) beschrieben. Dieser etwas umständlich klingende Begriff wird heute nur noch selten verwendet, es gibt aber bisher keine andere alternative Begriffsbildung.

Vor etwa zwanzig Jahren hat die Entwicklungspsychologin Doris Bischof-Köhler systematische Untersuchungen der Selbsterkennung von Kleinkindern exakt in dieser Phase durchgeführt und den sogenannten **Spiegel-Test** entwickelt. Dazu hat sie Kleinkindern in bestimmten Altersabständen einen roten Punkt auf die Nase gepudert und sie dann vor einen Spiegel gestellt. Erst die über eineinhalbjährigen Kinder haben diesen roten Punkt als etwas Störendes wahrgenommen und abzureiben versucht. Gut einjährige Kinder unternahmen diesen Versuch nicht und hielten ihr Spiegelbild noch für ein anderes Kind.

Das Ergebnis dieses Tests kann man dafür heranziehen, den Kindern die ersten bewussten Erfahrungen mit ihrem eigenen Selbst zu bescheinigen. Die Erkenntnis, eine völlig eigenständige Person zu sein, bringt es natürlich mit sich, die Mutter-Kind-Dyade endgültig aufzugeben. Genauso wie der Aufbruch in die Loslösung am Ende des ersten Lebensjahres eher gemischte Gefühle hervorgerufen hat und dabei auch solche von Angst, erzeugt das Bewusstsein vom eigenständigen Selbst ebenfalls erst einmal auch Angstgefühle. Es ist die Angst, die Mutter endgültig verlieren zu können, die die Kinder in dieser Altersphase vorübergehend wieder so anhänglich macht.

Frage 21:

Ein interessantes Phänomen im Verhalten ihrer Kinder wissen die Eltern von etwa Eineinhalbjährigen zu berichten. Kommen sich die Eltern im Beisein ihres Kindes körperlich zu nahe, schmusen sie womöglich miteinander, **wirft sich das Kind dazwischen** und bemüht sich intensiv, die Eltern wieder auseinanderzubringen.

Antwort 21:

Kleinkinder sind bestrebt, eine Grundordnung in ihr Leben und in das Verständnis von ihrer Umwelt zu bekommen. Man darf als Erwachsener nicht übersehen, dass für ein Kleinkind die Welt, mit der es sich konfrontiert sieht, unübersichtlich, ja beinahe chaotisch erscheint. Das betrifft auch schon die kleine Welt seines Zuhauses. Räumliche, ereignishafte und beziehungsmäßige Entdeckungen prallen in geballter Form auf das noch ganz in der Entwicklung befindliche Bewusstsein, das keinerlei Vorerfahrung für all das mit auf den Weg bekommen hat. Demzufolge ist es auch wichtig, die einzelnen **Rollen der Familienmitglieder**, ganz besonders die der Hauptbezugspersonen, klar und verständlich präsentiert zu bekommen. Ein Rollenwechsel der Bezugspersonen zum falschen Augenblick oder ein ständiges Ändern der Bezugspersonen führt zur Verwirrung des Kindes (sogenannte **Bindungsverwirrung**, vgl. K. Grossmann, K.E. Grossmann, 2003).

Das Kind quittiert solche Verwirrungen mit erhöhtem Widerstand, mit innerem Rückzug sowie mit Verweigerung und Ablehnung der neu eingeführten Betreuer. So kann die Babysitterin für die Eltern unverständlich plötzlich massiv abgelehnt werden, weil sie weitere Unsicherheiten in das Gefüge der Bezugspersonen bringt. In der Regel gelingt dem Kind aber eine Einteilung seiner Bezugspersonen durch emotionale Abstufung in der Art einer **Bindungshierarchie**.

Die **Rollenzuweisung** für die Eltern und das Bedürfnis, auch in die Beziehungsstränge der Familie eine klare Linie zu bekommen, sind für das Kind so wichtig, dass es die Auseinandersetzung mit seinen Hauptbezugspersonen riskiert. Obwohl es selbst ein großes Bedürfnis nach Zärtlichkeit und Nähe besitzt, streitet es den Eltern dieses Bedürfnis untereinander intuitiv ab. Andernfalls könnten primäre Bezugsperson und Loslösungsvorbild sonst in einer Person verschmelzen und die klare Positionierung des eigenen Weges, flankiert von zwei Leuchttürmen, könnte ins Wanken geraten. Ein ödipales Empfinden, wie in der klassischen Psychoanalyse zur Erklärung gebräuchlich, halte ich für nicht stichhaltig.

Überhaupt erscheinen mir die Vorstellung des **Ödipuskomplexes** und später für die Mädchen auch des **Elektrakomplexes** in der Interpretation frühkindlicher Verhaltensweisen in Beziehung zu ihren gegengeschlechtlichen Eltern zu sehr aus der Geisteshaltung der vorvergangenen Jahrhundertwende zu resultieren. Damals war es wichtig, das frühkindliche Verhalten auch im Spiegel der sexuellen Befreiung zu sehen. Sigmund Freud war in dieser Richtung Vorreiter des neuen Denkens. Für ihn konnte es keine andere Darstellung gerade dieser frühkindlichen Affektäußerungen und Verhaltensweisen geben. Im Zuge der modernen Entwicklungspsychologie sieht das aber ganz anders aus.

3.5 Das Bedürfnis nach Selbstständigkeit und die frühen Signale der Selbstbestimmung

(Stichworte: Verneinungen, Widersetzen, Trotz, erste Regeln, Regelkonzept contra Grenzsetzung, Induktionsstrategien usw.)

Frage 22:

Ein ganzes Bündel an Fragen im zweiten Lebensjahr des Kindes bezieht sich auf den erweiterten Aktionsradius des Kindes in der Wohnung und die entstehenden Kollisionen mit den Elterninteressen. Wie lässt sich vermeiden, dass bei solchen Explorationen des Kindes nicht permanent Einschränkungen gemacht und **Verbote** ausgesprochen werden müssen (s. auch Frage 19)? Wie geht man damit um, wenn das Kind trotz des klar ausgesprochenen „**nein**" nicht reagiert und immer wieder das Verbot missachtet?

Antwort 22:

Zunächst ist noch einmal daran zu erinnern, dass ein einjähriges Kind die Botschaft des Wortes „nein" nicht verstehen kann (s. auch Antwort 19). Sein innerer Auftrag geht in eine ganz andere Richtung, als darauf zu warten, Verbote gleich zu Beginn seiner erforschenden Tätigkeit hinzunehmen. Das Kind ist von der Erwartung beseelt, dass es jeden Gegenstand anfassen, schmecken und auf seine Formstabilität hin untersuchen kann, so viel es will. Eine Vorstellung davon, dass es empfindliche Gegenstände gibt, die eine solche Untersuchung schlecht vertragen, hat es nicht. Daher ist das Kind überrascht davon, dass seine Eltern es in seinem naturgemäßen Handeln nicht immer unterstützen, sondern im Gegenteil es in einigen Fällen daran hindern, seinem Willen zu folgen. Die Erfüllung seines Willens aber ist die Urbestätigung dafür, dass es selbst derjenige ist, der unternimmt und handelt, und nicht ein anderer, von dem es geführt und gesteuert wird. Der **Wille** wird zur Triebfeder der Selbsterkenntnis und der Icherfahrung.

Aus eben diesem Grund ist das Kind bestrebt, seinen Willen durchzusetzen. Denn es muss sein **Selbst entdecken**, um sein **Ich** zu formieren und um seine Persönlichkeit aufbauen zu können. Verbieten ihm die Eltern nun, bestimmte Dinge zu tun, auf die es Lust hat und auf die es seinen Willen richtet, wehrt es sich „um seiner selbst willen". Der Widerstand gegen das Verbot ist also vorprogrammiert.

Trotzdem ist das Kind bestrebt zu erfahren und zu lernen, wie es sich in der Auseinandersetzung mit seinen Bezugspersonen richtig verhält und wie es seinen Willen auf Dauer einzustellen hat. Daher lässt es sich nicht gleich beirren und setzt immer wieder an, seine Absicht doch noch zu realisieren. Dieses Verhalten ist also kein Ungehorsam im klassischen Sinn, sondern eine Methode, in der Wiederholung das zu lernen, was es im Umgang mit Menschen aber auch mit Gegenständen zu lernen gibt. Genau genommen macht das Kind ein Spiel daraus und möchte am fehlerhaften Handeln (für den es den Sinn allerdings noch nicht erkennen kann) lernen, wie die zugehörige Regel lautet. Da das Kind praktisch alles im Spiel erst richtig lernt, zeigt es sogar Vergnügen an seinem Tun und ist sich keinerlei Schuld bewusst (Schuld ist ein Empfinden, dass erst sehr viel später im Rahmen der Gewissensentwicklung entsteht).

Die Empfehlung an die Eltern lautet demzufolge, die Gegenstände, die das Kind auf keinen Fall zerstören darf, in Sicherheit zu bringen (hoch genug aufzubewahren oder einzuschließen). Alles andere darf vom Kind angefasst und untersucht werden, wobei die Eltern dann, wenn es nötig erscheint, durchaus ein Verbot aussprechen dürfen, sich aber bewusst sein müssen, dass das Verbot vom Kind nicht gleich angenommen wird, sondern erst durch ständige Wiederholung wie ein Spiel verstanden wird.

Frage 23:
Ein umfangreiches Fragenkontingent richtet sich seit jeher auf das **Trotzverhalten** der Kleinkinder. Man könnte ein ganzes Buch allein der Beantwortung dieser Fragen widmen. Ist es im zweiten Lebensjahr hauptsächlich das **Widerstandsverhalten** (s.o.), das zahllosen Eltern den Nerv raubt, so steigert sich dieser Widerstand nach dem zweiten Geburtstag zum scheinbar zielgerichteten Trotzverhalten. Sobald die Eltern anders entscheiden, als das Kind es gerade will, steigert sich das Kind in eine wutentbrannte Verweigerungshaltung.

Dabei stampft es im günstigsten Fall mit den Füßen auf und geht schmollend in eine Ecke, wirft sich im weniger günstigen Fall schreiend auf den Boden und heult hemmungslos und wirft im schlechtesten Fall gegen die Wand, was es gerade zu fassen bekommt, oder schlägt sogar auf seine Eltern ein. Die maximale Steigerung der Affekte ist der von Aufschrei und Atemanhalten gekennzeichnete Krampfanfall (Affektkrampf).

Antwort 23:

Der Trotz ist ein **psychosoziales Entwicklungsphänomen**, das bei jedem Kind überall auf der Welt vorkommt (aber nicht in allen Sprachen scheint es ein definiertes Wort dafür zu geben). Allerdings ist der jeweilige Ausdruck des Trotzes gekennzeichnet von individuell genetischen Charaktermerkmalen und ethnisch sozialen Einflüssen. Südländische Völker zeigen höhere affektive Erregungszustände als Völker des Nordens (eigene Beobachtungen). Das wirkt sich auch schon im frühen Kindesalter aus.

Der Trotz entbrennt an der unterschiedlichen Interessenslage von Eltern (oder andere Erzieher) und Kind. Es gibt allerdings auch Kinder, die ihren Trotzanfall dann bekommen, wenn sie an ihrem Vorhaben scheitern und ihre noch altersgemäßen Unfähigkeiten vor Augen geführt bekommen. Das ist der berühmte Kampf mit dem Objekt. Da das Kind in diesem Alter auf Erfolg geeicht ist – und damit ist neben dem Gelingen sozialer Aktionen auch die individuelle Leitungsfähigkeit gemeint –, ist jeder Fehlschlag des Tuns ein indirekter Angriff auf das sich aufbauende Selbst. Das **Ringen um das Selbst,** das gerade erst in die Selbstständigkeit entlassen ist, ist Hauptaufgabe in der psychosozialen Entwicklung des dritten Lebensjahres. Ein Angriff auf das Selbst ist wie ein Schlag auf das kleine Pflänzchen wachsender Persönlichkeit. Daher diese heftige affektive Reaktion.

Wollen Eltern ihrem Kind eine Mütze aufziehen, weil es windig und kalt ist, das Kind aber keine Mütze leiden kann, ist der Trotzanfall vorprogrammiert. Versuchen die Eltern sich durchzusetzen, wird der Trotz immer schlimmer. Das Kind fühlt seinen Willen korrumpiert und der Wille ist Ausdruck seines intensiven, persönlichen Wunsches. Was die Eltern gut gemeint haben, kommt beim Kind als Angriff an. Das zu verstehen, ist der Einstieg in die Methodik, Trotz auf erträgliche Formen herunterzuschrauben.

Es gibt zahllose Einzelbeispiele für die Auslösung von Trotz. Beliebt sind die Darstellungen schreiender Kinder in Supermärkten, die Ihren Willen nicht bekommen, der an diesem Ort auf Süßigkeiten oder Spielzeug abzielt.

Kinder, die in ihrer Loslösung gut vorankommen, fühlen sich in ihrem Selbstbestrebungen erfolgreich und trotzen in der Regel weniger heftig. Kinder in erschwerter Loslösung trotzen folglich umso stärker. Je aggressiver ein

Kind veranlagt ist, desto leichter fällt es ihm, den Trotz mit aggressiven Impulsen aufzuladen.

Frage 24:

Manche Eltern sind regelrecht verzweifelt und fragen danach, wie sie denn mit einem solchen **Trotzanfall** umgehen könnten. Immerhin sind die Kinder in diesem Moment so gut wie unansprechbar und Versuche, sie positiv zu beeinflussen oder gezielt zu besänftigen, schlagen fehl. In vielen Fällen lösen solche Versuche sogar sich noch verstärkende Wut aus und treiben die Kinder in einen regelrechten Ausnahmezustand. Sie schreien dann immer lauter und fangen an, wild um sich zu schlagen. Letzteres geschieht vor allem dann, wenn Eltern versuchen, mit körperlichem Eingriff die Situation unter Kontrolle zu bekommen.

Antwort 24:

Im Moment der emotionalen Eskalation ist es meistens unmöglich, an das Kind auf vernünftige Weise heranzukommen und es zu beruhigen. In diesen hochgradig aufgeladenen affektiven Zuständen lässt man das Kind am besten eine Zeitlang allein, bis es die emotionale Erregung bis zur Erschöpfung ausgelebt hat. Dazu ist es besser, es in einen Schonraum zu bringen, wo es dem Einfluss ansonsten unbeteiligter Menschen entzogen ist. Denn deren Kommentare sind fast immer gegen das Kind gerichtet und wenn einmal nicht, dann doch weitgehend entbehrlich. Sie heizen die Reaktionsbereitschaft des Kindes nur unnötig auf.

Am Anfang des Umgangs mit Trotz steht immer das Verständnis für das, was im Kind vorgeht, und wozu ihm der Trotz dient. Das bedeutet, dass die einfache Widerständigkeit und das Sich-wehren gegen unbegründete, fremde Beeinflussung akzeptiert werden. Eltern und Erzieherinnen bzw. Erzieher haben sich stets zu fragen: Gehe ich mit meiner Forderung nicht zu weit, und ist das eigentlich berechtigt, was ich von dem Kind will? Auf diese Weise können falsche Forderungen noch rechtzeitig korrigiert werden und das Kind hat das Erlebnis, dass auch seine Auffassung der Dinge Gehör findet. Solche Erfahrungen stärken das Selbstbewusstsein, das man dann von den älteren Kindern erwartet.

Im Zuge der Eskalation hilft nur noch **Deeskalation**. Geschickte Ablenkungsmanöver, fruchtbare Versprechungen („Verlockungen") oder auch ein intensives Überreden zum ungewollten Anderen (Insistenz) können den Trotzanfall noch abbrechen. Meist gelingt das aber nicht mehr und dann sind interventionelle Aktionen unumgänglich. Zunächst kann eine Drohmimik das Kind noch beeindrucken, im nächsten Schritt muss die eigene Stimme eingesetzt werden, was als **Schimpfen** bezeichnet wird. Gelingt auch das nicht mehr, hilft nur noch die sogenannte **Auszeit** oder die momentane soziale Trennung. Entweder wird das Kind auf sein Zimmer geschickt, oder man entfernt sich selbst, wenn das Kind sich weigert. Im Rahmen solcher Maßnahmen ist darauf hinzuweisen, dass alle Formen der Gewalt, ob stimmlich, verbal-inhaltlich oder gar körperlich verboten sind.

Getreu der Prämisse, dass Trotz der **Selbstbehauptung** des Kindes dient und Selbstbehauptung ein unantastbares Lebensrecht ist, sind alle Maßnahmen einer Übermächtigung durch welche Gewalt auch immer, zu unterlassen. Dazu zählen auch das Einsperren von zornigen und „unartigen" Kindern sowie die soziale Brandmarkung im Kreis der anderen, momentan Unbeteiligten. So ist auch das Verlangen der Selbstbezichtigung älterer Kinder, die im Rahmen trotzig-oppositioneller Verhaltensweisen außer sich geraten, ein Akt der Demütigung und Erniedrigung. Alle diese Erziehungsmaßnahmen gehören in den Bereich dessen, was einmal als „schwarzen Pädagogik" bezeichnet wurde. Auf sie sollte verzichtet werden.

Frage 25:

Jedes Kind, so ist der Anspruch einer jeden Gesellschaft, muss frühzeitig **Regeln lernen**. Daher ranken sich um dieses Thema unendlich viele Fragen von Müttern und Vätern. In den vielen Fragen werden zunächst immer **Regelüberschreitungen** oder unerlaubte Handlungen der Kinder geschildert, die eines elterlichen Eingreifens und zumeist auch einer Sanktion bedürfen. „Mein Kind möchte nicht am Tisch sitzen bleiben, wenn es sein Brot schon aufgegessen hat, die anderen Familienmitglieder aber noch weiter essen." „Mein Kind möchte sich nicht Mütze, Schal und Handschuhe anziehen, wenn es draußen eiskalt ist und der Wind pfeift." „Mein Kind möchte abends nicht ins Bett gehen, obwohl es totmüde ist." „Mein Kind hört nicht, wenn ich ihm sage, dass wir es eilig haben und nicht herumtrödeln können."

Antwort 25:

Es gibt in der Pädagogik eine große Meinungsverschiedenheit, ob es nötig ist, einem Kind gleich von Anfang an Grenzen in seinem expansiven Verhalten zu setzen, oder ihm besser frühzeitig Regeln beizubringen, durch die es in die Lage versetzt wird, sich in Zukunft von Vornherein richtig zu verhalten. Beim **Grenzen setzen** wird gewartet bis das Kind seine Befugnisse überschreitet und auf diese Weise einen Fehler im (Sozial-)verhalten begeht. Dann wird streng eingegriffen und das Wohlverhalten auf der Basis von Zurechtweisung, Ausschimpfen oder sogar Bestrafung erzwungen. Dabei wird argumentiert, das

Kind müsse frühzeitig lernen, dass es nicht selbst bestimmen und eigenmächtig entscheiden kann, was es zu tun beabsichtigt, sondern dass es sich an die erzieherischen Vorgaben seiner Eltern oder anderer Erzieherinnen bzw. Erzieher zu halten hat. Tut es das nicht, muss es mit einer wie auch immer gearteten Strafe rechnen.

Beim **Regelprinzip** sieht der Verlauf des konflikthaften Geschehens anders aus. Der erste Fehltritt wird dazu benutzt, dem Kind unter verständlicher Erklärung eine Regel an die Hand zu geben, nach der es sich in Zukunft richten kann. Ziel ist die Akzeptanz dieser Regel, die bei Einhalten positiv beurteilt wird was die Motivation fördert. Hält sich das Kind aber nicht an die Regel, wird ihm klar gemacht, dass das Konsequenzen haben muss. Auch das geschieht in verständlicher Rede und ohne Androhung von Strafe.

Der positive Verlauf, das heißt das Einhalten der Regel, wird freundlich kommentiert und mit Lob bedacht. Der negative Verlauf wird mit einer Belehrung gezogen und mit einer logischen Konsequenz abgeschlossen. Diese Konsequenz muss sich logisch aus der Fehlhandlung ergeben, sonst ist sie wirkungslos. Das Kind soll verstehen und aus diesem Verständnis lernen, dass es in der Gemeinschaft richtig und falsch handeln kann und dass es lohnenswerter ist, richtig zu handeln.

Im Fall des Grenzensetzens wird also negativ sanktioniert, im Fall des Regelprinzips positiv. Der erzieherische Weg des Grenzensetzens führt zu einer schleichenden Abwertung des Kindes, weil der Fehler herausgestellt und Gehorsam nur durch Vermeidung erzeugt wird. Der erzieherische Weg beim Regelprinzip führt zu einer schrittweise verlaufenden Aufwertung des Kindes. Gehorsam wird durch Motivation erzielt.

Kinder ab drei Jahre sind geistig und sprachlich soweit, mit ihren Eltern über das Einhalten oder Nichteinhalten der gemeinsam aufgestellten Regel zu verhandeln. Die **Wenn-dann-Konsequenz** kennzeichnet diese Phase des erzieherischen Prozesses. Das **Verhandeln** wird in der sich fortsetzenden Auseinandersetzung immer bedeutsamer und von manchen Kindern, meist sprachlich sehr weiten, bis zur Erschöpfung ausgeführt. So richtig dieses Vorgehen auf beiden Seiten ist, so wichtig ist es manchmal, von den Eltern eine klare Entscheidung zu treffen, auch wenn sie einmal nicht zugunsten des Kindes ausfällt.

Frage 26:
Ein ganz wichtiges Thema im dritten Lebensjahr ist die Entwicklung von **Mitgefühl** und **Empathie**. Eltern berichten immer wieder von kleinen Scheinangriffen, die ihre Kinder auf sie ausüben. Das beginnt mit Kneifen und Zwicken,

geht über Stoßen und Beißen und endet mit Hauen, das aber im Normalfall ohne Kraft ausgeführt wird. Die Empörung der Eltern ist regelmäßig groß, und einige Eltern lassen sich dazu hinreißen, mit gleicher Münze heimzuzahlen. Auf jeden Fall herrscht weitgehende Ratlosigkeit, wie mit solchen Attacken umzugehen ist. Ein Spruch der alten autoritären Erziehung hierzu lautete: „wer die Hand gegen seine Eltern erhebt, dem wächst sie später aus dem Grab heraus".

Antwort 26:

Nachdem das Kind verstanden hat, dass es ein vollkommen selbstständiges Wesen ist und nur für sich alleine handelt, will es wissen, wie dieses Handeln auf die anderen Menschen wirkt. Dabei interessieren das Kind zu Anfang die Reaktionen seiner Hauptbezugspersonen am meisten. Schon recht bald kommt aber das Interesse dazu, was mit seinen Handlungen in der Gruppe zu erreichen ist. Gemeint sind dabei die Handlungen, die als Erklärungs- und Verständigungsform zwischen Menschen ausgetauscht werden, und das sind neben diesen Zweck bestimmten Aktionen eben auch **kleine Übergriffe**.

Es ist kein Zufall, dass sich gerade in dieser Lebensphase übergriffiges Handeln entwickelt, denn in diesem Alter meldet sich mit Macht der **Aggressionstrieb**. Aggression lässt sich gut als Verstärkung der Selbstbehauptung und als Abgrenzung gegenüber den Mitmenschen einsetzen. Das begreift das Kind sofort.

Aber aggressives Handeln stört die sozialen Kontakte, auch das versteht das Kind sehr schnell. So ist es gezwungen, zu erfahren, was an Aggressivität noch akzeptiert wird und was nicht mehr. Um das zu lernen, braucht das Kind seine Eltern als Testpersonen, denn nur bei ihnen kann es sicher sein, nicht mit einem Gegenangriff rechnen zu müssen.

Gleichzeitig muss das Kind wissen, was im anderen Menschen passiert, wenn es einen Angriff auf ihn ausübt. Im Geschwisterzwist oder in der Gruppenauseinadersetzung hat es meistens schon erlebt, was das bei sich selbst bedeutet. Diese Erfahrungen waren nicht angenehm. Jetzt will es wissen, was beim Anderen passiert, und seine Eltern sind die besten Lehrmeister.

Daher ist es wichtig, dass Eltern ihren Kindern anlässlich solcher Scheinangriffe den zugefügten Schmerz und das Leid so deutlich spiegeln, wie diese im Ernstfall ausgelöst werden könnten. Dazu müssen sie Theater spielen und auf jeden Fall etwas übertreiben, denn in Wahrheit ist der Scheinangriff ja vollkommen harmlos. Damit aber das Kind lernt, was es lernen soll, muss übertrieben werden.

Das Kind, das an sich selbst in ähnlichen, echten Situationen Trost und wenn nötig Wundversorgung durch seine Eltern erlebt hat, dreht jetzt die Rollen um und tröstet und versorgt (spielerisch) seine Eltern. Auch das Bepusten der vermeintlichen Wunde gehört zu diesem Spiel. Einen solchen Vorgang bezeichne ich als **Induktion**. Induziert wird beim Kind **Empathie** (als Einsicht in den Leidenszustand des Anderen) und soziales Handeln als Tröstender. Der außerordentlich günstige Nebeneffekt ist die Selbstaufwertung beim Kind.

Ein Gegenangriff der Eltern hingegen würde diese wichtige soziale Erkenntnis beim Kind vereiteln und nur sein eigenes falsches Handeln als richtiges legitimieren.

3.6 Der problematische Verlauf der Eltern-Kind-Beziehung im zweiten und dritten Lebensjahr und die Formen der erschwerten Loslösung

(Stichwort: Ersatzvorbild, allein erziehende Mutter, Abwesenheit des Vaters, erschwerte und misslingende, Loslösung, frühe Trennung der Eltern, Übergangsobjekt usw.)

Frage 27:

Es ist eine Folge der Zeit, dass immer mehr Mütter fragen, was denn mit der **Loslösung** beim Kind passiert, wenn der Vater nicht mehr zur Familie gehört. Die Rate der Ehescheidungen ist extrem hoch, und sie betrifft immer häufiger Jungehen, in denen noch kleine Kinder leben. Zumeist die Mütter bleiben alleine mit dem Kind oder den Kindern zurück und erleben die ganze Dramatik kindlicher Reaktionen, wenn der Vater auf einmal die Wohnung oder das Haus verlässt (90% mit ihren Kindern allein gelassenen Müttern stehen 10% allein gelassene Väter gegenüber).

Das erste, was die Mütter feststellen, sind **regressive Verhaltensweisen**. Die Kinder möchten wieder unbedingt bei der Mutter im Bett schlafen, obwohl sie es schon gewohnt gewesen sind, in einem eigenen zu schlafen. Manchmal fangen schon trockene Kinder wieder an, am Tage einzunässen. Die Ernährungsform geht einen Schritt zurück, und die Kinder möchten wieder aus dem Fläschchen trinken. Sehr schnell stellen sich auch trotzig-oppositionelle und **aggressive Verhaltensweisen** ein, die wüste Beschimpfungen und kleine körperliche Attacken auf die Mütter nicht ausschließen.

Antwort 27:

Zur Loslösung nach Abschluss der Bindung gehört ein **Loslösungsvorbild**, wie zuvor zur Bindung die primäre Bezugsperson. Im Idealfall handelt es sich bei diesen zwei zentralen Personen im Leben des Kindes um die leiblichen Eltern. Sehr frühzeitig eingesetzte Pflegeeltern können die leiblichen Eltern ersetzen.

Es scheint kein festgeschriebenes Gesetz zu bestehen, dass die Abfolge immer erst Mutter und dann Vater heißen muss. Es gibt aber in der menschlichen Natur vernünftige Gründe für diese Aufgabenteilung. Daher spreche ich in der Loslösung in erster Linie auch immer vom Vater.

Das Kind wendet sich im ungestörten Bindungsgeschehen im zweiten Lebensjahr dem Vater zu und gibt ihm zunehmend Aufgaben, die zuvor nur die Mutter durchführen durfte. Tritt diese Entwicklung ein, befindet sich das Kind auf dem richtigen Weg zur Selbstfindung. Denn das zukünftige, autonome Selbst als die subjektive Ich-Wahrnehmung ist das eigentliche Ziel von Bindung und Loslösung. Mutter und Vater werden dabei innerer Bestandteil der Selbstvorstellung des Kindes.

Daher ist auch der Verlust des Vaters ein extrem schwerer Schlag in der Persönlichkeitsentwicklung des Kindes und nicht nur der der Mutter. In seiner Verunsicherung zieht sich das Kind in solchen Fällen wieder ganz in die Bindung zurück und verhält sich – wie es heißt – **regressiv**. Aus solchen Regressionen, die in diesem Fall keinen heilenden Charakter bewirken können (s. Regression im 4. Kapitel), da eine Leitfigur für die gesunde Entwicklung weggebrochen ist, können im weiteren Geschehen aggressive Verläufe entstehen oder fortgesetzt regressive bis depressive. Die Kinder werden gegenüber ihrer noch weiter bestehenden Bezugsperson entweder aggressiv oder sie kleben ihr ängstlich und traurig am Rockzipfel. Meist trifft es die Mütter, die dann in dieser Trennungssituation wenig emotionalen Spielraum besitzen, ihre Kinder zu unterstützen.

Da die Mutter nicht gleichzeitig primäre Bezugsperson und Loslösungsvorbild sein kann, stellt sich die Frage nach einem **Ersatzloslösungsvorbild**. Dieses stellt sich in den meisten Fällen schleichend ein und ist eine Person aus dem familiären Umfeld. Nimmt diese Person ihre Rolle wahr und bleibt auf lange Sicht eine zuverlässige Bezugsperson, nimmt die seelische Entwicklung des Kindes nur bedingt Schaden. Oft muss eine solche Person aber gezielt gesucht werden, was dann eine wichtige Aufgabe der Mutter ist.

Frage 28:

Ausgesprochen häufig wird die Frage gestellt, wie Kinder damit umgehen, wenn die **Väter** lange Zeit von zu Hause **abwesend** sind, z.B. weil ihr Beruf das erzwingt. Oder beide Eltern müssen arbeiten und es steht in der für die Persönlichkeitsbildung entscheidenden Phase zwischen einem und vier Jahren keiner der Eltern den Kindern mehr ganztags zur Verfügung.

Alle diese Fragen spiegeln nebenbei den aktuellen Zustand der Ehe wider und werfen ein Schlaglicht auf die reale Situation in den Kinderstuben. Auch die noch überwiegende Haltung der Väter mit ihrer meist beruflich begründeten Abwesenheit vom Kinderzimmer kommt deutlich heraus.

Meistens wechseln sich verschiedene Betreuungspersonen dann turnusmäßig ab und das Kind oder die Kinder müssen sich reihum auf neue Bezugspersonen einstellen. Dabei konkurriert das Tagesmutter-Modell mit der Kinderkrippe. Die Tagesmütter sind die bessere Betreuung für die unter Zweijährigen, die Erzieherinnen und Erzieher in den Kinderkrippen und Kindertagesstätten für die über Zweijährigen.

Antwort 28:
Es ist strittig, ob der Wochenend- und Freizeit-Vater ausreicht, um die Loslösungsbestrebungen seines Kindes ausreichend zu unterstützen. Zum einen ist es schlicht eine Frage der Quantität, ob die Bindungsangebote zeitlich ausreichen, den anstehenden Entwicklungsschritt zu ermöglichen. Zum anderen ist es aber eine Frage der Qualität, also der Zuwendungsintensität und Einfühlsamkeit, damit eine Identifikation mit dem Vater zustande kommen kann.

Mit einiger Sicherheit kann man das Problem vielleicht so auflösen: Je mehr **Quantität** zur Verfügung steht, desto unbedeutender ist im Einzelfall die Qualität. Je mehr **Qualität** hingegen vom Vater geboten wird, desto weniger entscheidend ist die Quantität. Ein gewisses Maß an Quantität wie Qualität muss dabei allerdings gesichert sein.

Spürt das Kind, dass sein Vater kein ausreichendes Bindungsangebot zur Vervollkommnung der Loslösung machen kann, wendet es sich wieder verstärkt der Mutter zu und sucht sein Heil in der vorangegangenen Bindung. Die aber entspricht nicht mehr seinem Entwicklungsstand und Unzufriedenheit und Lustlosigkeit sind die ersten Folgen. Die Kinder nörgeln ständig herum, haben an allem etwas auszusetzen, zeigen Spielunlust und wirken gelangweilt, versperren sich der oft notwendigen Fremdbetreuung und entwickeln wieder Anhänglichkeitsbestrebungen wie zu Zeiten der beginnenden Loslösung. Die Unausgeglichenheit des Kindes erzeugt beinahe regelmäßig auch eine große Unzufriedenheit der Mutter, die durch den wenig präsenten Vater einer hohen Belastung in der Auseinandersetzung mit den Kindern ausgesetzt ist. Es kommt nicht selten zur **erschwerten Loslösung**.

Je nach Veranlagung des Kindes verhalten sich die Kinder nun zunehmend aggressiv ihren Müttern gegenüber im Sinne einer trotzig-oppositionellen Haltung und stehen wieder in einem permanenten Widerstand zu ihren Anweisungen. Oder sie verhalten sich gegenteilig regressiv bis depressiv mit innerem Rückzug, echter Traurigkeit und sozialer Scheu. Diese Kinder sind nur ganz schwer in der Kinderkrippe oder der Kindertagesstätte unterzubringen. Sie lösen sich, anders als vielleicht vom Alter her zu erwarten, nur unter Druck von der Mutter ab und verweigern sich den sozialen Aktivitäten in der Einrichtung. Es bedarf großer pädagogischer Anstrengungen, verbunden mit einer äußerst behutsamen, sanften Ablösung, die Kinder in die Gruppe einzubringen.

Letztlich ist nur ein konstantes **Ersatzloslösungsvorbild** in der Lage, das Dilemma des Kindes zu beenden. Meistens findet sich eine zuverlässige Person in der Familie, die diese Aufgabe übernimmt, manchmal ist es auch ein neuer Partner der Mutter. Bringt dieser selber wieder Kinder mit in die Beziehung (Patchworkfamilie), droht eine erhebliche Rivalität der Kinder aus den verschiedenen Ehen.

Frage 29:

Ein anderes Thema häufiger Fragestellungen bezieht sich auf die Funktion des **Übergangsobjektes**. Eltern berichten, dass ihre Kinder noch mit zwei oder drei Jahren beständig am Daumen lutschen, den Nuckel im Mund haben oder ihr allerliebstes Stofftier überall mit hinschleppen. Manche Kinder bevorzugen auch eine Decke oder ein bestimmtes Kleidungsstück, das sie mit sich herumschleppen, wobei sie einen Stoffzipfel ständig im Mund haben. Selten handelt es sich auch um ein bestimmtes Spielzeug.

Viele Eltern sind der Auffassung, dass solche Allüren spätestens im zweiten Lebensjahr ihr Ende finden müssen. Immer wieder wird auch die Sorge vorgetragen, der Nuckel oder Beruhigungssauger könnte Kiefer und Zahnstellung deformieren.

Antwort 29:

Das Übergangsobjekt ist wahrscheinlich das **Ursymbol** aller noch kommenden Objekte mit übertragenem Sinn (z.B. der Talisman im späteren Leben). Es steht für die stete Verfügbarkeit der primären Bezugsperson, die gewöhnlich die Mutter ist. Symbol ist der Gegenstand deswegen, weil er in der Vorstellungswelt des Kindes die Mutter vertritt, die sich auf diese Weise immer in unmittelbarer Nähe des Kindes befindet und jederzeit für den Trost aber auch zum Ablassen von Wut zu erreichen ist. Das urmenschliche, orale Element als Beruhigungsquelle findet seinen Ausdruck im Vorgang des Saugens oder Lutschens.

Berücksichtigt man die Selbstständigkeitsentwicklung des Kindes mit seinem Verständnis und der Regulationsfähigkeit seiner Gefühle und Affekte, dann muss man dem Kind bis zu seinem vierten Geburtstag Zeit geben, das Übergangsobjekt zu behalten. Denn das Übergangsobjekt ist ein Hilfsinstrument zur Überbrückung der Zeit bis zu der **Selbstregulationsfähigkeit**. So erlebt man bekümmerte und traurige, aber auch wütende und verärgerte Kinder gleich nach dem Nuckel greifen und sich in eine Ecke zurückziehen, wo der spannungsgeladene Seelenzustand wieder auf ein normales Emotionsniveau heruntergefahren wird. Der Teddy oder das Lämmchen aus flauschigem Stoff wird im Erregungszustand auch schon mal wütend an die Wand geschleudert. Und beim Einschlafen geht nichts ohne die schmuddelige Decke.

Das alles sind ganz normale Vorgänge in der Kinderwelt, und wenn Eltern meinen, hier einem Unwesen rechtzeitig die Stirn bieten zu müssen, begehen sie einen großen Fehler. Das Kind reagiert auf die zu frühe Wegnahme des Übergangsobjekts mit zum Teil erheblichen Verhaltensstörungen. Auch die Behauptung, der Schnuller oder Nuckel deformiere Kiefer und Zähne, lässt sich nicht mit gesicherten Studien beweisen.

Zwischenbemerkung zur Selbstentwicklung

Es wird Zeit, sich vor der Behandlung weiterer Fragen mit dem altersgemäß fortgeschrittenen Entwicklungsstand des Kindes vertraut zu machen. Bindung und Loslösung sind jetzt mehr oder weniger gelungen, und der Aufbruch zum persönlichen, von allen anderen Menschen abgegrenzten Selbst hat begonnen. Das Kind ist jetzt ungefähr drei Jahre alt, kann in ganzen Sätzen sprechen und hat gelernt, sich in Ansätzen mit seinen Altergenossen konstruktiv auseinanderzusetzen. Es fängt an, seine eigene Gefühlslage zu verstehen und verbal auszudrücken. Das erste Gefühl, das ein Kind sprachlich zum Ausdruck bringen kann, ist die Angst. Etwa zeitgleich fängt es an davon zu reden, dass es wütend sei. Angst und Wut sind also nicht nur die ersten Gefühle, die ein Kind empfinden kann, sondern auch die ersten, die es benennen kann. Es fragt aber auch immer wieder seine Eltern, was diese in vergleichbaren Situationen selber fühlen und versucht herauszufinden, mit welchen Affekten sie ihre Gefühle zum Ausdruck bringen. Nicht immer sind die Angaben zu den eigenen Gefühlsempfindungen zutreffend und manche Aussage wirkt merkwürdig widersprüchlich zum Verhalten.

Es kommen nun aber neue Gefühle dazu, die vom Kind sprachlich noch nicht ausgedrückt werden können, dafür aber umso intensiver empfunden werden. Ich spreche von den wichtigen sozial ausgerichteten Gefühlen **Stolz und Scham**. Stolz und Scham helfen dabei, die **Selbstbewertung** des frisch erworbenen, autonomen Selbst im emotional-affektiven Gesamtklang einzubringen. Durch forsches Auftreten oder große Schüchternheit werden diese Gefühle der Gemeinschaft rein intuitiv präsentiert. Die auf die eigene Wertigkeit ausgerichtete Selbstpositionierung im sozialen Umfeld ist elementar wichtig für das Kind bei der jetzt „von eigener Hand" vorgenommene Anpassungsbereitschaft an die gesellschaftlichen Ansprüche. So ist ein auf sich stolzes Kind sehr viel mehr bereit, die Ansprüche der Gemeinschaft an sein Funktionieren zu erfüllen, als eines, das von großer Scham erfüllt ist. Stolz steht im Gefühls-leben dabei für alle positiven Selbstzuschreibungen und Scham für alle nega-tiven.

Eltern bemerken diese Entwicklung am Verhaltensausdruck ihrer Kinder. Treten sie offensiv und kontaktfreudig auf, lassen sie sich auch auf Gesprä-che mit fremden Erwachsenen ein und spielen sie konstruktiv mit den ande-ren Kindern, werden sie für selbstbewusst gehalten. Innerer Stolz und nach außen gezeigte Selbstsicherheit entsprechend den Kriterien eines guten Selbst-bewusstseins.

Treten die Kinder hingegen extrem defensiv auf, erscheinen im Kontakt ge-mindert, verhalten sich schüchtern und meiden die Gespräche mit anderen Er-wachsenen, dann werden sie für selbstunsicher gehalten. Diese Kinder spielen auch noch schlecht mit anderen zusammen oder meiden das gemeinschaftli-che Spiel ganz. Gerade das Spielverhalten eines Kindes fällt in den Kinderkrip-pen und Kindertagesstätten sofort ins Auge.

Die Kinder, die innerlich von Scham erfüllt sind, zeigen die typischen Merkmale von großer Selbstunsicherheit. Selbstsicherheit und Selbstunsicher-heit sind in diesem Alter für die Eltern wichtige Verhaltensmerkmale, an denen sie den Stand der psychosozialen Entwicklung ihres Kindes ablesen können. Bei den Fragestellungen geht diese an den Kindern gemachte Beobachtung ein in den Begriff des Selbstbewusstseins.

Selbstbewusstsein setzt sich in diesem Alter zusammen aus vier Elemen-ten der Selbstentwicklung:

1. Wie sicher fühlt sich das Kind gebunden. Die „innere Frage" beim Kind lautet: „Werde ich von meinen Eltern (oder der sie ersetzenden Personen) geliebt?"
2. Wie gut hat sich das Kind losgelöst? Das innere Gefühl dazu heißt: „Wie selbstständig bin ich schon?"
3. Wie viel Macht hat das Kind über sich selbst? Die innere Position sagt: „Was darf ich jetzt bestimmen?"
4. Welche positiven Attribute kann das Kind verzeichnen? Das innere Emp-finden dazu ist: „Wie hoch ist die Wertschätzung meiner Person bei den Anderen?"

Diese vier Elemente sind genau genommen die emotionale Differenzierung von Stolz und Scham in der Seelenwelt des Kindes, womit wir in der Betrach-tung der inneren Vorgänge bei der Selbstkonstruktion angelangt sind. Die Selbstkonstruktion wurde von mir im 1. Kapitel besprochen und in das ausge-wogene und die Formen des unausgewogenen Selbst unterteilt.

Selbstkonstruktion und Selbstbewusstsein sind streng genommen aber nicht ganz identisch. Während die Selbstkonstruktion im Selbstgefühl aufgeht und ein inneres Empfinden zur Wertigkeit der eigenen Person darstellt (**Selbstvertrauen**), ist das Selbstbewusstsein eine Darstellung des Selbst den Mitmenschen gegenüber. Dafür benötigt das Selbstbewusstsein aber noch die konkrete Wahrnehmung des eigenen **Machtfaktors** und der **Selbst-Attribution**. Je günstiger die Machtkonstellation und je höher die positive Selbst-Attribution sind, desto größer die Selbstsicherheit und umgekehrt. Entsprechend ist das Verhalten des Kindes.

Das Hauptproblem in diesem frühen Stadium der sich ausbildenden Selbststrukturen ist das zu schwache Selbstbewusstsein. Darauf wird in den weiteren Fragen einzugehen sein. Es gibt aber auch die genau gegenteilige Entwicklung des in der Einbildung zu hohen Selbstbewusstseins. Letzteres hat in der Psychoanalyse schon seine treffsichere Bezeichnung erhalten, die Omnipotenz.

3.7 Die Wege der Selbstentwicklung und die Probleme, die sich um das frühe Selbstbewusstsein ranken

(Stichworte: Stolz und Scham, Schüchternheit, Selbstständigkeit und Unselbstständigkeit, Probleme der Ablösung in der Fremdbetreuung usw.)

Frage 30:
Eine häufig von Eltern gestellte Frage ist die nach dem **Selbstbewusstsein** ihres Kindes. Nicht immer wird der Begriff Selbstbewusstsein dabei erwähnt, sondern es wird das Verhalten des Kindes beschrieben. Hauptsächlich wird von **Schüchternheit** des Kindes gesprochen, von Angst im Umgang mit unbekannten Erwachsenen, von Unfähigkeit, sich in der altersgleichen Gruppe zu behaupten oder von Kontaktschwierigkeiten mit anderen Kindern auf öffentlichen Spielplätzen. Diese so charakterisierten Kinder stehen dann am Rand der im Spiel befindlichen Gruppe und trauen sich nicht zu fragen, ob sie mitspielen dürfen. Sie gehen nicht auf die Rutsche oder das Klettergerüst, wenn die Geräte schon von anderen Kindern besetzt sind und schaffen es nicht, sich z.B. auf dem Kindergartenfest von fremden Eltern ein Getränk oder etwas zu essen geben zu lassen.

Solche Kinder brauchen abends auch noch eine lange Einschlafbegleitung, kommen nachts ins Elternbett gekrochen, wenn sie schon im eigenen Zimmer schlafen, und haben enorme Schwierigkeiten beim Verabschieden morgens im Kindergarten. Grundsätzlich gelten die Fragen weit mehr dem schlechten Selbstbewusstsein des Kindes als dem guten. Das gute Selbstbewusstsein wird verständlicherweise begrüßt und selten kritisch hinterfragt, obwohl es auch hierbei problematische Verhaltensweisen gibt. Kinder mit gutem Selbstbewusstsein entwickeln schnell hohe Ansprüche, die sich durchaus auch störend auf den Umgang mit ihnen auswirken können.

Antwort 30:

Das Selbstbewusstsein des Kindes setzt sich zu Beginn aus vier Komponenten zusammen: dem **Bindungsstatus**, dem **Loslösungsfortschritt**, den **Machtimpulsen** und der **Selbst-Attribution**. Je „glücklicher" diese Faktoren zustande gekommen sind und je günstiger sie zueinander stehen, desto besser für das Selbstbewusstsein, je weniger geglückt, desto schlechter. So müssen sich Eltern fragen, deren Kind mit jetzt vier Jahren einen selbstunsicheren und in seiner Sozialentwicklung nicht altersgerechten Eindruck macht, welcher von diesen vier Entwicklungsfaktoren nicht gelungen ist.

Getreu den Selbstempfindungen des Kindes von Stolz und Scham wirken selbstunsichere Kinder kontaktscheu, ängstlich-anhänglich, trauen sich wenig zu und geben schnell auf, wenn etwas nicht gleich gelingt. Sie sprechen ungern mit fremden Erwachsenen, treten nicht aus dem Schutz der Gruppe heraus, um sich darzustellen, und verweigern sich in den Situationen, in denen etwas von ihnen gefordert wird und sie nicht ausweichen können.

Üben Eltern oder Erzieherinnen und Erzieher jetzt Druck auf diese Kinder aus, lassen sie deren Rückzug nicht zu und verweigern ihnen die schützende Deckung – z.B. hinter dem Rücken der Mutter, wo sie sich verstecken wollen – dann kommt es zu einem Protestverhalten, das von Weinen und Anklammern bis Schreien und Um-sich-Schlagen reicht. Spätestens jetzt sind auch die Mutter oder der Vater vor aller Augen blamiert, was sich in aggressiven Reaktionen bei den Eltern äußert.

Will man diesen Eltern raten, was sie nun besser machen können, damit ihr Kind in seinem Selbstbewusstsein „nachreift", dann ist zu allererst die Analyse der Ursachen für das schlechte Selbstbewusstsein gefragt. Mit dieser Analyse entdeckt man häufig auch zugleich die Schwächen in der bisherigen elterlichen Erziehung. Sind die Bindungsstrukturen zu schwach (Formen der unsicheren Bindung), dann müssen diese „nachgesichert" werden. Ist die Loslösung nicht zustande gekommen (Formen der erschwerten Loslösung), dann muss an diesem Prozess gearbeitet werden.

Hat das Kind zu wenig Rechte hinsichtlich einer ihm zustehenden, frühen Selbstbestimmung, müssen ihm auf diesem Sektor Angebote gemacht werden. Dieser Punkt ist eine gute Gelegenheit darauf hinzuweisen, dass das Erziehungsprinzip „frühzeitig Grenzen setzen" für das angestrebte Ziel eines guten Selbstbewusstseins eher kontraproduktiv ist. Viel günstiger wirkt sich hier das Regelprinzip aus, das die gemeinsame Aufstellung und Einhaltung der Regel zur Voraussetzung hat.

Schließlich ist auf die Attributierungsfrage das Augenmerk zu richten. Ein Kind, das permanent kritisiert und durch Beschimpfung herabgewürdigt wird, kann kein Selbstbewusstsein aufbauen. Zumeist wird ihm bei einer solchen Erziehung auch keinerlei Recht zur Selbstbestimmung zugestanden, so dass jetzt schon zwei wichtige Faktoren negativ zum Tragen kommen.

Es sollte in diesem Zusammenhang nicht unerwähnt bleiben, dass es auch charakterlich scheu und introvertiert veranlagte Kinder gibt, aus denen nie ein selbstdarstellerischer Typ wird.

Frage 31:

Es sind viele Eltern, die in diesem Entwicklungsstadium über die **Unselbstständigkeit** und **Ängstlichkeit** ihrer Kinder klagen. Gehen sie mit ihren Kindern auf den Spielplatz oder in Vergnügungsparks, lösen sich die Kinder kaum einen Schritt weit von ihnen und verweigern es, auf Spielgeräten zu klettern oder Jahrmarktsangebote wie Karussell und Schiffsschaukel zu benutzen. Hier steht den Kindern nicht so sehr ihre Schüchternheit im Wege, als vielmehr ihre Angst, bei der Erfüllung der elterlichen Erwartung zu versagen.

Kommt Besuch zu ihnen nach Hause, verkriechen sich die Kinder unter dem Tisch oder hinter dem Sofa, als ob sie sich schämten, und sind von dort kaum hervorzuziehen. Sie verweigern es, den Besuch zu begrüßen oder sich von ihm zu verabschieden. Andererseits beanspruchen sie gerade jetzt ihre Eltern ganz gezielt für irgendwelche Nebensächlichkeiten und stören so das allgemeine Zusammensein. Einige Kinder fangen an permanent zu quengeln, tragen ihren Eltern ständig irgendwelche Bitten vor oder machen soviel Unsinn, dass sich die Eltern um sie kümmern müssen.

Antwort 31:

Entscheidend wichtig ist zu unterscheiden zwischen einem Kind, das gerade seinen zweiten Geburtstag hinter sich hat, und einem, das bereits vier Jahre alt ist. Was ein Kind an Selbstständigkeit und sozialer Anpassungsfähigkeit schon leisten kann und was nicht, hängt ganz stark von seinem aktuellen Entwicklungsstand ab. Der Anspruch der Gesellschaft an ein **reibungsloses Funktionieren des Kindes** ist heutzutage zu hoch. So müssen Eltern von gerade einmal Zweijährigen damit beruhigt werden, dass ein Kleinkind noch gar nicht in der Lage ist, gesellschaftliche Gepflogenheiten wie Begrüßung und Verabschiedung in höflicher Form vorzubringen und den Anforderungen komplizierter sozialer Abläufe wie auf dem Spielplatz oder dem Jahrmarkt noch nicht gewachsen ist.

Im gleichen Atemzug muss gesagt werden, dass das Selbstbewusstsein der Kinder unter günstigen Voraussetzungen zwischem dem zweiten und vierten Geburtstag deutlich wachsen wird und mit dem gestiegenen Selbstvertrauen genau diese erwarteten sozialen Fähigkeiten geleistet werden können. Im Übrigen ist im Alter von zwei Jahren noch mehr die charakterliche Veranlagung des Kindes ausschlaggebend, wie offensiv, mutig und kontaktfreudig es sich verhält oder wie defensiv, ängstlich und scheu es in Erscheinung tritt.

Mit zwei Jahren sollte das Kind in der sozialen Gemeinschaft noch so etwas wie **Narrenfreiheit** genießen. Ich glaube, darauf hinweisen zu müssen und es auch so ausdrücken zu müssen. Denn das tut Not in einer Gesellschaft, die vom Kind immer früher Verhaltenskorrektheit und soziale Anpassung erwartet. Allein die Tatsache, dass die Kinder immer weniger sich selbst überlassen bleiben und schon von Kindesbeinen an einen vollen Terminkalender haben, trägt mit dazu bei, dass der Anspruch an ihre Anpassungsbereitschaft und ihr Funktionieren ständig wächst. Dadurch sehen Eltern ihre Kinder kritischer und vergleichen sie auch viel stärker als früher, weil sie sich von Anfang an mit ihnen in Eltern-Kind-Spielgruppen bewegen und dauernd Vergleiche haben. Das mag Vorteile haben, wenn es sich um Ein-Kind-Familien handelt, es hat aber auch die gerade gezeigten Nachteile.

Von einem vierjährigen Kind lässt sich dann deutlich mehr erwarten. Es kann jetzt sprechen, es ist motorisch gereift, es sollte Empathie gelernt und verstanden haben und **erste soziale Regeln** begriffen haben, und es sollte sich langsam geistig zur Fähigkeit „gebildet" haben, den **Perspektivwechsel** zu vollziehen, das heißt, sich in die Gedankenwelt seines Gegenübers ein wenig hineinzuversetzen. Das alles sind wichtige Entwicklungsschritte des Kindes, um in der Gemeinschaft erfolgreich zu agieren und den sozialen Ansprüchen einigermaßen zu genügen. Ein gutes Selbstvertrauen und eine schon größere Selbstständigkeit sind dabei von großem Nutzen.

In einigen Fällen ist man erstaunt, wie verständig und gereift manche Kinder in diesem Alter schon in der Gemeinschaft auftreten. Tritt ein Kind in dieser sehr gereiften Form auf, stellt sich im Einzelfall die Frage, ob es nicht etwas überreif und letztlich Opfer einer einsetzenden **Selbstüberschätzung** ist. Ein solches „entgrenztes" oder „omnipotentes" Kind läuft leicht Gefahr, sich in eine Lage zu bringen, der es nicht gewachsen ist und aus der es dann allein nicht mehr herauskommt. Auch erfahren solche Kinder spätestens in der Schule Schwierigkeit in der Gruppe, weil sie als „altklug" gelten und sich schnell zu „Besserwissern" entwickeln. Ihre geringe Fähigkeit, Kritik oder Frustration zu ertragen, lässt sie in der Gruppe und Gemeinschaft sozial eher inkompetent erscheinen. Sie werden bald an den Rand gedrängt und schließlich oft „gemobbt". Besitzen sie aber Charme, Witz, Intelligenz und hohe Kreativität, dann bekommen sie in der Regel eine zweite Chance als geistige Führer in der Gruppe. Gerade die weiterführenden Schulen sehen solche Kinder nicht ungern, weil sie manchmal eine ganze Klasse antreiben können.

Frage 32:

Nicht selten wird von den Eltern eine Frage zur richtigen Form des Lobens ihrer Kinder gestellt. Den Eltern fällt auf, dass ihr ausgesprochenes **Lob** nicht immer beim Kind ankommt. Dass im Gegenteil das Kind sogar verschämt reagiert und das Lob gar nicht annehmen möchte. Darüber sind die Eltern verständlicherweise irritiert, haben sie es doch gut gemeint und wollten Ihrem Kind Freude bereiten.

Antwort 32:

Lob und **Selbstbewusstsein** haben viel miteinander zu tun. Einerseits stärkt das Lob das Selbstbewusstsein, andererseits braucht das Kind aber auch Selbstbewusstsein, um das Lob annehmen zu können. Das heißt eine ganz einfache Logik hierzu gibt es nicht. Anders gesagt, man kann ein Kind nicht einfach loben, nur damit es Selbstbewusstsein bekommt. Allein das berechtigt ausgesprochene Lob erzeugt im Kind das Gefühl von **Stolz**.

Die Grundvoraussetzung beim Kind für ein erfolgreiches Lob ist, dass es sich generell wertgeschätzt fühlt und genau verstehen kann, wofür es gelobt wird. Ein Kind voller Scham und Minderwertigkeitgefühlen wird ein Lob gar nicht auf sich bezogen fühlen können und somit auch nicht verwerten können. Im Gegenteil, es wird sich vom Lob geradezu verspottet fühlen und sich dagegen wehren.

Somit gibt es mindestens zwei Grundbedingungen für ein erfolgreiches Lob. Erstens, das Kind muss fühlen, eines Lobs wert zu sein, und zweitens, das Kind muss nachvollziehen können, wofür es gelobt wird. Es muss also etwas geleistet haben, dessen Ergebnis auch gelungen erscheint. Andere Formen des Lobs sind vergeudet und schwächen bei Übertreibung das Selbstgefühl eher, als es zu stärken.

Einige Worte seien an dieser Stelle dem Gegenteil des Lobs, dem **Tadel** gewidmet. Es ist eine Illusion zu meinen, Erziehung käme ohne den Tadel aus. Ohne Strafe dagegen schon, aber das soll an anderer Stelle besprochen werden. Jedes Kind begeht in seinem Leben Fehler oder regelrechte Vergehen, die des Tadels bedürfen. Der Tadel löst **Scham** aus, die das Kind als Pendant zum Stolz braucht. Der Tadel dient also nicht als Bestrafungsinstrument, sondern als Verhaltenskorrektur durch berechtigte Kritik. Das Wort berechtigt ist entscheidend, denn das reifere Kind, das den geistigen Fortschritt zum Perspektivwechsel vollzogen hat und weiß, dass andere Menschen über sein Verhalten anders urteilen als es selbst, braucht dieses Korrektiv. Andernfalls läuft es mit seiner Selbstbeurteilung ins Leere und verliert sich auf Dauer in der überheblichen Vorstellung, immer alles richtig zu machen. Das passiert natürlich auch dann, wenn falsche Verhaltensweisen von Eltern oder Erzieherinnen und Erziehern dem Zweck dienend oder der Ideologie unterworfen gelobt werden.

Der Tadel muss immer die Handlung betreffen und darf nie die ganze Person meinen. Aussagen wie: „Du Idiot, du machst auch immer alles falsch!", sind absolut verderblich. Beschimpfungen und Herabwürdigungen sind kein Tadel, sondern verbale Rache an einem unschuldigen Kind. Die Folgen für das Selbstbewusstsein sind absehbar.

Zwischenbemerkung zur Sozialentwicklung

Die ganze Pädagogik – und mit ihr die Eltern – schauen in der Entwicklung des Kindes immer zuerst auf seine **Sozialisation**. Im kindlichen Sozialverhalten oder dem, was man heute gerne als **Sozialkompetenz** bezeichnet, wird der wahre Charakter des Kindes gesehen und mit ihm das Gelingen oder Nichtgelingen der Erziehung beurteilt. Das ist eine schwierige und überaus heikle Position. Was in dieser Einschätzung leicht unter den Tisch fällt, ist die Tatsache, dass der Sozialisation etwa drei Jahre **Individuation** vorausgegangen sind. Und im Zuge der Individuation wurde der Charakter des Kindes schon stark geformt, wohlgemerkt auf der Basis seiner genetischen Veranlagung.

Genau genommen lassen sich Individuation und Sozialisation nicht genau voneinander unterscheiden. Was wir im fertigen Menschen vorfinden, ist ein Gesamtprodukt all dieser Einflussnahmen auf seinen Charakter und seine Persönlichkeit. Jede Trennung in: das ist angeboren und das ist erworben, ist weitgehend künstlich. Lediglich an den Endpunkten des charakterlichen Gesamtbildes sind genetische Vorgaben und soziale Einflussnahmen erkennbar.

In den vorigen Fragen kam deutlich zum Ausdruck, wie diffizil und vielgestaltig schon der Einfluss der Umwelt auf die Persönlichkeitsentwicklung des Kindes in den ersten drei Lebensjahren ist, und wie stark bereits Einwirkungen auf die Charakterausbildung stattgefunden haben. So ist es ein Fehler, das Kind erst anhand seiner Sozialisation zu beurteilen.

Die Sozialisation ist aber ein entscheidender Wendepunkt in der Persönlichkeitsentwicklung des Kindes. Denn Regulativ und Vorbild seiner Empfindungen und Handlungen sind nun nicht mehr allein die frühen Bezugspersonen und deren kleiner Kreis, sondern die anderen altersgleichen Kinder sowie erste fremde erwachsene Personen, auf die sie in der Gesellschaft treffen. Für Eltern ist es manchmal erschreckend, dass jetzt „wildfremde" Menschen Einfluss auf ihre Kinder nehmen können. Daher ist es so wichtig, dass die Phase der Individuation solide verlaufen ist und an deren Ende ein für kindliche Verhältnisse selbstbewusstes Wesen mit ausgewogenem Selbst zustande gekommen ist. Anders gesagt, Bindung, Loslösung und Selbstentstehung sollten gute Grundlagen für den Eintritt in die Sozialisation gelegt haben. Denn jetzt schon beweist sich, was die intensive Zuwendung von Anfang an und die ersten Erziehungsschritte ab dem zweiten Lebensjahr geleistet haben.

Es ist nicht leicht, entwicklungspsychologisch wenig vorinformierten Menschen klar zu machen, dass schon die Zuwendung der Eltern zum Kind im Säuglingsalter etwas mit der Ausbildung dieses Kindes zu einem sozial funktionierenden und moralischen denkenden und handelnden Mitglied der Gesellschaft zu tun hat. Aber dieser Prozess ähnelt dem eines handgewebten Tuches oder Teppichs, dessen später gelungenes Aussehen von den zu allererst geknüpften Knoten abhängt.

Fünf Schritte bestimmen diesen Weg, dessen erster Schritt eine natürlich Vorgabe und eine zwischenmenschliche Interaktion vereinigt. Ich spreche von der genetischen Veranlagung zur **Affektansteckung** sowie der **emotionalen Integration**. Das heißt, der Mensch ist von Natur aus zum Leben in der Gemeinschaft und damit zur Sozialisation vorgeformt. Damit diese Anlage aber zur Ausbildung kommt, müssen die emotionalen und psychosozialen Voraussetzungen der Lebensumgebung, in die er hineingeboren wird, stimmen.

Der zweite Schritt führt über die emotionale Integration zur **Empathiefähigkeit** auf der Basis aktiv errungener, von der primären Bezugsperson losgelöster Selbstvorstellungen. Das bedeutet, es muss gezielt in das Kind etwas hineingepflanzt werden, damit es im individuellen Selbst von Anfang an mitwächst. Ich spreche dabei von dem Erfahrungs-Bewusstsein, dass der Mitmensch, zu allererst die primäre Bezugsperson, der einzige Garant ist, negative Angstempfindungen des Daseins durch positives Mitempfinden des Anderen verträglich umzuwandeln. Das ist das, was ich als emotionale Integration bezeichne. Diese Erfahrung prägt das Individuum von Anfang an.

Der dritte Schritt ist die Ausweitung des Denkens in eine neue Perspektive mit der Möglichkeit, einerseits die eigenen Gefühle zu interpretieren und andererseits die Gefühle des Mitmenschen aus seiner Sicht zu verstehen. Das ist das **Mitgefühl**. Es führt zugleich zur entscheidend wichtigen Erfahrung, dass zwei Menschen zu ein und demselben Geschehen unterschiedliche Empfindungen und Gefühle haben können (und nicht nur eine verschiedene Meinung). Diese geteilte Empfindungsfähigkeit ist die Grundvoraussetzung für den sozialen Dialog, für den jetzt auch die nötige Sprache vorliegt.

Der vierte Schritt ist die Erkenntnis der **Schuldfrage** und das Verständnis von der Notwendigkeit der Wiedergutmachung. Schuld entsteht durch einsichtiges Fühlen (Reue) und Denken im Falle eines begangenen Fehlers in der zwischenmenschlichen Auseinandersetzung. Solche Fehler sind unvermeidlich und das Bedürfnis nach Vergeltung ist Naturprinzip. Die Sozialisation aber würde scheitern, käme das Prinzip der Vergeltung tatsächlich zum Zuge (das Beispiel der Blutrache bei manchen Völkern ist der schlagende Beweis). Denn Vergeltung schafft neues Unrecht und neues Unrecht verlangt wieder Vergeltung. Einzig der vernünftige Dialog ermöglicht die Chance, einem solchen Teufelskreis zu entgehen. Der vernünftige Dialog als Ergebnis des Denkens muss aber eine emotionale Grundlage haben. Die beginnt bei der Reue für fehlerhaftes Handeln und dem Mitleid mit dem Geschädigten. Statt Vergeltung sollen Wiedergutmachung und zukünftige Unterlassung die Regulatoren für den sozialen Umgang werden.

Das ist ein theoretisches Konstrukt, solange man nicht den fünften Schritt in der Entwicklung zum Sozialverhalten mit einbezieht, die **Entstehung des Gewissens**. Zum Verständnis der Gewissensentwicklung muss man ganz tief in die emotionalen Zustände des Kindes hinabtauchen. Die beiden sozialbezogenen Gefühle Stolz und Scham sind die Grundlage für diese Entwicklung (s. 1. Kapitel). Das getadelte und reumütige Kind schämt sich für seinen Fehler und sieht sein Heil in der Wiedergutmachung als freiwillige Sühne. Auf diese Weise gelingt es dem Kind, unangenehme Scham in angenehmen Stolz umzuwandeln. Dieser Stolz ist dem Selbst aber wieder zuträglich und löscht das Anfangsgefühl der Scham. So entsteht Gewissen und dieses Gewissen ist als basale emotionale Strategie im günstigen Fall lebenslang sozial förderlicher Bestandteil menschlichen Denkens und Handelns.

3.8 Die Sozialentwicklung und die Entwicklung von Moral und Gewissen

(Stichworte: Selbstbeherrschung, Rücksichtnahme, Sauberkeitserziehung, soziale Kompetenz, Kommunikation über Gefühle, prosoziales Verhalten, Gewissensentwicklung usw.)

Frage 33:

Fragen zur Moralentwicklung ihres Kindes stellen sich viele Eltern bereits im zweiten Lebensjahr, wenn es eigentlich noch viel zu früh ist, über solche Dinge nachzudenken. Sie werden aber auf diese Fragen gestoßen, wenn ihre Kinder zum erstenmal in der Gruppe agieren und dabei eine für die Eltern erschreckende **Rücksichtslosigkeit** an den Tag legen. Da wird nach Herzenslust um jedes Spielzeug gerangelt. Da reißen sich Kinder attraktive Gegenstände förmlich aus der Hand und stoßen schwächere Kinder einfach zu Boden, nur um die Trophäe für einen Moment in den eigenen Händen zu halten.

Die Kinder haben auch keine Scheu, sich zu schlagen oder zu beißen, und auch vor dem Ziehen an den Haaren ihrer Kontrahenten machen sie keinen Halt. Haben sie sich dann durchgesetzt und das begehrte Spielzeug ergattert, wird es uninteressant und in der Ecke liegen gelassen. Es geht offensichtlich also nicht so sehr um den Erwerb des Gegenstandes, als vielmehr um die Demonstration der eigenen **Macht**. Irgendwelche Besitzansprüche des anderen Kindes auf sein eigenes Spielzeug spielen noch keine Rolle. Der Stärkere nimmt sich, was er bekommen kann, und kostet seinen Sieg genüsslich aus. Die geschilderten Szenen sind ausgesprochen vielgestaltig und haben alle eine sehr persönliche Note. Bestimmte Aspekte wiederholen sich allerdings in allen Kinderstuben auf gleiche Weise.

Spätestens wenn sich die Kinder dann in der Sandkiste die Schüppchen auf den Kopf schlagen und der Sand durch die Haare rieselt, greifen die Eltern ein und trennen die Kampfhähne.

Antwort 33:
Die in der Frage kurz angerissenen Szenen sind in den Kinderstuben und auf den Kinderspielplätzen Legion. Ihnen gleich ist der kämpferische Charakter, der jedoch ohne Absicht einer Schädigung des Anderen eingesetzt wird. Passiert dennoch etwas dergleichen, ist es zufällig und Folge der Fehleinschätzung des Kindes, was es anrichtet.

Es hat bei der Altersgruppe, um die es hier geht, noch keinen Sinn, die Frage nach Rechtmäßigkeit, Gerechtigkeit oder Moral zu stellen. Für zwei- bis vierjährige Kinder existieren solche Begriffe nicht, das heißt, in ihrem Gehirn gibt es keine Vorstellung dazu, dass es in der menschlichen Gesellschaft so etwas wie soziale Regeln gibt.

In dieser Lebensphase herrscht **entwicklungsbedingt das Gesetz der Stärke**. Das darf man nicht mit dem Recht des Stärkeren verwechseln. Rechtmäßig in unseren gemeinschaftlich entwickelten, sozialen Denkkategorien ist das sicher nicht, was die Kinder da tun, aber jedes Kind ist unschuldig, weil es hinsichtlich einer Moral noch unwissend ist. Das Prinzip der Vergeltung überwiegt noch lange das der Verzeihung. So heißt der Auftrag an die Eltern und die Erziehungspersonen, immer nur dann einzugreifen, wenn die **Rangeleien** das Maß des Tolerablen übersteigen oder wenn ein Kind droht, körperlich oder seelisch Schaden zu nehmen. Man muss also nicht alles hinnehmen, darf

aber auch nicht meinen, mit Moralpredigten den Kindern von früh an Sozialverhalten einbläuen zu können.

Es ist nicht verfehlt, ein Kind, das deutlich über die Stränge schlägt, herauszunehmen und es **eindringlich zu ermahnen**. Zeigt das unterlegene Kind
offenkundig Leid, ist das verursachende Kind auch explizit auf dieses Leid auf-
merksam zu machen. Es kann aber nicht erwartet werden, dass das Kind daraus eine Lehre zieht und sich in Zukunft zurückhaltender, rücksichtsvoller
oder nachgiebiger verhält. Noch empfindet jedes Kind absolut subjektiv und
kann sich nur schwer vorstellen, dass es mit seiner Anspruchshaltung die legi-
timen Interessen anderer Kinder schädigen könnte.

Frage 34:

Die Fragen der Eltern drücken gesteigerte Sorge aus, wenn die Angriffe der
Kleinkinder aufeinander latente oder echte **Aggressivität** erkennen lassen. Aus
den Händen reißen, umstoßen oder an den Haaren ziehen, mögen noch die
vertretbaren Attacken sein, wenn aber Kinder sich voller Wut Bisswunden zufügen oder harte Gegenstände auf den Kopf hauen, ist die Toleranz der meisten Eltern zurecht am Ende. Sehr schnell ertönen dann die Rufe, endlich erzieherisch einzuschreiten und die Angreifer auch gebührend zu bestrafen.

Verständlich sind diese Forderungen von denjenigen Eltern, deren Kinder
durch solche Angriffe Schaden nehmen. Weniger verständlich sind sie von Eltern, die als Unbeteiligte nur zuschauen oder einzig durch Erzählungen davon
erfahren.

Die Kinder, die durch derartig aggressives Gebaren in Erscheinung treten,
zeigen zu Hause beinahe regelmäßig auch Verhaltensmerkmale, die von starker **Impulsivität** oder echter Aggressivität gekennzeichnet sind. Vor allem heftiger Trotz und große Widerständigkeit bereiten den Eltern im Umgang mit
diesen Kindern oft größte Schwierigkeiten.

Antwort 34:

Erkennt man bei einem Kind stark auffällige Aggressivität, gilt die erste Frage immer der vorangegangenen Entwicklung des Kindes. Denn hohe Aggressivität ist bis auf die wenigen Ausnahmen einer ungünstigen Veranlagung das
Ergebnis des vorangegangenen Erziehungsprozesses. So zeigen regelmäßig
diejenigen Kinder stark aggressive Züge, die sich im Rahmen ihrer Selbstbehauptung im Elternhaus massiv durchsetzen müssen. Bewusst autoritär erzogene Kinder stehen da ganz oben an. Sie sehen sich gezwungen, das Verhal-
tenselement Aggression in hohem Maße einsetzen, um – wie sie selbst meinen
– stark genug gegen den persönlichen Angriff der Anderen zu erscheinen. Er-

fahren sie dann auch noch massive Maßregelung durch ihre Eltern, schürt das ihr Bedürfnis nach Aggressivität nur weiter.

Zwangsläufig entstehen im Zuge solcher Auseinandersetzungen und „Kämpfe" zu Hause Unterlegenheitsgefühle, die dann von diesen Kindern in die altersgleiche Gruppe hineingetragen werden und dort in erfolgreich endenden Streits innerlich ausgeglichen werden. Dabei verlieren diese Kinder häufig das Maß des Zumutbaren für ihre kindlichen Gegner und greifen zu übertriebenen Mitteln. Kinder, die zu Hause harten Züchtigungsmethoden ausgesetzt sind, verhalten sich entsprechend hart in der Gruppe und überziehen ihr Kontingent an Wehrhaftigkeit massiv. Schon allein deswegen sollten Eltern frühzeitig darüber nachdenken, ihrem Kind durch eigenes Verhalten niemals eine Legitimation zum Einsatz von Gewalt zu geben.

Der direkte Umgang mit Gewalteinsatz von Kindern untereinander kennt mehrere Stufen, die mit dem Alter des Kindes zu tun haben. Die Kinder im zweiten Lebensjahr sind sich der Wirkung ihres Körpereinsatzes nicht bewusst. Empathiefähigkeit gelingt erst in Ansätzen. Da ist es ratsam, den Angegriffenen zu schützen und das angreifende Kind insistent, das heißt eindringlich, zu ermahnen. Sobald die Kinder etwas älter geworden sind und Empathie verstehen und zu Hause mit ihren Eltern einüben (s. Antwort 27), ist auch hier die Methode der Induktion anzuwenden. Für den Ausdruck von Leid sorgt meist schon das angegriffene Kind. Falls nicht, muss man dieses Leid verbal noch einmal besonders hervorheben.

Ab dem dritten Lebensjahr kommen Regelgrundsätze zum Einsatz mit ersten Versuchen einer Wiedergutmachung durch den Angreifer. Zum Beispiel kann eine entstandene Wunde gemeinsam versorgt werden, das geschädigte Kind gemeinsam getröstet werden oder Selbstverzicht geübt werden, wenn ein anderes Kind offensichtlich übervorteilt worden ist. Erst ab einem Alter von vier bis fünf Jahren hat es Sinn, einen moralischen Appell an das Kind zu richten und ihm ein Gewissen zu machen (s.u.).

Frage 35:
Viele Fragen beschäftigen sich mit dem Problem, ab wann ein Kind wirklich **Rücksicht** üben und **ein Verständnis für die Lage des anderen** Kindes oder seiner Eltern aufbringen kann. Der Problemkatalog hierzu fängt noch einmal an bei der entnervenden Situation nicht schlafender Kinder, die nachts den Dauerkontakt zu ihren Eltern suchen, zieht sich hin über die spannungsgeladenen Momente, wenn Besuch nach Hause kommt und sich die Kinder permanent in den Vordergrund drängen, und endet bei solchen Fragen nach einer Hilfe im Haushalt, wenn der Mutter alles zuviel wird.

An diese Fragen reihen sich weitere Fragen nach der Fähigkeit des Kindes, das eigene Zimmer aufzuräumen, sich selbstständig anzuziehen und die Kleidung in Ordnung zu halten oder einigermaßen gesittet am Tisch zu sitzen und aufzuessen. Ganz zu schweigen von den Fragen, die sich mit dem Sauber- und Trockenwerden befassen und den Hygieneaufgaben, die damit verbunden sind. Das ganze Kapitel der **Sauberkeitserziehung** gehörte eigentlich in einen eigenen Fragenkomplex, der deswegen in diesem Zusammenhang nur gestreift werden kann. Zu individuell und verschieden sind die Konstellationen, die gewöhnlich zu nicht unerheblichen Problemen in der Erziehung des Kindes führen.

Das Thema Sauberkeitserziehung bekommt zumeist erst dann Brisanz, wenn die automatischen Entwicklungsschritte des Kindes ausbleiben oder von ihm selbst gezielt boykottiert werden. Fast immer steht am Anfang eines solchen Prozesses das falsche Bemühen der Eltern, ihr Kind frühzeitig trocken und sauber zu bekommen.

Antwort 35:

Um hier nicht den praktischen Teil des Buches ausufern zu lassen, muss ich mich auf einige wenige Aspekte zu diesem Frage-Antwort-Komplex beschränken. So will ich mich zunächst kurz mit der Problematik der Sauberkeitserziehung befassen.

Die **Sauberkeitserziehung** ist ein hochgradig selbst bestimmter Vorgang in der Sozialisation des Kindes, der aber weitgehend einem **Reifungsprozess** unterliegt. Das heißt, alle Appelle der Eltern an den Willen des Kindes, frühzeitig trocken und sauber zu werden, führen zu Konflikten in seiner Entwicklung, weil sich das Kind bemüßigt sieht, bei noch zu großer Unreife an den Kontrollvorgängen hinsichtlich seiner Ausscheidungen mitzuwirken. Das nämlich gelingt erst dann, wenn das Kind die nötige Reife selbst spürt. Ein Einmischen oder gar eine Fremdbestimmung durch die Eltern oder Erzieherinnen und Erzieher korrumpiert das feine Zusammenspiel von sozialem Reifungsbedürfnis und organischem Reifungsprozess. Die Folgen sind Miktionsaufschub (Einhalten von Urin) sowie Verstopfung (habituelle Obstipation) mit Ausscheidungen zum falschen Zeitpunkt.

Spüren die Kinder ein starkes Interesse ihrer Eltern daran, frühzeitig trocken und sauber zu werden, gibt es bei ihnen zwei Reaktionen: Die einen bemühen sich, ihren Eltern den Gefallen zu tun und scheitern dann unter Umständen. Dieses Scheitern kann einen unheilvollen Kreisschluss von Ausscheidungsversuchen und Misslingen hervorrufen und den Sauberkeitsprozess völlig durcheinander bringen. Die andere fangen an, sich diesem Interesse gezielt zu widersetzen. Dies geschieht mit besonderer Hartnäckigkeit, wenn sich die Kinder noch in einer trotzig-oppositionellen Haltung ihren Eltern gegenüber befinden. Das bedeutet, dass der nicht nachlassende Trotz generell ein schlechter Wegbegleiter für die Sauberkeitsentwicklung ist (**Zwei- und Dreimächtekonflikt**, s.o.). So sollten Eltern gerade solchen Kindern mehr Zeit lassen, den notwendigen sozialen Reifungsschritt zu unternehmen, als sie zu drängen. Aber genau das letztere ist der Fall, paaren sich doch autoritäre Erziehungsprinzipien und elterliche Ansprüche an ein frühes Funktionieren des Kindes auf unheilvolle Weise.

Ist das Kind schließlich in den Brunnen gefallen und nässt teilweise oder vollständig ein (**Enuresis**), beschmiert vielleicht seine Unterhosen mit Stuhl oder setzt sein Geschäft demonstrativ auf dem Teppichboden ab (**Enkopresis**), dann kommen alle guten Ratschläge zu spät. Jetzt ist therapeutische Intervention mit fachkundiger Hilfe unumgänglich.

Das auch noch in diesem Alter immer wieder angesprochene **Schlafproblem** zeugt von der Beharrlichkeit der Kinder, die einmal in falsche Entwicklungsbahnen geratenen Probleme in der Sozialisation immerfort durch das junge Leben zu ziehen. So erkämpfen sich Kinder, die eigentlich jetzt nach kurzem Zubettgeh-Ritual entspannt einschlafen könnten und das zunehmend auch im eigenen Zimmer, die abendliche Präsenz ihrer Eltern am Bett mit lautstarkem Protest, sobald die Eltern das Zimmer verlassen oder die Zimmertür schließen. Das Mindeste, was Eltern in solchen Situationen dagegen tun könnten, wäre ein Nachtlicht zu installieren, dem Kind **Schlafbegleiter** (zumeist das **Übergangsobjekt**) zu gewähren und noch in Rufweite zu bleiben, falls das Einschlafen effektiv nicht gelingen will. Das Äußerste ist ein langes Wachen über das einschlafende Kind am Bett bis es tief schläft.

Eine gute Lösung für verzweifelte Fälle ist ein elektronisches Sprechfunkgerät, das eine Konferenzschaltung zwischen Eltern und Kind ermöglicht, bis es dann eingeschlafen ist. Das Hauptproblem der Kinder ist die Sorge vor dem Verlust an Sicherheit, der dadurch zustande kommt, dass die Eltern nicht mehr in seiner Nähe und auch in der Nacht nicht mehr erreichbar sind. Jetzt zeigt sich, wie viel Urvertrauen im Kind mitgewachsen ist.

Ich will die Gelegenheit nutzen und hier noch kurz auf das „**selbstdarstellerische**" **Kind** eingehen, das nahezu jeden Besuch von Freunden bei den Eltern zu einer familiären Tortur macht. Das fängt mit dem Gefühl des Kindes von Nichtbeachtung und Ausgeschlossensein an, wenn die Mutter lange telefoniert und sich so seiner Verfügbarkeit entzieht. Je unsicherer das Kind in seiner Selbstentwicklung vorankommt, je weniger es durch die Loslösung aus der primären Bindung herausfindet, desto eifersüchtiger reagiert es, wenn die Mutter anderen Personen **Aufmerksamkeit** schenkt und es vorübergehend sich selbst überlässt.

Mit dem Telefonieren vergleichbar ist der Moment, wenn Besuch das Haus betritt und dem Kind so gut wie keine Aufmerksamkeit schenkt, sondern nur den Eltern. Das Kind ist aber von Natur aus darauf bedacht, immer ausreichend zur Geltung zu kommen und seine positiven Seiten, auch die vermeintlichen, zur Schau zu tragen. Um die Nichtbeachtung widerspruchslos zu ertragen, braucht es nun eine gehörige Portion Selbstbewusstsein, die aber gerade erst heran wächst, und es braucht ein willfähriges Publikum, das aber heutzutage mehr mit sich selbst beschäftigt ist, als sich einem Kind zuzuwenden. Genau diese Schwäche der Gesellschaft wird vom Kind bemerkt und offen gelegt.

Nun ist es eine Frage der bisherigen Erziehung, wie es darauf reagiert. Die autoritär erzogenen, etwas eingeschüchterten Kinder ziehen sich schmollend zurück oder hängen bei ihren Eltern missmutig auf dem Arm und lassen sie nicht aus den Augen. Die bereits aufmüpfigen und von erster Aggressivität erfassten Kinder spielen sich mächtig in den Vordergrund, versuchen die Unterhaltung der Erwachsenen zu stören, wo sie nur können, und machen schließlich so viel Unsinn, dass ihnen wenigstens negative Aufmerksamkeit zuteil wird.

So wird klar, dass der Hauptfehler der kritischen Situation in der gesellschaftlichen Einstellung zum Kind liegt, was zu der Empfehlung führt, sich im Besuchsfall erst einmal dem Kind in der Familie zuzuwenden und ihm gebührend Aufmerksamkeit zu schenken, bevor man sich als Eltern in das wohlverdiente Gespräch untereinander vertieft. Es wird aber auch klar, dass gut losgelöste, selbstständige Kinder erst gar nicht solche Probleme bereiten.

Die letzte Bemerkung hierzu gilt den **Tischmanieren**. Es ist ein großer Irrtum zu meinen, ein Kind müsse von früh auf lernen, Tischsitten einzuhalten. Tischsitten entwickeln sich wie alle gesellschaftlichen Umgangformen erst mit dem Anwachsen der Vernunft und mit der Einsicht in den Nutzen und die Notwendigkeit solcher Etikette. Außerdem spielt hier die Herkunft aus der gesellschaftlichen Schicht eine große Vorbildrolle. Von landesspezifischen, also nationalen Umgangformen, will ich gar nicht reden.

Kinder bis zum Alter von drei Jahren sehen im Essen kein notwendiges gesellschaftliches Ereignis. Lediglich das Sättigungsbedürfnis und der Lustfaktor spielen eine Rolle. Die Vorstellung von einem sozialen Nutzen einer gemeinsamen Mahlzeit ist den Kindern fremd. Daher kann man es auch kaum erwarten, dass Kinder im Kleinkindalter längere Zeit am Tisch sitzen bleiben und ihre Mahlzeit gesittet mit „Messer und Gabel" einnehmen. Der Löffel und die Finger genügen, und es wird nur solange gegessen, wie Hunger und Appetit ausreichende Motivation bieten. Erst ab einem Alter von drei bis vier Jahren lassen sich Tischmanieren schrittweise einführen, wobei – wie schon betont – elterliches Vorbild und nationale Gepflogenheiten eine große Rolle spielen.

Frage 36:

Die schwierigsten Fragen in diesem Entwicklungsabschnitt des Kindes richten sich auf die **Rücksichtnahme** des Kindes seinen Eltern oder anderen Erwachsenen, aber auch schwächeren Kindern gegenüber. Es geht gleichzeitig auch um den Ausdruck von Bedauern, wenn das Kind etwas falsch gemacht hat, auf seine **Reue** und das Bedürfnis einer **Wiedergutmachung**. Die Eltern bemerken im Verhalten ihrer Kinder jetzt mehr und mehr die affektiven Ausdruckformen von einem schlechten Gewissen.

Die Fragen entzünden sich aber nicht so sehr an dem Erscheinungsbild des Kindes nach der Tat, als vielmehr an den Gründen für die Tat überhaupt. Warum schlägt mich mein Kind und reagiert nicht, wenn ich es intensiv ermahne? Begreift es denn nicht, dass Schlagen den anderen Menschen wehtut? Warum geht mir mein Kind ständig auf die Nerven, wenn ich ihm doch sage, dass ich keine Zeit habe?

Warum sucht mein Kind immer den **persönlichen Vorteil** und interessiert sich nicht dafür, dass es mir schlecht geht oder das andere Kind betrübt ist? Warum entwickelt mein Kind Tricks, um sich selbst zu begünstigen, und nimmt dabei ohne Hemmungen in Kauf, dass ein anderer in Nachteil gerät? Überhaupt, warum nimmt mein Kind anderen Kindern einfach etwas weg, obwohl es weiß, dass der Gegenstand ihm nicht gehört?

Ist es schon Lügen, wenn mein Kind sich selbst für die Tat verleugnet und ein anderes Kind oder sein Geschwister beschuldigt? Auch diese Frage wird häufig gestellt: Warum kann mein Kind nicht verlieren? Immer wenn es droht zu verlieren, fängt es an zu pfuschen oder zerstört mit einem Wutanfall das ganze Spiel.

Und noch eine Frage wird in diesem Zusammenhang aufgeworfen. Sie richtet sich auf die grundsätzlichen Charakterformen **Offensivität** und **Defensivität**. Eltern glauben, offensive Kinder seien defensiven auf Dauer überlegen, weil sie angriffslustiger sind und hemmungsloser im Sich-Wehren. Sie bedauern dann ihr defensiv veranlagtes Kind und wollen es umstimmen.

Antwort 36:

Genau genommen befinden wir uns mit all diesen Fragen im Bereich der Entwicklung von **Moral** und dem Aufbau von **Gewissen**. Moral und Gewissen sind keine genetischen Mitgaben der Natur an den Menschen. Lediglich in der Bestimmung des Menschen zum sozialen Leben und Handeln liegt auch der Urkeim für die erbliche Veranlagung zu solchen Sozialparadigmen. So darf man davon ausgehen, dass jedem Kind daran gelegen ist, die grundlegenden Spielregeln im Sozialverhalten zu begreifen und zu verinnerlichen. Dieses Begreifen ist aber kein theoretisches Verstehen, sondern einzig und allein ein „Selbsterfahren" in der konkreten Anwendung.

Daher sind immer Erlebnisse vonnöten, die diese Leitlinien im Sozialverhalten kenntlich machen. **Selbsterfahrung** geht dabei deutlich über „Fremderfahrung", das heißt beobachten. Alles, was das Kind an sich selbst erlebt, nimmt es besser auf, als was es in Konstellationen zwischen andere Menschen erfährt. Also muss das Kind Fehler machen, und diese Fehler müssen ihm auch als Fehler gespiegelt werden. Zwei Möglichkeiten stehen den Erwachsenen dazu offen: erstens die **Belehrung** und zweitens das **Vorbild**. Vorbild sind die Eltern in ihrem eigenen Denken und Handeln und Belehrung üben alle Menschen aus, die erzieherisch an einem Kind tätig werden.

Das Wichtige an der Belehrung ist die genaue Ausrichtung des kritischen Kommentars auf die begangene Tat oder das fehlerhafte Handeln und nicht auf die Person. Schließlich soll das Kind nicht beschämt werden und dadurch die Belehrung innerlich abwehren, sondern in gegenteiliger Weise entschuldigt werden und die Chance erkennen, im richtigen Handeln Stolz erleben zu dürfen (s. auch Zwischenbemerkung zur Sozialentwicklung und Antwort 33).

Die Reaktionen der Eltern und Erzieher auf ein Fehlverhalten des Kindes im sozialen Bereich wie Hauen, Schlagen und Anderen gezielt wehtun, Anderen etwas wegnehmen, sich selbst permanent begünstigen, sich verleugnen und lügen, andere Kinder vom gemeinsamen Spiel ausschließen usw., sollten sich darauf richten, dem Kind ein Gewissen zu machen. Das dieses Gewissen durch Rüge oder Ermahnung zunächst ein schlechtes ist, liegt in der Natur der Sache. Konkret im Kind stellt sich das **schlechte Gewissen** als Bedauern des eigenen Fehlverhaltens dar und soll durch die Belehrung **Reue** entstehen lassen. In der Belehrung muss das Element **Schuld** zum Tragen kommen. Das Kind muss begreifen, dass solche Fehlverhaltensweisen im Normen- und Wertekodex unserer Gesellschaft mit Schuld beschrieben werden.

Gleichzeitig muss dem Kind das Angebot gemacht werden, seinen **Fehler** möglichst sofort **wiedergutzumachen**. Die Verbindung von Schuld und Wiedergutmachung muss unmittelbar sein, damit die nutzbringende Wirkung auf die innere Korrektur nicht verloren geht. Denn Ziel neben der sofortigen Wiedergutmachung ist der geistige Schritt, in Zukunft durch **Selbstkontrolle** oder Selbstbeherrschung die **Unterlassung** zu üben. Die Verinnerlichung dieses Vorgangs führt zu einer tief greifenden Verwurzelung im Selbst des Kindes, bis dann aus der **Scham des schlechten Gewissens** durch Wiedergutmachung und Unterlassung der **Stolz des guten Gewissens** erwächst. Der innerlich deutlich spürbare Schritt, fühlbar durch die emotionale Entlastung, wird in Zukunft Motor dafür sein, wann irgend es geht, immer wieder so zu handeln. Das Gewissen ist geboren und steckt für immer eingebunden in den inneren Verschaltungen des Selbst.

Wollten wir diesen elementaren Vorgang der Entwicklung zum „guten Menschen" im Gehirn verorten, müssten wir in den sozialen Kontrollmechanismen des Stirnhirns suchen, in den neuronalen Verbindungen zum Belohnungssystem und in der Netzwerkkonstruktion der Selbsterfahrung. In den nächsten Kapiteln werde ich auf solche wissenschaftlichen Erkenntnisse zurückkommen.

Es gibt von Natur aus **offensive** und **defensive Kinder.** Beide Verhaltensgrundformen haben ihre Berechtigung und helfen dabei, die **sozialen Ordnungsprinzipien** in der menschlichen Gesellschaft aufrecht zu erhalten. Es hat keinen Sinn, aus einem defensiven Kind ein offensives machen zu wollen, weil man das als Eltern besser findet. Umgekehrt gilt genau dasselbe. Was von den Eltern zum so frühen Zeitpunkt oft übersehen wird, ist die Tatsache, dass defensive Strategien durch die zunehmende Intelligenz der Kinder in Zukunft mit den offensiven gleichziehen, ja diesen womöglich sogar überlegen sind.

Offensive Kinder haben das Problem, schnell in die Rolle des Angreifers zu geraten und damit viel Kritik und schlimmstenfalls sogar Strafe zu beziehen. Paart sich die Offensivität dann auch noch mit Aggressivität, gerät ein solches Kind leicht ins soziale Abseits. Erzieherinnen und Erzieher kann nur geraten werden, solche Entwicklungen frühzeitig zu erkennen und nach Möglichkeit zu unterbinden, denn solche Kinder haben die Tendenz zu aggressiv-oppositionellen Verhaltensauffälligkeiten.

3.9 Die Geschwisterproblematik und die Rollenverteilung in der Familie

(Stichworte: Geschwisterfolge, Rivalität, Geschwisterliebe, Bindungsverwirrung, Freundschaft zu anderen Kindern usw.)

Frage 37:
Mit Abnahme der Kinderzahl in der Familie werden die Fragen nach der **Verhaltensdynamik zwischen den Geschwistern** immer seltener. Dafür rücken die Fragen, die sich um das Einzelkind ranken, mehr in den Vordergrund.

Eine sehr häufig gestellt Frage ist die, welches der beste Altersabstand zwischen zwei Kindern ist. Es folgen die Fragen zur **Eifersucht** beim älteren Kind, wenn ein Geschwisterkind auf die Welt kommt. Die Rede ist häufig von zunehmender Aggressivität des älteren Kindes, die sich anfangs vor allem auch auf das Neugeborene richtet. Im schnellen Wechsel reagieren die Geschwister dann aber auch regressiv, wollen wieder wie ein Baby behandelt werden, lassen sich ein Fläschchen geben oder möchten noch einmal an Mutters Brust saugen. Manche Kinder verlieren plötzlich ihr Interesse am sozialen Fortschritt in der Sauberkeitsentwicklung und begehren gewickelt zu werden. Fast immer lässt es sich das ältere Kind nicht nehmen, auch wieder im Zimmer seiner Eltern zu schlafen, selbst wenn das Baby es nachts mit seinem Hungerschrei weckt.

Zuletzt schlagen die Fragen das Kapitel von **Geschwisterrivalität** und **Geschwisterliebe** auf.

In der Geschwisterdynamik halten sich Liebe und Konkurrenz weitgehend die Waage. So berichten die Eltern von heftigen Streits um Nichtigkeiten wie von großen Verbrüderungen und das oft in schneller Folge an ein und demselben Tag. Die aggressiven Übergriffe von Geschwistern untereinander sind zumeist viel ungehemmter als den Bezugspersonen gegenüber. So wird gehauen und getreten, bis die Tränen fließen. Außerhalb von zu Hause präsentieren sich Geschwister aber wie unzertrennliche Freunde und verteidigen sich gegenseitig, wann immer es notwendig erscheint.

Antwort 37:

In der Psychoanalyse spricht man bei der Ankunft eines neuen Familienmitglieds vom **Entthronungstrauma** beim älteren Kind. Dieses Bild spiegelt die ödipale Sicht des Eltern-Kind-Verhältnisses wider. Diese Ansicht besitzt heute eine nicht mehr uneingeschränkte Gültigkeit. Insbesondere wird das Augenmerk jetzt mehr darauf gerichtet, dass das ältere Kind neben einem Konkurrenten auch einen „nutzbringenden" Nachfolger bekommt, der es aus der Bindung treibt und stärker in die Loslösung führt. Dafür muss natürlich ein starker und präsenter Vater zur Stelle sein.

Der Vater hat sich des oder der älteren Kindes/r anzunehmen und zwar in gleichermaßen liebevoller und einfühlsamer Weise wie die Mutter. Damit wird nun eine Bewegung in Gang gesetzt, die die Rangfolge der Kinder definiert und auf Dauer festlegt. Wenn die Familie sich also auf die neue Geschwisterkonstellation richtig einstellt, ist das Trauma der Entthronung weitgehend neutralisiert und Geschwisterliebe von Anfang an ermöglicht. Tut sie es nicht, wächst die Eifersucht des älteren Kindes auf das jüngere und erzeugt so ein schwer zu lösendes Spannungsgefüge.

Erreicht das nachfolgende Kind dann eine ausreichende Mobilität und fängt an, raumgreifend zu werden und Besitz für sich zu beanspruchen, ist der Konflikt unter den Kindern aber nicht mehr abzuwenden. Die Geschwister müssen lernen, sich Lebensraum zu teilen, wie sie sich auch ihre Eltern teilen müssen. Interessensüberschneidungen sind somit unvermeidbar und **Rivalität** entspricht der normalen Beziehungsstruktur unter Brüdern und Schwestern. In gewisser Weise zieht sich das durch das ganze Leben. Aber jenseits aller Rivalität gibt es auch eine besondere Beziehung unter Geschwistern, die die Qualität der Eltern-Kind-Beziehung übersteigen kann. Der Begriff **Geschwisterliebe** beschreibt diese Beziehung genau.

Frage 38:

Ein großes Problem in der Betreuungsform des Kindes innerhalb der Familie ist die häufig entstehende **Gleichwertigkeit der Bezugspersonen** für das Kind. So klagen viele Mütter darüber, dass ihr Kind sich bald ebenso gerne der Großmutter oder einer anderen Ersatzbezugsperson zuwendet, wenn es Probleme hat, als ihr selbst. Hat das Kind Kummer und sind beide Bezugspersonen anwesend, wendet sich das Kind plötzlich nur noch der Großmutter zu. Es will plötzlich am Nachmittag gar nicht mehr zur Mutter zurück, wenn sie es bei der Großmutter oder auch der Tagesmutter abholen will. Im Einzelfall werden sehr einsatzbereite Väter schon im ersten Lebensjahr von ihren Kindern zum Füttern oder Wickeln bevorzugt, während die Mutter nur noch „zweite Wahl" ist.

Die Fragen hierzu beziehen sich aber nicht auf einen geplanten Rollenwechsel zwischen Mutter und Vater, sondern auf die spontane Wahl des Kindes seiner primären Bezugsperson, wenn starke alternative Betreuungspersonen mit im Spiel sind.

Antwort 38:

Die Natur scheint es vorgesehen zu haben, dass die Betreuung eines Säuglings und Kleinkindes durch eine geeignete und zuverlässige Ersatzbezugsperson durchaus möglich ist. Das Kind scheint sich dabei aber in einer Situation zu befinden, die es ihm vorgibt, eine Rangfolge der verschiedenen, existenten Bezugspersonen aufzustellen. Der Zweck scheint der zu sein, einer **Bindungsverwirrung** (s.o.) zu entgehen. Denn grundsätzlich suchen der Säugling und das Kleinkind immer eine feste und gleich bleibende Bezugsperson, deren Angebote und Reaktionen sie kennen, deren Vertrautheit in ihnen Vertrauen entstehen lässt und deren genetische Nähe von ihnen intuitiv wahrgenommen wird. So ist es im Normalfall immer die Mutter, die als primäre Bezugsperson angenommen wird. Sie ist es auch, die zu Anfang des Lebens die sichere Nahrungsquelle ist. Sie ist es, die immer erreichbar ist, die pflegt und tröstet und die den Säugling überall mit hinnimmt.

Ist eine Ersatzbezugsperson aber in all diesen Angeboten gleich stark und zudem dem Kind äußerst sympathisch, kann die Abstufung der Bezugspersonen in der Bedeutung für die eigene Sicherheit und positive emotionale Integration (s. 1. Kapitel) zugunsten der Ersatzbezugsperson ausfallen. Das ist für eine Mutter schwer zu ertragen. Die Natur geht aber den für sie nützlichsten Weg in der sicheren körperlichen und seelischen Versorgung des Kindes.

Ringen nun Ersatzbezugsperson und Mutter oder selten auch der Vater um die Rolle der primären Bezugsperson, gerät das Kind in eine schwierige Lage, auf die es letztlich keine Antwort hat. Es verheddert sich in einem unlösbaren Konflikt, wird unruhig, nervös, wird vermehrt weinen und nachts nicht gut schlafen und wird im schlimmsten Fall mit einer Entwicklungsstörung reagieren.

Frage 39:

Das Thema **Freundschaft unter Kindern** ist selten eine Frage von besorgten Eltern. Sie wird eigentlich nur dann gestellt, wenn ihr Kind auch im vierten und fünften Lebensjahr keine Freundschaften zu anderen Kindern eingehen möchte. Solche Kinder verweigern die Gruppenspiele in der Kindertagesstätte und was ganz typisch ist, sie lehnen die sonst so beliebten Besuche zu Hause bei den Gefährten aus dem Kindergarten oder von der Straße ab. Sie schließen sich keiner Gruppe an und zeigen allgemein geringe Spiellust. Viel mehr treiben sie sich gelangweilt am Nachmittag zu Hause herum, belagern ihre Eltern oder Verwandte mit Ansprüchen auf Unterhaltung und wünschen sich ständig beschäftigt zu werden. Solche Verhaltensweisen findet man häufiger bei Einzelkindern als Kindern mit Geschwistern.

Antwort 39:

Freundschaften bauen die Kinder erst mit drei bis vier Jahren auf, und in diesem frühen Lebensabschnitt handelt es sich mehr um vorübergehende Zweckgemeinschaften als um dauerhafte Freundschaften. Das soziale Phänomen Freundschaft als aktive Beziehungsgestaltung auf Gegenseitigkeit setzt erst einmal die Einfühlungsfähigkeit in die emotionale und soziale Lage des Anderen voraus. Daraus ergibt sich auf längere Sicht ein neues, kompliziertes Empfinden, das wir **Solidarität** nennen. Erst im Zuge des Perspektivwechsels gelingt den Kindern dieser Schritt und auch erst dann fangen die Kinder an, beständige Freundschaften einzugehen.

So ist das Phänomen haltbare Freundschaft auch immer ein Zeichen eines entscheidenden psychosozialen Reifungsschrittes. Manchmal wachsen sich Freundschaften zu einem geschwisterähnlichen Verhältnis aus, was gerade für Einzelkinder eine lebenslange Bedeutung haben kann.

Aber Kinderfreundschaften bleiben zunächst auf egoistische Haltungen und ein klares Nützlichkeitsdenken ausgerichtet. So ist diejenige eine gute Freundin oder derjenige ein guter Freund, der „etwas zu bieten" hat. Das können materielle Dinge sein, wie besondere Spielsachen. Das kann ein schönes Zuhause sein, das kann aber auch eine besondere Qualität seiner bisher erworbenen Persönlichkeitsmerkmale sein. Kinder haben die Eigenschaft, gerne vom Glanz des Anderen für sich selbst etwas abzubekommen. Dafür werden sie schnell zu braven „Gefolgsleuten".

Auf diese Weise entstehen **Grüppchen**, die sehr schnell hierarchische Strukturen unter ihren Mitgliedern aushandeln. Dabei kommt es leicht zum Streit, denn demokratische Prinzipien sind den Kindern vorerst unbekannt. Auch hier gilt noch wie ganz am Anfang aller Sozialität unter Menschen, ich meine im Alter von zwei bis drei Jahren, das Prinzip: der „Stärkere" siegt. In welcher Form dieser Sieger stärker ist, ist im Kindergartenalter noch nicht so entscheidend. Bereits in der Schulzeit geht es aber schon um rein körperliche Stärke. An derartigen Konflikten zerbrechen die Freundschaften schnell.

Auch entsteht beim Grüppchen fast automatisch ein Ausschlussverfahren für andere Kinder. Nur derjenige darf in den Zirkel eintreten, der wiederum etwas zu bieten hat. Kinder, die unbedingt „hinein möchten", aber aus welchen Gründen auch immer ausgeschlossen werden, leiden erheblich. Dieser soziologische Einfluss, der jetzt auf die Kinder regelrecht einstürmt, kann von den Eltern so gut wie nicht mehr in gewünschte Bahnen gelenkt werden. Spätestens hier endet die Macht der Eltern über das Wohlergehen ihrer Kinder in der Gesellschaft. Die Erlebnisse, die die Kinder in dieser Entwicklungsphase haben, werden oft prägend für ihr gesamtes Leben.

So ist allen Eltern zu raten, Ihren Kindern in solchen Augenblicken ein sicherer und verständnisvoller Rückhalt zu sein, ohne in die bedauernde Haltung ihres Kindes allzu stark mit einzustimmen. Wichtiger als immer Mitleid zu zeigen, ist es, Zuversicht auszustrahlen und dem Kind den Eindruck zu vermitteln, trotz dieses Misserfolgs ein wertvolles Mitglied in der Gesellschaft zu sein. Diese eine Macht behalten die Eltern noch auf lange Zeit.

Über Kinder, die in diesem Treiben frühester sozialer Strukturierung gänzlich versagen, am Ende den Anschluss verlieren und nur noch am Rande stehen, müssen sich die Eltern unbedingt Sorgen machen. Denn hier verbinden sich jetzt schwache Selbstentwicklungen mit sozialen Ausgrenzungsprinzipien in doppelter Weise, zum einen ursächlich und zum anderen als Folgeerscheinung. Will heißen, Kinder mit schwachen Selbstkonstruktionen scheitern an der natürlichen sozialen Auslese in der Gruppenbildung und erleiden durch dieses Scheitern neue Bruchlinien in ihrer Selbstkonstruktion. Einzig die Familie ist zunächst in der Lage, das beschädigte Selbst des Kindes „über Wasser zu halten."

So ist es z.B. zu empfehlen, dass Eltern von solchen Kindern potentielle Spielgefährten zu sich nach Hause einladen und der dabei entstehenden, neuen

Gruppe etwas bieten. Auf diese Weise verhelfen sie ihrem eigenen Kind zu unerwarteter Attraktivität. Wichtig ist auch, das eigene Kind nicht durch strenge familiäre Auflagen wie untypische Kleidung oder auch eine völlig gesellschaftskonträre Lebensweise von Vornherein zum Außenseiter zu stempeln.

Im Rahmen dessen ist auf das umfangreiche Kapitel von Migrantenkindern hinzuweisen. Gerade Einwandererkinder müssen durch solche familiären Rückwirkungen auf die Gruppe im neuen Heimatland große Nachteile in Kauf nehmen. Dass die Beherrschung der Landessprache dabei einen wichtigen Stellenwert einnimmt, kann nur immer wieder betont werden.

Schlussbemerkung zur Übergangssituation in den Kindergarten

In der Natur des Menschen scheint in Bezug auf die psychologische und soziologische Entwicklung eine **feste Abfolge von Beziehungsstrukturen** vorgesehen zu sein. Das wird darauf zurückzuführen sein, dass der an sich individuelle Mensch um seines Überlebens willen von der menschlichen Gemeinschaft langsam auf eine **Gruppenverträglichkeit** eingestimmt werden muss. So folgt der primären Bindung als der am höchsten ichbezogenen und äußerst privaten Beziehung zu nur einer Person die schrittweise Ausweitung auf immer mehr Bezugspersonen. Dabei wird zugleich die absolute Ich-Bezogenheit aufgelöst zugunsten einer Beziehungsfähigkeit auf potentiell jeden anderen Menschen, ob in der altersgleichen Gruppe oder als Ersatzbezugsperson. Die Plattform oder das Sprungbrett dazu bietet die Loslösung über die zweite Hauptbezugsperson.

Damit verbunden ist die Aufgabe der – noch unbewussten – ichbezogenen Abkapselung und die Aufnahme des individuellen Selbst. Das Selbst ist der entscheidende Schritt zu Sozialisation der eigenen Person. Erst wenn das Selbst aus der Mutter-Kind-Dyade mithilfe des väterlichen Vorbilds herausgelöst ist, ist das Kind in der Lage, mit allen anderen Menschen in eine die Reifung fördernde Kommunikation zu treten. Erst jetzt kann es auch anfangen, mit den altersgleichen Kindern in einen sinnvollen und nutzbringenden Austausch zu treten. Der Alterszeitpunkt liegt bei eineinhalb bis drei Jahren. Bis zu diesem Zeitpunkt ist das Kind einzig in einer nehmenden Funktion, auch wenn es ständig kommunikative Angebote an andere Personen macht. Erst danach gelangt es auch in eine gebende Position. Das zu verstehen ist wichtig, um zu sagen, ab wann es Sinn macht, ein Kind in die Gruppe der Altersgleichen oder auch Altersunterschiedlichen aufzunehmen.

Aber auch mit eineinhalb bis drei Jahren ist das Kind aufgrund seiner fortgesetzten Loslösungsbestrebungen immer noch an seine beiden Hauptbezugspersonen gebunden. Jede Ausweitung in der Betreuung setzt die schrittweise Anbindung an eine Ersatzbezugsperson voraus. Andernfalls entwickelt das Kind Angst und zieht sich aus der Konfrontation mit der fremden Person zurück (Fremde-Reaktion s.o.). Was dem Kind in diesem Moment allerdings hilft, ist der erhalten bleibende Kontakt zu seiner Hauptbezugs- oder Ersatzbezugsperson. Dabei kann ein Blick- oder Rufkontakt genügen, wenn die Konfrontation mit der fremden Person ungefährlich erscheint. Befällt das Kind aber Angst, braucht es den unmittelbaren Körperkontakt und flüchtet auf den elterlichen Arm zurück.

Das ist die charakteristische Situation beim Übergang in die **frühe Fremdbetreuung**. Heutzutage werden immer mehr Kleinkinder, die noch nicht ausreichend losgelöst sind, in die frühe Fremdbetreuung gebracht. Für das Kind stellt sich dieser Augenblick im Grundsatz bedrohlich dar. Es steckt noch stark in der Individuation und braucht Bezugspersonen, um sich sicher und behütet zu fühlen. Das Vertrauen in eine neue Person gelingt nur über eine **sanfte Ablösung**. Das heißt, die neue Betreuungsperson muss zu einer Ersatzbezugsperson werden mit allen Qualitäten, die eine solche Person für die Vertrauensbildung benötigt. Erst, wenn das Kind die Individuation am Anfang seiner Lebenszeit vollendet hat und sich der Sozialisation frei zuwenden kann, erst dann sind schnelle Ablösungen möglich.

Demzufolge läuft man als Eltern und Erzieherinnen bzw. Erzieher bei der frühen Fremdbetreuung Gefahr, die Loslösung zu überspringen, und vom Kind Verhaltensfähigkeiten zu erwarten, die erst mit drei bis vier Jahren, also am Ende der Individuation und Anfang der Sozialisation zu erwarten sind. Bei der historisch intuitiv angenommenen Kindergartenreife mit vier Jahren wurde dieser Erkenntnis Rechnung getragen. Das heißt nicht, dass frühe Fremdbetreuung nicht möglich ist. Sie setzt aber strenge entwicklungspsychologische Kriterien voraus, die zu ignorieren Gefahr für die gesunde seelische Entwicklung des Kindes bedeutet.

3.10 Fragen zur Fremdbetreuung und der Beginn des Gruppenlebens

(Stichworte: Ersatzbezugspersonen, Tagesmütter, Kinderkrippe und Kindertagesstätte, sanfte und harte Ablösung usw.)

Frage 40:

Ein immer häufiger werdendes, manchmal schon leidiges Thema ist der misslingende Prozess der **Ablösung in die Fremdbetreuung**, ob bereits ganz früh in der Kinderkrippe oder etwas später in der Kindertagesstätte mit der kleinen, altersgemischten Gruppe. Tagesmütter spielen dabei eine untergeordnete Rolle, da sie von den Eltern sehr individuell an das Kind herangeführt werden und der Übergang fast immer in einer Eins-zu-eins-Situation stattfindet. Mehrkindgruppen in Kinderkrippen und Kindertagestätten bieten zweifellos die weitaus größere Reibungsfläche.

Am Punkt der Übergabe des Kindes in die frühe Fremdbetreuung gehen die Vorstellungen und Ansprüche der Pädagogik und der Kinderpsychologie noch immer weit auseinander. Während die Pädagogik auf den **Anpassungsprozess** des Kindes verweist und dabei – wie sie behauptet *kurzfristiges* – Leid beim Kind in Kauf nimmt, ja dieses sogar als Entwicklungsmotor anpreist, verlegt sich die Entwicklungspsychologie auf den notwendigen **Reifungsvorgang** beim Kind und fordert die **sanfte Ablösung**. Leider ist sich die Kinderpsychologie in diesem Vorgehen auch noch nicht einig.

Es gibt aber immer mehr Verbände und Vereinigungen in Deutschland, die sich für das Kind stark machen und in ihre Statuten den behutsamen Übergang von familiärer in institutionelle Betreuung aufgenommen haben.

Antwort 40:

Es ist ein schwer auszurottendes Vorurteil in der Gesellschaft, dass starke Erwachsene aus leidgeprüften Kindern hervorgehen. Das Gegenteil dürfte der Fall sein. So gilt auch immer noch die Auffassung, dass Säuglinge, die gespürt haben, dass ihr Schreien bei den Eltern nichts bewirkt und Trotzkinder, denen frühzeitig Grenzen gesetzt worden sind, anpassungsfähige und sozial besser verträgliche Kinder und Jugendliche werden. Auch das ist ein fundamentaler Irrtum.

Anpassung ist nicht gleich Reifung. Anpassung ist zunächst einmal Unterwerfung unter eine Anforderung, deren Rechtmäßigkeit nicht zu prüfen ist, deren Nichtbeachtung aber zu unangenehmen Folgen führt. Damit ist das Prinzip der negativen Konditionierung der einzige psychologische Effekt. Erst mit der notwendigen geistigen Reife wird Anpassung zu einem intelligenten Handeln in der Gesellschaft.

Reifung hingegen ist das Begreifen von Notwendigkeiten zum Vorteil der eigenen Person, optimal unterstützt von den Fortschritten in der eigenen Entwicklung. Reifung ist also Naturprinzip, für das ein geistiges Nachvollziehen des Menschen nicht einmal notwendig ist. Für kleine Kinder, die ohnehin nicht soweit denken können, ist also Reifung das absolut überlegene Prinzip. Es hat den weiteren Vorteil, dass es die positiven Emotionen stärkt und das Selbstbewusstsein günstig beeinflusst.

Gerade Letzteres lässt sich für die Anpassungsleistungen in den frühen Kinderjahren nicht sagen. Hier ist es genau umgekehrt. Die Anpassung geschieht auf Kosten der positiven emotionalen Integration und schwächt das entstehende Selbstbewusstsein. Damit aber bremst sie die Reifung elementar aus.

Wenn also Kleinkinder ohne Vorsichtsmaßnahmen im Übergabemodus in die Fremdbetreuung gebracht werden und das Verbleiben dort unter Tränen erzwungen wird, dann passiert genau das, was dem Prinzip Anpassungsleistung zugrunde liegt. Nämlich die Zurücknahme und schließlich die Unterdrückung der emotionalen Erregung beim Aufkommen von Trennungsangst und die Anpassung an das Unvermeidbare ohne Einsichtmöglichkeit in die Notwendigkeiten des elterlichen Vorgehens. Spätere Erklärungen sind dann aber nicht mehr hilfreich, denn das kindliche Trauma hat, einmal entstanden, die Eigenschaft rational unauslöschlich zu sein.

Es gibt also keine Alternative zu dem Vorgehen der sanften Ablösung und Ersatzbezugsperson, verbunden mit den an anderer Stelle besprochenen organisatorischen und ausstattungsmäßigen Vorgaben an die Kinderkrippen und Kindertagesstätten.

Frage 41:

Oft wird von Eltern die Frage gestellt, was bei der frühen Fremdbetreuung besser sei, die **Tagesmutter oder die Kinderkrippe**. Im gleichen Atemzug kommt auch die Frage, ab wann es denn für ein Kind überhaupt verträglich sei, eine andere Betreuung zu bekommen als die häusliche und familiäre.

Als Gegenargumente zur rein familiären Erziehung bis zum früher gültigen Kindergartenalter von vier Jahren werden Anmerkungen zu einer möglicherweise schwer in Gang kommenden Sozialisation des Kindes in Feld geführt. Auch wird immer wieder unterschwelliges Misstrauen hinsichtlich der Loyalität mancher Familie gegenüber dem Kind geäußert, mit dem Hinweis, dass ohne Fremdbetreuung ein Kind in seiner Familie viel leichter vernachlässigt oder misshandelt werden könnte. Es fehlte diesen Familie die soziale Kontrolle.

Antwort 41:

Das Argument, eine **Familie sei kein sicherer Ort für das Kind**, wird gerne als Gegenargument für die intensivierte finanzielle Unterstützung und Absicherung der Familie geäußert. Die frühe Fremdbetreuung müsse vorangetrieben werden und die finanziellen Ressourcen der öffentlichen Haushalte müssten hauptsächlich den Kinderkrippen und Kindertagesstätten zur Verfügung stehen. In der Familie sei das Kind den Eltern auf Gedeih und Verderb ausgeliefert und emotionale Absicherung, körperliche Pflege und ausreichende Bildung seien in vielen Familien längst nicht mehr gesichert. Politikerinnen und Politiker sprechen gerne von getriebenen und gestressten Müttern und dem Fernseher als Großmutterersatz.

Diese Angriffe auf die Familie sind derzeit Trend in der **sozialpolitischen Diskussion** der auf Vollzeitbeschäftigung angewiesenen Gesellschaft. Die Daten, die ein solches Versagen der Familien stützen könnten, sind aber dürftig. Niemand kann übersehen, dass es Missstände in Familien gibt, Missstände die durch alle gesellschaftlichen Schichten hindurchgehen, bei sozial schlechter gestellten Familien allerdings sehr viel häufiger vorkommen. Diese Missstände zu beseitigen, ist sozialpolitische Pflicht; die Familie deswegen aber in Bausch und Bogen zu diskreditieren, ist sozialpolitische Untat und eine Absage an das Kindeswohl.

Das Kind ist elementar angewiesen auf das Funktionieren seiner Familie, selbst in der frühen Fremdbetreuung. Denn auch bei einer 8- oder sogar 9-stündigen Fremdbetreuung kehrt das Kind für 15 oder 16 Stunden in seine Familie zurück. Diese ist dann aber nur noch paralleler Lebensraum für seine existenziellen Erfahrungen und nicht mehr uneingeschränkte, angestammte Sinnesheimat. Für die Politik ist sie dann aber immer noch gut genug, um die Kinder außerhalb der Fremdbetreuung unterzubringen. Wie passt das alles zusammen?

Wenn sich die Sozialpolitik das Wohl des Kindes auf die Fahnen schreiben möchte, dann ist ihre Hauptgabe die Stützung der Familie hinsichtlich aller möglichen Ressourcen. Die Fremdbetreuung muss dann der parallele, wohlgemerkt nachrangige, Lebensraum sein, der fachkundig aufgezogen die Familien von der Rund-um-die-Uhr-Betreuung des Kindes entlastet. Gerade ärmere Familie, die auf ein gemeinsames Einkommen der Eltern angewiesen sind, und allein erziehende Mütter brauchen ein solches Angebot. Sicher ist dieses Angebot auch für gerade ausgebildete Mütter am Anfang ihrer Karriere eine wichtige Unterstützung.

3.11 Fragen am Übergang zum Schulalter und die Schulreife

(Stichworte: Regelspiele, Gewinnen und Verlieren, Schulreifetest, Schulphobie usw.)

Frage 42:

Eine viel zu selten gestellte Frage von Eltern ist die nach den besonderen Verhaltensweisen ihrer Kinder bei **Regelspielen** mit **Gewinnern** und **Verlierern**. Wenn Fragen zu diesem Thema gestellt werden, beschäftigen sie sich meistens mit der Unfähigkeit des Kindes, die Rolle des Verlierers zu ertragen. Entweder brechen diese Kinder das Spiel schon vorzeitig ab, und zwar dann, wenn sie merken, keine Chance mehr auf den Sieg zu haben, oder sie kämpfen bis zum Schluss, verlieren dann aber die Beherrschung und zerstören das Spielgeschehen in einem unmäßigen Wutanfall. Intelligente und erfindungsreiche Kinder versuchen ihre Lage im Spiel durch **Pfuschen** zu verbessern. Sehr selten schaffen es Kinder, auch einmal schwächere Gegner gewinnen zu lassen, vor allem dann, wenn es sich um jüngere Kinder handelt.

Antwort 42:
Beim Regelspiel zeigt sich auf natürliche Weise, wie viel Selbstvertrauen und wie viel Stolz ein Kind in den ersten Lebensjahren erworben hat. Man kann das Spiel mit Gewinnern und Verlieren geradezu als **Test für das frühe Selbstbewusstsein** und die **Selbstregulation** der Affekte und Gefühle ansehen. So sind Kinder, die noch zuviel Scham in ihrem Inneren fühlen und ein unausgewogenes Selbst besitzen, sehr viel stärker gefährdet als Verlierer emotional zu explodieren, als Kinder, die stolz auf sich sind und ein ausgewogenes Selbst erworben haben. Die Fähigkeit, kleinere Kinder oder tatsächlich auch den konkurrierenden Mitspieler **gewinnen zu lassen** ohne sich zu ärgern oder gekränkt zu sein, lässt immer auf eine große soziale Reife und hohe Sozialkompetenz schließen. Solche Kinder zeigen auch in anderen Zusammenhängen empathisches und rücksichtsvolles Verhalten. Sie helfen kleineren und schwächeren Kindern gerne und übernehmen freiwillig helfende Arbeiten in der sozialen Gruppe.

Anders die **schlechten Verlierer**. Ihr Pegel an Selbstsicherheit ist vergleichsweise gering und zwingt sie dazu, durch die Gewinnersituation ihr Selbstbewusstsein aufzubessern. Wird ihnen das versagt, sind sie schnell gekränkt und lassen ihre Wut an der Gemeinschaft aus. Es ist nicht so, dass sie zu diesem Zeitpunkt schon ein klares Feindbild hätten. Es gibt noch keinen personifizierten Schädiger.

Etwas später im Grundschulalter beginnen aber solche **Projektionen** auf bestimmte Personen oder andere Gruppen, denen dann alles Böse zugeschrieben wird, unter dem sie zu leiden hätten, ganz gleich ob es stimmt oder nicht. Aus diesen Haltungen erwachsen stilisierte **Feindschaften** gegenüber anders auftretenden oder anders denkenden Kindern bis hin zur Vorverurteilung und Diffamierung.

So bedeuten schlechte Schulnoten oder ein direktes Leistungsversagen vor der Klasse für diese Kinder ein ähnliches Versagenserlebnis wie Verlieren beim Spiel. Nur kann jetzt nicht das Spiel zerstört werden. Stattdessen werden gute Attribute, das heißt Besitztümer dieser anderen Kinder, dazu missbraucht. Federmäppchen werden auf dem Boden zertreten, Kleidung zerrissen oder der Ranzen aus dem Fenster geworfen. Diese Liste derartiger aggressiver Übergriffe ist lang.

Frage 43:

Mit dem Schulalter beginnt im Leben des Kindes ein ganz neuer Abschnitt. Diese Herausforderung ist Anlass zu Elternfragen voller Sorge, ob ihr Kind „schulreif" sei. Dabei wissen die Eltern nicht genau einzuschätzen, was der Begriff **Schulreife** eigentlich bedeutet. Spätestens, wenn die „Schulärztin" ihre Runde durch den Schulbezirk macht und alle Kinder des kommenden Jahrgangs untersucht, wächst die Angst der Eltern, ihr Kind könnte beim Schulreifetest versagen. Manche Eltern überlegen sich, wie sie ihre Kinder fit für diese Untersuchung machen können und unterwerfen sich jetzt schon einem vermeintlichen Leistungsdruck, der von Anfang an in der Schule herrscht.

Antwort 43:

Einen objektiven Test zur Beurteilung der Schulreife eines Kindes gibt es nicht. Daher macht es auch überhaupt keinen Sinn, sein Kind auf die Untersuchung beim Schularzt oder der Schulärztin vorzubereiten. Die Ärzte entscheiden einerseits anhand von Stichprobentests, ob ein Kind die nötige Reife zur Aufnahme in die Schule besitzt, und andererseits kraft eigener Erfahrung. Das gleiche passiert in der Vorschulvorsorgeuntersuchung in der kinderärztlichen Praxis. Meist sind hier die Untersuchungsbedingungen besser und die Ergebnisse auch etwas aussagekräftiger. Die eigentliche **Schuluntersuchung** ist dagegen in der Regel näher am Einschulungstermin.

Alle diese Untersuchungen prüfen zumindest im Überblick alle vier Entwicklungsbereiche des Kindes. Erstens die motorische Entwicklung (Fein- und Grobmotorik), zweitens die sprachlich-kognitive (geistige) Entwicklung, drittens die rein körperliche und viertens die psychosoziale Entwicklung. In allen vier Entwicklungsbereichen ergeben sich Erkenntnisse über die bestehende Schulreife oder ihr Fehlen.

Vom Schulkind werden neben der **Anpassungsfähigkeit** an die Unterrichtssituation (jetzt ist Anpassungsfähigkeit elementar wichtig im Gegensatz zur frühen Fremdbetreuung) auch **emotionale und psychosoziale Reife** zur problemlosen Trennung von der Bezugsperson für mehrere Stunden am Tag und körperlich-motorische Reife zum Bestehen im Leistungsvergleich in der Gruppe erwartet. Es geht jetzt nicht mehr, dass sich das Kind emotional völlig unflexibel an eine bestimmte Lehrerin/einen bestimmten Lehrer bindet und diese als Ersatzbezugsperson in Beschlag nimmt, obwohl Bindungsphänomene in Schule an Lehrerinnen und Lehrer eine wichtige Rolle spielen. Ist das Kind zu sehr auf seine Lehrerin/seinen Lehrer festgelegt, ist es z.B. nicht in der Lage, eine Vertretungssituation zu verkraften.

Auch muss das Kind jetzt genügend Selbstständigkeit an den Tag legen, damit es sich auf Geheiß alleine an- und ausziehen kann oder seine Arbeitsgeräte ohne permanente Kontrolle verwalten. Auch muss das Kind eine Schulstunde lang einigermaßen ruhig auf seinem Stuhl sitzen bleiben können und die Arbeitsanweisungen der Lehrerinnen und Lehrer widerstandslos akzeptieren.

Gerade diese beiden letzten Punkte bereiten vielen Schülern heutzutage ungemeine Schwierigkeiten, da sie ruhige und konzentrierte Arbeit gar nicht mehr gewöhnt sind. Zu Hause oft nur durch starke die Aufmerksamkeit bindende Animation am Fernseher oder vor dem Videospiel zur Ruhe gebracht oder in der Kindertagesstätte durch freies Spiel ausgetobt, macht ihnen die Konzentration fordernde Schulstundensituation große Probleme. Der Schwund an intuitiv richtiger Erziehung in den Familien lässt darüber hinaus immer mehr Kinder heranwachsen, die nur noch mit langen Diskussionen bereit sind, die Anweisungen einer Autoritätsperson zu befolgen. Die Lehrerinnen und Lehrer haben heutzutage rein statistisch mindestens fünf solcher schwierigen Kinder bei sich in der Klasse sitzen.

Beim Sportunterricht fallen immer häufiger Kinder auch noch im Schulalter auf, die ihren Körper und seine Funktionen schlecht beherrschen. Selbst wenn ihnen kein Übergewicht Probleme bereitet, zeigen sie große Ungeschicklichkeit an den Turngeräten oder bei leichtathletischen Übungen. Es hat den Anschein, als seien sie an die Grundbewegungsarten wie Klettern, Balancieren, Springen oder Purzelbäume schlagen überhaupt nicht mehr gewöhnt. Es ist zu befürchten, dass die bequeme Lebensform mit immer weniger körperlicher Beanspruchung und immer mehr rein sitzender Tätigkeit auch schon im Kindesalter seine großen, nachteiligen Auswirkungen entfaltet.

Frage 44:

Eine wichtige Frage am Anfang der Schulzeit bezieht sich auf **Angsterscheinungen** der Kinder bei der Konfrontation mit dem Schulbetrieb oder bei der morgendlichen Verabschiedung am Schultor. Anders als erwartet und erhofft erweisen sich einige Kinder beim Einschulungsgottesdienst oder bei der Begrüßung durch die Schulleiterin resp. den Schulleiter am ersten Tag als unfähig, die notwendige soziale Stärke aufzubringen. Stattdessen bricht das Kind in Tränen aus, läuft wieder zur Mutter zurück oder geht gar nicht erst ohne sie „nach vorne".

In manchen Fällen muss die Mutter das sich an sie klammernde Kind durch das Schultor und in den Klassenraum ziehen. Eltern empfinden ein solches Verhalten vor der gesamten Elternschaft als Blamage und fühlen sich als unfähige Erzieher von der Gesellschaft ertappt.

Antwort 44:

Wie bei der aufkommenden Trennungsangst in der Kindertagesstätte, wenn dem Kind keine ausreichende Eingewöhnungsphase gestattet wird oder die Eltern gar nicht daran interessiert sind, steigert sich auch in der Konfrontation mit der neuen Schulsituation und der noch unbekannten Lehrerin/dem noch unbekannten Lehrer die natürliche Angst in **Panikempfindungen**. Bis zu einem gewissen Grade darf man beim Kind ein gewisses Quantum an Sorge und Unbehagen bei der Einschulung als etwas ganz und gar Natürliches ansehen. Die Schultüte in den Arm gedrückt und die zeitweilige Anwesenheit der Eltern am ersten Schultag sollen über diese Angstgefühle hinweghelfen. Das gelingt bei all den Kindern, die inzwischen ausreichend in sich gefestigt sind und ein einigermaßen ausgewogenes Selbst besitzen. Selbst die Kinder mit leicht unausgewogenem Selbst meistern diese Situation ohne emotionalen Zusammenbruch.

Hingegen sind die Kinder, die kein ausreichendes Vertrauen mehr in ihre Eltern besitzen und demzufolge auch zu wenig Selbstvertrauen in sich spüren, hochgradig gefährdet, jetzt einen **emotionalen Zusammenbruch** zu erleiden. Die tief in ihnen mit angewachsene Scham und das Gefühl von Unzulänglichkeit vereiteln jedes Glücksgefühl bei der neuen Herausforderung. Tragisch ist, dass die Kinder in diesem für die ganze Familie wichtigen Augenblick von ihren Eltern die emotionale Unterstützung, die sie dringend benötigen, nicht bekommen können. Im Gegenteil, die Eltern sind erbost über das unangemessene Verhalten ihres Kindes und die Schande, die ihnen durch ihr Kind vor der ganzen Gesellschaft bereitet wird.

Bleibt es nicht bei diesem anfänglichen Versagensmoment und gelingt es der Lehrerin/dem Lehrer nicht, durch gezielte Bindungsangebote dem Kind zu einer verspäteten, halbwegs sanften Ablösung zu verhelfen, dann droht die Entwicklung zur **Schulphobie** (s.u.).

Im Rahmen der Besprechung der Folgen von Trennungsangst wird auf die Entstehung der Schulphobie genauer einzugehen sein.

4. Die psychosoziale Entwicklung an der Grenze zur Pathologie. Frühe Bindungsstörung und die ersten psychosozialen Folgen

4.1 Allgemeine Einordnung und Definition der frühen Bindungsstörung

Nach wie vor ist es schwierig, in der frühkindlichen, seelischen Entwicklung eine Abgrenzung vorzunehmen zwischen einem Verhalten, das noch in den Normalbereich gehört und einem, das schon als gestört oder vielleicht sogar pathologisch gelten muss. Wegen der in diesem Entwicklungsstadium noch bestehenden, großen Flexibilität des Kindes in seinen Verhaltensmustern mit der **Chance auf Selbstheilung** oder **korrigierende Entwicklungssprünge** durch günstiger Veränderungen seiner Lebensumwelt, wird diese Unsicherheit in der Abgrenzung auch immer bestehen bleiben. Dadurch haben es die Elternberater und Therapeuten in der Einordnung der Verhaltenssymptomatik nicht selten schwer, wenn sie zur Hilfestellung in der psychosozialen Entwicklung des Kindes in Anspruch genommen werden.

In der Beurteilung der frühkindlichen Verhaltenweisen, ob noch normal oder schon gestört, gibt es demzufolge zahlreiche Irrtümer in beide mögliche Richtungen. Die eine Gruppe der Fachleute problematisiert jede auch noch so geringfügige Abweichung von der Verhaltensnorm und bezeichnet sie schon als pathologisch, die andere Gruppe verharmlost sogar die deutlichsten Verhaltensauffälligkeiten und spricht von einer noch tolerablen Normalentwicklung. Da es keine eindeutigen Standards für kindstypisches Verhalten gibt, ist an diesem Punkt der Spekulation Tür und Tor geöffnet. So übernehmen aktuelle Trends in der Psychologie sowie der jeweils herrschende, soziologische Zeitgeist das Urteilsvermögen über das, was noch als kindliches Normalverhalten in der Gesellschaft gelten darf und was nicht mehr.

Die Beurteilung der psychosozialen Entwicklung wäre besser ähnlich wie die Beurteilung der psychomotorischen Entwicklungsstadien des Kindes einer wissenschaftlichen Betrachtungsweise unterworfen und am besten von genügend Langzeitstudien flankiert. Daran aber hapert es. Wissenschaftlichkeit hieße in diesem Zusammenhang: Einordnung von individuellen kindlichen Entwicklungsschritten und Verhaltensnormen in Abgleichung mit Erkenntnissen, die durch Beobachtung an größeren Kollektiven gewonnen wurden. Solche Studien an größeren Kollektiven finden in den letzten Jahren zwar immer häufiger statt (KIGGS, NICHD-Studie, Mannheimer Längsschnittstudie, u.a.), treffen aber nicht immer das gewünschte Ziel. Ich werde im Verlauf meiner Ausführungen auf diese Studien noch genauer zu sprechen kommen. Die Abstimmung der Ergebnisse mit den Erkenntnissen der Hirnforschung ist bei solchen Studien heutzutage ein unverzichtbarer Bestandteil für ihre Beweiskraft.

Bei all dem ist zu beachten, dass Wissenschaft nicht wertungsfrei ist, so dass genau genommen die Erkenntnisse immer erst einer Bereinigung von übergeordneten, gesellschaftlichen Interessen unterzogen sein müssten. Dieses Bemühen, so es überhaupt stattfindet, gelingt mal besser, mal schlechter bis hin zu einer Diskreditierung der Ergebnisse durch sich selbst. Die wenigen umfangreichen Studien, die die psychosoziale Entwicklung der Kinder über große Zeiträume hinweg strichprobenartig untersucht haben, müssen sich also der Prüfung auf Unabhängigkeit von aktuellen, gesellschaftlichen Interessen und Wertsetzungen unterziehen. Dadurch sind Konflikte in der Studien-Auslegung vorprogrammiert.

Unlängst wurde eine Übersicht (Metaanalyse) von 23 Untersuchungen veröffentlicht, die frühe Kindheitstraumata prospektiv mit späteren psychischen Störungen in ursächliche Verbindung gebracht hatten. Alle diese untersuchten Studien wiesen eine Studiendauer von mehr als zehn Jahren auf. Anhand dieser Analyse konnte eindeutig nachgewiesen werden, dass psychische Störungen im späteren Leben zum großen Teil auf emotionale Störungen und posttraumatische Belastungsstörungen in früher Kindheit zurückzuführen sind. Es gab sogar klare Zuordnungen in der Sache und Folgen: z.B. Kindesmissbrauch führte vermehrt zu Depressionen und Angststörungen, emotionale Kälte der primären Bezugsperson zu selbst schädigendem Handeln und Suizidalität (S. Weich et al., 2009).

Unter den Bedingungen der Bindungstheorie als Richtschnur in der emotionalen und psychosozialen Entwicklung des Säuglings und Kleinkindes sollten Bindungsstörungen die ersten Anzeichen einer fehlgeleiteten psychosozialen Entwicklung sein. Das ist tatsächlich so. Der Begriff *Bindungsstörung* war jedoch schon auf bestimmte, sehr schwerwiegende Fehler in der Persönlichkeitsentwicklung des Kindes festgelegt (s. 7. Kapitel). So hat sich der Begriff „frühe" **Bindungsstörung** als Beschreibung von Verhaltensauffälligkeiten in den ersten drei Lebensjahren als neues und zusätzliches Diagnosekriterium in den letzten Jahren durchgesetzt.

Drei Formen einer Bindungsstörung sind auf diese Weise jetzt im Kindesalter definiert, wovon die vom Verlauf her jüngste, die frühe Bindungsstörung, im klinisch-psychologischen Erscheinungsbild bisher keine ganz klare Symptomzuordnung erhalten hat. Daher geht sie in der Kinder- und Jugendmedizin noch ein in die beschreibenden Diagnostiken der emotionalen Störung mit Trennungsangst oder der aggressiv-oppositionellen Verhaltensstörung. Die zwei anderen, schwer wiegenden Bindungsstörungen, die sich im Diagnose-Katalog ICD 10 ein kleines Kapitel mit dem Mutismus (Anschweigen fremder Personen) teilen, werden im letzten Kapitel dieses Buches besprochen.

Die ADHS-Problematik ist in diesem Rahmen als Sonderfall mit einer speziellen genetischen Veranlagung für Verhaltensschwierigkeiten von Geburt an zu werten. Sie fällt demzufolge schon in den ersten Lebensjahren durch besondere Verhaltensmuster auf (das schwierige Temperament, s.o.). Als gesicherte Diagnose kann sie aber erst beim Übergang in die Schulzeit – also mit fünf bis sechs Jahren – gestellt werden. Für sie existiert im Diagnose-Katalog ICD 10 eine eigene Ziffer im Kapitel der sozialen Entwicklungsstörungen.

An dieser Stelle sollen die frühen Irritationen im Bindungsgeschehen besprochen werden, wie sie zwischen dem Säugling und Kleinkind und seinen Eltern bereits in den ersten drei bis vier Lebensjahren in Erscheinung treten. Sie sind der eigentliche Inhalt des Begriffs frühe Bindungsstörung. Die aus unbehandelten Irritationen bzw. unkorrigierten Störungen im weiteren Verlauf des Bindungsgeschehens erwachsenden Störungsmuster der Kinder beschreibe ich detailliert in den nächsten drei Kapiteln. An dieser Stelle geht es erst einmal um die fehl verlaufenden Mechanismen in der Eltern-Kind-Beziehung, die zu solchen Störungen führen. Ich spreche in diesem Zusammenhang lieber von **Entwicklungskrisen**.

Entwicklungskrisen treten also als frühe Bindungsstörungen in Erscheinung. Sie sind genau genommen zunächst einmal **Beziehungsstörungen** im emotionalen Verhältnis zwischen dem Kind und seinen Eltern. Diese Beziehungsstörungen werden hauptsächlich durch zwei Faktoren ausgelöst: Der erste Faktor ist die falsche Erwartungshaltung der Eltern an ihr Kind, wenn es auf die Welt kommt. Sie setzt sich zusammen aus vielen von der Gesellschaft durch Meinungsmache geschürten Fehlansichten über die Bedürfnisse und Ansprüche eines Kindes. Diese Ansichten sind beinahe regelmäßig verbunden mit schnellen und einfachen Rezepten, wie man als Eltern mit den frühkindlichen Bedürfnissen umzugehen hat, am besten ohne selbst allzu große Nachteile in Kauf nehmen zu müssen. Schlagendes Argument: Das hat doch immer schon so funktioniert.

Unbedingt zu berücksichtigen sind dabei die angeborenen **Temperaments-faktoren** des Kindes, die die Eltern-Kind-Kommunikation von Anfang an erheblich erschweren können. Nimmt man aber das Temperament des Kindes zum Maßstab für sein eigenes Verhalten und nicht die eigenen, elterlichen Ansprüche, reduzieren sich die falschen Erwartungen auf ein verträgliches Maß. Das heißt: Säuglinge mit schwierigem Temperament sind keine Störenfriede, sondern nur besonders anspruchsvoll. Sie bedürfen demzufolge einer höheren Umsorgung und Pflege, als „einfache", schnell zufriedene Säuglinge. Der Übergang zur tatsächlichen Fehlveranlagung wie beim ADHS ist dabei allerdings fließend. Aber auch diese Säuglinge, obschon zu dem frühen Zeitpunkt noch nicht diagnostisch einzuordnen, profitieren von der größeren Zuwendung ihrer Eltern eindeutig.

Der zweite Faktor bei den falschen Erwartungen ist der konkrete Einfluss der Umwelt. Mit gesellschaftspolitischen Vorausgaben und familienpolitischen Zwängen wirken Staat und Gesellschaft existenziell (das heißt auch finanziell und bildungsthematisch) auf die Familien ein. Keine Familie kann sich heutzutage ganz abseits jener Ansprüche stellen, die das Gemeinwesen auf ihr Funktionieren ausübt. Und zu der funktionierenden Familie gehören unbedingt willfährige, steuerbare Kinder, die alles mehr oder weniger widerspruchslos hinnehmen, was gerade gesellschaftlich angesagt ist.

Doch schon allein das Milieu, in dem sich die Familie bewegt, setzt klare Maßstäbe für das, was in der Familie wirklich passiert und was von den Eltern auf die Kinder übergeht. Armut, Krankheit, Existenznot, Arbeitslosigkeit und Wohnungselend sind klare Grenzen für das optimale Leben einer Familie. Die psychische Erkrankung schon von einem der beiden Eltern (Depression, Schizophrenie u.a.) wird als großer Risikofaktor angesehen.

Von emotionalen Unzulänglichkeiten einzelner Eltern aufgrund ihrer eigenen biographischen Geschichte ist immer noch viel zu selten die Rede. Erkannt ist das Problem wohl, nur weiß keiner so recht damit umzugehen. Das soziale Randgruppendasein allein, ob mit problembelasteten Eltern oder ohne, wird zurzeit noch am häufigsten im Ursachenkatalog der beschreibbaren Risiken erwähnt. Im Nachwort will ich auf solche Fragen noch einmal ausführlich zu sprechen kommen.

Von den körperlich genetischen Ausstattungsmerkmalen, mit denen ein Kind zur Welt kommt, und über mögliche Geburtsschäden und deren Auswirkungen auf die frühe Kindheit oder das gesamte Leben des heranwachsenden Menschen spreche ich immer nur an der jeweiligen Stelle, wenn solche Faktoren relevant werden. Es sind Einzelschicksale und keine Existenz bedingenden Auswirkungen auf die Gesamtheit der Familien. Das gilt auch für die ADHS-Störung, der ich aber wegen der hohen, aktuellen Brisanz ein eigenes Unterkapitel bei den aggressiv-oppositionellen Verhaltensstörungen gewidmet habe.

Frühe Bindungsstörungen entstehen auf dem Boden der **unsicheren Bindung** bis hin zur **desorganisierten Bindung** sowie auf dem Terrain der **erschwerten Loslösung** bis hin zur **misslungenen Loslösung** (R. Posth, 2007). Gerade die zuletzt genannten Bindungsproblematiken sind im entwicklungspsychologischen Vokabular noch nicht richtig angekommen und müssen erst ein Begriff werden. Die schwer wiegende Form der desorganisierten Bindung muss als Vorstufe zur Bindungsstörung mit Enthemmung gelten (s. Kapitel

7) und ist weitgehend mit dem Begriff der Deprivation gleichzusetzen. Man könnte geradezu von einer **deprivierenden Bindungsstörung** sprechen. Da in der Regel auch die Loslösungsmechanismen bei solchen Kindern vollkommen fehlschlagen, denn wo keine Bindung entsteht, kann auch keine die Reifung fördernde Loslösung zustande kommen, sind diese Kinder zu schwersten psychosozialen Entwicklungsstörungen verurteilt. Deprivation ist heutzutage ein stehender Begriff für jede Form seelischer Entbehrung geworden.

Die Menschheitsgeschichte mit dramatischen Ereignissen für die Bevölkerung, angefangen beim Krieg und endend bei kollektiver Vernachlässigung von Kindern (sogenannte Straßenkinder) gibt dieser Einschätzung zur deprivierenden Bindungsstörung Recht. Wenn solche Kinder ihre Kindheit überlebt haben, dann waren sie fast immer gezeichnet von schweren Persönlichkeitsveränderungen und Verhaltensstörungen. Nur diejenigen hatten eine Chance auf einigermaßen unbeschädigte Persönlichkeitsstrukturen, die das Glück hatten, einem rettenden Engel zu begegnen.

Die einfachen oder frühen Bindungsstörungen hingegen wie die vermeidend unsichere Bindung und ambivalent unsichere Bindung stellen mit den Formen der erschwerten Loslösung generell immer nur ein erhöhtes Risiko für die weitere emotionale und psychosoziale Entwicklung dar.

Grundsätzlich ist zu den **vermeidenden Bindungsstörungen** zu sagen, dass ein die emotionalen Affekte unterdrückendes Verhalten der Kinder, unbehoben durch geeignete Elternberatung und erzieherische Führung, mit der Zeit zu einer Abnahme bis dahin gewachsener Bindungsstrukturen führt und damit zu einem frühen **Empathieverlust** für das Empfinden anderer Menschen. Die Kinder sind im entscheidenden Alter des sogenannten Perspektivwechsels (s.o.) noch viel zu sehr mit der Reorganisation ihrer eigenen emotionalen Zustände beschäftigt, als dass sie die Kraft hätten, sich für die emotionalen Belange der anderen Kinder zu interessieren. Solche Kinder werden mit der Zeit hart in ihren sozialen Beziehungen zu anderen Menschen und nehmen deren Leid sehr viel leichter in Kauf, weil sie gelernt haben, eigenes Leid zu unterdrücken. In puncto Mitleid werden sie zunehmend handlungsunfähig durch innere Blockaden.

Bei den ambivalent unsicher gebundenen Kindern leidet vor allem die Loslösung. Die Verstrickung im unsicheren Bindungsverhältnis zur Mutter hindert die Kinder daran, auf die Loslösung über den Vater zuversichtlich zuzugehen. Die **erschwerte Loslösung** ist vorprogrammiert und **behindert die Selbstentstehung**. Wahrscheinlich ist die ambivalent unsichere Bindung die häufigste Ursache für die erschwerte Loslösung. Zwar kommt es bei diesem Verlauf eher zu einer Empathieverstärkung, aber die kann sich nicht Hilfe bringend durchsetzen, weil der eigene Leidensdruck zu groß ist und die der Empathie innewohnende Kraft im Konflikt mit der Mutter weitgehend aufgezehrt wird. Das Mitleid eskaliert schließlich in der **Überidentifikation** mit dem beobachteten Opfer und macht das Kind als Zeuge des Geschehens völlig hilflos. Auf die Folgen für die Selbstentstehung, vor allem auch durch die erschwerte Loslösung, komme ich im weiteren Verlauf wieder zu sprechen.

Im Allgemeinen zeigen sich frühe Bindungsstörungen in vier ersten, typischen Verhaltensauffälligkeiten:

a) reaktiv widerständiges Verhalten, das an die Anfänge der Loslösung im zweiten Lebensjahr erinnert, bis hin zu trotzig-oppositionellen Verhaltensweisen, die im dritten Lebensjahr nicht einer beginnenden sachlich-verbalen Verständigung weichen wollen (ausreichende Sprachentwicklung vorausgesetzt).

b) ängstlich anklammerndes Verhalten mit Unsicherheit im Gruppenverhalten und allgemeiner Schüchternheit. Dadurch Schwierigkeiten im Anpassungsverhalten und Meiden von gemeinschaftlichen Aktionen.

c) Schlafstörungen, Essstörungen und Störungen in der Sauberkeitsentwicklung (individuell immer sehr verschieden).

d) psychosomatische Störungen (Somatisierungsstörungen) vor allem mit Bauchschmerzen und allgemeiner Lustlosigkeit.

Das typische Kind mit früher Bindungsstörung zeigt sich demzufolge als widerspenstig mit hartnäckiger Verweigerungshaltung, widersetzt sich allen unangenehmen Verrichtungen und zeigt Schwierigkeiten beim Ein- und Durchschlafen. Außerdem treten Probleme auf bei der Akzeptanz des angebotenen Essens und/oder beim sozialen Fortschritt hin zur Windelfreiheit. Gerade in den Grenzbereichen von Seele und Körper wie beim Schlafverhalten, beim Appetit und bei der Ausscheidungskontrolle schlagen also die Folgeerscheinungen der frühen Bindungsstörung durch, und es ist regelmäßig schwer, die psychosozialen Verhaltensauffälligkeiten und die körperlichen Beschwerden ursächlich voneinander zu trennen.

Bei diesen Entwicklungen ist zu bedenken, dass der versteckte emotionale Hintergrund das Bemühen der kindlichen Seele ist, die sicheren Bindungsstrukturen wiederherzustellen. Die Methoden hierzu sind freilich eher untauglich, was vom Kind aber nicht verstanden wird, weil es sich in seinem subjektiv egozentrischen Denken noch nicht ausmalen kann, wie sich sein Verhalten auf die Bezugspersonen und die Beziehungsstruktur auswirkt. Das Ergebnis ist in jedem Fall ein pathologisches Übermaß von Anhaftung an die primären Bindungsstrukturen oder deren Unterdrückung, was für die Loslösung im weiteren Verlauf immer schädlich ist.

4.2 Entwicklungskrisen und ihre Reaktionen bei Kindern und Eltern

Anders als die Beziehungsstörungen zwischen den Kindern und ihren Eltern sind die **Entwicklungskrisen** zu verstehen. Sie führen beim Kind zu einem **Entwicklungskonflikt**. Damit eine Entwicklungskrise entstehen kann, muss erst einmal eine Entwicklungsaufgabe bestehen, die dem Kind einerseits von der Natur andererseits von seiner Umwelt gestellt wird (F. Mattejat, 2003, u.a.). Diese Entwicklungsaufgabe ergibt sich aus dem aktuell bestehenden Entwicklungsniveau des Kindes und dem seinem Alter entsprechenden Entwicklungsanspruch der Gemeinschaft. Das **Entwicklungsniveau** und die **natürliche Aufgabe** sind genetisch festgelegt und bei ungestörter Entwicklung immer altersentsprechend.

Anders ist es mit dem Anspruch der Gemeinschaft oder in größerer Dimension der Gesellschaft. Für sie bedeutet Entwicklungsniveau in Übertragung auf das konkrete Verhalten des Kindes, dass vom Kind eine der speziellen, sozial-kommunikativen Konstellation angemessene Reaktionsweise erwartet werden kann. Eine solche Reaktion entspräche dem, was landläufig als **Anpassungsfähigkeit** verstanden wird. Beispielsweise erwartet die Gesellschaft, dass ein Kind mit zwei bis drei Jahren trocken und sauber wird, wenigstens tagsüber. Aber nicht jedes Kind erreicht diesen Durchschnitt. Folglich wird dem Kind durch seine Eltern Druck gemacht, weil die Familie sich einen, wenn auch vermeintlichen, Entwicklungsrückstand ihres Kindes nicht leisten will. Die Gesellschaft, vertreten durch die Personen, die mit dem Kind in Kontakt treten, beachten nicht so sehr das dem Alter entsprechende Entwicklungsniveau, sondern sehen nur ihre eigene Wunschvorstellung von einem frühzeitig reibungslos funktionierenden Kind.

Solche Entwicklungsaufgaben werden vom Kleinkind ausschließlich unter den entstandenen Bindungs- und Loslösungsvoraussetzungen geleistet. Geistig überformte, von Vernunft und erster Selbstkontrolle geprägte Reaktionen sind vor dem Alter von fünf bis sechs Jahren noch nicht zu erwarten. Entwicklungskrisen werden folglich automatisch auch zu Bindungskrisen.

Auf Krisen im Bindungsgeschehen gibt es – vorerst noch außerhalb des Krankheitsstatus –, grob eingeteilt, zwei Hauptreaktionen der *beiden* Bindungspartner. Auf Seiten des Kindes kommt es zur **Regression** oder, wenn sie älter und verständiger sind, auch zur **Parentifizierung**. Auf Seiten der Eltern kommt es zur **Rückbindung** des Kindes an einen Elternteil oder zur **Aussetzung bzw. Verstoßung** des Kindes. Die Rückbindung ist von den beiden Möglichkeiten die sehr viel häufigere elterliche Reaktion. Von Aussetzung und Verstoßung liest man des Öfteren etwas in der öffentlichen Presse, wenn die

Begleitumstände medienwirksam genug erscheinen. Das Abgeben von Kindern in Heime oder auf beziehungsdynamisch niedrigerer Ebene und in späterem Alter in erzieherisch ausgerichtete Internate findet zumeist „in aller Stille" statt.

Der Unterschied zwischen der Beziehungsstörung und der Entwicklungskrise besteht in der Anbahnung sowie in der Dauer des Prozesses. Die Beziehungsstörung bahnt sich über eine längere Entwicklungszeit an und führt zu einer hohen Risikobehaftung mit der Entstehung lebenslanger, schwer wiegender Eltern-Kind-Bindungsstörungen. Die Entwicklungskrise kann kurzfristige Anlässe haben und ist, wenn sie richtig behandelt wird, von begrenzter Dauer. Sie muss nicht zu anhaltenden Bindungsstörungen führen, kann aber bei Ignorierung und falscher Behandlung auch in einer Katastrophe enden.

Die geforderte Krise und der sich daraus ergebende innere Konflikt beim Kind sind „von außen" nicht immer leicht zu erkennen. Denn als Ursache für solche Reaktionen können rein innere Vorgänge, sowohl bei den Eltern als auch bei dem Kind, verantwortlich sein. Nicht zuletzt können sich Rückbindung und Regression gegenseitig bedingen, so dass Ursache und Wirkung ein kompliziertes Geflecht eingehen.

Regression beim Kind und Rückbindungstendenz beim Elternteil sind häufig auftretende Spontanversuche, die Eltern-Kind-Beziehung ohne zusätzliche Hilfen von außen zu heilen. Sie entsprechen somit einer Art **Naturprinzip** und dem **Versuch der Selbstheilung**. Gleichzeitig spiegeln sie die noch erhaltenen, gesunden Beziehungsstrukturen wider. Die Entwicklungskrise besitzt vom Standpunkt des Kindes her betrachtet die besseren Voraussetzungen für eine Wiederherstellung der Bindung, verglichen mit der Beziehungsstörung, selbst in der Situation der Verstoßung. Zugrunde liegt die nur schwer zu erschütternde Hoffnung des Kindes, dass die Eltern ein Einsehen haben und es wieder zu sich nehmen.

Die **Regression** dient dem Kind also – zumindest in den ersten Jahren der kindlichen Entwicklung – dem Versuch einer Selbstheilung. Sich akut verstärkende, emotionale Verunsicherungen im Bindungs- wie im Loslösungsprozess (z.B. auch eine falsch begonnene, frühe Fremdbetreuung), aber auch direkte Kränkungen, Missachtung der kindliche Würde und Erfahrungen von körperlicher Gewalt lösen das regressive Geschehen im Kind wie ein Reflex aus, um auf einer früheren und damit sicheren Stufe der Selbstentwicklung durch seelische Nachreifung einen Heilungsprozess zu erzielen.

Regression zeigt das Kleinkind auch auf starke Überforderung und zu hohe emotionale Spannung. Besonders miterlebte Beziehungsprobleme der Eltern (bis hin zur Trennung) oder schwerwiegende Erkrankungen bei ihnen erzeugen eine extrem hohe emotionale Spannung beim Kind und stellen im Anspruch auf alleinige Bewältigung eine klare Überforderung dar. Aber auch eine falsch begonnene, frühe Fremdbetreuung ist ein immer häufiger werdender Anlass für diese Reaktionsform (Joachim Bensel u. Gabriele Haug Schnabel 2008). Die jetzt einsetzende Regression kann umgekehrt eine Rückbindungstendenz bei der Mutter auslösen (s.u.). Väter nehmen diese Spannungen bei ihrem Kind sehr viel seltener wahr.

Die Selbstheilung durch Regression gelingt immer dann, wenn die Eltern wissen, was da geschieht und warum ihr Kind auf einmal diesen „Entwicklungsrückschritt" macht. Sie müssen sich dann aber auch darauf einstellen und dürfen diese nicht mehr altersadäquate Handlungsweise dem Kind nicht vorwerfen oder sie auszutreiben versuchen. Gerade dazu werden sie jedoch von landläufigen Ansichten und Haltungen in der Gesellschaft und von einer vordergründigen Psychologie angehalten.

Regression drückt sich in folgenden Reaktionsformen aus: Das Kind katapultiert sich emotional auf einen früheren, noch sicher gewähnten Entwicklungsstand zurück, um sich – wie vom rettenden Ufer aus – erneut in den Entwicklungsfortschritt zu wagen. Im konkreten Verhalten zeigt das Kleinkind also einen „Rückfall" in frühere Verhaltensweisen, wobei es meistens zunächst auf die jeweils gerade abgeschlossene Reifungsstufe zurückfällt. Es möchte wieder ganz nah bei den Eltern schlafen, ist extrem anhänglich und verweigert die Kinderspielgruppe, isst nur noch Breikost oder möchte gerne wieder Windeln tragen, ansonsten nässt es plötzlich wieder ein. Im äußersten Fall benimmt sich das Kind wieder wie ein Baby und möchte an der Flasche nuckeln. Solche regressiven Phasen können Wochen, ja Monate andauern. Nur wenn die Eltern wissen, was da in ihrem Kind stattfindet, sind sie in der Lage, sich darauf unterstützend einzustellen. Die Aufgabe der Elternberater und Familientherapeuten ist es, den Eltern dazu Erklärung und Anleitung zu bieten und sie in ihrem Kinds-Verständnis zu bestärken und zu unterstützen.

Neben der auf sich selbst gerichteten Reaktion in der Regression kann beim Kind auch Aggression entstehen, wenn die Krise sich weiter zuspitzt. Regression und Aggression können sich sprunghaft abwechseln. Die Aggression des Kindes führt bei den Eltern meistens zu eigenen aggressiven Empfindungen, da sie in ihrer Spannungsgeladenheit das Verhalten ihres Kindes noch schlechter ertragen können als sonst. Die Rückbindung stellt dann häufig nur einen vorübergehenden Versuch dar, mit dem Problem fertig zu werden. Die bei ihnen stärkste Gegenreaktion dem Kind gegenüber ist die Verstoßung. Eltern ziehen sich ganz von ihrem Kind zurück, halten es für untragbar, ja „unheilbar", und geben es in die soziale Obhut von Pflegefamilien, Heimen und Erziehungsanstalten. Dabei verkennen sie, dass sie selbst mit ihren Verhaltensweisen dem Kind gegenüber Verursacher der regressiven und aggressiven Verhaltensweisen sind. Ob es sich nur um ein Kind handelt oder gleich um mehrere Geschwister, macht bei der Verstoßung keinen Unterschied mehr, bei der Rückbindung hingegen schon. Denn bei der Rückbindung kann es passieren, dass ein Kind dem anderen vorgezogen wird, was eine hohe Geschwisterrivalität zur Folge hat.

Gewöhnlich sind also klar erkennbare, äußere Anlässe Ursache für Regression und/oder Rückbindung. Klassische Auslösesituationen für regressives Verhalten der beschriebenen Art sind schwerwiegende Erziehungsfehler oder eine harte Ablösung beim Übergang in die Fremdbetreuung. Ein typischer Fehler im gesamterzieherischen Einwirken auf das Kind ist aber immer die mangelhafte Loslösung. Das geht vor allem den Vater an, der durch ungenügende zeitliche wie persönliche Präsenz oder durch Reduktion seines erzieherischen Beitrags auf gelegentliches Spielen mit seinem Kind keine ausreichende Bindungsattraktion bietet. Manchmal liegen berufliche Veränderungen oder vorübergehende Beanspruchungen dem väterlichen Rückzug zugrunde. Häufig ist es aber eine Grundhaltung der Männer. Das Kind fühlt sich in seinen Bedürfnissen nach Loslösung und Autonomiebestreben allein gelassen und wendet sich wieder der Mutter zu. Reagiert der Vater daraufhin verärgert und gibt sich zudem noch sehr viel strenger als die Mutter, weil er sich gemäß gesellschaftlichem Auftrag an seine väterliche Autorität gemahnt fühlt, ist der Rückstoß in die bestehende Mutterbindung umso größer. Die Regression ist geradezu vorgezeichnet.

Auf diese Weise bleibt das Kind weiter in der engen Bindung zur Mutter verhaftet, die dann meint, die emotionale Lücke auf der väterlichen Seite „doppelt" ausgleichen zu müssen. Damit verstärkt sie aber die **Rückbindungstendenz** und macht es unter Umständen dem Kind unmöglich, seine Loslösungsbestrebungen, z.B. mittels Ersatzloslösungsvorbilder, doch noch erfolgreich umzusetzen. Wir befinden uns mit dieser Entwicklung mitten im komplexen Geschehen der erschwerten Loslösung.

Eine Rückbindungstendenz der Mutter entsteht aber auch dann, wenn diese die Loslösung ihres Kindes und den Aufbruch in die Autonomie nicht zulassen kann, weil sie ein abhängiges Kind braucht, um eigene emotionale Defizite auszugleichen. Eine eigene schwierige Kindheit bei der Mutter ist dafür die häufigste Ursache, Alleinerziehung eine weitere. In dieser Konstellation ist also nicht der Adressat, der Vater, für das Kind das Problem, sondern der Absender, die Mutter.

Es gibt in vergleichbarer Weise auch Rückbindungstendenzen durch Väter. Diese darf man aber nicht verwechseln mit einer anderen väterlichen Intention auf das Kind. Ich spreche von der **beschleunigten Loslösung**, die ich an anderer Stelle genauer beschrieben habe. Während die beschleunigte Loslösung dem Kind letztendlich aus der Mutterbindung heraushilft, wenn diese unsicher geblieben oder missglückt ist, ist die Rückbindung auch beim Vater ein Benutzen des Kindes zur eigenen emotionalen Stabilität.

Eigene Selbstschwäche, inkonsistentes (also wechselhaftes und schwer durchschaubares) und damit weitgehend erfolgloses Erziehungsverhalten, verbunden mit der Angst, den gewünschten Einfluss auf sein Kind zu verlieren (Selbstaufwertung durch das Kind), ist ein weiterer Grund für die Rückbindungstendenz. Als dritte Ursache zählt das erzieherische Versagen des anderen Elternteils mit dem Druck, die ganze Verantwortung für die Entwicklung des Kindes allein übernehmen zu müssen.

Ein sehr spezieller Grund für Rückbindungstendenz eines Elternteils sind die **Missachtung** und der **Missbrauch** des Kindes bis hin zur körperlichen und seelischen **Gewalt** durch den anderen Elternteil. Dieser besondere Grund stellt eine Ausnahmekonstellation für die Rückbindung dar (was nicht gleichzusetzen ist mit seltenem Vorkommen), denn er dient hier – zumindest vom Standpunkt des ausübenden Elternteils her gesehen – dem Schutz des Kindes. Dieser Schutz ist natürlich begrenzt, wenn der beschützende Elternteil nicht außerdem die Kraft aufbringt, die Familie durch Inanspruchnahme von äußeren Hilfen zu retten.

Auch wenn es durch den hilfreichen Einsatz eines Elternteils auf Dauer weniger Probleme in der freien Weiterentwicklung der Autonomiebestrebungen des Kindes gibt, bleiben diese gemessen an dem potenziellen Schaden durch die Misshandlung deutlich eingeschränkt. Sind beide Eltern Missbrauchende oder Misshandelnde, hat das Kind ohne fremde Hilfe keine Chance, der körperlichen und seelischen Zerstörung zu entkommen.

Einerseits stellt Rückbindung also einen gewissen Schutz für das Kind dar, weil ein Elternteil versucht, die emotionalen und erzieherischen Einbußen bei dem anderen auszugleichen. Andererseits beinhaltet Rückbindung aber auch für das Kind die Gefahr, in der freien Entwicklung seiner Persönlichkeit gehemmt zu werden. Dieser gefährliche Anteil der Rückbindung kommt viel häufiger vor. Da die Rückbindung gewöhnlich völlig unbewusst für den, der sie ausübt, arbeitet, bleibt sie für ihn auch unkontrollier- und unkorrigierbar. Prozessual arbeitet sie dazu mit zwei Techniken:

Die eine Technik bewirkt eine schleichende **Entmächtigung** des Kindes und hält es so auf Dauer in totaler Abhängigkeit. Jeder Versuch des Kindes, aus der emotionalen Falle zu entkommen, wird mit **negativer Attributierung** durch ein Absprechen seiner Fähigkeiten und seiner Wertigkeit vereitelt. Die andere Methode benutzt die gegenteilige Wirkung auf das Kind, indem sie es **maximal positiv attributiert**. Das Kind wird bei jeder Gelegenheit vor allen anderen Menschen hoch gelobt, ja geradezu glorifiziert. Gleichzeitig wird es überschüttet mit Liebe (manchmal auch nur mit Geschenken). Da das Kind nun immer abhängiger von diesen Selbstzuschreibungen durch die Mutter oder den Vater wird, schnappt die emotionale Falle zu, und das Kind ertrinkt mit seiner freien Selbstentwicklung im Honigtopf. Der ursprünglich einmal vorgesehene Schutz für das Kind wendet sich also schließlich gegen es. Von den ausübenden Eltern wird diese Wirkung geleugnet oder gar nicht erkannt.

Was das Kind außerdem nicht merkt, und was auch dem agierenden Elternteil wieder nicht bewusst wird, ist die Tatsache, dass bei dieser Art Rückbindung fast immer nur **Teilaspekte** des Kindes verherrlicht werden, die dann als pars pro toto, also als Teil für das Ganze, zu stehen haben. In Wirklichkeit wird das Kind dabei jedoch auf Fragmente seines Selbst reduziert und sein wahres, authentisches Selbst geht immer mehr zu Bruch.

Das Hochstilisieren von nur Anteilen oder **Fragmenten des Selbst** ist eine unbewusste Erziehungstechnik, die das Kind auf besondere Fähigkeiten trimmen soll. Das Gute, oder besser gesagt: Brauchbare des kindlichen Charakters wird gleichsam herausselektiert, wohingegen die unerwünschten Anteile missachtet oder gezielt unterdrückt werden. Diese Prinzipien greifen oft noch weiter, wenn das Kind schon längst erwachsen ist. Die Förderung von Begabungen und Talenten basiert auf einem ähnlichen Prinzip. Die Auswirkungen für das Kind können in diesem Fall auf Dauer aber positiv ausfallen.

Eine Sonderform der Rückbindung, auf die an dieser Stelle noch hinzuweisen ist, ist die **Parentifizierung** des Kindes. Auch hierbei sind für die Beteiligten unsichtbare Kräfte am Werke. Parentifizierung bedeutet, dass das Kind frühzeitig Aufgaben in der Familie zu übernehmen hat, die eigentlich in den Verantwortungsbereich der Eltern gehören. Abzugrenzen davon sind sinnvolle Beauftragungen von größeren Kindern, um die Eltern bei der Aufsicht der Kinder und bei ihrer Vorsorgung zu unterstützen. Das ist ein jahrhundertealtes Prinzip, welches dazu beigetragen hat, dass Eltern sehr viel mehr Kinder großziehen konnten, als nur den zahlenmäßigen Ersatz für sich selbst.

Gründe für die Parentifizierung eines Kindes sind der Ausfall eines Elternteils durch Krankheit oder Sucht, oder der Tod eines Elternteils. Ist im letzten Fall das Bedürfnis des zurückbleibenden Elternteils nach Ersatz des Verstorbenen durch ein eigenes Kind, das natürlich schon älter sein sollte, noch zu verstehen, ist es im zuerst genannten Fall vollständig abzulehnen. In diesem Fall werden häufig noch viel zu junge Kinder in die Elternrolle gedrängt, oder sie finden sich selbst, ohne es zu merken, unter dem Erwartungsdruck der Eltern dort ein. Zum funktionalen Ersatz für den Ausfall des schwachen Elternteils kommt dann auch noch die Bürde der Pflege des Kranken oder der Rechtfertigung des Süchtigen.

Die Kinder verinnerlichen in ihrer Liebe zu den Eltern diese Rolle tief in sich selbst und kommen davon zumeist lebenslang nicht mehr los. Das heißt, sie suchen sich auch noch als Erwachsene immer wieder hilflose Partner, um diese Rolle fortsetzen zu können. Denn sie haben es gelernt, aus der aufopfernden Bereitschaft zur Pflege und Rechtfertigung eines (Sucht-)Kranken positive Attribution für ihr Selbst zu beziehen. Als Kinder aber verlieren sie ihre entwicklungsmäßigen Freiräume sowie ihre kindliche Unbefangenheit und versinken in einem emotionalen wie sozialen Chaos aus Pflicht und untragbarer Verantwortung.

4.3 Andere, die frühkindliche Entwicklung erschwerende Faktoren

In den Grenzbereich der Entwicklungen zur Pathologie gehört auch die starke **Überbehütung** des Kindes (dominating overprotection). Sie ist von der Rückbindung abzugrenzen, weil sie nicht dem Zweck einer Selbstaufwertung des ausübenden Elternteils dient, sondern dessen Angst vor erzieherischem Versagen und fehlschlagender Verantwortung mindert. Der Gewinn, den dadurch die Mutter oder der Vater hat, ist durch den Verlust an Selbstständigkeit des Kindes erkauft. Überbehütung ist alles andere als ein hohes Schutzbedürfnis des Erwachsenen für sein gefährdetes Kind. Aber mit diesem Argument wird der wahre Zweck geschickt verschleiert. Überbehütung ist die Wegnahme von Freiheit und die Behinderung des Kindes in seiner Entwicklung zur Autonomie und Selbstständigkeit.

In der familiendynamischen Therapie ist das Missverständnis Über-Behütung als ein der Methode unterworfenes, geistiges Konstrukt zu entlarven. Ohne die Eltern oder den ausübenden Elternteil zu diskreditieren ist darauf hinzuarbeiten und zu begreifen, dass sie mit ihrer Erziehungshaltung ihr Kind weit mehr in dessen Freiheitsdrang behindern, als es tatsächlich vor möglichen Gefahren zu schützen.

Die frühkindlichen Bindungsstörungen sind, um wieder in den allgemeinen Bereich zurückzukehren, genau genommen auch Bindungsschwächen ganz am Anfang des Bindungsprozesses, das heißt in den ersten zwei bis drei Lebensjahren. Der Begriff „frühe Bindungsstörung" sollte immer häufiger benutzt werden, weil er derzeit in der Kinder- und Jugendmedizin weite Verbreitung findet und jene Problemkonstellation diagnostisch erfasst, die sich hinter solchen Beschreibungen wie unsichere Bindung und erschwerte Loslösung verbergen. Aber in dieser Entwicklungsphase handelt es sich, das sollte betont werden, um noch korrigierbare Bindungsfehler, die sich durch Unachtsamkeit,

Unerfahrenheit oder falsche Beratung in der Eltern-Kind-Beziehung eingeschlichen haben.

Die definitive und schwere Bindungsstörung als pathologisches Ergebnis der frühkindlichen, psychosozialen Entwicklung ist dagegen praktisch unumkehrbar und beschreibt einen seelischen Zustand, der auf eine Form der Persönlichkeitsstörung zuläuft.

Die frühkindlichen Bindungsstörungen haben hauptsächlich ihre Ursache:
a) im Mangel an Einfühlungsvermögen (auch Feinfühligkeit) der Eltern im Hinblick auf die emotionale Lage des Säuglings und Kleinkindes,
b) in der elterlichen Unzuverlässigkeit bei der Befriedigung der kindlichen Bedürfnisse und
c) in der Nichterfüllung lebensnotwendiger Betreuungsaufgaben.

Weitere Ursachen liegen:
d) im Versagen der Eltern beim Loslösungsprozess ab dem zweiten Lebensjahr. Vorzugsweise in diesen Bereich gehören die Rückbindungstendenzen wie auch die Nichtbeachtung regressiver Verhaltensweisen des Kindes bei emotionalem Negativstress.
e) Aber auch äußere Umstände der Familiensituation wie Krankheiten der Eltern, insbesondere psychische, familiäre Existenznöte durch plötzliche Arbeitslosigkeit, zu junge Elternschaft, ständig wechselnde Fremdbetreuung und harte, von Gewalt geprägte Erziehung sind Auslöser von frühkindlicher Bindungsstörung.

Ich will noch einmal auf die konkreten Verhaltensweisen der Kinder mit den Formen der unsicheren Bindung und erschwerten Loslösung zu sprechen kommen, auch auf die Gefahr hin, mich hier und da zu wiederholen. Unsichere Bindungen und erschwerte Loslösungen stellen sich beim Kind als anhaltende Äußerungen von Widerspruch dar, verbunden mit extremem Trotz und einem Übergang in permanent oppositionelle Verhaltensweisen. Aber auch gegenteilige Reaktionen mit starker Regression (innerer Rückzug) und Depressivität kommen vor.

Je nach Veranlagung gesellt sich in unterschiedlicher Stärke der Aggressionstrieb dazu und macht die Kinder zuweilen zu schwer erträglichen Mitmenschen. Die Kinder zeigen alle Formen der Wehrhaftigkeit, die die Natur dem Menschen genetisch mit auf den Weg gegeben hat. Das fängt an bei wütendem Schreien und Trampeln mit den Füßen, geht weiter über gezielte Schläge und Tritte, schließt ein Bewerfen mit Gegenständen ein und endet nicht zuletzt beim bewussten Beißen.

Zu den ersten provozierenden Verhaltensweisen gehören Störungen der Sauberkeitsentwicklung wie das gezielte Einnässen nach Miktionsaufschub (nicht auf die Toilette gehen, obwohl das Kind „muss") und das Kotschmieren, später verbunden mit regelrechtem Einkoten. Dem Kotschmieren geht die habituelle Obstipation (Einhalten des Stuhls) voraus. Die dramatischste Stufe ist das Absetzen des Stuhls an symbolhaften Orten wie dem Schlafzimmer der Eltern oder vor der Haustür. Schulkinder nehmen auch gezielt die Stelle vor dem Lehrerpult.

Alle diese Kinder schlafen generell schlecht, da sie ständig unter Stress stehen. Manche machen den Abend zu einer Tortur für die Eltern, weil sie nicht ins Bett gehen wollen, andere wecken ihre Eltern Nacht für Nacht auf und akzeptieren die Notwendigkeit des Wiedereinschlafens nicht mehr. Ein weiteres Kampfgebiet erstreckt sich auf die Nahrungsaufnahme. Auch mit dem Essen lässt sich hervorragend Widerstand üben und manche Provokation erzeugen. Essen und alles, was damit zusammenhängt, also auch Tischsitten und der Umgang mit Nahrungsmitteln, werden zu umkämpften Positionen. Da es sich beim Essen, Schlafen und der Ausscheidung um natürliche Vorgänge handelt, auf die der Mensch nur wenig willentlichen Einfluss hat, ist erklärlich, warum ein ständiger Kampf mit dem sich verweigernden Kind für die Eltern ein aussichtsloser ist. Jede vordergründige Pädagogik ist an dieser Stelle zum Scheitern verurteilt. Man kann kein Kind zwingen zu schlafen, zu essen oder seine Ausscheidungen rechtzeitig und am richtigen Ort abzusetzen.

Alle Zwänge in diesem Zusammenhang, die dennoch angewandt werden, haben etwas Unmenschliches und grenzen schnell an einen gewalttätigen Übergriff. Nur das Verständnis der emotionalen und psychosozialen Lage des Kindes, verbunden mit der Rückführung der aggressiven Opposition in sozialverträgliches Handeln auf tiefenpsychologischem Wege, zeigt einen Ausweg aus der oft desolaten Situation auf. Bei der Besprechung der aggressiv-oppositionellen Verhaltensstörung ist an dieser Stelle wieder anzuknüpfen.

Mit einiger Vorsicht kann man sagen, dass die unsicheren Bindungen, ob ambivalent oder vermeidend, in Verbindung mit der erschwerten oder misslingenden Loslösung die Grundlagen für die Trennungsangst und die aggressiv-oppositionellen Haltungen hervorrufen. Die Formen der frühen Bindungsstörung, die sich über die stark vermeidenden Haltungen hin zur Desorganisation bewegen und in der Loslösung völlig misslingen, laufen Gefahr, eine Form der schwerwiegenden Bindungsstörung zu entwickeln.

Grafik 1:   Entstehung und Folgen der frühen Bindungsstörung

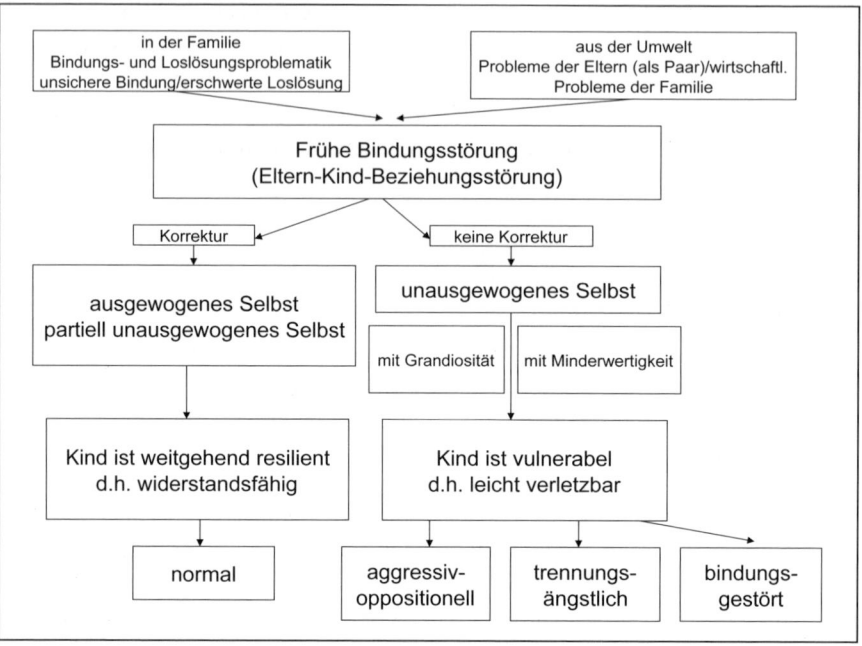

Ursachen und Folgen der frühen Bindungsstörung aus dem Blickwinkel der Bindungstheorie

Ein weiteres Problem in der Erziehung stellen die unempathischen Kinder dar. Als **unempathische Kinder** bezeichnet man solche, die außerhalb von psychischen Erkrankungen wie Störungen des **Autismusspektrums** und **Alexithymie** zu wenig Einfühlsamkeit in das Gefühlsleben ihrer Mitmenschen entwickeln, obwohl sie eine weitgehend normale Sozialisation durchlaufen haben.

Es ist bis heute wissenschaftlich nicht geklärt, ob diese **Gefühlsarmut** angeboren oder das Ergebnis einer gestörten psychosozialen Entwicklung ist. Eine extrem gefühlskalte Lebensumgebung, insbesondere ein emotionsarmes und abweisendes Elternhaus, käme als Ursache infrage. Aber auch schwere Psychotraumata können einen Grund darstellen. In diesem Fall ist die Ursache-Wirkungsbeziehung eindeutig.

Bei Störungen des Autismus-Spektrums kann die Unfähigkeit, eigene Gefühle adäquat zu spüren und zu verarbeiten, als genetisch gesichert gelten. Einige sogenannte Kandidaten-Gene sind bereits identifiziert. Ein Mensch, der selbst keine Gefühle verstehen kann, kann auch über diesen Weg keine Beziehungen zu anderen Menschen aufbauen. Im Falle der Alexithymie, das heißt der Unfähigkeit, Gefühle bei sich selbst zu empfinden und bei Anderen richtig einzuschätzen, ist die Frage nach der Genetik noch offen. Diese Menschen funktionieren trotzdem sozial einigermaßen unauffällig und gehen zumeist auch partnerschaftliche Beziehungen ein.

In der Beratung von Eltern mit ihrem Säugling wird immer von Kindern mit auffallend geringen, emotionalen Äußerungen berichtet. Die Eltern haben Angst, Ihr Kind sei schon ein Autist. In einem so frühen Stadium lässt sich die Diagnose aber noch nicht stellen, es sei denn, eine schwere Sprachentwicklungsstörung und/oder schwere Hirnfunktionsstörungen wiesen den diagnostischen Weg. Letztere verursachen jedoch meistens ein ganzes Bündel weiterer psychosozialer Auffälligkeiten.

Interessant für die Entstehung des unempathischen Menschen ist noch eine spezielle entwicklungsbedingte, rein soziale Fehleinwirkung auf den jungen Menschen. Ältere Kinder und Heranwachsende mit zunehmenden antisozialen Persönlichkeitsstörungen verbieten es sich, allzu viel Empathie und Mitleid mit anderen Menschen zu empfinden, um ihr eigenes schwieriges Persönlichkeitskonzept auf diese Weise zu stabilisieren. Sie können es sich praktisch nicht leisten, über die Sorgen und Nöte ihrer Mitmenschen nachzudenken. Im Rahmen dessen sind sie geneigt, Kameradschaft nur noch unter einem „emotionalen Härtetest" aufzubauen und Freundschaft im Bandentum aufgehen zu lassen. Mitleid mit anderen Menschen wird bewusst als Schwäche interpretiert und Härte bis hin zur Brutalität als anzustrebende Umgangform in der Gemeinschaft. Emotionale Härte als Auslese zum Guten und Starken wird gegen das Mitgefühl gesetzt. Empathie und direktes Mitleid, sofern sie überhaupt noch bestehen, werden auf außermenschliche Objekte umgelenkt, besonders gerne auf Tiere.

5. Die Ursprünge und Erscheinungen der Trennungsangst und der anderen Ängste bei Kleinkindern

5.1 Entstehungsgrundlagen der frühkindlichen Angst und die Trennungsangst

In der Besprechung der drei wichtigsten emotionalen und psychosozialen Störungsbilder im Verhalten von Kleinkindern und angehenden Schulkindern möchte ich mich zunächst mit den Formen der **Angststörungen** befassen. Die beiden anderen Störungskomplexe betreffen die aggressiv-oppositionellen Verhaltensweisen mit oder ohne ADHS (Aufmerksamkeitsdefizit-Hyperaktivitäts-Störung) und die verschiedenen Formen der Bindungs- und angehenden Persönlichkeitsstörungen. In der offiziellen Statistik über die psychischen Auffälligkeiten und Verhaltensstörungen im Kindesalter stehen die Angststörungen an zweiter Stelle hinter den aggressiv-oppositionellen Störungen mit und ohne ADHS. Ihre genaue Zahl wird auf 4-5% aller Kinder unter zehn Jahren geschätzt, je nach dem, welches Erscheinungsbild im Verhalten noch zu den Angststörungen gezählt wird, z.B. auch die frühen, oft noch normalen Entwicklungsängste oder auch die Depression und die Zwangsstörung. Neuere Zahlen sprechen demzufolge von bis zu 10%. Die tatsächliche Zahl dürfte inoffiziellen Schätzungen zufolge eher noch höher liegen, da eine große Zahl leichterer oder nicht wahrgenommener Fälle zur Behandlung nicht vorgestellt wird und damit jeder Statistik entgeht.

Die Neigung eines Menschen auf persönliche und soziale Spannungsmomente sowie auf jede existenzielle Bedrohung mit Angstgefühlen zu reagieren, ist angeboren und in seiner individuellen Ausprägung genetisch vorgegeben. Diese Anlagen werden schon im Säuglingsalter erkennbar durch eine vermehrte allgemeine Irritierbarkeit, was das Wohlbefinden angeht, aber auch durch die Art und Stärke des Fremdelns wie auch der Anhänglichkeit (s.o.).

Es fällt Eltern grundsätzlich schwerer, bei ihrem Kind eine Angststörung zu vermuten als eine aggressive Störung oder eine ADHS. Gleiches gilt für die ärztliche und damit klinische Akzeptanz einer solchen Störung. Angst zu zeigen oder als Verhaltensstörung zu akzeptieren ist in unserer Gesellschaft moralisch mit einer Art Verdikt belegt. Wer Angst hat, zeigt gleichzeitig auch Schwäche. Aggressive Verhaltensauffälligkeiten dagegen werden, zumindest in bestimmten gesellschaftlichen Schichten, auf versteckte Weise auch mit Stärke in Verbindung gebracht. Gerade bei den Jungen wird diese vermeintliche Stärke in der Aggression dann heimlich sogar positiv gewertet. In der öffentlichen Auseinandersetzung wird dieser Aspekt gerne bestritten.

Anders als die Angst machen sich die ADHS und die aggressiv-oppositionelle Verhaltsstörung durch ihre stark problematischen Auswirkungen auf das Sozialverhalten schnell störend bemerkbar, so dass Eltern diese Form der Auffälligkeit dem Arzt oder ihrer Umgebung kaum vorenthalten können. Die Angst tritt im Gegensatz dazu sehr viel „stiller" und unmerklicher auf und bleibt unaufmerksamen Eltern bei ihren Kindern oft lange verborgen. Nicht ohne erklärenden Hinweis nennt man die aggressiv-oppositionellen Störungen auch **externalisierende**, das heißt nach außen in die Gesellschaft gerichtete Störungen, die Angstformen und depressiven Erscheinungen im Kindesalter auch **internalisierende**, das heißt nach innen zu sich selbst gerichtete Störungen (s.u.).

Die Angststörungen außerhalb der ganz konkreten Ängste vor Tieren oder Naturphänomenen spielen sich mehr im Verborgenen ab und fallen zunächst häufig nur in der Familie auf. In den Kindergärten werden die Kinder erst dann auffällig, wenn sie durch extreme Schüchternheit den Erzieherinnen und Erziehern gegenüber und ihr gehemmtes Sozialverhalten in der Gruppe große Probleme bereiten. Darüber hinaus gibt es viele Verhaltensweisen bei Kleinkindern, die sich an der Grenze zwischen normalem, noch dem Alter zugehörigen Angstverhalten und tatsächlich als Störung auszumachenden Erscheinungsformen abspielen. Diese Grenzfälle werden in der Regel kaum bemerkt und gehen in keine Statistik ein, machen hingegen das Familienleben schnell zu einem Problem.

Unter den verschiedenen Angststörungen nimmt die **Trennungsangst** insofern eine Sonderstellung ein, als sie die einzige ursächlich definierte Angstform im frühen Kindesalter darstellt. Außerdem ist sie die Angstform, die eigentlich unübersehbar ist (trotzdem jedoch in unserer Gesellschaft stark verleugnet wird). Die Ursachen der Trennungsangst werden in den Lehrbüchern derzeit als noch weitgehend unbekannt bezeichnet. Einigkeit herrscht nur dahingehend, dass Trennungsangst immer schon im frühen Kindesalter beginnt. Unter diesem Aspekt ist zuallererst eine erblich bedingte Veranlagung zu Angst anzunehmen. Darüber hinaus werden Störungen in der frühen Mutter-Kind-Bindung (frühe Bindungsstörungen, s.o.) heutzutage immer häufiger – zumindest als ein verstärkendes Element – in der Entstehung von Trennungsangst angenommen. Vermutet wird eine durch die Bindungsunsicherheit bedingte Schwächung der selbstregulatorischen Fähigkeiten in der Bewältigung von Erlebnissen, die Angst verursachen. Das hier angeschuldigte Erlebnis ist die erzwungene Trennung von einer Bezugsperson.

Erklärung bietet folgende These: Die Grundlagen des Urvertrauens werden erschüttert, und ein nahezu unstillbares Bedürfnis des Kindes nach direktem Kontakt zur Hauptbezugsperson wird hervorgerufen und aufrechterhalten. Die Eltern bleiben für die Gefühlsregulation des Kindes unentbehrlich und das besonders im Moment der Angst. Die Folge ist ein oft übervorsichtiges und zurückhaltend-schüchternes Verhalten des Kindes bei auf Erforschung seiner Umwelt sowie bei auf Mut und Selbstständigkeit ausgerichteten Herausforderungen.

Trennungsängstliche Kinder lösen sich nicht von ihren Bezugspersonen und zeigen eine stringente Neigung, auf den Arm der Mutter oder Vaters zurück zu flüchten und/oder in Weinen auszubrechen, wenn eine, oft auch nur scheinbare Bedrohung auf sie zukommt. Die Kinder zeigen regelmäßig in solchen Augenblicken eine stark überhöhte vegetative Reaktionsbereitschaft mit allen typischen Anzeichen der Angst wie Herzklopfen, Schwitzen, Zittern, Bauchschmerzen sowie unbeherrschbare **Fluchtimpulse**. Diese spürbaren Symptome kennzeichnen die Angst im eigenen Körper und machen sie gleichzeitig durch ihre affektiven Begleiterscheinungen jedem anderen Menschen leicht erkennbar. Der innere Stress des Kindes lässt sich durch den Cortisol-Spiegel im Speichel direkt messen.

Eine falsche, nur in den Bereich des Bedrohlichen verschobene Bewertung potenziell Angst auslösender Ereigniskonstellationen mit Einbeziehung der eigenen Person ist eine weitere, mehr vom Erkennen her abgeleitete Erklärungsmöglichkeit für die Entstehung von Angst und damit auch von früh entstehender Trennungsangst (S. Schneider 2004). Auf diese Weise können auch ungünstige elterliche Reaktionen **Falschbewertungen** von an sich harmlosen Erlebnissen in Gang setzen und auf diese Weise Angst verursachen. Zumindest kann dadurch ein verstärkender Einfluss auf die bereits bestehende Angst ausgeübt werden. Im Kopf des Kindes findet bei einer Häufung solcher Falschbewertungen Zug um Zug eine Selektion der Wahrnehmung auf den die Angst verursachenden Teil des Gesamtgeschehens statt und treibt damit die Erwartung einer Bedrohung der eigenen Person immer mehr in die Höhe. Mit der Zeit zentriert sich die gesamte Wahrnehmung auf potenziell bedrohliche Reize, auch wenn andere Reize in diesem Zusammenhang eine andere Beurteilung erlaubten. Bewusst werden können und müssen diese Erlebnisse dem Säugling und Kleinkind dabei nicht (s.u.).

Solche Ereigniskonstellationen betreffen auch alle sozialen Auseinandersetzungen mit den Bezugspersonen, die negative Auswirkungen auf die eigene Person haben (misslingende Interaktionen, die entwicklungspsychologisch als sogenannte „**missmatches**" bezeichnet werden). Allerdings müssen solche fehlschlagenden Verständigungen zwischen Säugling oder Kleinkind und Bezugspersonen immer wieder und in hoher Zahl auftreten, damit sie sich negativ auswirken. Einzelne Fehlschläge gehören zum alltäglichen Umgang dazu und erhöhen allenfalls die Wachsamkeit des Kindes für derartige Reize. Vergleichbare kommunikative Fehlschläge können auch im zweiten Lebensjahr mit gleichaltrigen Kindern in den ersten Gruppensituationen auftreten, so dass einige Kinder, anders als zu erwarten, Angst vor anderen Kindern entwickeln.

Erschrecken auslösende Konfrontationen mit elementaren Vorgängen wie plötzlichen, lauten Geräuschen, hellen optischen Erscheinungen und aufregenden, schnellen Bewegungen unbekannter Gegenstände können in diesem Alter ebenfalls Angstzustände verursachen. Es gibt Kinder, die Angst vor dem lauten Geräusch des Staubsaugers oder vor hüpfenden Bällen haben. Bei den Phobien weiter unten werde ich auf diese Ursache noch genauer zu sprechen kommen.

Als ursächliche Erklärung all dieser Angstzustände ist davon auszugehen, dass es die **Sorge um die eigene Sicherheit** ist, die hier auslösend wirkt. Aber auch Angst vor dem Verlassenwerden von einer entscheidenden Bezugsperson, die allein diese Sicherheit garantieren kann, ist eine solche in der menschlichen Evolution begründete Angst. Denn durch den Verlust der Bezugsperson wird die als bedrohlich erlebte Situation zu einer realen Gefährdung für das Kind. Schreckerlebnisse bei unerwarteten und massiv auf den Menschen einwirkenden physikalischen Ereignissen (Blitz, Knall und Schlag) sind dagegen Naturereignisse, die nur dazu führen, reaktionsschnelle, neuronale Verbindungen im Gehirn zu erzeugen, um die notwendigen Schutzreflexe zu generieren. Kinder sind aufgrund ihrer eingeschränkten Kenntnisse über die Vorgänge in der Natur und der damit verbundenen Gefährdung aber in besonderer Weise betroffen. Sie können noch nicht differenzieren, was davon als eine berechtige Angst-Reaktion zu werten und somit als Reflex erhaltenswert ist, und was unbegründet gewesen ist und gelöscht werden kann. Letzteres gelingt nur kognitiv, also durch gezieltes Lernen.

Die beobachtende Forschung hat in diesem Zusammenhang herausgefunden, dass Angstpatienten stärker als Gesunde dazu neigen, in ihrer Fixierung auf ein Bedrohtsein schon die Gesichtsausdrücke ihrer Mitmenschen negativ zu interpretieren (also z.B. als Sorge, Angst oder auch Ärger). Dieser Vorgang gilt ganz besonders auch für Kinder, denn Kinder lernen schon in ihrer Säuglingszeit die Physiognomie der Menschen zu studieren und zu interpretieren. Dabei erfahren sie in erster Linie, wer ihre Bezugspersonen sind, aber gleich im nächsten Schritt, wie sie die Gefühlszustände ihrer Bezugspersonen zu interpretieren haben. Neben der Physiognomie spielt auch der Klang der Stimme eine entscheidende Rolle.

Ein bestimmtes, schon in der frühen Säuglingszeit aktives Hirnareal, der multimodale Cortex an der Grenze von Hinterhaupt-, Scheitel- und Schläfenlappen, sorgt für diese Fähigkeiten. Sie sind für die Säuglinge wegen ihrer allgemeinen Hilflosigkeit und vor allen auch wegen ihrer „Sprachlosigkeit" von essentieller Bedeutung, denn verbal Gefühle auszutauschen gelingt erst im späteren Kleinkindalter. Das heißt aber nicht, dass die Säuglinge sich sofort auch sinnvoll auf diese emotionalen Zustände ihres Gegenübers einstellen könnten. Im Gegenteil, sie übernehmen diese emotionalen Ausdrucksformen als seien sie ihre eigenen. Daher ist es so wichtig, immer Freundlichkeit und Zuversicht auszustrahlen. Denn eines können Säuglinge hundertprozentig: negative Mimik als Gefahr deuten und positive Mimik als Gefahrlosigkeit wahrnehmen.

Auf diese Weise wird verständlich, wie allein schon mimisch unterstützte Affekte des Erwachsenen den Säugling in seiner existenziellen Selbst-Wahrnehmung beeinflussen können. Es erklärt darüber hinaus, dass eine positive oder negative Ausstrahlung der primären Bezugsperson in der Mutter-Kind-Dyade das gesamte Gefühlsleben des Säuglings stark ausrichten kann. Denn in der Mutter-Kind-Dyade erfährt sich der Säugling noch als elementarer Bestandteil seiner Bezugsperson.

Ganz allgemein auf eine erhöhte Angstbereitschaft des Kindes wirkt eine Erziehungshaltung, die wenig Eigenständigkeit des Kindes zulässt und seine Entwicklung in die Autonomie behindert (z.B. „dominierende Überbehütung", s.o.). Auf die schlechte Vorbildfunktion von selbst ängstlichen Eltern komme ich noch gesondert zu sprechen. Unsichere Bindungsstrukturen sind überdies immer ein guter Boden für Angstentstehung. Allerdings können unsichere Bindungen auch zum scheinbaren Gegenteil führen, nämlich zu Unvorsichtigkeit in dem Eingehen neuer Bindungen zu fremden Personen oder in der Frage des Selbstschutzes. Das geschieht vor allem bei den vermeidenden Haltungen im Rahmen der unsicheren Bindung.

Schließlich bewirken **Gewalterfahrungen** in der Familie, nicht nur wenn sie die Kinder selbst betreffen, sondern auch die Eltern untereinander, eine Verstärkung erlebter Angstgefühle. Kinder sind in ihrer Subjektivität so befangen, dass sie das, was ihren Bezugspersonen da passiert (oder auch bei völlig fremden Menschen sehr eindrücklich ist), auf sich selbst beziehen und an sich selbst wahrnehmen. Das geht soweit, dass sie sich bei einem ständig wiederkehrenden Geschehen dieser Art bei einem anderen plötzlich als Verursacher der Vorgänge fühlen.

Es ist eine landläufig bekannte Tatsache, dass eine zu strenge und von drakonischen Strafen begleitete Erziehung Angst im Kind auslöst und die gesamte psychosoziale Entwicklung gefährdet. Dabei wirken Demütigung und Schmerzzufügung zerstörerisch auf die frühe Selbstentwicklung und demontieren die ersten Konstruktionen der eigenen Persönlichkeit. Je größer die Gewalt ist, die auf das Kind ausgeübt wird, desto näher rückt die Angst in Richtung einer Psychotraumatisierung. Im Zusammenhang mit den Bindungs- und Persönlichkeitsstörungen werde ich auf diese seelischen Wunden der Kindheit verstärkt zu sprechen kommen.

Gemeinsames Ergebnis der tiefenpsychologischen wie der kognitiv erklärenden Entstehungsweise von Trennungsangst ist die wachsende Empfänglichkeit des Kindes für Angst bereitende Erlebnisse. Es müssen als Auslöser dabei keineswegs immer tatsächlich erlebte Trennungssituationen sein. Es können auch ganz andere frühkindliche Erfahrungen sein, die die genetischen Anlagen zur Angst verstärken oder Angst im Leben überhaupt erst in Gang setzen. Ursache ist der Verlust an Urvertrauen. Grundsätzlich entsteht mit der Zeit das Gefühl beim Kind, dass schon die Angst selbst, ganz unabhängig von ihrer tatsächlichen Entstehung und dem Angst auslösenden Geschehen das Selbstempfinden negativ beeinflusst. Angst wird geradezu zu einem emotionalen Lebensgestalter. Dadurch entwickelt sich bereits im Frühstadium der Persönlichkeit eine auf Dauer ungünstig verlaufende Abwertung der eigenen Person mit Gefühlen eines angeborenen Defizits oder unvermeidbarer Minderwertigkeit. Im späteren Kindesalter resultieren hieraus deutliche Schwächen in der emotionalen Selbstregulation.

Die frühesten, realen (und auch unvermeidlichen) **Trennungsgefühle** werden dem Kind erlebbar am Ende des ersten Lebensjahres, wenn es als davonkrabbelnder Säugling plötzlich außer Sichtweite seiner Mutter gerät und ob dieser Erfahrung ängstlich zu weinen anfängt. Dieses typische, frühkindliche Verhalten ist der Beginn der phasenbedingten **Anhänglichkeit**. Hierin schon Trennungsangst zu erkennen und nicht nur naturgemäße Verunsicherung innerhalb eines bestehenden Bindungszustandes bleibt umstritten. Das Kind versichert sich aber folgerichtig immer wieder der Erreichbarkeit seiner Bezugsperson, der es dann, je nach Sicherheit im Bindungsstatus, buchstäblich am Rockzipfel hängt (sichere Basis/soziale Rückversicherung). Das **Fremdeln** in der frühen Säuglingszeit ist noch ein Angsterleben ohne Trennung.

Fremdeln und Anhänglichkeit zusammen ergeben, da darf man sich heutzutage ziemlich sicher sein, ein gutes Bild über die genetische Veranlagung eines Kindes zur Angst. Ob sich in der Stärke der Anhänglichkeit des einjährigen Kindes aber schon der Beginn einer Angstkarriere abzeichnet, muss vorläufig offen bleiben. Eine Verunsicherung im Bindungsgefüge zur primären Bezugsperson ist ziemlich sicher daraus abzuleiten. Beide das Kind charakterisierenden Verhaltensweisen sollten demnach zum Anlass genommen werden, verständnis- und rücksichtsvoll mit einem entsprechend sensiblen Kind umzugehen und die Bindungsprozesse von Anbeginn zu stärken.

Ist das Angsterscheinungsbild des Säuglings und jungen Kleinkindes abgesehen von der bestehenden Veranlagung noch aus Gründen der Unreife nicht immer eindeutig, und muss man die Anhänglichkeit des Ein- bis Zweijährigen einstweilen noch unter Vorbehalt als Beginn einer Angstkarriere betrachten, so präsentiert sich die Angst spätestens unübersehbar in der ersten großen Übergangssituation: beim Eintritt in die **Kinderkrippe** oder den Kindergarten. Manchmal erleben Eltern trennungsängstliche Reaktionen auch beim unvorbereiteten Abgeben ihrer Kinder innerhalb der Familie. Auch wenn keineswegs jedes Kind in solchen Situationen mit Angst reagiert, einige Kinder profitieren gut von ihrem bestehenden Urvertrauen, muss man als Eltern den Angstfaktor grundsätzlich immer mit einbeziehen.

Aber selbst wenn in diesem Moment ganz offenkundig das Erscheinungsbild der Trennungsangst auftritt, wird in der Bundesrepublik Deutschland diese immer noch beinahe flächendeckend als Verhaltensauffälligkeit des Kindes geleugnet und gerne dahingehend umgedeutet, dass es die abgebende Mutter ist, die unter einer **Trennungsunfähigkeit** von ihrem Kind litte. Das Angstverhalten des Kindes wird nicht akzeptiert oder von Vornherein bagatellisiert. Alle diese Fälle erfasst, das sei nur nebenbei gesagt, generell keine Statistik.

Nichtsdestoweniger findet dieses Geschehen auch bislang keine Anerkennung als endgültiger Entstehungsgrund für Trennungsangst. Trotzdem ist es mit extremen Belastungen für das Kind und die betroffenen Familien verbunden.

Aus der Sicht des Erziehungspersonals konsequent und folgerichtig werden die Mütter möglichst schnell aus den Kindergärten fortgeschickt und die Kinder durch ihr Allein- und Ausgeliefertsein zur Anpassung an das Gruppengeschehen gezwungen. Die einsetzende Anpassungsleistung des Kindes wird dann irrtümlich als Erziehungserfolg gewertet. Bei den Müttern verbleibt fast regelmäßig das Gefühl, ihrem Kind gegenüber versagt zu haben, was ihr Einverständnis mit den Ansichten der Erzieherinnen und Erzieher paradoxerweise verstärkt. Nur selten lehnt sich eine Mutter gegen diese harsche Vorgehensweise des Betreuungspersonals auf. Dass aber gerade durch diese Maßnahme Trennungsangst ausgelöst oder zumindest weiter verstärkt wird, ist eine von der Pädagogik notorisch geleugnete Tatsache. Man will diese unbequeme psychologische Deutung des Trennungsprozesses nicht akzeptieren, weil sie die Übergangssituation in die externe (außerfamiliäre) Fremdbetreuung verkompliziert und die pädagogische Routine infrage stellt. Nicht zuletzt möchte man verhindern, dass das Interaktionsgeschehen zwischen Mutter und Kind, das hierbei deutlich zutage tritt, auch in den Kindergartenalltag hinein getragen wird.

Die Diskrepanz in der Auffassung über Trennungsprozesse in der frühen Kindheit zwischen Tiefenpsychologie und konventioneller oder konservativer Pädagogik geht bis zum Geburtserlebnis und in die Neugeborenenphase zurück. In einer Auffächerung dieser unterschiedlichen Ansichten gelingt es immerhin, näher an die Wurzeln der Trennungsangst zu gelangen. Während die Tiefenpsychologie bei jedem natürlichen Trennungsvorgang immer auch von einer Gefahr für ein traumatisches Elementarereignis ausgeht, begründet die Pädagogik ihre Einstellung zu diesen – lebensnotwendigen – Prozessen allein auf einer gelingenden oder fehlerhaften Anpassungsleistung des Kindes. Beides hat zwar seine Berechtigung in der Formulierung, die großen Unterschiede ergeben sich jedoch in der pädagogischen Reaktion der Schutz- und Erziehungsbefohlenen.

Harte Trennung des Kindes von der Bezugsperson, seelisches Trauma durch hochgradige Angst und der Zwang zur Anpassung an die reale Situation sind demzufolge die Quellen dessen, was dann in der Psychopathologie als Trennungsangst bezeichnet wird. Dennoch wird in der konventionellen pädagogischen wie auch psychologischen Grundkonzeption schon in den ersten Lebensmonaten des Kindes häufig empfohlen, sich von dem schreienden und damit Beachtung und Zuwendung einfordernden Säugling nicht gängeln zu lassen und frühzeitig das Kind daran zu gewöhnen, dass der Erwachsene bestimmt, wann und wie viel Zuwendung ihm zuteil werden darf; der Affekt des lang anhaltenden Schreiens basiere, so die voreilige Interpretation, einzig auf einer fehlgesteuerten Anpassung des Säuglings an die realen Verhältnisse. Die prinzipielle Grundeinstellung aber, dass ein Säugling nur das fordert, was ihm auch auf natürliche Weise zusteht, und wütend wird, wenn es ihm versagt bleibt, ist in dieser konservativen Erziehungshaltung nicht enthalten. Auch der psychodynamische Aspekt, dass wirkungslose Wut in Angst vor Ablehnung und Verlassensein umschlägt, ist in der konventionellen Psycho-Pädagogik nicht abgebildet.

Wissenschaftlicher Hintergrund 2

Die tiefenpsychologische Sichtweise stellt das Trennungsgeschehen ursächlich auf die Emotion Angst vor Ausgeliefertsein durch den drohenden Verlust der Bezugsperson und die damit verbundene Gefahr eines nachhaltigen seelischen Traumas ab. Die Angst vor dem **Verlust der Bezugsperson** und die Sorge vor dem damit schwindenden, existenziellen Schutz werden beim Neugeborenen und Säugling durch entwicklungsgeschichtliche Prägung des Menschen erklärt. Diese Prägung findet bereits bei Geburt genetischen Einfluss auf die Hirnfunktionen in Form einer ursprünglichen Signalgebung aus dem zentralen Höhlengrau im Hirnstamm über den „blauen Kern" (Locus coeruleus) an die die Angst triggernden emotionalen Gedächtnisfunktionen in den Mandelkernen (Amygdala). Die Amygdala bildet sich mit der Zeit aus zum Gefühlszentrum der Angst. Neueste Forschungen haben ergeben, dass Panikattacken ihren Anfang eben gerade in den Amygdala nehmen (N. Chechko, R. Wehrle, u.a. 2009).

Die Amygdala operieren allerdings nicht für sich alleine. Sie stellen als Gefühls-zentrum spezifische Verbindungen zum allgemeinen Gedächtniszentrum her und schaffen gleichzeitig Verbindungen zum präfrontalen Cortex, dem Stirnhirn des Menschen. In dieses Netzwerk ist noch der cinguläre Cortex als Verbindungsglied zwischen Limbischem System (als allgemeines Gefühlszentrum) und Frontalhirn eingeschaltet. Die Entstehung dieses Netzwerkes mit mehreren Stellgliedern ist Ergebnis von Erfahrungen in den frühesten Lebensabschnitten des Menschen. Die genetische Basis liefert dabei die Empfindlichkeit des individuellen Menschen, mit der dieser Schaltkreis zustande kommt (N. Chechko, s.o.).

Spezifische Signalbotenstoffe (Neurotransmitter) wie Noradrenalin und Cor-tiko-Releasing-Hormon (CRH) sichern den informativen Übertragungsmodus im geschilderten, neuronalen Kreislauf ab. Cortisol und Adrenalin sorgen für die be-gleitenden Empfindungen und Reaktionen im übrigen Körpersystem als **negativer Stress** oder **Distress** (Hypothalamus-Hypophysen-Nebennieren-Achse). Alle die-se Erkenntnisse dürfen heutzutage als anerkanntes Wissen aus der Hirnforschung gelten. Tierversuche an Mäusen und Degusratten haben wichtige Beiträge zu den Erkenntnissen geliefert (A.K. Braun, J. Bock, 2003, M. Meaney, 2005). Bildgebende Verfahren wie funktionelle magnetische Resonanztomographie und elektrophysio-logische Studien von ereigniskorrelierenden Potenzialen haben die Übertragung solcher Ergebnisse auf den Menschen möglich gemacht.

Epigenetische Wirkungen (s.o.) am menschlichen Genom scheinen die Aktivität der Stress-Gene maßgeblich zu beeinflussen. Eine aktuelle Studie konnte zeigen, dass negative frühkindliche Erfahrungen die Stress-Resistenz am Jungendlichen- und Erwachsenengenom durch Beeinflussung des Glucokortikoid-Rezeptor-Gens ungünstig verändern können (P.O. McGowan et al., 2009).

Die in der Gesellschaft weit verbreitete „konservative Erziehungshaltung", wie ich sie im Zusammenhang mit Trennungserlebnissen gerade angesprochen habe, ist das Ergebnis einer auf Erhalt der alten, überlieferten, gesellschaftli-chen Werte ausgerichteten Pädagogik. Immer wieder wird dabei die volksnahe Grundeinstellung zitiert, die besagt, dass schon ein Säugling lernen muss, mit Entbehrung umzugehen, andernfalls entwickele er sich zu einem alles fordern-den, kleinen Tyrannen. Das Bild des kleinen Tyrannen wird argumentativ un-termauert durch das Heraufbeschwören einer Gefahr von Verwöhnung, wenn man den Wünschen des Kindes schon von Anfang an nachgäbe.

Auf dieser die alten Werte erhaltenden (daher konservativen), erzieheri-schen Grundeinstellung dem Kind gegenüber baut sich seit einigen Jahren ein psychopädagogisches Grundkonzept auf, dass sich unter dem Deckmantel me-dizinischer Prämissen als wissenschaftlich überprüft ausgibt (was es nicht ist) und dabei Gefahr läuft, selbst ein Störungsbild zu kreieren, das sonst im Spekt-rum noch normaler, kindlicher Verhaltensformen unterginge. Es wird mit dem

Grafik 2: Angstabläufe im Gehirn

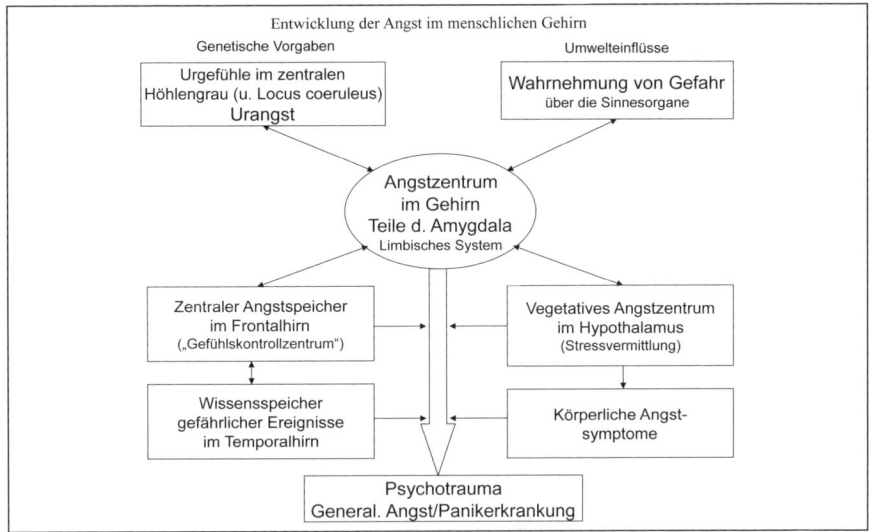

Die Grafik zeigt die Wege der Angst im menschlichen Gehirn und ihre Zentren.

viel bedeutenden Terminus **Regulationsstörung der frühen Kindheit** in den Fachartikeln besprochen und in verschiedenen psychologisch-medizinischen Fachambulanzen zur Behandlung frühkindlichen Störungsverhaltens angeboten (M. Papousek et al., 2004). Ob es berechtigt ist, die zugegeben oftmals schwierigen, angeborenen Verhaltensweisen einiger Säuglinge und Kleinkinder (tiefenpsychologisch als das „**schwierige Temperament**" bezeichnet s.o.) in dieser Weise als ein einheitliches Störungsbild zusammenzufassen und ihm damit zugleich einen Krankheitsstatus zu verleihen, muss offen bleiben. In dieser Konzeption wird jedenfalls nicht mehr hinterfragt, ob der empfohlene Umgang mit den schwierigen Säuglingen schlussendlich nicht an dem Störungsbild ursächlich mit beteiligt ist, das es eigentlich zu beseitigen vorgibt. Damit wären dann aber – weil unhinterfragt – Ursache und Wirkung vertauscht.

Als solche schwierigen oder eben „regulationsgestörten" Verhaltensweisen des Säuglings und Kleinkindes werden folgerichtig

1. exzessives Schreien,
2. Schlafprobleme,
3. Fütterungsschwierigkeiten,
4. starkes (An-)Klammern sowie
5. extremes Trotzen und unverhältnismäßige Wutanfälle

bezeichnet.

Um es noch einmal in aller Klarheit herauszustellen: Säuglinge mit schwierigen Verhaltensweisen existieren unwidersprochen, wie auch Säuglinge mit schlechter gesundheitlicher Konstitution. Im normalen Spektrum der genetischen Anlagen eines Menschen gibt es ein Verteilungsspektrum, das von (psychisch) günstig oder (körperlich) kräftig bis (psychisch) ungünstig oder (körperlich) schwach reicht. Auf dieser gedachten Linie von Ausprägungsgraden in der Gesundheitsveranlagung eines Menschen gibt es Säuglinge am „oberen" und am „unteren" Ende der Skala. Solche am oberen Ende besitzen eine hohe psychosoziale Widerstandsfähigkeit (**Resilienz**), solche am unteren Ende eine entsprechend hohe Verletzbarkeit (**Vulnerabilität**). Aber jeder dieser Säuglinge darf als gesund gelten und ist kein Fall für den Psychologen oder den Arzt. De facto aber werden ungünstig oder schwach veranlagte Kinder sehr viel häufiger Patienten in der Arztpraxis. Diese Unstimmigkeit in der Beurteilung, was noch normal ist und was schon als gestört bezeichnet wird, heutzutage deutlich zu unterscheiden, halte ich für dringend geboten, da immer mehr Stimmen laut werden, welche nach frühzeitiger pharmakologischer und eben auch psychopharmakologischer Behandlung rufen, wenn sich ein Kind am unteren Ende der Veranlagungsskala bewegt.

Dass aber gerade solche Kinder vor allem Anderen ein besonders hohes Maß an Behutsamkeit (körperlich) und Einfühlsamkeit (psychisch) in der Behandlung durch ihre Eltern bedürfen und maximale gesundheitshygienische wie auch soziale Unterstützung aus ihrer Lebensumgebung benötigen, um im späteren Leben ein gesundes, leistungsfähiges, umkompliziertes und damit vollgültiges Mitglied der Gesellschaft zu werden (**Salutogenese**), ist ein Faktum, das mit solchen Negativ-Klassifizierungen leicht aus dem Blick gerät.

Denn, wenn die Empfehlungen zum therapeutischen Eingreifen, wie oben vermutet, Gefahr laufen, in einem unheilvollen Kreisschluss von Veranlagung und Behandlung die Symptome nur noch weiter zu verstärken, die sie eigentlich zu beseitigen beabsichtigen – jetzt gemünzt auf die schwierigen Temperamente –, dann ist schon die Klassifikation in „regulationsgestörtes Verhalten" der Einstieg in die krankmachenden Auswirkungen.

Auch in anderen Ländern gibt es immer wieder zu wenig hinterfragte Versuche, das normale, aber oft anstrengende Verhalten von Säuglingen und Kleinkindern, als Störungsmuster zu interpretieren und durch pädagogische Eingriffe seitens der Eltern in vermeintlich glücklichere Bahnen zu lenken. So gibt es z.B. in den USA Erklärungen, dass das Schreien der Säuglinge ein Ausdruck von Trauer sei, der – ließe man den Säugling dabei unberuhigt – zu einer Bewältigung des zugrunde liegenden Konflikts führe. Entsprechend lauten dann die Empfehlungen für die gestressten Eltern dahingehend, das Schreien nicht nur zuzulassen, sondern sogar zu begrüßen und als Läuterung der angespannten Seele zu tolerieren. Was übersehen wird, ist die Tatsache, dass das Schreien eines Säuglings nichts mit Trauer zu tun hat und somit auch keine Bewältigung der die Seele belastenden Gefühle erzeugen kann (vgl. J. Marschall, 2009).

Trauer ist ein von einer Geisteshaltung ausgelöster funktionaler Prozess im Gehirn, durch gezielte Äußerungen von Leid eine schwere Gefühlslast in neue Lebensenergie zu überführen (Teil des sogenannten **Copings** bzw. der **Stressbewältigung**). Emotionale Strategien dieser Art sind vom Säuglingsgehirn noch nicht zu leisten. Das Schreien der Säuglinge hat entgegen all diesen zum Scheitern verurteilten Erklärungsversuchen viel mehr mit den Phänomenen Hunger, Angst und Schmerz zu tun und ist ein Hilferuf an seine Bezugspersonen. Selbst die Vorstellung eines im Säuglingsalter schon abzugrenzenden Gefühls von Traurigkeit bleibt höchst fraglich, da das hierfür notwendige kritische Selbstverständnis eine psychosoziale Reife bedingt, die noch nicht vorhanden ist (R. Posth, 2007). Erste Aspekte eines Gefühls von Traurigkeit gehen bei diesem Entwicklungsstand noch in Angst (Stimmungsangst) und Wut (Ärger) auf.

Allgemein gesunde Säuglinge, die keine Bindung aufbauen konnten, weil ihre Mütter psychisch schwer krank sind oder weil sie ihre Eltern schon im ersten Lebensjahr durch schreckliche Lebensumstände verloren haben und schließlich in Waisenhäusern aufgezogen wurden, entwickelten ein Störungsbild, das man als **anaklitische Depression** und „Mutterentbehrung" oder **Deprivation** bezeichnet. Es handelt sich dabei um eine ganz frühe, massive Bindungsstörung (s. 7. Kapitel). Mit Trauer hat dieses Verhalten also auch nichts zu tun.

Besonders unruhige und motorisch aktive Säuglinge benötigten die wohltuende Enge im Mutterleib zurück, ist eine andere Interpretationsweise von Säuglingsunruhe und Schreineigung, die in der Empfehlung gipfelt, die Säuglinge wie kleine Pakete in Decken einzuwickeln (sogenanntes **Pucken**) oder Zischgeräusche an ihren Ohren zu erzeugen, die wohl das Geräusch strömenden Bluts im Mutterleib nachahmen sollen. Das sind exotische Vorstellungen und Maßnahmen, die wenig Bezug zum realen Geschehen haben. Allenfalls traditionelle oder kulturelle Bezüge sind hier von Belang und in diesem Zusammenhang z.T. berechtigt.

Die Interpretationsmanie von Erwachsenen, frühkindliche Gefühlszustände zu beschreiben und den geplagten Eltern damit Tipps zur Abhilfe von Unruhezuständen zu geben, ist nahezu grenzenlos. Auffallend dabei ist immer der rein kognitive Ansatz solcher Erklärungen und die nahezu vollständige Abwesenheit emotional-empathischen Mitempfindens; das heißt der Erwachsene entwickelt Ideen, wie er meint, dass Säuglinge und Kleinkinder fühlten und dächten und warum sie schrien, sich wehrten und verweigerten, zeterten oder wütend tobten. Maßstab ist hier immer die Empfindungs- und Vorstellungs- welt des erwachsenen Menschen. Ein Bemühen, in die emotionale Welt des Kindes einzudringen und wenigstens intuitiv ihr Verhalten zu verstehen, un- terbleibt oder wird gezielt ausgelassen.

Es kann aber als sicher gelten, dass man mit seinen im Erwachsenenalter weiterentwickelten, komplizierten und rein logisch-geistigen Vorstellungen an das Gefühlsleben der Allerjüngsten von uns nicht mehr heran kommt. Die geistigen Konstrukte erwachsen denkender Menschen sind weitgehend un- brauchbar für das Verständnis der Funktionsweise des menschlichen Gehirns im frühen Kindesalter. Das, was sich in den noch wenig entwickelten, rein vom Gefühl beherrschten Säuglings- und Kleinkindgehirnen wirklich abspielt, bleibt zwangsläufig immer etwas nebulös. Allein mit der Intuition, das heißt mit einem von geistigem Überbau freiem und emotional spontanem Verständ- nis für das Leiden an unangenehmen körperlichen Zuständen und der Sor- ge um das eigene Wohlbefinden (intuitive Empathie) lässt sich ein Zugang zur Empfindungswelt der Säuglinge und Kleinkinder finden. Intuition aber scheint den meisten Erwachsenen weitgehend abhanden gekommen zu sein.

Intuition würde bedeuten, dass sich der Erwachsene an seine eigenen frü- hen Gefühlsstadien im Leben zu erinnern versucht und herausspürt, welche Angst, welche Wut im Kind tatsächlich vorgeht, wenn ein Bedürfnis missach- tet wird oder ein Interessenskonflikt zwischen Kind und Erwachsenenwelt ent- steht. Aber gerade das meiden Erwachsene oft aktiv, vermutlich um eigenem seelischen Schmerz zu entgehen oder, um sich in ihrer wahren Nichtbereit- schaft zum geforderten Dialog mit dem Kind zu entlasten.

In diesem Vermeidungsbedürfnis werden die Menschen heutzutage in ge- wisser Weise von der Wissenschaft unterstützt, welche sich auf ihre Fahnen geschrieben hat, dass nur das Messbare und ursächlich eindeutig Erkennbare den Anspruch auf Wahrheit erheben kann. Damit begrenzt die Wissenschaft sich aber selbst, denn einige Vorgänge im menschlichen Bewusstsein und vor allem die Vorgänge im menschlichen Unterbewusstsein werden sich auch in Zukunft nur intuitiv-einfühlsam erfassen lassen, da es für sie keine Messap- paraturen geben wird. An dieser Stelle ergibt sich eine wichtige Nahtstelle zur Philosophie, die an dieser Stelle aus Gründen der Beschränkung nicht weiter ausgeführt werden kann.

5.2 Urangst und angstbedingte Schwierigkeiten im Aufziehen der Säuglinge und Kleinkinder

Um welche Gefühlzustände es bei den Säuglingen und Kleinkindern im Einzelnen geht, hatte ich in den ersten Kapiteln ausführlich dargestellt und mit praktischen Beispielen untermauert. Jetzt soll es darum gehen, konkret darzustellen, warum Angst beim Menschen ein psychisches Urgefühl ist, das nur in harmonischer Übereinstimmung mit seinen Bezugspersonen erträglich oder im besten Fall gänzlich ausgelöscht werden kann. Das Angstgefühl tritt auch im Normalfall lebenslang in genetisch vorgegebener Stärke immer wieder auf und nimmt seinen Ausgang regelmäßig von bedrohlichen existenziellen Ereignissen. Angst ist demzufolge das erste psychische Gefühl im Menschen, weil es auch die emotionale Antwort des gestressten Gehirns und Nervensystems auf den Übergang des Körpers aus der ihn schützenden Gebärmutterhöhle in die reale Umwelt ist (**Urangst**). Dieser erste große Übergang im menschlichen Leben von einer Existenzform in eine andere ist abrupt und von großen Gefahren begleitet. Rein statistisch ist die Geburt von allen Ereignissen im menschlichen Leben das gefährlichste. Diese Gefahren sind dem Neugeborenen zwar nicht verständlich, jedoch intuitiv fühlbar. Fortan wächst im menschlichen Gehirn die Konstellation „nicht verstehbar" und „enormer Stress" zu einer komplexeren Gefühlsform, welche Gefahr bedeutet und Angst hervorruft.

Die Angst ist das durch Naturgesetze eingerichtete Empfinden, Selbstschutz zu initiieren, sofern der Organismus dazu in der Lage ist, oder Hilfe für die eigene bedrohte Existenz herbeizuordern, wenn er es alleine nicht schafft. Angst ist also ein entscheidend wichtiger Grundbaustein der menschlichen Seele zum persönlichen Schutz und zugleich die Erstausstattung mit einer gewissen **Lebensversicherung**. Diese funktioniert aber nur, wenn das dazugehörige Helferteam, das sind beim Säugling die ihn großziehenden Erwachsenen (vor allem die primäre und sekundäre Bezugsperson), seine Hilfsaufgabe bereitwillig übernimmt. Das Neugeborene kommt nicht zur Welt, um in seiner Angst sich selbst überlassen zu bleiben. Somit ist Angst auch der entscheidende Baustein für das Leben in der Gruppe im Verbund mit den dazugehören, sozialen Belangen.

Zwei Gefühle oder Empfindungen sind die Alarmsignale für den bedrohten Organismus, ob Tier oder Mensch. Seelisch ist es die Angst, körperlich ist es der Schmerz. Die Angst warnt die Seele vor drohender Gefahr, so wie der Schmerz den Körper. Da der Säugling aber keine andere Möglichkeit für die Signalisierung dieser Gefahren kennt als das Schreien, muss er sich dieses Ausdrucksmittels bedienen.

Nun ist es keine Neuigkeit zu sagen, dass die Wahrnehmungsschwelle wie auch die affektive Ausdruckform von drohender oder tatsächlicher Gefahr individuell sehr unterschiedlich ist. Das ist auch schon beim Säugling nicht anders und zugleich verhaltenstypischer Ausdruck seiner genetisch veranlagten Charakterform. So schreit der eine Säugling recht schnell und ausdauernd, der andere erst verspätet und mit geringerer Lautstärke. Dem ersteren bescheinigt man daher das „schwierige Temperament", dem anderen eine höhere Anpassungsfähigkeit und damit eine günstige Veranlagung.

Das **Schreien** ist die mit Abstand anstrengendste Verhaltensweise des kleinen Säuglings. Mit zunehmendem Lebensalter kommen dann häufig kaum weniger anstrengende Probleme dazu wie z.B. das **Schlafen** oder das **Trotzen**. Der Schlaf ist ein physiologischer Prozess, auf den der Mensch keinerlei willentlichen Einfluss hat. Diese Eigenschaft deckt sich mit dem Appetit oder dem ihm zugrunde liegenden Empfinden, dem Hunger. Schlaf wie auch Hunger und Appetit werden von inneren (hormonalen) Faktoren gesteuert (Melatonin, Leptin), allerdings von den äußeren, umweltlichen Einflüssen nicht unwesentlich mit beeinflusst. Allzu oft wird in der Gesellschaft der Eindruck erweckt, beide Ausdrucksformen des Lebens, Schlaf und Appetit, könnten durch geeignete Erziehung unter Kontrolle gebracht werden. So gibt es auf dem Buchmarkt zahlreiche Anleitungsfibeln zum Schlafenlernen wie zum richtigen Essen.

Aber all diese Bücher basieren auf einem schwerwiegenden Irrtum. Die Physiologie des Schlafens wie des Essens ist nicht von außen zu korrigieren. Wenn eine Diskrepanz zwischen dem elterlichen Anspruch nach problemfreiem Funktionieren von kindlichem Schlaf- und Essverhalten besteht und den tatsächlich vorhandenen, kindlichen Ausdrucksformen, dann ist die Umwelt den Anlagen des Kindes letztlich unterlegen. Anders gesagt, kommt es zum Konflikt zwischen Kind und Eltern bei den Schlafgewohnheiten oder den Essensansprüchen, dann müssen zuerst einmal die Eltern verstehen lernen, sich den Bedürfnissen des Kindes anzupassen und dürfen nicht die Kinder unbedingt dahingehend erziehen wollen, sich den elterlichen Bedürfnissen anzupassen. Tun sie es dennoch, dann stören sie das biophysikalische Gleichgewicht (die **Homöostase**) der Lebensvorgänge im Kind, was zur Folge hat, dass sich das Kind über kurz oder lang bedroht fühlt und Angst entwickelt. Darüber hinaus wird es sich gegen die Vorgaben seiner Eltern wehren, solange es dazu Kraft in sich verspürt.

Eine konditionierende Strategie, die auf den Einschlafvorgang des Kindes Druck ausüben will, ist ebenso gefährlich wie zwangsweises Füttern. Hier wird dem elterlichen Anspruch an das Funktionieren des Kindes von manchen Fachleuten eine Berechtigung ausgesprochen, die der natürlichen Veranlagung zuwider läuft und die die spontanen Lebensäußerungen des Kindes korrumpiert. Diese Form von sich unter Erwachsenen nachher gegenseitig verliehener, gesellschaftlicher Legitimation zur puren Beeinflussung von kindlichem Verhalten ohne kritische Reflexion des eigenen Vorgehens untergräbt die naturgegebenen Rechte des Kindes. Auch das ist Anlass zur Angst beim Kind, weil es spürt, dass ihm etwas aufgezwungen wird, das nicht seiner Natur entspricht.

Wieder ist es die Wissenschaft, die mit wichtigen neuen Erkenntnissen in die Problematik eingreift. Wird durch solche konditionierenden Strategien das Stresssystem des Kindes stark belastet, verstellt sich sein Empfindungsmodus für Stress eher nach unten als nach oben. Das heißt, das Argument, die Seele des Kindes härte sich durch Gewöhnung an die Belastung ab und es setze eine Anpassung ein, ist falsch. Das Gegenteil ist richtig: Die Angstneigung und Stressempfindlichkeit nehmen zu und bilden im Gehirn so etwas aus wie ein Stressgedächtnis. Wie das Schmerzgedächtnis bei chronischen Schmerzerkrankungen funktioniert weiß man. Beim Stressgedächtnis und der Vermehrung von Angst findet man es derzeit heraus. Die Stresshormone Cortico-Releasing-Hormon und Cortisol spielen dabei eine entscheidende Rolle.

Die Symptome der Trennungsangst lassen sich wie folgt zusammenfassen:

1. ausgeprägtes Angstverhalten bei der Trennung mit Schreien, Anklammern, extremen Wutausbrüchen oder eigener Gefühlsvermeidung sowie Kontaktverweigerung fremden Personen gegenüber (freezing) sowie Fluchttendenzen.
2. Verweigerung des Kindergarten- oder Schulbesuchs oder Äußerungen von Angst schon im Vorfeld.
3. hartnäckige Weigerung, noch nach dem 4. Lebensjahr getrennt von einer wichtigen Bezugsperson zu schlafen.
4. unangemessene Angst, ohne eine wichtige Bezugsperson zu Hause zu bleiben.
5. wiederholte Albträume mit Bezug auf Trennungserlebnisse.
6. übertriebene Sorgen, einer Bezugsperson könnte etwas zustoßen oder unvorhergesehene Ereignisse könnten zu einer Trennung von der Bezugsperson führen.
7. wiederholtes Auftreten somatischer Symptome in Erwartung von oder unmittelbar nach Trennungen (Übelkeit, Bauchschmerzen, Kopfschmerzen, u.a.). (Modifiziert nach B. Blanz, 2003).

Die drei Verhaltensformen des Säuglings und Kleinkindes Schreien, Schlafen und Appetit möchte ich noch einmal einer konkreten Betrachtung unterziehen, weil sie ganz eng mit dem Thema Urangst und Entstehung von Trennungsangst verbunden sind:

Angst ist in Anlehnung an das vorher Gesagte ein angeborener Gefühls-faktor mit dem klaren Ziel, in jedem Individuum den nötigen Selbstschutz von Anfang an aufzubauen. Ohne diesen Selbstschutz läuft der älter werdende Mensch Gefahr, durch Fehleinschätzung potenziell lebensbedrohlicher Situationen frühzeitig aus dem Leben zu scheiden.

Wie stark der einzelne Mensch zur Angst neigt und in welcher Form sie in seinem Leben auftritt, hängt – außer mit der Stärke seiner Veranlagung – tiefenpsychologisch betrachtet mit den Beziehungserfahrungen in seinen ersten Lebensjahren zusammen. Die genetische Veranlagungsstärke zeigt sich bereits bei der Geburt. So gibt es Säuglinge, die nach dem ersten physiologischen Atemzug mit einem Schrei gleich wie panisch weiter schreien und erst an der Mutterbrust langsam wieder zur Ruhe kommen und solche, welche kaum, dass sie das Licht der Welt erblickt haben, in ehrfürchtiger Ruhe verharren und keinen Laut von sich geben. Ist die Geburt in dem einen wie dem anderen Falle ohne nennenswerte Komplikationen verlaufen, wird man sich mit Recht fragen, ob in diesen beiden Verhaltensextremen nicht zugleich Temperaments- und Charakteranlagen zum Ausdruck kommen.

Hingegen liegt es auf der Hand, dass ein Säugling nach stressbelasteter Geburt z.B. durch drohenden Sauerstoffmangel oder eine schmerzhafte Austreibungsphase am Ende des Geburtsvorgangs heftig schreit und die sofortige Nähe seiner Mutter braucht, um die Stress-Folgewirkungen in seinem Gehirn durch den Saugvorgang an der Mutterbrust und durch die Körpernähe abzumildern (sog. **bonding**). Das gleiche Recht eines innigen Körperkontakts zur Mutter räumt man selbstverständlich auch jedem Neugeborenen ein, das nur zu erschöpft ist, um noch laut zu schreien. Der günstige Nebeneffekt des sogenannten bondings ist die besonders hohe Ausschüttung des Hormons Oxytocin bei der Mutter, das – wie neue Untersuchungen beweisen – das zentrale Hormon zur Stärkung der Bindungsbedürfnisse ist. Seine Wirkung auf die Milchbildung ist dagegen schon seit langem bekannt.

Was jedem Menschen im Rahmen der Geburtsverläufe sofort einsichtig ist, verliert seine Bedeutung aber weder im frühen noch im späteren Säuglingsalter. Denn auch in dieser Lebensphase haben lautes Schreien oder massive Erschöpfung immer noch die Bedeutung von Hilfeersuchen in einer – wenn auch nur scheinbar– lebensbedrohlichen Situation. Ein Verlassensein von der primären Bezugsperson ist wie der anfängliche Übergang in das Leben außerhalb des Mutterleibs eine Grunderfahrung von (Ab-)Trennung lebensschützender Umgebung und existenziellem Raum und damit Bedrohung. Verlassensein heißt in dem einen wie dem anderen Fall, dass die natürlichen, die Person schützenden Faktoren im äußeren Lebensraum verloren gehen. Und diese Erfahrung muss zwangsläufig Angst erzeugen, denn das eigene Leben kann, ja muss dadurch bedroht sein.

Das Schreien aus vollem Hals ist demzufolge nur die konsequente Antwort auf diese bedrohliche Situation. Ob die erlebte Situation auch wirklich bedrohlich ist oder nicht, können das Neugeborene und der kleine Säugling ohnehin noch nicht verstehen. Aber Angst bei Bedrohung ist in ihrer Entstehung, wie neurowissenschaftliche Ergebnisse belegen können (J. Ledoux, 1998, K. Grawe, 2004), unabhängig von einem funktionstüchtigen und registrierenden Bewusstsein.

Dieser Umstand streicht die Verantwortung der Bezugspersonen hinsichtlich einer immer besorgten und angemessenen Reaktion noch einmal heraus. Unmittelbar verständlich hingegen ist es für jeden Erwachsenen, dass Schmerzen (z.B. auch Blähungskoliken) sowie Hunger und Durst von Natur aus Bedrohung signalisieren und Angst erzeugen. Bei dem Gefühl der Verlassenheit geht diese Selbstverständlichkeit mangels intuitiver Empathie verloren.

Erst durch viele zuverlässige Reaktionen der Hauptbezugsperson und durch ihre wirkungsvollen Beruhigungsmaßnahmen entsteht beim Säugling mit der Zeit das Gefühl, auch im Moment einer Nichterreichbarkeit der Mutter (oder des Vaters) existenziell abgesichert zu sein. Möglich wird das durch die Entstehung der primären Bindung mit Ausbildung von Urvertrauen. Die zügige Beseitigung von Schmerzen und das sofortige Stillen von Hunger lassen beim Säugling dabei sogar ein Gefühl von Allmacht seiner Bezugspersonen aufkommen.

Man sollte bei diesen speziellen Bindungsvorgängen mehr von Monaten als von Wochen reden, denn die dazugehörigen neuronalen Netzwerkstrukturen brauchen diese Zeiträume, bis sie stabil sind und sicher funktionieren. Jede nachteilige und unzuverlässige Reaktion der Hauptbezugsperson erschwert diese Verknüpfungsvorgänge im Gehirn und wirft den Säugling im Erwerb von Vertrauen und Sicherheit in seine primäre Bindungsperson wieder ein Stück zurück.

Wie bereits erwähnt, darf man neueren wissenschaftlichen Erkenntnissen zufolge davon ausgehen, dass es bei zuviel negativem Stress (**distress**) eine Verschlechterung der entsprechenden neuronalen Netzwerke und des dazugehörigen Gedächtnisses gibt. Im Falle der Deprivation, also der Mutter- oder sagen wir besser Bindungsentbehrung, verringern sich sogar die Volumina der zugehörigen Hirnregionen, wie in Tierversuchen eindeutig nachgewiesen werden konnte. Zuerst wird die Bindungssicherheit dadurch schrittweise abgeschwächt, denn geht sie schließlich wieder verloren, denn negativer Stress unterhält sich mit der Zeit selbst und formt die Reaktionsweisen des Gehirns auf Belastungen in ausgesprochen ungünstiger Weise um. Es entsteht im schlechtesten Verlaufsfall ein dauergestresstes Gehirn mit wenig Spielraum, überhaupt noch andere Reaktionsformen entwickeln zu können. Ein solches Kind wird also in der späteren Kindheit sehr schnell immer wieder mit starkem Stress auf jede belastende Situation reagieren, wohingegen ein anderes Kind, das in der Bindung Sicherheit gefunden hat, in sich selbst Kompensationsmechanismen aufbaut.

Im Endeffekt ist es immer das Gesamtergebnis aus allen negativen und positiven Einzelerlebnissen, das darüber entscheidet, ob der Säugling unter guten Voraussetzungen gestartet ist oder unter schlechten. Dadurch wird klar, dass ein einzelner elterlicher Fehler oder eine ärgerliche Reaktion in einer spannungsgeladenen Situation (derer gibt es ohne Frage viele) nicht gleich die schlechtesten Auswirkungen haben muss. Jedes Kind bringt auch von Natur aus eine gewisse Widerstandsfähigkeit gegen Stresserscheinungen mit sich (sog. **Resilienz,** s.o.), die dafür sorgt, das wenige und leichte Störungen in der frühen Eltern-Kind-Beziehung von der kindlichen Psyche insgesamt verkraftet werden. Für diese Erkenntnis gibt es genügend empirische Belege.

Das berechtigt hingegen nicht, unachtsam im Umgang mit seinem Säugling und Kleinkind zu werden und die kindliche Toleranz bis zur Neige zu strapazieren. Am Ende des ersten Lebensjahres lässt sich eine Bilanz in der Bindungssicherheit durch erfahrene Kinderpsychologinnen und -psychologen einigermaßen sicher durch den **Fremde-Situations-Test** (z.B. K. Grossmann, K.E. Grossmann, 2003) ablesen.

Wenn aus den bisherigen Ausführungen klar geworden ist, dass die richtige Einschätzung und Beachtung des Schreiens im Säuglingsalter zur Angstminderung beim Säugling führt und prompte Beruhigung die Bindungssicherheit zur primären Bezugsperson erhöht, dann sollte dieses Grundprinzip auch auf die Angstzustände des Kindes beim Verlassenwerden am Abend zum Einschlafen und auf die Fütterungsmechanismen im Zusammenhang mit Hunger und Sattheit übertragen werden.

Was die **Angst am Abend** betrifft, muss der Moment der Trennung von Mutter oder Vater noch einmal in den Blickwinkel aus der Sicht des Kindes gerückt werden. Der ältere Säugling und das Kleinkind nehmen das Herausgehen der Bezugsperson aus dem Raum, in dem sie selbst allein zurückbleiben müssen, als einen vielleicht nicht mehr umkehrbaren Abschied wahr. Die Vorstellung, dass die Bezugsperson in einem anderen Raum der Wohnung und vor der Tür gleichsam wartet und dabei weiter Schutz ausübt, die Zeit des Einschlafens also nur einem normalen Fortgang ungefährlicher Alltagsvorgänge entspricht, ist vom frühkindlichen Gehirn noch nicht zu leisten. Solche Erfahrungen der Kontinuität von Zeit und Raum unabhängig eigener Bewusstseinszustände begründen erst nach dem vierten Lebensjahr (selten früher) die Weltsicht des Kindes und ermöglichen so die notwendige Selbstberuhigung.

Demzufolge führt der Augenblick des Abschieds und der Trennung von der Bezugsperson am Abend zu einem Unbehagen, das bei entsprechender Veranlagung oder aber bei verringertem Urvertrauen durch eine unsichere Bindung zum Gefühl von Schutzlosigkeit und gesteigerter Angst führen muss. Diese Angst verstärkt sich dann weiter, wenn von der Bezugsperson uneinfühlsam auf diese emotionale Lage reagiert wird. Das Kind fängt an zu weinen und begehrt immer wieder nach der Mutter oder dem Vater, um der sich vermehrenden Angst und aufkommenden Panik zu entgehen. Etwas ältere Kinder, die alleine einschlafen sollen, rufen ständig nach ihren Eltern oder stehen wieder auf, um zu kontrollieren, ob sie noch erreichbar sind.

Anders ist es, wenn das Kind aus Erfahrung weiß, in dem Zimmer einzuschlafen, in dem auch seine Eltern selbst schlafen. Das Elternschlafzimmer ist für das Kind dann wie ein sicherer Ort vor möglicher Trennung. Auch Orte und Räumlichkeiten können nämlich den Status von Sicherheit und Geborgenheit erlangen. In früheren Jahrhunderten schliefen kleine Kinder immer bei ihren Eltern mit im Zimmer. Ein **gemeinsames Schlafen** im elterlichen Ehebett ist dabei für das Gefühl der Sicherheit nicht einmal unbedingt notwendig, wenn auch fraglos förderlich. Der gemeinsame Raum allein bedeutet dem Kind schon viel. Kinder, die in der Nacht das unbändige Verlangen haben, die Erreichbarkeit ihrer Eltern auch körperlich zu spüren, kriechen zu ihnen unter die Decke.

Eine große Meinungsverschiedenheit herrscht unter Eltern wie unter Fachleuten, ob das gemeinsame Schlafen ein unbedingtes Muss im Aufziehen von Kindern ist oder geradezu kontraproduktiv in der Entwicklung des Kindes zur Selbstständigkeit. Die zuvor gemachten Erklärungen geben eine klare Antwort und klären die Positionen. Gerade im Zusammenhang mit der vom Kind geforderten Selbstständigkeit in der Regulation seiner Gefühle und Affekte muss so argumentiert werden, dass das emotional stabile Kind (weil in seine Bedürfnissen beachtet) besser und schneller sein Gefühlsleben zu regulieren lernt und sich anpassen kann, als das hierzu nur erzogene. Denn dieses handelt unter Erzwingung einer emotionalen Stabilität gegen seine eigenen Bedürfnisse. Das gemeinsame Schlafen bewirkt diese notwendige emotionale Stabilität durch Reifung. Ein Kind, das ohne emotionales Defizit von Anfang an (nahezu) regelmäßig allein in seinem Zimmer geschlafen hat, ist ein seltener „Glücksfall", der für die anderen Kinder kein Beispiel ist.

Bei der Nahrungsaufnahme stellt sich das Verhältnis von kindlichem Vertrauen in seine Bezugspersonen und Missachtung seiner Bedürfnisse durch sie etwas anders dar. Die Bedrohung, die der Säugling und das Kleinkind beim

Nahrungsdefizit verspüren, geht vom Grundbedürfnis Hunger aus, der nach Sättigung drängt. Intuitiv empfindet das Kind den **Hunger als Gefahr** für die eigene Existenz, wenn er nicht in kürzester Zeit und auf die angenehmste Weise beseitigt wird. Das Todesmotiv ist ein im Spektrum der Urgefühle verankertes, vorbewusstes Ahnen. Dem Tod als der Vernichtung der eigenen Person zu entgehen, ist eine darwinistische Grundhaltung eines jeden Individuums weit vor einer Bewusstwerdung dessen, was Tod tatsächlich bedeutet.

Dass die Todesangst im Moment der Realität vielleicht nicht entspricht und der Säugling dennoch so schreit als ob, ist nur – wie mehrfach betont – dem mangelnden Wissensstand in seinem frühen Entwicklungsstadium geschuldet. In der tiefenpsychologischen Interpretation entspricht diese Angst vor dem Tod der Vernichtung des gerade erst erfahrenen Daseinszustandes und der potenziellen Auflösung des noch unreifen Selbst. Hilfe kann allein die prompte Beruhigung und Sättigung durch die primäre Bezugsperson erbringen. Geschieht dies nicht, wächst die Angst, körperlich Schaden zu nehmen, stetig an und der Säugling schreit immer lauter nach der von ihm erhofften Hilfe.

Werden also zu große Bedingungen an die Nahrungsaufnahme geknüpft, ob zeitliche Regelungen oder solche in Bezug auf die Wahl der Nahrungsmittel, gerät das Kind aus dem natürlichen Rhythmus von Hunger und Sättigung heraus (Stoffwechselvorgänge leisten ihm dabei – letztlich auch unvorteilhafte – Hilfe z.B. durch Mobilisation von Zucker aus der Leber). Dabei schwindet der Appetit und das Kind wird sich (paradoxerweise) immer mehr gegen die Nahrungsaufnahme wehren. Wird es nun aus erzieherischen Gründen zu einer widerwilligen Nahrungsaufnahme gezwungen und kommt dabei das lustvolle Gefühl der Sättigung zum Erliegen, entsteht Angst aus dem wiedererwachenden Hungergefühl und dem Vertrauensverlust in die Bezugsperson. Nahrungsaufnahme verliert dann endgültig ihren befreienden und lebenserhaltenden Charakter. An diesem Punkt beginnt häufig ein unheilvoller Zyklus von Ernährungszwang und Nahrungsverweigerung, der leicht in einer Fütterungsstörung endet.

Unabhängig von diesen psychologischen Entwicklungen gibt es natürlich auch Kinder, die von Natur aus einen schlechten Appetit haben und die in besonderem Maße im Essverhalten durch die Eltern unterstützt werden müssen. An diese Pflicht braucht man jedoch die wenigsten Eltern zu erinnern.

5.3 Die anderen Angstformen

Klar von der Trennungsangst zu unterscheiden sind auch in diesem Alter schon die anderen Angstformen. Etwas vereinfachend kann man das Angstgeschehen in zwei große Verlaufsformen aufteilen. Wie eingangs erwähnt, geht die eine Verlaufsform in Richtung der Trennungsangst auf dem Boden einer allgemeinen **Stimmungsangst** (Urangst). Sie basiert auf einem existenziell bedingten, emotionalen Notstand am Anfang des Lebens. Besorgnis vor Verlassensein und der Verlust des schützenden Milieus im Mutterleib, Sorge vor konkreter, existenzieller Bedrohung (Hunger, Durst oder Schmerz) sind ihr ständiger Nährboden. Sorge vor Ablehnung, Liebesverlust und Furcht vor Strafe bilden im weiteren Verlauf neue Grundlagen im Alltag. Die andere Verlaufsform geht in Richtung Objekt bezogener **Furcht** und bezieht ihre Inhalte im Laufe des Lebens aus konkreten Erfahrungen durch eine Konfrontation mit spezifischen, Angst auslösenden Erlebnissen und Situationen.

Zwar ist die Urangst für beide Verlaufsformen die genetische Grundlage, im alltäglichen Erscheinungsbild ist die Unterscheidung in „**allgemeine Angststörung**" und „**phobische Angst**" (Furcht) aber unumgänglich. So weisen Beobachtungen und Studien aus, dass die Stimmungsangst über die Trennungsangst im späteren Leben zu einem hohen Prozentsatz in Panikattacken mit oder ohne Platzangst (Agoraphobie) übergeht (im Einzelfall auch in eine generalisierte Angststörung), wohingegen die Phobien im Wesentlichen immer Phobien bleiben.

Bei der Phobie oder Furcht kommt es körperlich zu exakt denselben Symptomen wie auch bei der Trennungsangst. Schwitzen, Herzklopfen, Zittern, Übelkeit und der Stuhl- sowie Harndrang stehen im Mittelpunkt. Den körperlichen Symptomen folgt das Fluchtbedürfnis auf dem Fuße. Bei jeder Angstform heißt die durch die Evolution in das Verhaltensprogramm des Menschen eingeschriebene Reaktionsform Flucht oder Kampf, Unterwerfung oder Standhalten. Damit unterscheidet sich der Mensch nicht wesentlich vom Tier.

Anders aber als bei der Trennungsangst, bei der die Flucht auf den mütterlichen Arm die Angst beenden konnte, geht es bei der objektbezogenen Furcht trotz elterlicher Anwesenheit mit der Angst weiter. Da vor der Phobie auch die Beziehungsperson nicht hundertprozentig schützen kann, sieht das Kind ein Entkommen nur in der gezielten Vermeidung. Die **Vermeidung** wird so zum Kernsymptom der Phobie. Lässt sich die Vermeidung aber nicht realisieren und ist auch kein elterlicher Arm als halbwegs schützender Fluchtort zu erreichen, kommt es zu einer Umnebelung des Bewusstseins mit Erstarrung (Blockade) aller Gefühlsabläufe. Mit dem Begriff **Todesangst** lässt sich am besten beschreiben, was in dem Betroffenen tatsächlich vorgeht. Die Erstarrung entspricht dabei dem bei Tieren zu beobachtenden Totstellreflex (hierhin gehört das Bild vom Kaninchen, das reglos vor der Schlange hockt).

Im Kindesalter ist die Grenze zwischen normaler Angst (sog. Entwicklungsangst) und Phobie noch schwerer zu ziehen, als zwischen Normalität und Trennungsangst. Konkrete Ängste und „irgendwie Angst haben" gehört zu den normalen Wahrnehmungen und Verhaltensweisen im frühen Kindesalter. Alles Unbekannte, Neue hat von Natur aus auch potenziell bedrohlichen Charakter, erzeugt Skepsis und damit Vorsicht bei der Konfrontation und Annäherung. Viele Tiere z.B. werden mit natürlicher Vorsicht betrachtet und lösen Ängste aus. Durch die resultierende Vorsicht, die je nach Veranlagung unterschiedlich ausgeprägt ist, wird dem Menschen von Natur aus manche gefährliche Situation erspart.

Das Mitgehen mit einem fremden Menschen zieht für das Kind unter Umständen eine gefährliche Entwicklung nach sich. Die spontane und unüberlegte Berührung eines unbekannten Tieres oder auch nur der Blickkontakt mit ihm kann höchst unangenehme Folgen haben. Der unerfahrene Umgang mit gefährlichen Gegenständen oder Substanzen kann körperlichen Schaden hervorrufen. Das Spielen an ungeschützten Orten kann einen Unfall verursachen und der Kontakt mit Wasser an nicht vertrauten Ufern das Kind ertrinken lassen. All das spürt das Kind wie in einer Art Vorahnung, obwohl es hierzu noch keine konkreten Erfahrungen gemacht hat. Ohne ein klares Verständnis der Zusammenhänge richtet es sich in seinem Verhalten danach. Diese Vorahnung rührt her aus weitgehend genetisch fixierten Angstkonstellationen aus der realen Umwelt, eingraviert durch die zigtausend Jahre während Geschichte der vorzeitlichen, menschlichen Lebensbedingungen.

Aber auch geophysikalische Phänomene wie Wind, das Rauschen des Regens oder allein die Dunkelheit erzeugen rein natürliche Ängste, die vor allem ab dem zweiten Lebensjahr auftreten. Zur Angst vor **Dunkelheit** gehört auch die Angst vor **Gespenstern** der Drei- bis Vierjährigen. Gespenster sind phantasierte, imaginäre Wesen, die große Macht besitzen und das Kind bedrohen oder massiv schädigen können. Wie dieser Schaden aussehen könnte, ist dem Kind zunächst nicht erklärlich, aber um im Bild der Märchen zu bleiben, die hierzu mannigfaltige Möglichkeiten aufzeigen, geht es um Verschlungen- oder Aufgefressenwerden. Somit werden Gespenster auch gerne als eine Art von grässlichen Raubtieren beschrieben. Das alles wäre solange Ausdruck einer normalen, entwicklungsgerechten Angst, wie sich dadurch für das Kind nicht eine nachhaltige Hemmung der natürlichen Entwicklungsaufgabe ergibt.

Es treten aber in der frühen Kindheit auch zahlreiche Ängste auf, die keinen einfach nachvollziehbaren Bezug zu irgendeiner Gefährdung haben und trotzdem großen Einfluss auf das kindliche Verhalten ausüben. So zeigen viele Kinder **Angst vor lauten, undefinierbaren Geräuschen** und vor schnellen, in der Richtungsgebung schwer kalkulierbaren Gegenständen.

Viele Eltern berichten davon, dass sich ihre Kinder vor hüpfenden Bällen fürchten, sausenden Papierfliegern oder sogar umher rennenden anderen Kindern. Geradezu klassisch ist die Angst des älteren Säuglings und Kleinkindes vor dem Geräusch des Staubsaugers oder der Bohrmaschine.

Sind die Kinder etwas älter und gehen bereits in den Kindergarten, kommen neben der Angst vor Dunkelheit und Gespenstern auch Ängste vor Naturereignissen dazu wie die **Gewitterfurcht** oder die Furcht vor schwerem Sturm. Noch etwas später, nämlich beim Eintritt in die Grundschule, fürchten sich die Kinder vor Krieg, Zerstörung und großen Naturkatastrophen. Aber so sehr sie auch die Auswirkungen kriegerischer Auseinandersetzungen und Elementarereignisse in der Natur fürchten, so sehr sind sie von deren Bildern aus sicherer Perspektive (z.B. im Fernsehen) angezogen. Diese „Faszination des Grauens" beginnt schon im Kindesalter und setzt sich bis ins Erwachsenenalter ungehindert fort.

Ängste haben die unangenehme Eigenschaft, nicht immer auf natürliche Weise oder durch geistige Relativierung und Korrektur im Gehirn wieder zu verschwinden. Das kommt zwar zu einem gewissen Prozentsatz vor, wahrscheinlicher ist es aber, dass sie sich noch weiter ausbreiten. Es gibt zur Klärung der Frage, wann eine Furcht relativiert wird, und wann sie sich ungehindert weiter ausbreitet, bisher keine ausreichend aussagekräftigen Untersuchungen. Allgemeines Erfahrungsgut ist, dass sich die einmal entstandene Furcht häufig auf andere, bisher als ungefährlich eingeschätzte Objekte oder Vorgänge, spontan ausdehnt. Das hängt damit zusammen, dass das Gehirn – den Gefährdungsmodus einer bestimmten Bedrohung einmal erkannt –, diesen auf alle ähnlich verlaufenden Erscheinungen überträgt. Dabei bleibt es anfangs noch in derselben Kategorie der ursprünglichen Angst, um dann aber auch auf andere Kategorien überzuspringen.

Eine Sonderform der phobischen Angst nimmt die **Sozialangst** ein. Bei Kleinkindern nennt man sie auch **soziale Ängstlichkeit**. Ist die Schüchternheit bis zu einem gewissen Grade noch Ausdruck einer angeborenen, defensiv-introvertierten Charakteranlage und damit normal, so ist die soziale Ängstlichkeit schon ein echtes Kommunikationshemmnis. Wo genau der Übergang von einer Charaktereigenschaft zu einer Störung liegt, muss jedoch offen bleiben. Entscheidende Unterschiede zwischen Schüchternheit und sozialer Ängstlichkeit bestehen darin, dass die soziale Ängstlichkeit sich auf spezielle Situationen bezieht, u.U. ein traumatisches Ereignis als Auslöser kennt und die persönliche Entfaltung des Kindes in stärkerem Maße einschränkt.

Mit einem engen Anknüpfungspunkt zur Trennungsangst werden von den betroffenen Kindern alle Situationen gemieden, in denen sie allein ohne den Schutz durch ihre Bezugsperson fremden Menschen gegenüberstehen, in den Mittelpunkt des Geschehens gerückt werden, oder sich gezwungen sehen, mit vielen anderen Menschen Kontakt aufzunehmen. Dabei kennzeichnet die kindliche, soziale Angst besonders die Tatsache, dass auch der Kontakt zur gleichaltrigen Gruppe erheblich erschwert ist.

Zu unterscheiden sind das Fremdeln im ersten Lebensjahr, das ein Anzeichen der eingegangenen primären Bindung ist, und die Fremdenangst im zweiten Lebensjahr. Erst diese zweite Form der Angst (Furcht), die sich auf das „Objekt" fremder, unbekannter Mensch richtet, kann als ganz früher Beginn einer sozialen Ängstlichkeit gelten. Die Stärke des Fremdelns im ersten Lebensjahr kann nicht ohne Weiteres als soziales Angstphänomen interpretiert werden, drückt sie doch nur die Veranlagung des Kindes zur Angst im Allgemeinen aus.

Ein ganz typisches Zeichen für soziale Ängstlichkeit ist die **Hemmung** der Kinder, in der Öffentlichkeit zu sprechen. Den Sprachfluss beeinträchtigende Versprecher und regelrechtes Stottern kommen in solchen Momenten vor. Die Vermeidung eines jeden Vorsprechens vor einer größeren Gruppe ist die stete Folge. Unübersehbar ist auch die Weigerung, ein Lied vorzusingen oder ein Instrument vorzuspielen. Schon allein die Herausstellung der eigenen Person bei bestimmten in der Gruppe ausgeführten Spielen bereitet den Kindern enorme Schwierigkeiten. Hingegen ist die **Verlegenheit**, die viele Kinder ergreift, wenn sie herausgestellt werden oder sich exponieren (sollen), ein normales Phänomen. Diese Verlegenheit wird vom Kind dann häufig durch große Albernheit kompensiert.

Anders als vielleicht zu erwarten, haben die Kleinkinder dieselben Schwierigkeiten auch in der altersgleichen Gruppe und nicht nur bei der Konfrontation mit fremden Erwachsenen. Die Hemmung des Sprechens mit Erwachsenen ist unabhängig davon jedoch ungleich stärker. Hingegen haben diese Kinder (im Unterschied zur Trennungsangst) keine besonderen Probleme, ein anderes Kind zu besuchen oder gar bei ihm zu übernachten, vorausgesetzt die Umgebung und die dort anzutreffenden Personen sind ihm sympathisch.

Sozialangst galt bisher weitgehend als eine Verhaltensproblematik ab dem Schulalter, wo sie auch besonders deutlich in Erscheinung tritt (s.u.). Das rührt daher, dass die Kinder erst in diesem Alter über ihre Gefühle in notwendiger Weise nachdenken und diese auch differenziert mitteilen können. Das ist gerade bei der Herausforderung durch die Schule besonders wichtig. Auch können diese Kinder sehr viel besser ihre vegetativen Symptome wie Schwitzen, Zittern, Herzklopfen angeben und die begleitenden, negativen Empfindungen einer persönlichen Abwertung sprachlich zum Ausdruck bringen. Nicht zuletzt können die Kinder erst jetzt wahrnehmen, dass es die Sorge vor dem Versagen in den Augen der Anderen ist, die ihnen Angst bereitet. Bei Kleinkindern und Kindern im Kindergartenalter lassen sich vergleichbare Symptome nur durch einfühlsame und kenntnisreiche Beobachtung ermitteln.

Während bei jüngeren Kindern sich die sozial phobische Komponente generell in Situationen der persönlichen Ansprache und Herausstellung bemerkbar macht, ist die Sozialangst der Pubertieren und Erwachsenen sehr viel stärker auf bestimmte Formen einer solchen Darstellung des Selbst in der Gesellschaft fokussiert. Prüfungs- und Examensangst, aber auch Auftrittsangst auf einer Bühne oder Angst auf Partys oder Feiern von fremden Menschen angesprochen zu werden, sind typische Anzeichen. Die Sorge, sich mit seinen Kenntnissen, seiner Reaktion oder seinem Verhalten vor den Anderen zu blamieren, ist der eigentliche Hintergrund. Die reine Schüchternheit hingegen würde zwar auch ein vorsichtiges Taktieren in derartigen gesellschaftlichen Zusammenhängen erzwingen, aber den Betroffenen nicht davon abhalten, die Herstellung von Kontakt zu versuchen.

Umstritten ist bis heute, ob der sozialen Phobie im Jugend- und Erwachsenenalter auch immer eine soziale Ängstlichkeit im frühen Kindesalter vorausgehen muss. Vieles spricht jedoch dafür, denn das Selbstbild eines Menschen, verbunden mit dem Selbstbewusstsein, formt sich bereits in der frühen Kindheit aus. So sind Kinder mit einem unausgewogenen Selbst (s. Kapitel 1) sehr viel wahrscheinlicher auch die, welche soziale Ängstlichkeit ausbilden. Gesellt sich zum unausgewogenen Selbst auch noch Minderwertigkeit in der Selbsteinschätzung hinzu, ist die Entwicklung zur Angst im gesellschaftlichen Umgang geradezu vorprogrammiert.

Hingegen sind Kinder mit einem ausgewogenen Selbst vor sozialer Phobie oder Ängstlichkeit weitgehend geschützt, vorausgesetzt, dass nicht im Laufe des Lebens ihr Selbstgefühl stark beeinträchtigende Ereignisse stattfinden. So kann die Scheidung der Eltern ein gravierender Einschnitt in der Selbsteinschätzung des Kindes sein, eine dauerhaft ungünstige Position in der Gruppe der Freunde oder eine stark demütigende Erfahrung. Auch die Geschwisterkonstellation wirkt auf die Fähigkeit eines Kindes ein, sich in der Gruppe oder der Gesellschaft zu präsentieren. So sind charakterlich starke und dominant erscheinende ältere Geschwister ein nicht seltener Grund für eine negative Selbsteinschätzung

Paart sich die Sozialangst mit aggressiv-oppositionellen Elementen, kann sie zur Vermeidung der angstbesetzten Situation wütend-hysterisch anmutende Anfälle hervorrufen oder in gegenteiliger Weise zu einem kalkulierten Anschweigen fremder Personen führen. In seiner stärksten Ausprägung werden wahllos alle Menschen angeschwiegen (außer der primären Bezugsperson). Dieses Störungsbild wird je nachdem als **selektiver** oder **universeller Mutismus** bezeichnet (s. auch Kapitel 7 über die Bindungsstörungen).

Spätestens im Kindergarten, wenn nicht schon in vorausgehenden Spielkreisen, fallen sozial ängstliche Kinder in klassischer Weise durch einen Rückzug aus gemeinsamen Spielen auf, beim Stuhlkreis, den sie verweigern, oder beim gemeinsamen Essen. Konsequent essen diese Kinder in der Gemeinschaft nicht mit und nehmen an so gut wie keinem Gesellschaftsspiel teil, besonders wenn es sich um ein auf Leistung ausgerichtetes Spiel handelt. Jeden an sie herangetragenen Leistungsanspruch können diese Kinder nur schwer aushalten und sagen sofort von sich, dass sie das Geforderte nicht schaffen würden. Die Züge der Versagensangst nehmen im Schulalter deutlich zu und erschweren dann die Demonstration der eigenen Leistungsfähigkeit im Unterricht. Aus Angst, das Falsche zu sagen, melden sich solche Kinder nicht mehr oder liefern schlechte Klassenarbeiten ab, obwohl sie den Stoff gut beherrschen. Ein typisches Zeichen für Sozialangst im Schulalter sind eine Vermeidung sozialer Aktivitäten und der Rückzug in einen sehr privaten, mit besonderen Hobbys versehenen Raum.

Neben den klassischen Angstsymptomen im körperlichen Bereich tritt bei der Sozialangst häufig das schamvolle **Erröten** auf. Da das Erröten als ein sichtbares Zeichen jedem Anderen in der Gesellschaft für Angst und Versagen steht und häufig von der Umwelt auch so direkt kommentiert wird, kann sich dieses Symptom verselbstständigen und eine spezielle Angst vor dem Erröten (**Erythrophobie**) erzeugen. Dabei tritt das Erröten schon auf, bevor das Kind überhaupt in die Situation des Versagens geraten ist (z.B. bei einem aufgetragenen Vorsprechen). Soziale Angst und Angst vor Erröten kann sich ausweiten und generalisieren, so dass die betroffenen Kinder und Erwachsenen ein von der Allgemeinheit weitgehend isoliertes Leben führen. Überhaupt zeichnen sich sozial-phobische Kinder dadurch aus, dass sie ein sehr zurückgezogenes, fast einsames Leben führen und ihre Zeit oft mit außergewöhnlichen und kreativen Tätigkeiten verbringen. Dabei ist nicht garantiert, dass der kreative Prozess eines Tages das entstandene soziale Problem löst, vielmehr kann er das Kind immer tiefer in die Isolation treiben und dazu führen, dass es sich in künstliche Welten flüchtet, wie sie ihm in der medialen Welt heutzutage angeboten werden.

5.4 Die Risiken der Angstentstehung und Angstvermehrung in der frühen Fremdbetreuung

Solange die Kinder im geschützten Bereich der Familie groß werden und von dem allgemeinen Verständnis und der Nachsicht der Eltern und den Verwandten profitieren können, bleiben die Veranlagung zur Angst oder auch bereits entstandene Ängste weitgehend zu vernachlässigen und schadlos. Das gilt ganz besonders, wenn sich diese noch im Grenzbereich des Normalen abspielen. Vorausgesetzt ist eine gut funktionierende Familie, die rein intuitiv oder – wenn nötig – durch pädagogische Begleitung geschult, die richtigen Reaktionen in diesem Entwicklungsprozess des Kindes gewährleistet.

Sehr viel kritischer wird das Angstgeschehen beim Kind in dem Moment, in dem es einer Fremdbetreuung ausgesetzt wird und zwar zu einem Zeitpunkt, an dem es noch nicht die ausreichende Reife hierfür besitzt. Der Beginn der frühen Fremdbetreuung ist in der aktuellen Sozialpolitik auf einen Zeitpunkt festgelegt (ab 1 Jahr), an dem die Loslösung aus der primären Bindung gerade erst einsetzt. Sogar Säuglinge kommen neuerdings schon in die Kinderkrippen. Das Bindungsprinzip und die Selbstentstehung werden durch solche Eingriffe in die psychosoziale Entwicklung grundsätzlich auf die Probe gestellt. Folgerichtig wird in diesem Zusammenhang die Frage aufgeworfen, ab wann denn genau ein Kind in der Lage ist, Fremdbetreuung zu verkraften und woran man die geforderte Reife des Kindes erkennen kann.

Auf diese konkreten Fragen gab es bis vor einiger Zeit nur reine Erfahrungsdaten. In den Anfängen der Kindergartenbewegung vor gut einhundertfünfzig Jahren meinten die Pädagogen zu spüren, dass das vierte Lebensjahr des Kindes die entscheidende Wendung zur Möglichkeit einer außerfamiliären Unterbringung einleitet. So entstand traditionell die Ansicht, Kinder sollten erst im Alter von vier Jahren in den Kindergarten gebracht werden. Diese rein empirische, das heißt durch Beobachtung erfolgte Einstellung zur sozialen Reifung des Kindes konnte im letzten Jahrzehnt des vergangenen Jahrhunderts wissenschaftlich einigermaßen sicher untermauert werden. Durch die Entdeckung der **Theory of Mind** (D. Bischof-Köhler, B. Sodian s.o.) im kindlichen Gehirn konnte gezeigt werden, dass erst vierjährige Kinder anfangen, sich in den Geisteszustand eines anderen Menschen hineinzuversetzen. Konkret bedeutet das, erst jetzt wird vom Kind verstanden, dass ein anderer Mensch etwas anderes fühlen und denken kann als es selbst und mit diesem Denken auch zu anderen Ergebnissen gelangen kann. Bis dahin musste das Kind immer davon ausgehen, der andere Mensch empfinde ihm gleich und hätte auch dieselben Vorstellungen. Das Kind hatte – einfach gesprochen – das Gefühl, dass dieser andere Mensch in die eigene Gedankenwelt offenkundig Einblick hat. Ein solches Kind muss also denken, dass wenn es sich nicht von der Mutter trennen möchte, auch diese sich nicht von ihm trennen will.

Eine solche durch mangelnde Reife bedingte Fehlwahrnehmung des tatsächlichen Geschehens hatte für das Kind den entscheidenden Vorteil, in dem Glauben leben zu können, die Eltern oder der andere – auch ganz fremde – Erwachsene könnten sich genau vorstellen, was in ihm selbst vorgeht. Das verschaffte dem Kind Sicherheit, in seiner Bedürfnislage und in seinen Ansprüchen nie unerkannt zu bleiben.

Umso schmerzlicher ist es für das Kind zu erfahren, dass die Realität dem widerspricht und oft eine ganz andere Reaktionsweise zutage fördert. Nur die Eltern oder ganz vertraute andere Betreuungspersonen kennen das Kind so genau, dass sie seine Bedürfnislage und Anspruchhaltung weitgehend erraten können. In dieser Form stimmt die Welt für das Kind, wenn diese Personen auch in seinem Sinne handeln, wenigstens im vertrauten Umfeld. Der Rest an Diskrepanz, der im Alltagsgeschehen immer wieder in Erscheinung tritt, ist denn auch der Anlass für das Kind, weitere Überlegungen über die Richtigkeit dieser eigenen Auffassung anzustellen. Dieser Widerspruch ist der Motor für die geistige Weiterentwicklung im dritten bis fünften Lebensjahr.

Fremde Bezugspersonen besitzen nun diese im Zusammenleben mit dem Kind entstandenen Kenntnisse über seine Bedürfnisse, Wünsche und Ansprüche nicht und sind demzufolge in den Lebensjahren eins bis vier grundsätzlich nicht geeignet, ein ihnen fremdes Kind zu behüten. Das jedenfalls war die Grundauffassung der frühen Kindergartenpädagogik.

Mit dem geistigen Reifungsschritt der Theory of Mind und der damit verbundenen Fähigkeit des Kindes, die Unkenntnis einer anderen Person in Bezug auf die eigenen emotionalen und geistigen Zustände zu begreifen, beginnt für das Kind der Einstieg in die uns Erwachsenen verständliche und gebräuchliche kommunikative Welt. Nur diese Art von Kommunikation ist aber in der bisher üblichen Pädagogik generell gebräuchlich und wird tatsächlich von den Erzieherinnen angewandt, die egozentrische kindliche Sichtweise der unter Vierjährigen ist weitgehend Neuland. Daher erwarten die Erzieherinnen und Erziehern beinahe regelmäßig, dass sie mit den ihnen anvertrauten Kindern zumindest erwachsenenähnlich kommunizieren können (Säuglinge dabei ausgenommen). Das heißt, sie setzen die Fähigkeit zu einer rationalen Trennung von der Mutter beim Kind voraus („Mutter ist nur an einem anderen Ort/ Mutter kommt sicher zurück"), obwohl es sich wenigstens bis zum vierten Lebensjahr diesbezüglich noch um irrationale, das heißt emotional hervorgebrachte Vorstellungen in ihrer Gedankenwelt handelt.

Das nicht vorhandene, intuitive Totalverständnis der Erzieherinnen und Erzieher für die inneren Zustände des fremden Kindes im Alter von einem bis vier Jahren und deren Unkenntnis über die Reife bedingt beschränkte, radikal subjektive, kindliche Wahrnehmungsweise hinsichtlich eines Austauschs von Gedanken und Gefühlen, ist denn auch für die **frühe Fremdbetreuung** der begrenzende Faktor in der konfliktfreien Ausführung. Das Kind erwartet in diesem Alter noch, dass die Erzieherin/der Erzieher wie eine seiner anderen wichtigen Bezugspersonen in sein Inneres hineinschauen und alles in seinem Sinne regeln kann. Die Erzieherin/der Erzieher hingegen rechnet nicht damit, dass das Kind solche beinahe magischen Fähigkeiten von ihr erwartet. Auf diese Weise entsteht ein unheilvolles Missverständnis, das am Ende immer zu Lasten des Kindes ausgeht. An dieser Stelle beginnt die Angst, die das Kind in der nicht gelingenden Fremdbetreuung befällt und fortan begleitet.

Handelt es sich dabei um ein Kind, das ohnehin schon mit seinen Ängsten kämpft oder das ungünstige Bindungserfahrungen gemacht hat und sich auf seine Eltern nicht mehr ohne Vorbehalt verlässt, kann diese Angst ein Hochschnellen alter Befürchtungen hervorrufen und **erste frühe Panikattacken** in der Fremdbetreuungssituation auslösen. Diese Kinder flüchten nicht nur auf den Arm der Mutter in der Ablösungssituation oder verkriechen sich hinter ihrem Rock, sondern klammern sich fest an den mütterlichen Hals, fangen herzzerreißend an zu weinen, schreien schließlich und beben am ganzen Körper. Die inneren Zustände, in die das Kind dabei gerät, spülen sämtliche aversiven Gefühle hoch, die es in seinem Leben schon erlebt hat. Auch Wut und Aggressivität zählen dazu und machen die Unterscheidung für den Beobachter zwischen zorniger Entladung und panischer Angst nahezu unmöglich. Die Erzieherinnen oder Tagesmütter sind auf solche Reaktionen des Kindes in aller Regel nicht vorbereitet und besitzen nicht das Rüstzeug, wutmäßigend oder angstlösend auf das Kind einzuwirken. Oft meinen sie, das Kind mit Gewalt festhalten oder von der Mutter losreißen zu müssen. Die Panik des Kindes wird dadurch noch verstärkt.

Auch die mütterliche Reaktion ist in solchen Momenten durch persönliche Verstrickungen mit der Angst des eigenen Kindes oder seiner heillosen Wut verkompliziert. Unduldsamkeit hinsichtlich des hoch erregten Zustandes des Kindes und befürchtete soziale Folgen für die ganze Familie lassen schnell eine Mischung aus Zorn und Schuld aufkommen. Die angenommene persönliche Blamage durch die Reaktion ihres Kindes wird von den Erzieherinnen und Erziehern häufig dazu genutzt, die Mütter gefügig zu machen, ihr Kind herzugeben.

Um das konflikthafte Geschehen in der Ablösesituation beim Übergang in die Fremdbetreuung, besonders in die frühe Fremdbetreuung, in der unterschiedlichen Auffassung von Psychologie und Pädagogik pointiert zusammenzufassen, lässt sich folgende Darstellung vornehmen: In der (Tiefen-)Psychologie geht man davon aus, dass eine zu frühe und harte Ablösung eines Kleinkindes in die Frühbetreuung die Bindungsstrukturen zur Mutter oder einer anderen wichtigen Bezugsperson erschüttert oder sogar zerstört. Die Folgen sind ein Aufkommen von Angst, aber auch von Wut und Aggression, jenachdem wie die gesamte emotional-affektive Ausgangslage im Mutter-Kind-Verhältnis besteht. In der Pädagogik hingegen erkennt man im Widerstandsverhalten des Kindes bei der Ablösung den Versuch des Kindes, die Mutter unter Kontrolle zu bekommen, sie zu steuern und an ihr unbefriedigte Machtbedürfnisse auszuleben. Häufig unterstellt man der Mutter im gleichen Atemzug, sie könne nicht loslassen und ihr Kind an die Erzieher/innen abgeben.

In der heutigen Forderung nach früher Fremdbetreuung werden weder die unterschiedlichen Auffassungen der einzelnen Wissenschaften weiter reflektiert, noch die gerade aufgeführten Aspekte der geistigen und sozialen Reifung des Kindes zum Maßstab gemacht. In zuweilen beharrlicher Argumentationsmanier wird von den Erzieherinnen darauf verwiesen, dass das Kind kurz nach dem Verschwinden der Mutter aufgehört habe zu weinen. Dass aber eine solche Beruhigung einzig auf den Zusammenbruch des kindlichen Widerstands zurückzuführen ist und nicht einer Anpassungsleistung zum eigenen Wohl entspricht, wird verdrängt oder geleugnet. Die Menschheitsgeschichte hat auf vielfältige, zuweilen erschreckende Weise gezeigt, zu welchen Anpassungsleistungen Kinder fähig sind, selbst wenn diese eindeutig nicht zu ihrem Wohle gewesen sind. Grund für diese **scheinbare Anpassung** ist eine Strategie der **Vermeidung**, die die Kinder entwickeln, damit die beklemmenden und kräftezehrenden Angst- und Panikgefühle nicht immer wieder hochkommen. Diese Vermeidung beim Kind darf aber nicht darüber hinweg täuschen, dass es sich dennoch um Trennungsangst handelt!

Ein schließlich „vermeidendes" Kind erkennt man im tatsächlichen Geschehen meist nur bei genauer Beobachtung. Der besorgte Blick, oft mit Angst gemischt, tritt zusammen mit einem wie erstarrten Bewegungsmuster und einer merkwürdigen Ruhe auf. Auf Ansprache reagieren die Kinder mit Schweigen. In ihrer Verängstigung stellen sich die Kinder abseits der Gruppe und hocken oft lange Minuten in einer Ecke des Raumes, ohne sich an den Spielen der anderen Kinder zu beteiligen. Viele Kinder vermeiden gezielt den Blickkontakt zu den Erzieherinnen und ihren Müttern, wenn diese noch im Raum sind, und verweigern jegliches Reden. Wie Säuglinge, die sich von der Animation durch ihre Bezugspersonen überfordert fühlen, drehen sie den Kopf weg und schauen gezielt zur Seite. Man kann diesen Zustand gut beschreiben als „stilles Weinen".

Schwerer wiegend als die Vermeidung, die man doch als einen, wenn auch auf Dauer ungesunden Prozess im Verarbeitungsbemühen des Kindes seiner erlebten Situation werten darf, ist das momentane **Erstarren** oder „**freezing**". Die Kinder schreien, bleiben dann aber reglos auf ihrem Fleck stehen, reagieren schließlich kaum noch und starren auf das Geschehen (genau wie bei der unauflösbaren Objektangst s.o.) wie das Kaninchen auf die Schlange. Dieses Erstarren, das einer Psychotraumatisierung gleichkommt, führt zu einer Auftrennung der inneren Wahrnehmung des Geschehens in einen gefühlsmäßigen und einen erkenntnishaften Teil (Verlust der Kohärenz). Diesen Vorgang im Gehirn bezeichnet man in der Psychopathologie als Dissoziation (s. Kapitel 6 über die Persönlichkeitsentwicklung). Das faktische Gedächtnissystem wird dabei in seiner Funktion mehr oder weniger stark blockiert (das Erlebte ist zu schrecklich, als dass es Bestandteil der Erinnerung werden darf), hingegen arbeitet der Erinnerungsspeicher für die Gefühle weiter.

Die Angst bleibt (als der wahre Lehrmeister) bestehen, aber der Vorgang, der sie ausgelöst hat, geht (als zu großer Schrecken) zum großen Teil verloren. Nun ist die Realität aber noch hartnäckiger als es die Erträglichkeit des Vorgangs zulassen möchte, und jeden Morgen findet der mehr oder weniger selbe Trennungsvorgang statt. Die Auswirkungen auf die psychische Verfassung des Kindes liegen auf der Hand.

In der Vermeidung, nicht im Erstarren, ist die Reaktion des Kindes bei der Rückkehr der Mutter zum Abholen manchmal eindeutiger als bei dem Abschied selbst. Vermeidende Kinder „schneiden" ihre Mütter im ersten Moment und „bestrafen" sie mit ihrer Zurückweisung. Meist siegt über kurz oder lang aber doch das Bindungsbedürfnis und löst eine tränenreiche Versöhnungsszene aus. Zum Thema Vermeidung und Erstarren ist der Faden im Kapitel des Buches über die Persönlichkeitsentwicklung wieder aufzunehmen.

An dieser Stelle sei noch einmal wiederholt, dass nur die **sanfte Ablösung** für das Kind im Alter von einem bis vier Jahren den sicher atraumatischen Übergang in die Fremdbetreuung gewährleisten kann. Sanfte Ablösung heißt, dass die Mutter oder eine andere wichtige Bezugsperson solange mit in der Kindertagesstätte verweilt, bis das Kind in einer von ihm ausgesuchten Erzieherin eine Ersatzbezugsperson gefunden hat. Dieser Grundsatz gilt mindestens bis zum vierten Lebensjahr. Wenig selbstständige Kinder können sich auch danach noch nicht frei von ihren Müttern oder anderen Bezugspersonen ablösen und brauchen zumindest eine verkürzte sanfte Ablösung. Es ist immer das Kind, das dann eines Tages entscheidet, ob die Mutter nach Hause gehen kann oder noch nicht. Anbahnungsversuche zu einer solchen Trennung sind an diesem Punkt mit Sicherheitsvorkehrungen erlaubt. Da sich aber Kinder in diesem Stadium häufig sozial übernehmen, sollte die Mutter sicherheitshalber noch jederzeit erreichbar sein. Die Mobiltelefone erleichtern diesen Schritt erheblich.

Je jünger das Kind ist, je stärker es noch in dem Prozess der Loslösung steckt und je ängstlicher und vorsichtiger das Kind veranlagt ist, desto länger dauert der Ablösungsprozess im Schutz der Mutter (oder einer anderen wichtigen Bezugsperson). Der Vater als Loslösungsvorbild ist naturgemäß meist besser in der Lage, auch die Ablösung voranzubringen, als die Mutter. Aber die Loslösung muss auch erst einmal in Gang gekommen sein. Die Sorge, dass sich das Kind bei Anwesenheit von Mutter oder Vater gar nicht erst lösen könnte, ist unbegründet und verkennt das Reifungsprinzip. Die soziale Entwicklung des Kindes zielt grundsätzlich darauf ab, sich aus den engen Bindungsstrukturen herauszulösen, und das entstandene Selbst in die Selbstständigkeit zu führen.

Den Übergang in die Fremdbetreuung können von zu Hause mitgebrachte Kuscheltiere oder vor allem auch das Übergangsobjekt erleichtern. Das Kind fühlt sich dann einfach nicht so allein in der fremden Umgebung. Geschickte Erzieher/innen beziehen das Kuscheltier oder Übergangsobjekt mit in die Begrüßung ein. Erleichternd für die Aufnahme der frühen Fremdbetreuung sind ältere Geschwister in derselben Einrichtung oder schon vorhandene Freunde. Erst wenn die Ablösung gelungen ist, kann das Kind innerlich befreit den Kontakt zur altersgleichen Gruppe aufnehmen und sich in das bestehende Sozialgefüge einbringen.

Drei strategische Punkte kennzeichnen also die sanfte Ablösung:
1. Trennungserleichterung durch anfangs verbleibende Anwesenheit der Mutter (Vater oder andere wichtige Bezugsperson).
2. Anbahnung einer von Sympathie getragenen Ersatzbindung zur Tagesmutter oder zur Erzieherin/zum Erzieher in der Kinderkrippe (auch Bezugsbetreuer/in).
3. Vertrautmachen des Kindes mit den neuen Räumlichkeiten und/oder der neuen sozialen Umgebung unter Rückzugsschutz.

Alle diese Erkenntnisse über besonderen Schwierigkeiten bei der frühen Fremdbetreuung lassen nur einen Schluss zu: Säuglinge und Zweijährige am besten nur zur Tagesmutter, Zwei- bis Vierjährige nur auf wenige Kinder begrenzte Kleingruppen in Einrichtungen, die ansonsten aber altersgemischte Gruppen unterbringen. Sind die Kinder über die sanfte Ablösung einmal gut in ihre Gruppen integriert, ist für sie die Begegnung mit älteren Kindern in vieler Hinsicht ausgesprochen bereichernd.

5.5 Therapieformen der Ängste

Über die Therapie der Ängste kann ich in diesem Zusammenhang nur auszugsweise reden. Dieses Buch richtet sich nicht nur an Fachleute sondern auch an interessierte Eltern und Erzieher/innen, die beide mehr in der Prävention von Ängsten angesprochen sind als in deren Behandlung. Streng genommen ist die Heilung der Angst ohne die Begleitung durch eine Kinder- und Jugendlichenpsychotherapie nicht möglich. Zu sehr ist die Verstrickung aller direkt erziehenden Erwachsenen mit dem betroffen Kind ein Hindernis in den Behandlungsvoraussetzungen. Dazu kommt, dass einige Eltern selbst zu Ängsten neigen und gar nicht in der Lage sind, ihren Kindern bei deren Bewältigungsaufgabe zu helfen.

In der (Primär-)Prävention hingegen sind die Eltern wie die Erzieher/innen oder Tagesmütter naturgemäß gefragt. **Primärprävention** ist die Verhinderung der falschen Entwicklung von Anfang an. Grundsätzlich geht es dabei um zwei Dinge: Erstens wird eine Angstminderung oder Angstfreiheit, letztere, soweit sie als ein Normalzustand gelten kann, über die sichere Bindung im ersten Lebensjahr und die gelungene Loslösung ab dem zweiten erreicht (**Urvertrauen**). Hier sind Mütter, Väter und wichtige Ersatzbezugspersonen von entscheidender Bedeutung. Zweitens geht es um einen Übertragungsprozess von Wissen und Einschätzung auf das Kind, den man in der allgemeinen Psychologie als Lernen am Modell bezeichnet. Das bedeutet, dass sich das Kind Verhaltensweisen in bestimmten, mit dem Eindruck von Gefahr verbundenen Situationen bei seinen wichtigen Bezugspersonen einfach abschaut, ohne dass dieser Vorgang beiden Beteiligten zu Bewusstsein käme. Die Eltern stehen also ebenso wie auch die, die sie vertreten, ohne es zu wissen mit ihrem Verhalten Modell für das, was das Kind an Verhaltensweisen in sich abbildet und künftig für sich selbst übernimmt. Ein Überprüfen der Sinnhaftigkeit dieses Verhaltens durch eigenes Wissen gelingt dem Kind noch nicht.

So ist es ein ungeschriebenes Gesetz, dass sich Erwachsene in Anwesenheit von Kindern im Umgang mit Gefahren besonnen und in den eigenen Reaktionen maßvoll verhalten sollten. Panisches Schreien oder hektische Flucht verursachen beim Kind sofort größte Angst und versetzen es selbst in einen höchst spannungsgeladenen Zustand. Kinder schauen explizit auf das Verhalten ihrer Eltern und sonstigen Bezugspersonen, wenn es darum geht zu erfahren, wie sie mit dieser oder jener gefährlichen Situation am besten umgehen. Es gebietet also der Vorbildcharakter, dass man in Anwesenheit eines Kindes seine eigenen Angstzustände zu zügeln versucht.

Eine vereinfachte Form der Verhaltenstherapie kann man bei weniger schwerwiegenden Ängsten seines Kindes im Gegensatz zur anfangs gemachten Aussage, Angsttherapie sei ohne einen ausgewiesenen Psychotherapeuten nicht möglich, selbst versuchen. In der Psychotherapie wird diese Behandlungsform als **systematisches Desensibilisieren** bezeichnet. Es geht darum, das Kind mit der die Angst auslösenden Situation in wohldosierter und einer von ihm selbst begrenzten Form zu konfrontieren. Zu allererst aber erfolgt die kindgerechte Analyse der Angstquelle. Dann wird sich ihr in kleinschrittiger Weise genähert, immer im Schutz der Bezugsperson. Im darauf folgenden Schritt, darf das Kind die Angstquelle zusammen mit der Bezugsperson berühren, um im letzten Schritt die alleinige Konfrontation zu wagen. Jeder Schritt kann beliebig oft wiederholt werden und wird erst dann als abgeschlossen betrachtet, wenn das Kind frei von Symptomen körperlicher Angst ist. Nur dann darf der nächste Schritt erfolgen. Der richtige Umgang mit dieser Behandlung verlangt auch vom Laientherapeuten ein gewisses Maß an Erfahrung im Umgang mit Kindern und ihren Reaktionen.

Die besprochene Behandlung ist geeignet für alle Formen von phobischen Ängsten. Bei Trennungsangst muss eine andere, modifizierte Methode zur Anwendung kommen. Denn die Auseinandersetzung des Kindes mit der Angstquelle ist in diesem Fall das Fortgehen der Hauptbezugsperson und damit fällt der Basis- oder Begleitschutz durch diese in der Behandlung von Anfang an weg. Mit der eben besprochenen Behandlung würde das Kind ohne Umschweife sofort mit der letzten Stufe konfrontiert, was einer massiven Überforderung gleichkäme. Statt einer Auflösung der Angst entstünde ganz leicht eine extreme Verschlimmerung. Das Kind reagierte seinen Möglichkeiten entsprechend mit einer **inneren und äußeren Erstarrung** (freezing, s.o.) und würde durch eine Flucht in die Abspaltung (als massive Verdrängung) versuchen, der Situation zu entkommen. Damit wäre die angestrebte Therapie vollständig wirkungslos.

Denn eine Flucht in die **Abspaltung** gelingt nur durch die Auslöschung der Situation aus dem Gedächtnis, was bei ununterbrochenem Fortgang der realen Situation einer scheinbaren Bewusstseinspaltung und damit einer Psychotraumatisierung gleichkommt. Äußerlich reagierte ein solches Kind nach einer gewissen Dauer (des Schreckens) in Form einer Überanpassungsreaktion und unterließe plötzlich jeden Widerstand und jedes Aufbegehren. Genauso zeigt es sich auch in der realen Situation und der unerfahrene Beobachter hält diese typisch kindliche Vermeidungsstrategie für eine Bewältigung des Vorgangs verbunden mit einem Lernprozess im Sinne einsichtiger Anpassung. In Wahrheit aber unterwirft sich das Kind nur der unbezwingbaren Macht von außen zu Lasten seiner Grundbedürfnisse und unter weitgehender Aufgabe seines Vertrauens in die sozialen Strukturen. Dieser Vertrauensverlust greift dann über kurz oder lang auf die Hauptbezugsperson(en) über. Denn das entstehende Misstrauen bleibt nicht beim auslösenden Geschehen stehen und wiederholt sich nur bei erneuter Konfrontation, sondern weitet sich auf alle beteiligten Personen aus, die diese Situation zulassen und dem Kind nicht helfen.

Diese nicht zu empfehlende Vorgehensweise habe ich deswegen so ausführlich geschildert, weil an ihr klar wird, welchen schweren Schaden man mit einem fehlerhaften Vorgehen in der Behandlung von Trennungsangst verursachen kann. Leider wird sie oft genug angewandt. Wie könnte aber eine geeignete Behandlung der Trennungsangst aussehen, abgesehen einmal von dem primär-präventiven Schritt, die Trennungssituation erst gar nicht zu erzwingen?

Grundsätzlich besteht die **Behandlung der Trennungsangst** darin, das beschädigte Urvertrauen des Kindes wieder zu reparieren. Die optimale Behandlung setzt sich aus einem komplizierten Vermischen von tiefenpsychologisch orientierten und verhaltenstherapeutischen Elementen zusammen. Erstere sind notwendig, um das Kind in den nötigen, psychosozialen Reifestand zu versetzen, damit eine Trennung von der Hauptbezugsperson überhaupt toleriert werden kann. Denn das Kind muss in der Trennung ja seine „sichere Basis" aufgeben und sich einer fremden Person anvertrauen. Die verhaltenstherapeutischen Elemente hingegen führen dann gezielt auf das erwünschte, angstfreie Verhalten des Kindes zu.

Grundsätzlich muss das Kind also die Gewissheit in sich abgespeichert haben, auch ohne die primäre Bezugsperson existieren zu können. Dazu dient unter normalen entwicklungspsychologischen Voraussetzungen die Loslösung im zweiten Lebensjahr über den Vater als dem autonomen Vorbild. Das heißt im Einzelnen:

a) Zuerst muss die (2.) Bindung zum Vater (weiter) gestärkt werden (Loslösung). Gleichzeitig sollte eine Bindungs-Anbahnung zu einer weiteren, „dritten" Bezugsperson erfolgen, die neben akzeptierten Familienmitgliedern durchaus auch schon eine Tagesmutter sein kann. Dieser Übergang muss schrittweise und nur unter Absicherung durch die Mutter oder den Vater erfolgen, damit das Kind Gelegenheit bekommt, diese „Ersatzbindung" angstfrei aufzubauen. Damit wären wir beim Prinzip der **sanften Ablösung** (s.d.).

b) Parallel können alle beteiligten Personen mit dem Kind abgesicherte Trennungsmomente versuchen (Spaziergänge, Spielplatzbesuch etc.) und/oder das Trennungsgeschehen in Form von Erzählungen oder Bilderbüchern parallel aufarbeiten.

c) Erst jetzt erfolgt die Konfrontation mit der Gruppe oder Teilen der Gruppe und zwar zunächst am vertrauten Ort (am besten zu Hause). Die Kinderspielgruppe könnte ein zusätzlich eingebauter Zwischenschritt für die Öffnung nach draußen sein.

d) Danach kommt die Konfrontation des Kindes, noch im Schutz einer Hauptbezugsperson oder auch schon der 3. Person, mit der Gruppe am fremden Ort (z.B. Spielgruppe oder Kindergarten).

e) Nach Anbindung des Kindes im Kindergarten an eine/n der Erzieher/innen wagt die begleitende Person eine erste Entfernung aus der Einrichtung mit erhaltenem Fernkontakt (Handy etc.).

f) Gelingt das, kann der letzte Schritt eingeleitet werden, nämlich das Alleinbleiben des Kindes in der Gruppe mit den Erzieherinnen und Erziehern.

Der jeweils nächste Schritt in der Stufenleiter zur Selbstständigkeit und dem Alleinbleiben kann auch hier immer nur dann begonnen werden, wenn das Kind die entsprechende Vorstufe angstfrei absolvieren kann. Übergangsobjekte und Spielzeug von zu Hause können den Moment des Alleinbleibens in der fremden Einrichtung und Umgebung abfedern. Auf diese Weise lässt sich Trennungsangst von Grund auf behandeln und in zunehmende **Selbstständigkeit** des Kindes umwandeln. Aus angsterfüllter Anpassung wird Reifung zur Selbstständigkeit. Jede andere Vorgehensweise riskiert das Scheitern der Behandlung mit der Möglichkeit einer nachhaltigen Verschlimmerung der Symptomatik. Wenn Trennungsangst erst in den ersten Tagen und Wochen beim Übergang in die Fremdbetreuung klar zutage tritt, muss das Kind vorläufig aus dem von Angst besetzten Umfeld wieder herausgenommen werden, um nach einem gebührenden Zeitabstand unter „therapeutischem" Schutz in die Fremdbetreuung erneut eingegliedert zu werden.

Das hier dargestellt Konzept zur Behandlung von Trennungsangst ist auf den zuvor von mir ausgearbeiteten Grundlagen der emotionalen und psychosozialen Entwicklung entstanden. In der konventionellen Kinderpsychotherapie wird zumeist nur auf der Basis der **kognitiven Verhaltenstherapie** gearbeitet. In Erweiterung der Behandlung auf das Elternverhalten erstreckt sich dieses Vorgehen zusätzlich auf eine Form des Familienmanagements. Bei der kognitiven Verhaltenstherapie wird der Versuch unternommen, die Angst auslösenden Situationen zu erkennen und das auf Angst ausgerichtete Bewertungsschema des Kindes zu verändern, um es in Richtung effektiver Bewältigungsstrategien zu verändern. Angstgefühle und -symptome sollen identifiziert und negative Erwartungshaltungen bewusst gemacht werden. Durch gezielte Verhaltensübungen und das Selbst stärkende Reaktionsweisen sollen diese Erwartungshaltungen in positive Handlungsformen umgewandelt werden. Das

Familienmanagement zielt dabei darauf ab, elterliche Angstgefühle abzubauen und mit dem Kind durch eigenes gutes Vorbild Problemlösungsstrategien zu entwickeln. Für diese Form der Verhaltenstherapie gibt es wissenschaftlich ausgewertete Studien. Sie weisen einen Erfolg in 60 bis 80% der Fälle nach. Solche therapeutischen Strategien eigenen sich allerdings erst ab dem Schulalter, da sehr viel geistige Mitarbeit vom Kind erwartet wird.

Eine Sonderform in der tiefenpsychologisch ausgerichteten Therapieform ist die **Sandspieltherapie,** auf die hier nur kursorisch eingegangen werden kann. Die Sandspieltherapie ist ein sogenanntes projektives Therapieverfahren, in dem das Kind in einer weitgehend vorgegebenen und damit strukturierten Spielsituation Gefühle in seinem Innersten aufspürt und unbewusst preisgibt. Das geschieht folgendermaßen: Zwei genau bemessene Sandkästen werden dem Kind angeboten und zum Spiel überlassen. Sie bestimmen mit ihren Vorgaben den Spielablauf, wobei der eine Kasten mit trockenem, der zweite mit nassem Sand gefüllt ist. Das Element Wasser darf dem nassen Sand weiter hinzugefügt werden.

In einem dieser beiden Kästen soll das Kind nun mit einer von ihm frei gewählten Schar von Spielfiguren, von Naturdarstellungen und natürlichen Materialien sowie aus dem Alltag bekannten Gegenständen, alles im Miniaturformat, Szenen und Bilder nach seiner eigenen Vorstellung aufbauen. Das Kind wird somit zum Regisseur einer Art Theaterstücks auf kleinstem Raum, wobei es die Szene zuerst aufbaut und anschließend damit ein Spiel ausführt.

Der Therapeut beschränkt sich weitgehend darauf, die jeweiligen Szenen fotografisch zu dokumentieren und enthält sich allzu großer interpretatorischer Kommentare. Auf diese Weise gelangt ohne Steuerung von außen das Unbewusste im Patienten durch das Spiel zu Bewusstsein und klärt es in seinen Spannungszuständen auf. Das positive Ergebnis gelangt durch die in den jeweiligen Sitzungen veränderte szenische Darstellung an die Oberfläche. Allein dadurch soll der therapeutische Prozess stattfinden.

In diesem Spiel sollen anhand von den zur Darstellung gebrachten, tiefenpsychologisch interpretierbaren Grundsituationen Konflikte im Inneren ausgetragen werden, was zu ihrer Lösung beiträgt und eine verbesserte Selbstauffassung herbeiführt. Bislang aber liegen so gut wie keine gesicherten Ergebnisse über die vorteilhaften Auswirkungen dieser Therapieform vor. Einzelbeobachtungen sprechen hingegen von guten Ergebnissen. Eine ähnlich kreative, bisher noch wenig wissenschaftlich ausgewertete Therapieform ist die **Maltherapie.** Für sie sollten die Kinder das Schulalter erreicht haben.

5.6 Ausblick auf die möglichen Folgen der Trennungsangst

Nehmen Eltern und das soziale Umfeld keine weitere Notiz von den trennungsängstlichen Erscheinungen und Verhaltensweisen des Kindes, drohen weitere Komplikation in der psychosozialen Entwicklung. Der nächste große Übergang in der sozialen Entwicklung des Kindes ist der **Eintritt in die Schule**. War nun in Kinderkrippe und Kindergarten der Ablösungsmoment (pädagogisch: Übergang) von der Bezugsperson in die Einrichtung nur unter großem Stress und mithilfe einer Scheinanpassung zustande gekommen, war also das Angsterleben unter dem äußeren Druck lediglich der Vermeidung unterzogen worden, droht die Trennungsangst jetzt beim Verabschieden des Kindes in den Unterricht neu aufzuflammen. Meistens erleben Eltern schon beim Vortreten ihres Schulanfängers vor den Altar im Eingangsgottesdienst, wenn sich die neuen Kinder dort aufstellen müssen, einen emotionalen Zusammenbruch. Entweder trauen sich die Kinder gar nicht, alleine dorthin zu gehen, oder sie stehen vor dem Geistlichen mit Tränen im Gesicht.

Beim Zusammenrufen der Erstklässler vor dem Schulgebäude ohne die Eltern bricht dann auch die letzte Beherrschung zusammen und das Kind hält sich krampfhaft an der mütterlichen oder väterlichen Hand fest. Meistens gelingt es mit hohem, emotionalen Einsatz der Lehrerin oder des Lehrers, das Kind doch noch zum ersten Unterricht zu bewegen. Kommt es im Verlauf des Schuljahres dann aber zu größeren Konflikten im Unterricht oder auf dem Schulhof, fängt die konstante Weigerung des Kindes zur Schule zu gehen an. Das Störungsbild, das daraus erwächst, bezeichnet man in der Kinder- und Jugendpsychiatrie als **Schulphobie**.

Neben der Schulphobie steht in der pathologischen Entwicklung die allgemeine **Sozialangst** oder **soziale Phobie** im Fokus ursprünglich trennungsängstlicher Kinder. Die Symptome der Sozialangst hatte ich weiter oben bereits kurz ausgeführt, da sie auch als eigenständige Entwicklung in Vergesellschaftung mit starker Schüchternheit auftritt. An dieser Stelle möchte ich nur noch einige ergänzende Beschreibungen im Zusammenhang mit der Schule vornehmen. Alle Auftritte des Kindes in der Klassengemeinschaft oder in einer größeren Runde von Kindern lösen Angstzustände, ja geradezu Panik aus und werden krampfhaft vermieden. Oft ist schon das Melden und eine Antwort vor der Klasse zu geben unmöglich, so dass diese Kinder den Schultag schweigend auf ihrem Platz verbringen und nur Zuhörer und Zuschauer des Unterrichtsgeschehens sind.

Wenn sie aber ausreichend begabt sind und ihre schriftlichen Aufgaben ohne allzu viele Fehler abgeben, dann fallen sie als Problemkinder manchen

Lehrerinnen und Lehrern im Unterrichtsgeschehen gar nicht weiter auf. Dennoch leiden sie fast immer massiv an ihren inneren Hemmungen, schaffen es nicht, in die sich bildenden Grüppchen aus Freunden und Kameraden aufgenommen zu werden, und gelten als schwierige Einzelgänger. Häufig reagieren sie psychosomatisch mit körperlichen Symptomen wie Kopf- oder Bauchschmerzen, schlafen abends schlecht ein und erscheinen zu Hause lustlos und bedrückt. Die Statistik weist mehr als 10% aller Kinder im Schulalter mit diesem Störungsbild aus. Auch eine regelrechte depressive Symptomatik ist bei diesen Kinder schon festzustellen. Nicht unerwähnt bleiben soll die Tatsache, dass diese Kinder häufig als Mobbing-Opfer ausgesucht werden.

Mobbing ist sicher kein neues Phänomen in der Gruppendynamik unter Menschen. Es scheint aber ein Phänomen zu sein, das auch in den Schulen immer häufiger vorkommt. Zumindest wird es heutzutage viel häufiger registriert und auch geahndet, soweit das möglich ist. Das Problem des Mobbings ist, dass es häufig sehr versteckt abläuft, und das Opfer aus Scham über seine Unterlegenheit zu allem schweigt. Aufgabe der Lehrerinnen und Lehrer kann nur sein, die Augen für solche Kinder offen zu halten, die durch große Zurückgezogenheit auffallen und die im Klassenverband als „Prügelknabe" in Erscheinung treten.

6. Die aggressiv-oppositionelle Verhaltensstörung und der drohende Weg in die Antisozialität

6.1 Die Ursachen der Aggression und des übersteigerten Machtanspruchs

Nach der Auseinandersetzung mit den durch Angst bedingten Auffälligkeiten im Sozialverhalten von Kleinkindern steht jetzt die Frage nach der Ursache der aggressiv-oppositionellen Verhaltensstörungen an. Während die Abweichungen vom Normverhalten, die sich in Richtung Angst und Depressivität entwickeln, in der Kinder- und Jugendpsychiatrie als internalisierende Störungen bezeichnet werden, haben die aggressiv-oppositionellen Verhaltensformen die Bezeichnung externalisierende Störungen erhalten (s. auch voriges Kapitel). Damit wird der Erfahrung Rechnung getragen, dass die mit ihrer sozialen Umwelt in Konflikt geratenen Kinder mit ihren innerlichen Reaktionsweisen grundsätzlich in zwei einander entgegengesetzte Richtungen gehen können. Einmal sind es die nach innen gerichteten, also internalen Konfliktreaktionen und zum anderen die nach außen gerichteten, externalen.

Keine der beiden Reaktionsformen zeigt für das betroffene Kind einen günstigeren Verlauf. Seine spontan eingegangenen Bewältigungsversuche im permanenten Konfliktgeschehen bleiben ohne fachkundige Hilfe fast immer erfolglos und münden letztendlich direkt in ein Störungsverhalten. Dagegen lässt sich aber sagen, dass die internalisierenden Störungen gewöhnlich von der Gesellschaft leichter hingenommen werden als die externalisierenden.

Das Wirkungspotenzial der externalisierenden Störungen stellt für die Gemeinschaft in der Frage der Erträglichkeit zunächst die größere Herausforderung dar. Nur wenn die internalisierenden Verhaltensauffälligkeiten zur offenkundigen Vermeidung eines adäquaten und angepassten Sozialverhaltens führen oder stark autoaggressive Züge hervorrufen, erreichen sie ein vergleichbares Maß an Verstörung und Besorgniserregung in der Bevölkerung wie die ersteren. Die Gesellschaft gerät also im einen wie im anderen Fall eines Tages immer an die Grenzen ihrer Ertragensfähigkeit solcher Entwicklungen im Verhalten von Kindern und Jugendlichen. Das sollte bei der Meinungsbildung in der psychologischen Grundhaltung zu diesen Störungsbildern und bei der Befürwortung von Therapiemaßnahmen möglichst schon ganz am Anfang der Störungsentstehung als **Sekundärprävention** berücksichtigt werden. Die Primärprävention oder Vorbeugung (s.o.) ist vor aller Therapie aber die wirksamste Methode, solche Entwicklungen generell einzugrenzen. Primärprävention ist immer eine Aufgabe der Erziehung im frühkindlichen Lebensalter.

Die Statistik besagt, dass bis zu 12% aller Verhaltensauffälligkeiten im Kindesalter den aggressiv-oppositionellen Störungen zuzurechnen sind. In dieser Zahl sind die Kinder mit einer gleichzeitigen **ADHS** schon berücksichtigt. Für die ADHS (**A**ufmerksamkeits-**D**efizit-**H**yperaktivitäts-**S**törung) alleine, auf die ich später noch ausführlich zu sprechen komme, rechnet man jedoch mit nur etwa 3% zu erwartender, genetischer Anlagestörung in der Bevölkerung (Prävalenz), so dass mindestens 7% rein in der Sozialisation hervorgerufene Verhaltensstörungen aus dem aggressiven Spektrum sind. Grundsätzlich steht das hyperkinetische Symptom bei der ADHS (die Unruhe und Zappeligkeit) in einer engen Beziehung zur Aggressivität, ohne dass aber beide Erscheinungsformen im Verhalten immer eine ursächliche Verbindung hätten. Mischformen und Grenzfälle in Beziehung zu anderen psychosozialen Auffälligkeiten machen die Unterscheidung der einzelnen Typen ohnehin schwierig. Im Endeffekt sind es vielleicht allein die „Träumertypen" des ADHS, die unter dem Kürzel **ADS** (**A**ufmerksamkeits-**D**efizit-**S**törung) beschrieben werden, die nicht gleichzeitig auch immer durch aggressives Erscheinungsbild auffallen.

Der aggressive Trieb im Menschen ist der Ursprung aller auf Widerstand, Konfrontation, Provokation und Kampf ausgerichteten Verhaltensweisen. Dabei darf nicht übersehen werden, dass die **Aggressivität** bei jedem Kind zunächst einzig zur Unterstützung der Selbstwerdung eingesetzt wird und im Zuge dessen nur auf Verteidigung ausgelegt ist. Im Rahmen der Besprechung des Trotzverhaltens von Eineinhalb- bis Dreijährigen hatte ich auf den Faktor der aggressiven Trotzverstärkung zur Selbstbehauptung bereits hingewiesen. Meine Interpretation des Trotzens ging dahin, dass jedes Kind diesen Trotz zur Selbstbehauptung braucht, ihn aber bei ausreichender Beachtung und Respektierung seiner Selbstbestrebungen durch die Bezugspersonen in einem erträglichen Ausmaß belässt und später aufgibt. Erst die Behinderung der Selbstentstehung durch zu strenge erzieherische Maßnahmen lassen den Trotz leicht in **oppositionelle**, **provokativ-aggressive** und schließlich **destruktive** Ausbrüche steigern. Die Objekte aller aggressiven Reaktionen werden von den Kindern zunächst in der Familie gesucht, Geschwister und Bezugspersonen oben an. Das gilt auch für die Aggression gegen Sachen. Erst im späteren Stadium richtet sich die Aggression nach außen, fremden Gegenständen und außerfamiliären Personen gegenüber.

Im Rahmen der Veranlagung zur Aggression will ich nicht unterschlagen, dass es auch stark aggressiv veranlagte Kleinkinder gibt, die ihre Anlagefaktoren schon in der Säuglingszeit und im zweiten Lebensjahr durch hoch impulsive Reaktionsweisen zum Ausdruck bringen. Solche Kinder trotzen von

Vornherein leichter und stärker. Es ist also nicht immer die Behinderung der Selbstentstehung durch unangebrachte, erzieherische Eingriffe, die zu extremen Trotzanfällen führt. Auch die Veranlagung trägt ihren Anteil dazu bei.

Um das aggressive Verhalten des Menschen zu verstehen, muss man bei seinen Wurzeln anfangen und die gehen bis in die frühe Kindheit zurück. Aggression ist Ausdruck einer **Triebstruktur**, die sich aus der Entstehungsgeschichte der Menschheit ableitet und die Artverwandtschaft des Menschen zu den Tieren unterstreicht. Im Tierreich reguliert die Aggression die soziale Rangstellung des Einzelwesens in der Gruppe, die territoriale Abgrenzung der Arten untereinander in ihrer natürlichen Umgebung sowie die individuellen Existenzansprüche der Individuen gegenüber ihren Artgenossen.

Solche vorzeitlichen Konditionen einer existenziellen Absicherung gegen den oder die anderen Gruppenmitglieder sind auch beim Menschen immer noch eine feststellbare Größe. Da der Mensch ein höchst individualistisches Lebewesen mit einem besonders hohen Anspruch auf soziales Miteinanderauskommen ist, treten bei ihm diese gesellschaftlichen Grundkonditionen auch in der Gegenwart noch deutlich hervor. Die Bevölkerungsdichte lässt sich sogar noch differenzierter zutage treten. Zu dem aggressiven Trieb, der im zweiten Lebensjahr auf natürliche Weise in Erscheinung tritt, gesellt sich daher alsbald in der Interaktion und Kommunikation der Kleinkinder untereinander sowie mit den Erwachsenen der **Machtimpuls,** welcher sich, anders als die Aggression, allein aus dem engen sozialen Umgang ergibt. Macht des Stärkeren und Mächtigeren kommt auch im Tierreich vor, erschöpft sich aber in der Rangaufteilung der einzelnen Individuen in der Gruppe und kennt noch nicht den grundsätzlichen Drang nach Beherrschung. Dieser Faktor ist beim Menschen aber mit zunehmendem Alter die eigentliche Triebfeder.

Der **Drang nach Beherrschung** macht sich in zwei Verhaltensweisen schon im zweiten und dritten Lebensjahr auf komplizierte Weise bemerkbar: erstens in den frühen Formen der Herausforderung und Provokation. Dem Kind geht es darum, eine Wirkung auf die Reaktion der Bezugsperson zu erzielen, die ihm selbst erste Machtgefühle verschafft. Reagiert die Bezugsperson verärgert oder mit starker Abweisung, hat das Kind sein Ziel erreicht. Es wiederholt diesen Vorgang dann immer wieder. Zweitens im spielerischen Zufügen von Schmerz. Das Kind erwartet dabei mitnichten eine harte Gegenreaktion und ein strenges Reglementieren durch die Bezugsperson, sondern deren (übertriebene) Zurschaustellung von Leid und Schmerz, damit es selbst den Erwachsenen (in Rollenumkehr) trösten und beruhigen kann. Diese Erfahrung verleiht dem Kind wiederum ein starkes Gefühl von Macht. Auch dieser Vorgang wird zunächst ständig wiederholt. Mit Zunahme der **Empathie** lässt dieses Verhalten aber Zug und Zug nach, um dem Empfinden Platz zu machen, das als Mitleid bezeichnet wird.

Die **Aggression** ist demzufolge anfangs ein rein individuelles Geschehen, das dazu dient, die Verhaltensmechanismen für den **Selbstschutz** zu aktivieren. Die Basis hierzu liefert die genetische Veranlagung. Durch individuell bedrohliche und/oder sozial belastende Lebensumstände wird die Aggression jedoch mit der Zeit zu einem sozialen Störfaktor. Die **Macht** stammt in ihrem Erleben, anders als die Aggression, von Anfang an aus den zwischenmenschlichen Beziehungen und Gruppenstrukturen, somit aus dem sozialen Bereich. Sie wird in umgekehrter Weise durch das befriedigende Ergebnis für den Ausübenden zu einem individuellen Bedürfnis. In dieser Gegenläufigkeit endet das aggressive Erscheinungsbild eines Menschen verbunden mit dem Machtanspruch immer in einer – zumeist – unheilvollen Kombination beider Regungen und Impulse. Befriedigende Macht in sich selbst und aggressive Bemächtigung des Anderen in der Gemeinschaft schaffen diesen antisozialen Werdegang. In der Verkettung dieser beiden triebhaften Regungen ergibt sich ein **Herrscherstatus** schon auf niedrigster Ebene. Die Lösung eines Konfliktes zu eigenen Gunsten wird auf diese Weise kongenial gesichert.

Um die Aggressivität im späteren Kindesalter und in der Adoleszenz in ihren Grundlagen zu verstehen, muss insbesondere auf diese Aspekte eingegangen werden, das heißt auf die „Verteidigungswut" mit Übergang in Angriffslust einerseits und auf das Machtbestreben mit Herrscherdrang andererseits. Hatten wir im Trotz und der Selbstbehauptung die Hauptwurzel für die menschliche Aggression schon gefunden, müssen wir sie für die Macht erst noch suchen. Dazu möchte ich folgende Schlussfolgerung in den Raum stellen: Die ersten zwei bis drei Lebensjahre sind für jeden Menschen prinzipiell Zeiten großer **Unterlegenheitsgefühle**. Das darf bei der trotz dieser Unterlegenheit bestehenden Kraft des Kindes, sich lautstark durchzusetzen oder hartnäckigen Widerstand zu üben gegen unliebsame Verrichtungen an sich selbst, nicht übersehen werden.

Solche „Machtdemonstrationen" im frühen Widerstand sind aber noch hilfloser Natur und nur solange von Erfolg gekrönt, solange sich der Erwachsene jeglicher streng durchgreifender Maßnahmen enthält. Außerdem gilt, selbst bei großem Verständnis des Erwachsenen für die Lage des Kindes, uneingeschränkt die gesellschaftliche Regel, dass es letztendlich der Erwachsene ist, der die Entscheidungsmacht behält. Das Recht aus dieser Regel nimmt jeder erziehende Erwachsene unhinterfragt für sich in Anspruch. Anders wären die vielen Konflikte, die durch das oft unüberlegte Handeln und die spontane Wehrhaftigkeit des Kindes im Sozialgeschehen entstehen, auch nicht sinnvoll zu lösen.

Aber gerade diese „herrschende Vernunft" im Sozialgeschehen des frühen Kindesalters durch bestehendes gesellschaftliches Recht legt offen, wie gering in Wahrheit doch die Macht des Kleinkindes ist und wie unterlegen es sich letztendlich immer fühlen wird. Jedes Kleinkind und auch noch jedes Schulkind erlebt an sich selbst immer wieder das Gefühl von Unterlegenheit und **Ohnmacht** und wenn einmal nicht an sich selbst, dann in der Beobachtung an anderen Kindern. Ein ganz besonderes Problem für das Kind ist es übrigens, Ohnmacht auch bei erwachsenen Personen zu erleben, und das im Besonderen, wenn es sich bei diesen Erwachsenen um wichtige Bezugspersonen in seinem Leben handelt. Ist es doch das verinnerlichte Bild dieser Bezugsperson, ihr „Imago", welches in der Identifikation plötzlich zum erlebten Bestandteil des eigenen Selbst wird. Und dieses innere Bild sollte nach Möglichkeit immer stark erscheinen und unbeschädigt bleiben.

Da das Selbst des Kindes für solche Gefühlsspektren, wie dem Machtempfinden, schon mit dem Ich verschmolzen sein muss, das heißt herausgelöst aus der Leih-Selbst-Position in der Mutter-Kind-Dyade, ist für das Alter des Kindes ein Zeitpunkt von mindestens eineinhalb Jahre vorauszusetzen. Dann aber nicht Macht sondern Ohnmacht dieses frisch gewonnenen Selbst zu fühlen, ist erwartungsgemäß eine ganz besondere existenzielle Herausforderung für das Kind. Es fühlt dabei so, als ziehe man ihm den gerade als stabil und sicher gefühlten Erdboden unter den Füßen weg. Um das überstehen zu können, muss sich das Kind dagegen wehren, und zwar massiv, ob es will oder nicht. Bei dieser Entscheidung bleibt ihm keine andere Wahl. Eine Preisgabe des gewonnenen Selbst kann nicht infrage kommen.

Die Instrumente, die dem Kind für diesen Akt des Sich-wehrens zur Verfügung stehen, sind aber noch schwach und darüber hinaus in der realen Auseinandersetzung mit den Erwachsenen unerprobt. Körperliche Kraft fehlt weitgehend, Selbstvertrauen ist noch zu gering und Sprache und Intellekt stehen erst ganz am Anfang ihrer Entwicklung. Wie gelingt es dem Kind nun unter solchen Voraussetzungen um der Aufrechterhaltung seines Selbst willen Ohnmacht in Macht zu verwandeln und Schwäche in Stärke?
Dem Kind bleibt nichts anderes übrig, als sich Macht gleichsam einzureden, in dem es sich der dafür notwendigen Illusionen hingibt. Das Machtempfinden eines Kleinkindes, das demzufolge weitgehend nur Illusion ist, erstreckt sich auf vier Bereiche:

1. das **Überlegenheitsgefühl**. Es wird zunächst rein körperlich durch Größe oder Stärke empfunden und wird konkret erlebt, als „der große Bruder", „die große Schwester", z.B. wenn ein Geschwisterkind zur Welt kommt. Gleichbedeutend wie jüngere Geschwister sind auch fremde, kleinere Kinder oder solche aus der Nachbarschaft sowie auch besonders schwache

Kinder. Im weiteren Verlauf der Kindheit kommen dann sprachlich-intellektuelle Überlegenheitskriterien hinzu. Die Macht der Sprache wird in der Regel erst im Kindergarten entdeckt, dann aber ausgiebig genutzt.

2. die **Entscheidungsfähigkeit**. Sie bleibt zu Anfang der Kindheit sehr begrenzt und erschöpft sich in Versuchen, Bestimmungsmacht über sein eigenes Handeln zu erwirken („selber machen"). Die eigentliche Entscheidungsmacht muss aus Sicherheitsgründen vorläufig noch bei den Eltern oder Erziehungsberechtigten bleiben, was häufig zu Konflikten zwischen Kindern und Eltern führt. Erst im Schulalter kommen dann Ansprüche an eine Entscheidungsmacht des Kindes vonseiten der Gesellschaft dazu.

3. die **Verweigerungshaltung**. Sie ist zeitweilig das wichtigste Instrument des Kindes, Macht über seine Umgebung und die daraus resultierenden Einflüsse zu gewinnen. Im Widerstand erprobt sich diese „erste Macht". Der Widerstand wird zunächst rein körperlich durch ein Sichherauswinden aus dem elterlichen Griff ausgeübt, durch Treten, Schlagen, Fortlaufen oder lautes Geschrei. Erst später kommen die berühmten Widerworte dazu.

Widerstand wird, wenn die Entwicklung nicht glatt verläuft, in sämtlichen körperlichen Ausdrucksbereichen wie Essen und Trinken, Schlafen, Sprechen, Ausscheidung und Sozialkontakt geübt. Für viele dieser Erscheinungsformen kindlicher Machtdemonstration gibt es, wenn sie übersteigert sind, spezielle Ausdrücke wie frühkindliche Ess-Störung, Einschlafstörung, habituelle Obstipation (willkürliche Verstopfung) oder Miktionsaufschub mit Dranginkontinenz (zu langes Einhalten der Urinausscheidung mit explosiver Blasenentleerung) usw.

4. der **Machtgegenstand**. Der Machtgegenstand ist ein Ergebnis des aufkommenden symbolischen Denkens. Zunächst bleibt er weitgehend harmloses Spielzeug und begleitet im Rollenspiel vorgetragene Schein-Kampfhandlungen. Dafür typische Gegenstände haben den Charakter von Waffen wie Stöcke, Schwerter und Pistolen (Als-ob-Gegenstände). Sie prägen das Rollenspiel zugleich geschlechtsspezifisch, denn Waffen wählen hauptsächlich Jungen. Mädchen üben ihre Machtgelüste mehr durch die Rolle selber aus, indem sie sich z.B. die höherrangigen Positionen im gemeinsamen Spiel verschaffen (soziale Macht). Damit bestimmen sie sehr schnell den ganzen Spielverlauf.

In der Adoleszenz kann sich der Machtgegenstand zum Fetisch ausweiten. Unanhängig davon werden einstige Als-ob-Gegenstände jetzt gerne in echte Waffen umgetauscht.

Es gibt in der späteren Entwicklung des Kindes zwei Sonderformen von Machtdemonstration, die nicht aus sich selbst entwickelt werden, sondern mutmaßlicher Teil einer Bezugsperson (s. auch verfälschtes Selbst im nächsten Kapitel) sind:

5. die **Identifikation mit dem Aggressor** (vgl. S. Freud),
6. die **Identifikation mit dem Opfer** und Märtyrertum.

Diese beiden Formen haben einen schwierigen psychosozialen Hintergrund und sollen hier erst einmal nur der Vollständigkeit halber Erwähnung finden. Im Rahmen der Therapieoptionen werde ich auf sie noch einmal zurückkommen.

Wenn also die komplexen Formen der Aggression unter die Lupe genommen werden sollen, muss die Frage angesprochen werden, warum jedes Kind nach Macht strebt. Ist es vielleicht die blanke Lust am Unterdrücken des Anderen, ob Mensch, Tier oder sogar Pflanze? Ist es das Bedürfnis, die eigene Stärke am schwächeren Wesen zu erproben?

Um hierauf eine schlüssige Antwort zu geben, muss ich noch einmal kurz auf die **Selbstentwicklung** des Menschen zu sprechen kommen: Hat sich mit etwa eineinhalb Jahren das individuelle Selbst aus der Leih-Selbst-Position in der Mutter-Kind-Dyade gelöst und sich mit dem Ich zum Subjekt verbunden, ist es von Stund' an darauf angelegt, sich in gutem Licht zu sehen. Es ist ein grundsätzliches Bedürfnis des Menschen, sein Selbst auf solide Grundlagen zu stellen und dafür möglichst viel positive Bestätigung zu erhalten. Diese Bestätigung findet das Kind in **positiven Attributen bzw. Attributionen**. Diese sind ihm aber keineswegs immer vergönnt. Im Gegenteil: Grundsätzlich fühlt sich das Kind von vier Machtquellen umstellt:

1. die Erziehungsmacht der Eltern (sie ist sicherlich die stärkste Herausforderung);
2. die Rivalitätsmacht der anderen Kinder (inkl. der Geschwister);
3. die physische Macht der Natur (inkl. der inneren natürliche Vorgänge wie Ausscheidungsdrang);
4. die innere Übermacht durch verinnerlichte Verbote etc. (Beginn des Über-Ichs).

Ein Bestehen in diesem Fadenkreuz der Mächte ist für das Kind ein zentrales Ziel mit schließlich hoher positiver Attributierung. Denn das Erlangen positiver Attributionen führt geradewegs zu einem hohen Selbstbewusstsein. Nur das selbstbewusste Kind fühlt sich seelisch wohl und ist **Stolz** auf sich. (Die Illusion der Unverletzlichkeit fügt sich in der Pubertät hinzu). Im gegenteiligen Fall verspürt das Kind Unzufriedenheit bis hin zur Selbstverdrossenheit. Das negative Gefühlspendant zum Stolz ist die **Scham** (s.o.). Negative Attributionen meidet das Kind demzufolge so gut es kann. Sie sind der Auslöser von Minderwertigkeitsgefühlen und tiefer Scham.

Was alles verschafft dem Kind positive Attribute, was macht es selbstbewusst? Bevor ich gleich zu dem entscheidenden Ergebnis komme, dass es vor allem eben auch die Macht ist, welche ein äußerst wertvolles, positives Attribut und ein entscheidender Faktor für das Selbstbewusstsein ist, will ich noch kurz die anderen Möglichkeiten in der kindlichen „Trophäensammlung" streifen. Die guten Anlagen und die natürliche Ausstattung mit einem freundlichen Wesen sind ein positives Attribut, das die Natur vergibt. Kinder spüren diese Gabe intuitiv, aber auch die positiven Reaktionen aus der Lebensumwelt weisen sie darauf hin. Dasselbe gilt für ein gutes Aussehen, Leistungsfähigkeit und Gesundheit.

Neben den Naturgaben sind es die menschlichen Geschenke, die positive Attribution erzeugen. Da das Kind sehr „materialistisch" zu denken geartet ist, sind es in den ersten Lebensjahren vornehmlich die gegenständlichen Geschenke, die in den Augen des Kindes einen hohen Wert besitzen und für Selbstaufwertung sorgen. Aber auch das berechtigte Lob und die persönliche Anerkennung, die Liebe seiner Eltern natürlich sowie die gezielte Auszeichnung oder die Übertragung von Verantwortung sind menschliche Gaben mit immens positiver Wirkung auf das Selbstwertgefühl. Abgesehen von der elterlichen Liebe erfüllen solche Attribute aber nur dann den gewünschten Zweck, wenn das Kind den dazugehörigen Grund in Form seiner persönlichen Leistung nachvollziehen kann. Ein rein ideelles Loben und Anerkennen z.B. für eine moralisch wertvolle Leistung oder Tat wird erst von etwas älteren Kindern verstanden.

Die Macht ist nun eines der wertvollsten positiven Attribute überhaupt. Das konkrete Empfinden von Macht teilt sich im frühen Kindesalter in drei Komponenten auf: erstens die **Bestimmungsmacht**, zweitens die **Regulationsmacht** und drittens die **Entscheidungsmacht**. Ein Großteil des Spannungsgeschehens zwischen Eltern und Kindern in dieser Altersphase (aber auch noch später) rankt sich um die Machtfrage in diesen drei Bereichen. Als erstes entdeckt dabei das Kind die Bestimmungsmacht. Im Rahmen der **Selbstentstehung** will das Kind kraft seines Willens selbst bestimmen, was es tut und was mit ihm geschieht. Dabei prallt sein eigener Wille schnell auf den erzieherischen Anspruch seiner Eltern oder anderer Bezugspersonen. Da Macht zu haben aber – wie gezeigt – ein hochwertiges positives Attribut für das Kind ist, kämpft es nun um sie mit Ausdauer. Es ist ein großes Erlebnis für das kindliche Denken und Empfinden, den eigenen Wunsch oder den einmal gefassten Entschluss gegen seine Bezugspersonen durchsetzen zu können. Eltern müssen in solchen Auseinandersetzungen folglich frühzeitig entscheiden, ob sie dem Kind seinen Machtanspruch lassen können oder ihre eigene Macht als höherwertig dagegen setzen. Ersteres stärkt das Selbstbewusstsein ihres Kindes, letzteres schwächt es und erzeugt einen Konflikt.

Die Regulationsmacht bezieht sich auf die Selbstständigkeit in der Beherrschung emotionaler Zustände. Hier setzt das kindliche Selbstverständnis erst um den vierten Geburtstag ein, wie aus der **Theory of Mind** (s.o.) zu entnehmen ist. Denn erst mit dem Verständnis auch der eigenen Gefühlswelt und nicht nur der des Anderen sowie dem Erfassen der damit verbundenen Empfindungen und Gefühle durch den Verstand (**Mentalisation der Gefühle**), gerät das Kind in die Lage, sich in seinen eigenen Reaktionen zu verstehen und sich den dazugehörigen Ansprüchen aus der Umwelt anzupassen. Also erst wenn das Kind weiß, was seine Eltern vom ihm bei bestimmten emotional belastenden Situationen und Ereignissen erwarten, kann es sich darauf einstellen und Spannungen in sich selbst ausgleichen, ohne sofort und für alles die Eltern zu beanspruchen. Die Regulationsmacht fällt den Kindern somit mehr durch die mentale Reife zu, als dass sie diese in sich selbst durch kritisches Nachdenken und Hinterfragen erlangten. Eine natürliche Vorbereitung auf die Regulationsmacht über sich selbst schon im Alter zwischen zwei und vier Jahren ist z.B. die Versorgung und Bemutterung von Puppen oder Stofftieren. Das Übergangsobjekt ist dem Kind dabei ein wichtige Hilfe.

Schließlich geht es noch um die Entscheidungsmacht, die mehr eine Hoheit kraft besseren Wissens und größerer Erfahrung ist, als Ergebnis einer Auseinandersetzung auf Augenhöhe. Insofern fällt die Entscheidungsmacht noch auf lange Zeit im Wesentlichen allein den Eltern zu, die diese Macht unbedingt in großer Verantwortung und unter Respektierung der kindlichen Grundbedürfnisse zu verwalten haben. Es kann also nicht angehen, dass Eltern aus falsch verstandener Demokratie, aber auch aus verdeckter Erziehungsunfähigkeit, ihren Kindern in diesem Alter schon Entscheidungsmacht aufbürden. Eine solche frühzeitige Machtübertragung ist regelmäßig eine Überforderung der kindlichen Verstandesleistung. Dieses Vorgehen kann als Zeichen einer Kindesvernachlässigung umgedeutet werden. Auch eine Rollenumkehr in der Eltern-Kind-Beziehung im Sinne der **Parentifizierung** (s. 4. Kapitel) ist eine gravierende Überforderung.

Ausreichend positiv attributierte Kinder entwickeln nun, das lehren viele empirische Beobachtungen, kein so starkes Machtstreben, wie solche mit zu geringen positiven Attributen. Ihr Selbstbewusstsein speist sich mehr und mehr aus sich selbst und den „verinnerlichten positiven Werten", die sie von außen erhalten haben und in sich weiter ausbauen konnten. Die nicht ausreichend positiv attributierten Kinder hingegen besitzen zu wenig Selbstwertgefühl und versuchen, sich über den direkten Weg der Aggression Machtvorteile zu verschaffen oder wenigstens einzureden. Auf diese beinahe paradoxe Weise werten sie dann ihr Selbstbewusstsein auf. Paradox, weil sie damit immer häufiger in Konflikte mit ihren Bezugspersonen und der unmittelbar beteiligten Umwelt geraten. Dies aber führt wieder zu einer negativen Attributierung, so dass sie letztendlich den Mangel noch erhöhen, den sie eigentlich beseitigen wollen.

Das Dilemma des aggressiven Kindes ist eben seine falsche Grundvorstellung, mit aggressiv-oppositionellen Verhaltensweisen den Mangel an positiver Attribution ausgleichen zu können und über den Weg eines wie auch immer erzielten Machterwerbs die eigene Ohnmacht zu verdecken. Das Bedürfnis nach Macht, das sich bei diesen Kindern weitaus stärker entwickelt als bei zufriedenen und ausgeglichenen Charakteren, erhält auf diese Weise die Prägung eines trotzig und aggressiv vorgetragenen Machtbedürfnisses im Gefolge eines permanenten Widerstandes („Macht um jeden Preis"). Dabei wird die ganz frühe Erfahrung eines wirkungsvollen Handelns im effektiven Sich-wehren am Ende der Säuglingszeit einfach beibehalten und mit zunehmenden Lebenskenntnissen und immer intelligenterer Strategie weiter ausgebaut.

Bei solchen durch die Situationen in der Lebensumwelt einerseits und die konkreten Aktionen und Reaktionen der Bezugspersonen andererseits hervorgerufenen charakterlichen Entwicklungen spielt die Veranlagung des Temperaments unbestritten eine große Rolle. Ganz im Vordergrund steht dabei das Verhaltens-Element der **Impulsivität**, weil es ein vorsichtiges Taktieren und bescheidenes Zurücknehmen der eigenen Person von Vornherein einschränkt. Impulsivität wird auf diese Weise zum Garanten für einen macht-effektiven Einsatz ohne vorhergehende Überlegung, frei von jedem damit verbundenen Zweifel an der Richtigkeit der eigenen Aktion. Das Kind handelt, bevor ihm klar ist, was es eigentlich vorhat und bevor es darüber nachdenkt, ob sein Handeln opportun und sozial angepasst ist.

Aber die Veranlagung zur Impulsivität liefert wie auch die der Angst nur den allgemeinen Boden für den weiteren Entwicklungsgang. Für das, was auf diesem Boden dann erwächst, zeichnet sich die Gesellschaft mit ihren Umgangsformen und Interaktionen verantwortlich. Die Entwicklung zum aggressiv-oppositionellen Kind ist also immer ein Gemeinschaftsprodukt von Charakteranlage und Umwelt. Im Einzelfall wird man sich allenfalls fragen müssen, welcher von beiden Faktoren den größeren Anteil hat.

Die Tragik des aggressiv-oppositionellen Kindes ist die Entwicklung hin zu einer totalen Verstellung seiner sozialen Grundkoordinaten. Diese Entwicklung erhält dann noch einen zusätzlichen Schub, wenn das Kind **Gewalterfahrungen** in unmittelbar familiärer Umgebung erleben muss oder durch visuelle Medien früh geboten bekommt. Dabei ist nicht nur die körperliche Gewalt gemeint, sondern ebenso auch verbale Gewalt in Form von lautstarken Schimpf-tiraden oder demütigenden Bezichtigungen.

Die Verstellung der sozialen Grundkoordinaten bedeutet, dass das Kind lernt, alle Auseinandersetzungen und Konflikte in der Familie, später auch in der Gruppe und der Gesellschaft, als eine ständige Konfrontation zwischen Menschen mit feindlicher Gesinnung zu erleben. Selbst die noch gut gemein-ten, wenngleich kritisch einfärbten Kommentare über sich selbst, werden wie eine Attacke auf die eigene Persönlichkeit gewertet, und jede berechtigte Kri-tik, wie auch ein notwendiges Verbot, werden als Beschneidung der eigenen Rechte, ja als persönliche **Bestrafung** empfunden. Sogar harmlose Körperver-letzungen werden als Angriff auf die Person verstanden und in typischer Wei-se zu schrecklichen Dramen aufgebaut. Freundliche Zurechtweisungen werden gleich als **Beleidigung** aufgefasst. Das ganze Kind ist plötzlich beherrscht von der permanenten Sorge, in Nachteil zu geraten und von den Mitmenschen, insbesondere aber von seinen Bezugspersonen, angegriffen oder abgewertet zu werden. Diese Fehlinterpretation der Umweltreaktionen auf das eigene Han-deln und Verhalten wird zuletzt auf die gesamte Gesellschaft ausgedehnt.

Schließlich braucht das Kind diese negativen Erlebnisse sogar, um seine in-nere, abwertende Haltung im Abgleich mit der Wirklichkeit als wahrhaftig und mit sich selbst identisch zu erkennen, sich so also im Negativbild ständig be-stätigt zu wissen. Es akzeptiert nun nicht mehr, auch einmal in ganz anderer Weise, nämlich als liebenswertes Kind angesprochen zu werden. Solche Kin-der sind geradezu verzweifelt, wenn einmal Gutes über sie gesagt wird, weil sie sich zum Guten nicht mehr zugehörig fühlen und ihre echte Bestätigung allein aus der feindlichen Gegenüberstellung in der sozialen Gemeinschaft beziehen.

Eine solche Verstellung von sozialen Grunderfahrungen beginnt oft schon mit drei bis vier Jahren, also in der Phase der Konstitution des Selbst. Denn die Herausbildung des Selbst steht in engem Zusammenhang mit dem Erwerb positiver und negativer Einschätzungen von außen über sich selbst (siehe auch im 7. Kapitel über die Bindungsstörungen). Und hierbei finden fundamentale Prägungsvorgänge statt. Diese eminent frühe Fehlentwicklung lässt das daraus resultierende Störungsbild im späteren Verhalten von Grund auf festgefahren erscheinen und macht jeden Versuch einer Korrektur enorm schwierig. Je spä-ter überhaupt das Verhaltenskorrektiv einsetzt, sei es durch intensive Elternar-beit, sei es durch Psychotherapie, desto schwieriger wird die Behandlung und desto geringer ist die Aussicht auf Erfolg. Kinder, die erst im Alter der Adoles-zenz zu solchen Therapien kommen, sind mit einfachen Formen der Psycho-therapie kaum noch zu heilen.

Die aggressiv-oppositionelle Verhaltensstörung setzt sich als erstes frühes Ergebnis dieser Ausführungen aus zwei Komponenten zusammen: Zum einen aus der **Ausuferung der Aggression**, die dann vom Kind nicht mehr beherrscht wird, und zum anderen aus der **Entgleisung des kindlichen Machtanspruchs**. Kommt zu dieser Entwicklung noch eine genetische Veranlagung zu hoher Impulsivität und geringer Aufmerksamkeitsstärke dazu, entwickelt sich beim Kind das Störungsbild einer ADHS. Dieser Konzeption zufolge ist es also so, dass die ADHS keineswegs nur als eine Verhaltensstörung auf der Basis eines Fehlers beim Transport des Botenstoffes Dopamin im Stirnhirn zu verstehen ist (s.u.), sondern vielmehr als eine Fehlanpassung an die Anforderungen der realen, insbesondere der sozialen Umwelt durch Anlageschwächen in Verbindung mit einer fehlerhaften Entwicklung von Aggression und Macht. Das soziale Umfeld ist ebenso ursächlich dabei beteiligt wie die genetische Verhaltensproblematik. Dauerhafte, spannungsgeladene Auseinandersetzungen bilden den jeweiligen Auslöser oder Verstärker des Störungsbildes. Zur exakten Erklärung eines solchen Verlaufs ist also immer die gesamte frühkindliche, psychosoziale Entwicklung zu berücksichtigen.

Um einer aggressiven Entwicklung des Kindes von der Basis her auf die Spur zu kommen, richtet sich der Blick zunächst auf die **charakterlichen Anlagestrukturen**, wie sie schon in der Säuglingszeit zum Ausdruck kommen. In dieser Zeit spielt sich aber alles noch auf dem Sektor einer hohen Unzufriedenheit verbunden mit Unduldsamkeit und schneller Erregung ab. Typische Zeichen sind impulsive Reaktionsweisen, schneller Stimmungswechsel, sofortiges zorniges Schreien und ständiges Quengeln. Ein solcher Säugling gilt schnell als schwierig und anspruchsvoll (schwieriges Temperament, s.o.). Oft schläft er schlecht und lässt sich dauernd herumtragen, was zum Maß seiner den Eltern verursachten Anstrengung negativ beiträgt. Die Eltern eines solches Säuglings sind überbeansprucht und reagieren genervt. Meist wollen sie nach den Erlebnissen des ersten Lebensjahres mit ihrem Kind kein zweites mehr.

Im zweiten Lebensjahr setzt sich der Eindruck des fordernden, schlecht zu beruhigenden und schwer zu führenden Kindes fort. Das Kleinkind mit diesen Charakteranlagen folgt ständig seiner Bezugsperson und reagiert sofort wütend, zum Teil auch ängstlich, wenn es sie nicht erreichen kann. Es wehrt sich besonders heftig beim Wickeln und Gefüttertwerden. Es schläft abends nicht ein und braucht bis in die Nacht viel Zuwendung. Dies alles geschieht besonders stark, wenn es im ersten Lebensjahr zu keiner sicheren Bindung gekommen ist.

Lässt man der Entwicklung ihren Lauf, ohne von Grund auf die Eltern-Kind-Bindung zu verbessern, und beginnt als Eltern (wie häufig empfohlen) einzig mit einem **Grenzen setzenden Erziehen**, dann wird aus einem solchen Kind eines, das heftig trotzt und sich mit der ihm zur Verfügung stehenden Kraft den Anweisungen seiner Eltern zu widersetzen versucht (Anspruch auf

Bestimmungsmacht, s.o.). Beim **Trotz** steigert es sich in hohe emotional-affektive Kategorien und nutzt zur Unterstützung jetzt erste aggressive Verhaltensformen. Im Mittelpunkt stehen aggressive Ausbrüche gegenüber Gegenständen, die gezielt zerstört werden, oder gegenüber den Bezugspersonen, die absichtsvoll geschlagen oder sogar gebissen werden. Einzelne wenige, im Affekt vorgebrachte Ausbrüche von Wut gegenüber Gegenständen, z.B. durch bedenkenloses Wegschleudern, oder gegenüber den Bezugspersonen, z.B. durch Erheben der Hand gegen sie und eher sanftes Zuhauen, zählen noch zu den gewöhnlichen Trotzerscheinungen. Aber jede gezielte Gewalt ist ebenso ein untrügliches Zeichen von hoher Aggressionsbereitschaft, wie schwerwiegende Attacken gegen sich selbst oder unkontrollierbare Erregungszustände bis hin zur Ohmacht durch eine Synkope oder einen Affektkrampf (Aussetzen des Kreislaufs).

Man kann nun nicht einfach sagen, die Eltern dieses Kindes hätten in der Erziehung alles falsch gemacht und das Kind sei deshalb so geworden. Wichtig ist aber zu erkennen, dass ein grenzensetzendes Erziehen ohne die Einbeziehung der kindlichen Bedürfnisse in die Ausgestaltung der Grenzen ein ungünstiges Vorgehen ist und zwar gerade bei derart gefährdeten Kindern. Ähnlich unsinnig und problematisch ist das Durchsetzen von Erziehung schon im Säuglingsalter. Gerade schwierige Kinder brauchen in der ersten Zeit ihres Lebens viel dringlicher ein hohes Maß an Zuwendung und Verständnis sowie ein einfühlsames Eingehen auf ihre Bedürfnisse, als die genügsamen. Im zweiten Lebensjahr brauchen sie dann ein klar strukturiertes, zuverlässiges und zugleich abfederndes **Reaktionskonzept** seitens der Eltern, welches im dritten Lebensjahr in ein kindgerechtes **Regelkonzept** übergehen sollte. Unter abfederndem Reaktionskonzept verstehe ich ein gemäßigtes aber deutlich verstehbares ärgerliches Reagieren auf unliebsame kindliche Handlungen verbunden mit eindringlichem Ermahnen. Wo Ablenkung und Deeskalation möglich sind, sollte von diesen Maßnahmen zuerst Gebrauch gemacht werden.

Werden aber alle diese Grundsätze missachtet, wird nur mit enger Grenzziehung vorgegangen und entzieht sich die Erziehung nicht bewusst aller an Gewalt orientierten Maßnahmen (z.B. auch beim Strafen), dann droht eine Kaskade an Fehlentwicklungen, die sich wie folgt aufbauen lässt:

1. Das Kind mutmaßt in der weiteren Entwicklung immer stärker Feindseligkeit in der Haltung seiner Bezugspersonen und Benachteiligung seiner persönlichen Bedürfnisse („neues" Misstrauen).
2. Das Selbstbewusstsein bildet sich nur unzureichend aus, und das Kind sieht sich gezwungen, durch ein Übermaß an Verteidigung, Selbstanteile zu bewahren.

3. In der Auseinandersetzung mit Anderen wird der Unterlegene nicht mehr bemitleidet; im Vordergrund steht der eigene Vorteil.
4. Alle sozialen Konflikte werden immer stärker unter einem Freund-Feind-Schema gesehen und auch so bewertet.
5. Das eigene aggressive Auftreten wird im sozialen Zusammenhang nicht mehr als störend wahrgenommen, sondern viel mehr als persönlicher Machtgewinn.
6. Mit der Zeit lässt die eigene aggressive Hemmung nach und gibt den Weg frei für eine ungehinderte Angriffslust.
7. Durch den Zugewinn an Macht und die Einschüchterung anderer Kinder wird ein neues Selbstbewusstsein aufgebaut, das (vordergründig) die Minderwertigkeit und Scham aufhebt.

An dieser unheilvollen Entwicklung ist der soziodemographische Faktor nicht unbeteiligt. Stammt die Familie des Kindes aus einer sozialen Gruppierung, in der **Gewalt** zur Durchsetzung der individuellen Interessen an der Tagesordnung steht, ist der Einstieg für das Kind in das „kämpferische Denken" rein statistisch offenkundig leichter. In diesen Gruppierungen ist die Hemmung, einen schwächeren Menschen für eigene Zwecke auszunutzen und diesen persönlichen Nutzen auch mit Gewalt durchzusetzen, sehr viel geringer ausgeprägt. Das Kind lernt von früh auf an dem schlechten Vorbild, wie es selbst in der Gemeinschaft zu agieren hat, um sich auf Dauer gegen die Machtansprüche der anderen Menschen zu behaupten und sich Vorteile zu verschaffen. Ein solches schlechtes Vorbild kann es prinzipiell in allen sozialen Schichten geben, in der unteren soziodemographischen Bevölkerungsschicht ist es jedoch häufiger vorhanden. Regelmäßig ist es eine Folge der vorausgegangenen Bindungsentwicklung des Kindes, ob dieses Vorbild schnell greift oder das Kind im Wesentlichen unbeeindruckt lässt.

Unter diesem Aspekt lässt sich zur späteren Gewaltneigung des Jugendlichen schon in seinem Kleinkindalter eine Aussage machen. Handelt es sich um ein Kind mit schlechten Bindungsvoraussetzungen (Bindung und Loslösung betreffend) und wird das Kind einer Problemfamilie (häufig aus der Unterschicht oder mit Migrationshintergrund) groß, dann ist die Wahrscheinlichkeit, dass es in der Jugend antisoziale Eigenschaften an den Tag legt und zur Gewalttätigkeit neigt, relativ groß. Handelt es sich hingegen um ein Kind mit guten oder auch nur ausreichenden Bindungsvoraussetzungen, und hat dieses Kind auf Gewaltverzicht bestehende Eltern, die zudem sozial gut abgesichert sind, dann ist dessen Wahrscheinlichkeit, später antisozial zu werden und Gewalt auszuüben, eher gering.

Man kann aber solche Prognosen nur mit Vorsicht wagen, denn auf dem Weg von der frühen Kindheit bis zur Adoleszenz gibt es eine Unzahl variabler Faktoren, welche alle einen mehr oder weniger starken Einfluss auf die Entwicklung ausüben. So ist man von dem einen oder anderen Kind am Übergang zum Erwachsensein überrascht, welche Entwicklung es tatsächlich genommen hat, obwohl doch scheinbar alle Faktoren ein anderes Ergebnis hätten erwarten lassen. Wie sich aber die einzelnen Faktoren auf die Persönlichkeitsstruktur gerade dieses einen Kindes ausgewirkt haben, wird sich nie aus generellen Schlüssen ableiten lassen, sondern immer nur aus einer Einzelfaktoranalyse.

Der Grundsatz, die Persönlichkeitsstruktur eines Heranwachsenden nur auf den Einzelfall bezogen zu untersuchen, bezieht sich sowohl auf die negative wie auch die positive Entwicklung. So überrascht es manches Mal, wie gut sich ein Kind schließlich doch noch entwickelt hat, obwohl seine psychosozialen Wegmarken schlecht gestanden haben. Die Resilienzforschung befasst sich seit Jahren mit der Frage, welche Voraussetzungen ein Kind besitzen und antreffen muss, damit es trotz ungünstiger Familiensituation und trotz schädlichen Umwelteinflusses zu einem voll funktionstüchtigen, prosozialen Gesellschaftsmitglied wird. Die charakterlichen Anlagen sind es alleine sicher nicht. Die günstigen Einflüsse treten manchmal so versteckt auf und sind auch nur mit äußerst feinen Untersuchungs- und Befragungsmethoden zu finden, dass sie der oberflächlichen Betrachtung des Falles entgehen.

Ein wichtiger Faktor für die Qualität der frühkindlichen Entwicklung ist das erzieherische Engagement und die Beschäftigung der Eltern mit ihren Kindern. Dabei ist es von entscheidender Bedeutung, ob die Eltern hauptsächlich die Bedürfnisse und das Wohl des Kindes zum Maßstab ihrer pädagogischen Strategien machen oder nur ihren eigenen Vorteil. Das soll nicht heißen, dass Eltern nicht auch darauf schauen dürfen, ihre eigenen Lebensvorstellungen und -konzepte zu realisieren. Es muss ihnen nur klar sein, dass sie diese Konzepte wenigstens in der Elternzeit ausschließlich mit den Kindern umsetzen können und nicht gegen sie.

So spiegeln Untersuchungen wider, dass Eltern aus sog. bildungsfernen Schichten sich deutlich weniger mit ihren Kindern befassen, über ein geringeres psychologisches Wissen verfügen und ein niedrigeres Engagement in der Betreuungsleistung zeigen (KIGGS-Studie, s.u.). Im Hinblick auf ein ethisch-moralisch gefestigtes Vorbild sind diese Eltern eindeutig unzuverlässiger und in punkto Leistungsbereitschaft und Einsatzfreude hinsichtlich konstruktiver Mitarbeit in der Gesellschaft handeln sie mit geringerer Motivation. Das alles wirkt sich auch auf ihre Kinder aus, die im späteren Leben häufig ganz ähnliche Defizite in ihrem Sozialverhalten zeigen wie ihre Eltern.

6.2 Die Entstehung der aggressiv-oppositionellen Verhaltensstörung

Bevor jemand in der Kinderpsychologie bei der Analyse der frühkindlichen Entwicklung zu dem Ergebnis gelangt, dass ein Kind schon ein Störungsbild in Richtung aggressiven oder oppositionellen Verhaltens zeigt, sollte er über-denken, ob das **unerwünschte Verhalten** nicht doch noch zum normalen Ver-haltensspektrum zu zählen ist. Die Tendenz heutzutage geht dahin, das tem-peramentvolle und vielleicht auch etwas schwierige Kindsverhalten vorschnell einem Störungsbild zuzurechnen, bei dem die Diagnose Aggressivität mit **Stö-rung des Sozialverhaltens** oder Hyperkinetisches Syndrom mit Sozialstö-rung obenan steht. Das hängt wohl damit zusammen, dass von der Medizin wie auch von der Psychologie der Eindruck erweckt werden soll, schlecht kon-trolliertes und aggressiv gefärbtes Verhalten ließe sich in einem klinischen Krankheitsbild zusammenfassen und leicht mit Medikamenten und/oder Psy-chotherapie behandeln. Vorrangiges Ziel ist es dabei, dieses unerwünschte Störverhalten des Kindes möglichst schnell aus der Welt schaffen. Ja, man un-terstreicht dieses Vorgehen noch als rechtmäßig mit der kurzschlüssigen For-mel, nur ein ruhiges, konzentriertes und angepasstes Kind könne auf Dauer in der Gesellschaft erfolgreich bestehen. Aggressivität ist aber erst dann Ausdruck eines Störungsverhaltens beim Kind, wenn dadurch der soziale Frieden in der Gruppe empfindlich gestört wird.

Die oft hypermobile Bewegungsfreude, das von steter Motorik begleitete Aktivsein sowie auch Aufgedrehtheit und Redefreude sind Charakteristika von Kindern ganz allgemein. Mit Aggressivität hat dieses Verhalten nichts zu tun. Sicher gibt es auch ganz anders geartete Typen, aber die meisten Kleinkinder zeichnen sich durch einen solch hohen Aktivitätsdrang aus, oft zusätzlich ver-bunden mit großer Spontaneität und auch einer gewissen Impulsivität. Grund-sätzlich ist immer die Frage zu stellen, ob die zuweilen damit einhergehende Aggressivität heutzutage nicht auch durch einen viel zu kleinen Entfaltungs-spielraum entsteht, der den Kindern durch unsere Lebensweise noch gewährt wird. Das weite Spektrum kindlicher Reaktionsfreudigkeit wird einer **Diszip-lin und Uniformiertheit** geopfert, die es so noch nie gegeben hat.

Die Einschränkung kindlicher Lebensspielräume gilt sowohl in räumlicher Form für die Städte und urbanen Ballungszentren mit „zubetonierten" Flächen und horrendem Verkehr als auch in geistig-mentaler Form für die Familie mit ihrem deutlich erhöhten Anspruch an kindliches Funktionieren und Einhal-ten von Disziplin. „Verwilderter" Naturraum in der häuslichen Umgebung geht zunehmend verloren. Freiheit und Unkontrolliertheit im Spiel, abenteuerliches Ausschweifen und Herumstromern unterliegen immer stärkeren Begrenzungen durch Unterordnung unter die allgemeinen sozialen Zwänge sowie die oft völlig durchgeplante Tagesordnung. Die Feststellung, der Expansivitätsdrang der Kinder stößt allzu schnell an viel zu viele Grenzen, ist heutzutage sicher berechtigt. Gleiches gilt für die Feststellung, dass der überhöhte Anspruch der kinderarmen Familien an die Leistungsfähigkeit ihrer wenigen Nachkommen mit hohem Druck auf die Entfaltung des Kindes durchschlägt. So darf man sich nicht wundern, dass **Rebellion** immer früher und immer stärker in den Kinderzimmern zutage tritt, und das einzelne Kind versucht, sich die ersehnten Freiräume kämpferisch zurückzuerobern. Mit dem **Übermaß an medialen Angeboten** durch Fernsehen und Video-/DVD-Kultur werden auch noch die letzten spielerischen Freiräume im optischen Sog der Bilderwelt begraben.

Die an den neuzeitlichen Erziehungsstil angedockte These, ausschlaggebend für die psychosozialen Probleme in den modernen Familien sei die Unterwürfigkeit der Eltern unter den Machtanspruch des Kindes, halte ich für eine dem aktuellen Trend in der Pädagogik unterworfene Darstellung. Dieser Trend zielt darauf ab, die **vergangenen Zeiten des experimentellen Erziehens** (antiautoritäre Erziehung) als die Hauptursache eines jeden aktuellen Misslingens in der Erziehung anzuschuldigen. Eine intelligente Situationsanalyse der modernen Familie muss aber zu ganz anderen Ergebnissen kommen. Vielmehr müssen nämlich **frühe Bindungsstörungen** (s.o.) nach heutigem Kenntnisstand eindeutig als mit verursachend für die Entstehung aggressiv-oppositioneller Verhaltensstörungen in Betracht gezogen werden.

Lässt die Untersuchung des problematischen Kindes trotz Beachtung der verschiedenen, relativierenden Faktoren nun keine Einstufung mehr als „noch normal" zu, muss zuerst geklärt werden, was die tatsächliche Fehlentwicklung in Gang gesetzt hat. Erst danach kommt die Frage, wie ihr therapeutisch zu begegnen ist. Gemäß der oben aufgestellten These einer übermäßig aktivierten Aggression und eines entgleisenden Machtanspruchs ist dabei nach der Aggressionsentwicklung und der Machtstruktur beim Kind zu fragen.

Aggression, so wurde schon in der Anfangskapiteln festgestellt, dient beim Menschen grundsätzlich der Unterstützung der Selbst-Positionierung. Dabei spielen Abgrenzung gegenüber anderen Personen (und sonstigen Lebewesen), Profilierung des eigenen Selbst (vor der Gruppe und Gemeinschaft) und räumlich, sachliche Ansprüche (in der unmittelbaren Lebensumgebung) die entscheidende Rolle. Auch das Kind will seine personellen Grenzen innerlich schon abschreiten und nach außen energisch demonstrieren, will seine Persönlichkeit entwickeln können und der Umgebung zeigen, was (zu) ihm selbst gehört und wo sein Leben örtlich und räumlich steht. Durch diese Charakteristika der Ursprungsaggression wird noch einmal deutlich, dass es sich bei dem menschlichen Aggressionstrieb normalerweise um eine auf die **Selbstverteidigung** begrenzte Impulsverstärkung handelt.

Das heißt aber nicht, dass die aus der sehr frühen, menschlichen Vorgeschichte herrührenden Elemente der Aggression, die auf **Angriff und Vernichtung** eines gegnerischen Wesens ausgerichtet sind, überhaupt nicht mehr existierten. Wie den kritischen Beobachter die feststellbaren, sozialen Reaktionsweisen von Menschen lehren, sind jene den eigenen Lebensraum gewaltsam ausdehnenden und die rein egoistischen Überlebensmöglichkeiten verbessernden Aspekte der Aggression durchaus im Menschen auch heute noch erhalten. Es liegt offenkundig an den Lebensverhältnissen des einzelnen Menschen und an der gesamten Gesellschaftsstruktur, ob diese atavistischen (urzeitlichen) Formen der Aggression wieder zum Vorschein kommen oder nicht.

Demzufolge ist es eine Kunst der menschlichen Erziehung, die angesprochenen, **atavistischen Ursprungsformen der Aggression** nicht wieder zum Ausbruch gelangen zu lassen, und dabei doch einen Lebensraum zu erschaffen, der den Einzelnen nicht unnötig einschränkt. Daraus ergibt sich eine Erziehung zur Friedfertigkeit, welche aus sich selbst durch emotionale und psychosoziale Regulierung, sprich **Empathieempfinden**, erwächst und später bei zunehmenden intelligenten Fähigkeiten durch die **Gewissenbildung** auch auf Dauer erhalten bleibt. Gelingt diese Erziehung nicht, erhält sich das Ursprungskonzept der Aggression im Kind als das Grundprinzip des Selbstschutzes und der Selbstverteidigung. Fortan lernt das Kind zu unterscheiden, wann es Opfer und wann es Täter ist. Und sehr schnell versteht es, für sich selbst zu entscheiden, lieber Täter als Opfer zu sein.

Opfer zu sein erlebt das Kind in der Position der Unterlegenheit, eine gefühlsmäßige Erfahrung, der es ähnlich wie der Scham auf Dauer auszuweichen versucht. Um dies erfolgreich zu bewältigen, bleibt ihm nur die Möglichkeit, **Täter** zu werden, Täter zunächst auf niedrigster Stufe. Die Stärke des angeborenen Triebes legt fest, mit welchen Verhaltensweisen das Kind dabei startet. So wird es zunächst Provokateur seinen mächtigen „Gegnern" (zuerst die Eltern) gegenüber, wird Anstifter zur unerlaubten Tat (bei seinen Altersgenossen), wird Kämpfer gegen seine Rivalen und dabei „erbarmungsloser" Verteidiger seiner Ansprüche und seines Besitzes. Mit zunehmender geistiger Reife und Intelligenz erweitert sich das Spektrum hin zur ständigen **Missachtung gesellschaftlicher Regeln und Normen**, zum Bedürfnis nach **Zerstörung** allgemein anerkannter Strukturen (gegenständlich wie sozial) sowie zum Drang nach Handgreiflichkeiten, die es dann selbst vom Zaum bricht.

Um dieser Entwicklung wirksam entgegenzutreten, bedarf es der Berücksichtigung von zwei Faktoren: erstens einer frühzeitigen Einführung des **demokratischen Umgangstons** in der Zwiesprache mit dem Kind. Das bedeutet, dass alle eingrenzenden Festlegungen, Entscheidungen und Maßnahmen immer kindgerecht erklärt werden müssen und dabei das Wohl des Kindes im Auge behalten wird. Und zweitens ein die kindlichen Bedürfnisse und Rechte (be)achtendes **Regelkonzept** mit dem vorrangigen Ziel, die natürliche Veranlagung des Kindes und die selbst eingeschlagenen Wege der Persönlichkeitsentwicklung zu respektieren. Die ersten für das Kind verständlichen **Wenn-dann-Regeln** können schon im dritten Lebensjahr schrittweise eingeführt werden.

Spürt das Kind, dass die Einschränkungen seines Freiheitstriebes und die Verbote gegen seine impulsiv lustvollen Aktionen durch Eltern und Erzieher letztendlich im Respekt vor ihm selbst und unter Berücksichtigung seiner grundsätzlichen Bedürfnislage erfolgen, dann ist es auch bereit, sich an diese Regeln zu halten. Aber gerade das heißt, dass es keine solchen Verbote ohne ausreichende Begründungen geben darf und keine Eingriffe in den kindlichen Expansionsdrang ohne verständliche Darstellung der Gefahren, die damit verbunden sind. Diese Vorgehensweise hat zugleich den entscheidenden Vorteil, dass das Kind eine Ursache-Wirkungs-Beziehung zwischen seinen Handlungsabsichten und der Handlung selbst erkennen lernt. Dieser Vorteil verlöre sich, wenn die Eltern nur autoritär entschieden, was nicht erlaubt ist und nicht geht, und dem Kind damit einfach Grenzen setzten.

Anweisungen und Einschränkungen, die vorgenommen werden, um berechtigte Ansprüche von Eltern oder Erziehern durchzusetzen, müssen ebenfalls in Worten klargemacht werden, die dem Kind verständlich sind. Diese Form von Erziehungsgrundsätzen läuft im Grundsatz darauf hinaus, immer beide Seiten in einer Strategie zur Konfliktlösung zu berücksichtigen, auch dann, wenn letztendlich der Elternwille durchgesetzt werden muss.

Ein die **kindlichen Rechte und Bedürfnisse** achtendes Regelkonzept heißt konkret: Wesentliche Entwicklungsschritte wie Bindung, Loslösung oder positives Attribuieren im Rahmen der Ausbildung von Selbstbewusstsein haben immer Vorrang vor eingrenzenden erzieherischen Maßnahmen, die nur der bequemeren Organisation im Familiengeschehen dienen oder allein der Erfüllung traditioneller Normen und Werte. Daneben gibt es in jeder Familie ein spezielles, ihren eigenen Grundsätzen unterworfenes Regelsystem, dessen Einhaltung vom Kind gefordert werden darf, wenn dadurch nicht seine eigenen Rechte in unerträglicher Weise beschnitten werden. Über all das hinaus ist das **positive Vorbild in der Familie** durch die Eltern und die daraus resultierende, bereitwillige Identifikation des Kindes mit seinen Eltern die unabdingbare Grundlage für eine Akzeptanz des Regelkonzepts. Dieselben psychopädagogischen Richtlinien müssen auch für die institutionalisierten Erziehungseinrichtungen Geltung haben.

Werden die so aufgestellten Grundsätze von den Eltern und Erziehern in stärkerer Form missachtet, droht in der Entwicklung des Kindes, wie bereits angesprochen, das übergebührliche Anwachsen seines angeborenen, aggressiven Impulses. Gleichzeitig geht das innere Wertekonzept hinsichtlich seiner bis dahin erworbenen Selbstanteile Stück für Stück zu Bruch. Das Kind fühlt sich plötzlich in all seinen Ansprüchen ganz stark eingegrenzt, ob berechtigt oder nicht, fühlt sich geradezu in die Enge getrieben und bemüht nun die ganze Kraft seiner Wehrhaftigkeit, um seinen Standpunkt zu verteidigen und seine Selbstentfaltung in positiver Weise in Gang zu halten. An diesem Punkt beginnt der an sich gesunde und noch normal konflikthafte Vorgang in der Familie und in den Erziehungseinrichtungen ins Übersteigerte und zuletzt Pathologische abzudriften.

Aus vertretbarem und nützlichem Widerstand des Kindes wird auf einmal hartnäckige, fruchtlose Halsstarrigkeit. Aus berechtigtem Bedürfnis, durch angepasstes und wohlfeiles Verhalten positive innerliche Werte zu vermehren, wird eine Art Gleichgültigkeit. Das aufkommende Desinteresse rührt her aus der Erfahrung, zu viele negative Spiegelungen aus der Gesellschaft zurück zu erhalten. Der andauernde Kampf um den Erhalt positiver Selbstattribute versperrt dem Kind schließlich jede Sicht auf eine berechtigte Form von kritischer Beurteilung durch die ihm wichtigen Bezugspersonen. Dem Kind ist es schlicht ganz einfach egal geworden, was die Eltern oder Erzieher/innen von ihm noch halten oder denken, es gefällt sich allein in seinem **permanenten Widersachertum**, das ihm als letzte Möglichkeit zur positiven Selbstbewertung erscheint.

Auf diese Weise entwickelt sich im Kind eine Verhaltensstruktur, die nicht mehr mit den gesellschaftlichen Ansprüchen an eine friedfertige Auseinandersetzung konform geht. Vielmehr entsteht in ihm eine Art Gegenkonzept, bestehend aus Wut und Zorn über den Umgang der Eltern und Erzieher/innen mit sich selbst und dem Bedürfnis, sich deswegen ständig verteidigen zu *wollen*. Der Schritt in die andauernde Aggression ist nicht mehr weit.

Irgendwann hat sich das Kind auch von seinem Bestreben nach Identifikation mit seinen Eltern und der Suche nach einem guten Vorbild in den Eltern und Erzieher/innen vollständig verabschiedet und steuert auf eine einsame Spur **antisozialer Grundhaltungen** zu. Dabei weht ihm selbstverständlich der Wind aus der Gesellschaft entgegen. Aber dadurch heilt das kindliche Benehmen nicht. Im Gegenteil: Das noch mühselig zusammengehaltene Selbstbild bricht darunter endgültig zusammen, und die Ansätze zu einer positiv ausgerichteten, individuellen Persönlichkeitsstruktur verlieren zunehmend an Tragfähigkeit.

Fortan wird alles attraktiv gefunden, ja vom „Rumpfselbst" geradezu aufgesogen, was Aggressivität ausstrahlt und Verteidigungsstärke verspricht. Das zu zerbrechen drohende Selbst wird mit einer Klebesubstanz aus **emotionaler Härte** (Vermeidung der Gefühle) und **wütender Kampfbereitschaft** (ambivalentes Pro und Contra der auf sich selbst bezogenen Gefühle) gekittet. Mitleid für den Anderen, Einsicht in die Einhaltung sozialer Regeln sowie eine Bereitschaft zur Unterordnung in die Gruppe werden als Gefahr für das eigene Selbst gewertet und zukünftig auf die innere Verbotsliste gesetzt. Die vielleicht schon einsetzende Fähigkeit zur Empathie geht wieder verloren.

Je früher ein solcher Prozess in Gang kommt, desto weniger an bereits entstandener, den Sitten und Normen entsprechender Meinung muss verständlicherweise außer Kraft gesetzt werden. Bis dahin war noch gar nicht so viel Wertesubstanz entstanden. Weil aber nicht so viel Inhalt umgedeutet und unterdrückt werden muss, ist der Aufbau falscher Vorstellungen über die **Selbst-Positionierung** (falsche Selbstanteile, siehe nächstes Kapitel) in der Gesellschaft umso nachhaltiger und sind die Auswirkungen auf die Gemeinschaft umso zerstörerischer. Das macht die in der psychosozialen Entwicklung ganz früh aus dem Lot geratenen Kinder zu „gefährlichen Zeitbomben" für die soziale Gesellschaftsstruktur.

Von der sich verselbstständigenden Aggression zum übersteigerten Machtanspruch ist es immer nur ein kleiner Schritt. Das am Boden liegende Selbst des Kindes verlangt automatisch nach **außerordentlichem Machterwerb**, um aus seiner desolaten Lage herauszukommen, denn Macht ist erklärtermaßen ein äußerst starkes, positives Attribut. Das aggressive Auftreten und Gebaren verspricht den notwendigen und gewünschten Zuwachs an Macht. So wird Aggression zum Beschaffer von Selbstvorteilen und persönlicher Aufwertung. Eltern und Erzieher/innen, aber ebenso auch die anderen Kinder in der Gruppe oder Menschen auf der Straße zeigen sich beeindruckt von dem oft explosiven, scheinbar unberechenbaren und alles fordernden Auftreten des Kindes. Indem diese Personen als potenzielle Kontrahenten spontan zurückweichen, helfen sie dem Kind dabei, seinen **Herrscherdrang** umzusetzen und unterstützen damit noch – sicher ungewollt – das vom Kind entwickelte System. Stemmen sie sich aber dagegen, schüren sie weitere Aggressionen beim Kind und stacheln es zu immer angriffslustigeren Handlungen auf. Immerhin drohen dem Kind bei Unterlegenheit die sofortige Machteinbuße und damit der erneute Verlust von Selbstwertanteilen, und gerade den kann es sich am wenigsten leisten.

Das Kind hat auf schleichende Weise für den Erhalt seines Selbstwertes hauptsächlich auf den Machtfaktor gesetzt und erzwingt die zugehörige Auseinandersetzung in der Gemeinschaft nun durch sein aggressives Verhalten. Erkämpfte Macht wird fortan verteidigt, was sich mit den erkenntlichen Affekten des Kindes vollkommen deckt. Das einzige, was es in seinem immer weiter wachsenden Machtbedürfnis außerdem noch befriedigen kann, sind Verwöhnung und materielle Geschenke. Auch das deckt sich vollkommen mit dem Verhalten der Kinder. Bleiben die erwarteten Geschenke aber aus, gibt es kein Verwöhnen, wächst an deren Stelle wieder die Aggression.

So entsteht ein äußerst unheilvoller Kreislauf von Machtbedürfnis zur Selbstaufwertung und Aggression zum Erhalt und zur Unterstützung der erworbenen Macht. Damit verbundene Ablehnung in der sozialen Gemeinschaft erzeugt erneute Selbstabwertung, die wiederum verstärkte Aggression zum Zweck des höheren Machterwerbs (auch nur scheinbar) erzwingt. Darunter steigt die Ablehnung durch die soziale Gemeinschaft weiter, immer stärkere Selbstabwertung setzt ein – ein Teufelskreis entsteht. Am Ende ergibt sich eine Persönlichkeit, die ihr pathologisch übersteigertes Machtbedürfnis durch extreme Aggression befriedigt und sich nahezu ausschließlich über diesen Weg die dringend benötigte Selbstaufwertung verschafft. Einzig Verwöhnung als vorauseilende Belohnung für nicht erbrachte Leistung und Beschenkung mit mehr oder weniger wertvollen Gegenständen sind wie gesagt die einzigen Mittel, die Schraube aus Macht und Aggression vorübergehend zum Stoppen zu bringen. Gleichwohl sind es die schlechtesten Mittel dafür, denn die hiermit verbundene, nur vordergründige Befriedigung letztlich viel tiefer liegender Übel nutzt sich schnell ab, verlangt nach immer mehr und löst kein einziges Problem des Kindes.

Auf eine Formel gebracht ist bei diesen Kindern **Selbstaufwertung** nur noch ein **Produkt aus Macht und Aggression**. Geht ein Faktor nun verloren, schwindet die Selbstaufwertung, und der andere Faktor muss folgerichtig verstärkt werden.

Die frühen Formen der Aggression und des Machtanspruchs kennen im Anfangsstadium drei Adressaten:
1. die Bezugsperson(en) also Eltern, Geschwister, Großeltern und Erzieher/innen,
2. die Gegenstände in der häuslichen Umgebung und die eigenen Spielsachen,
3. das eigene Selbst im Sinne einer Autoaggression

Erst später erweitert sich der Kreis nach draußen auf schwächere Kinder in der altersgleichen Gruppe, auf deren Spielzeug, auf kleine Tiere und Pflanzen und schließlich am Ende der Skala auf fremde Erwachsene, die dann vorzugsweise mit Gegenständen attackiert werden. Fremdes Eigentum ist ab dem Schulalter Objekt von Aggression (Zerstörung) oder unrechtmäßiger Beschaffung (Diebstahl). Der Angriff auf fremde erwachsene Menschen in seinen verschiedenen Facetten ist Fehlverhalten bereits in der Pubertät und Adoleszenz.

Zunächst wird also immer erst das Vertraute angegriffen und alle **Aggression** spielt sich im **häuslichen Umfeld** ab. Aus dieser Tatsache leitet sich die Feststellung ab, dass Außenstehende, z.B. auch die Erzieher/innen im Kindergarten oft gar nicht verstehen können, wieso die Eltern so unzufrieden mit ihrem Kind sind. Notorisch hört man die Worte: „Bei uns in der Einrichtung verhält sich Ihre Tochter/Ihr Sohn ganz anders". Häufig sind die Kinder in der Fremdbetreuung, zumindest solange sie noch sehr klein sind, sogar schüchtern und zuweilen regelrecht unterwürfig.

Wird dem Kind zu Hause aber massiver Widerstand entgegengesetzt, wird es von seinen Eltern selbst aggressiv angegangen und mit Schlägen, boshafter Kritik und/oder Schimpftiraden bestraft, sinkt sein Selbstbewusstsein auf einen Tiefpunkt, und die angestaute **Aggression** wird schon früh mehr und mehr **nach außen getragen**. In gewalttätiger Weise von seinen Hauptbezugspersonen abgelehnt und bestraft zu werden, führt zur Projektion der Wut und des Hasses auf andere für sie stellvertretend stehende Menschen. Dann kehrt sich die Redeweise um und Eltern sagen auf einmal zu den Erzieher/inne/n, bei uns zu Hause macht er/sie so etwas nicht.

Ersatzweise wird die Wut auch an sich selbst ausgelebt. Schon junge Kleinkinder im zweiten Lebensjahr hauen und kneifen sich selbst und schlagen Ihren Kopf auf den Boden oder gegen die Wand. Dieses **autoaggressive Verhalten** drückt zuerst eine Art Übersprungshandlung aus. Der eigentliche Adressat, die Bezugsperson, steht für die Attacke nicht zur Verfügung oder tritt mit ihrer Gegenwehr dem Kind so bedrohlich gegenüber, dass nur noch der Weg zum Angriff auf sich selbst übrig bleibt. Bei Einzelfällen kann ein solches Verhalten noch als reines Entwicklungsproblem betrachtet werden. Nehmen diese Angriffe auf sich selbst aber Gewohnheitscharakter an, dann ist immer auch an eine von Gewalt gekennzeichnete Erziehung zu denken, das heißt an Kindesmisshandlung oder schwere Vernachlässigung. So sieht man seelisch verwahrloste Kinder in schlecht geführten Kinderheimen stereotyp den Kopf an die Gitterstäbe ihrer Bettchen schlagen. Die Wut, die zu dieser Form der Aggression führt, richtet sich aber nicht wirklich gegen sich selbst, wie es den Anschein hat, sondern in Wahrheit gegen die vernachlässigenden Bezugspersonen.

Die autoaggressiven Handlungen gehen in diesem Alter allerdings noch nicht so weit, den eigenen Körper gezielt zu schädigen. Auch eine gezielte Selbstbestrafung für vom Selbst verinnerlichtes, aber regulativ nicht zu verarbeitendes Unrecht spielt in diesem Alter noch keine Rolle. Solche Intentionen sind typisch für junge Schulkinder und Heranwachsende. In der Pubertät wird dann die Selbstschädigung zum eigentlichen Zweck der autoaggressiven Handlung, beginnend beim „**Ritzen**" in die Arme und in den Rumpf, über die **Verstümmelung** der Gliedmaßen (Mutilation) bis hin zum **Suizid** (Selbstmord).

Die unmittelbare Nähe zu den Persönlichkeitsstörungen (siehe nächstes Kapitel) ist jetzt nicht mehr zu übersehen.

Tiefenpsychologisch betrachtet entfaltet die Aggression neben dem Ventil für Wut und Hass noch eine andere Aktivität. Sie grenzt das in diesem Alter gerade aufgebaute Selbst gegen den Anderen, das Nicht-Selbst ab. Der fremde Andere wird prinzipiell als Bedrohung, ja als Eindringling in die eigene Persönlichkeit empfunden und muss ausgegrenzt werden. Diese Sichtweise entspricht dem evolutorischen Ursprung der Aggression in der Entwicklung der Lebewesen zum Menschen.

In entscheidender Weise bezieht sich dieser Grundsatz aggressiver Triebentwicklung beim Menschen jedoch nicht auf die vertrauten Bezugspersonen, also die Eltern oder wichtige Ersatzbezugspersonen. Sie sind durch das sogenannte verinnerlichte Eltern-Imago in der seelischen Bannmeile zugelassen. Das macht ihren fundamentalen Vertrauensstatus aus, der nach Möglichkeit nie erschüttert werden darf. Dieser Vertrauensstatus ist der ursprüngliche Einstieg in das Empfinden von Identifikation und lässt sich beschreiben als Urvertrauen (s.o.). Auf dieser Vertrauensbasis baut sich die gesamte Sozialisation der Spezies Mensch auf.

An dieser Stelle soll noch einmal einer Liste der typischen aggressiven Handlungsweisen erstellt werden, beginnend bei den einfachen Formen und aufsteigend zu den späteren komplizierten mit Gewaltcharakter:

a) permanenter Widerstand gegen alle Anordnungen,
b) oppositionelles Verhalten als kontinuierliche Fortsetzung des Trotzes,
c) schwere Wutausbrüche und impulsive Handlungen mit zerstörerischem Charakter,
d) gezielte Provokationen und Regelverletzungen,
e) ewige Streitsuche,
f) Quälerei von schwächeren Kindern sowie von kleinen Tieren etc.,
g) Lügen und Stehlen,
h) Feuer legen,
i) Ausleben sadistischer Fantasien,
j) Waffengebrauch, gezieltes Töten.

Die **aufsteigende Skala der Gewalt** ist beim einzelnen Kind oder Jugendlichen nicht immer folgerichtig. Einige „Stationen" werden ausgelassen, andere bilden den Endpunkt der Reihe. Aber die Stufenfolge der Eskalation wird weitgehend eingehalten.

Die im Jugendlichen- und Erwachsenenalter sozial kontrollierte Form des Machtfaktors ist das Dominanzstreben.

6.3 Die Frage der Gruppenidentifikation in Bezug auf die Aggression

Das frühkindliche Selbst hat noch wenig Gerüststruktur und geringen Halt. Es ist einstweilen ein flexibles Gedankengebilde aus Ahnung und spontanem Persönlichkeitsverständnis. Die weltlichen Koordinaten, d.h. die Bezugspunkte zum realen Leben und die Verankerung in der sozialen Umgebung fehlen noch weitgehend und müssen „woanders" abgeschaut werden. Die Eltern sind mit ihrem Vorbild dabei Garanten für die Richtigkeit der aufgenommenen Koordinaten in Bezug auf die weitere Persönlichkeitsentwicklung. Fehlt das elterliche Vorbild oder ist es zu schwach und sind auch keine höherwertigen Ersatzbezugspersonen vorhanden, ist das Kind auf Gedeih und Verderb den Einflüssen ausgeliefert, die willkürlich auf sein Selbst aus der aktuellen Lebensumgebung einwirken. Das kann im Einzelfall gut gehen, das kann aber auch, wie in der weitaus größeren Zahl der Fälle, äußerst schlecht verlaufen. Der Zufall richtet hier mehr aus als das System der Bezugspersonen. Eine kritische Wertung der schlechten Einflüsse und damit eine Filterwirkung auf den Input sind vom Kind in diesem Alter und noch auf lange Sicht nicht zu leisten.

Das Kind ist demzufolge essentiell auf ein **gutes Vorbild seiner Eltern** angewiesen. Leider übt aber auch das **schlechte elterliche Vorbild** seinen Einfluss auf die kindliche Persönlichkeitsentwicklung aus. Hinsichtlich seiner Eltern ist das Kind bei der Übernahme von Vorbildern am allerwenigsten kritisch, und es übernimmt zunächst bedenkenlos alles, was ihm von seinen Eltern vorgelebt wird. Das gilt sogar, wenn die Eltern es vernachlässigen und misshandeln. Gerade diese tragische Note macht das elterliche Vorbild so überaus verantwortlich für das, was im Kind an Persönlichkeit entsteht.

Weil die Eltern entscheidend wichtige Koordinaten für die Selbststruktur des Kindes setzen, empfindet das Kind seine Entwicklung dann als besonders schmerzlich und seiner Natur entgegenstehend, wenn es Wut und Hass gegen die Eltern aufbaut und Aggressionen verspürt. Gründe hierfür sind große erzieherische Fehler und negative Gefühle der Eltern in Bezug auf ihr Kind. Der entstehende innere Konflikt wird maximal, wenn die Eltern trotz ihrer Fehler und Schwächen positive Identifikationsobjekte bleiben müssen (das Kind hat keine Alternativen) und demzufolge nur ein geringes Abgrenzungsbedürfnis seitens des Kindes bestehen darf. Dadurch ergibt sich eine Verwirrung in der aggressiven Projektion, die das Kind in Abhängigkeit hält und dabei in seiner Selbstentwicklung hemmt. Anders ausgedrückt, die Eltern genießen bei ihrem Kind eine Art Immunitätsstatus, obwohl sie ihm alles andere als gut tun.

Auf der nächsten Beziehungsstufe sind es dann die **Freunde**, die einen solchen „Immunitätsstatus" hinsichtlich aggressiver Projektionen erhalten, und häufig (trotz Rivalität) auch die **Geschwister**. Bei Freunden und Geschwistern ist die Schutzfunktion vor zu starker Aggression ein Gewinn für das Identifikationsbedürfnis des Kindes. Freunde und Geschwister sind grundsätzlich Partner. Dieser soziale Gewinn lässt sich in vielen Fällen aber nicht lebenslang aufrechterhalten.

Geschwister und Freunde haben für ein Kind im Status viel Gemeinsames. Die psychosozialen Unterschiede zwischen den meist altersgleichen Bezugspersonen bestehen in der freiwilligen Wahl und dem Fehlen einer Überschneidung von Bezugspersonen im Falle des Freundes. Somit wären Freunde die spannungsärmeren sozialen Partner, was sich häufig auch so verhält. Geschwister sind aber dennoch gefeiter, was aggressive Empfindung angeht; das hat etwas mit der Gemeinsamkeit der Bezugspersonen zu tun und der Tatsache, aus derselben Familie zu stammen. Geschwister genießen eine Art Nestschutz; allerdings nur solange, wie sich diese dem eigenen Selbst gegenüber hinreichend loyal verhalten. Gerade dieser Schutz wird aber oft durch erzieherische Fehler in der Familie und der damit verbundenen Erhöhung der Rivalität gefährdet.

Neben der **Loyalität dem Selbst gegenüber** schweißen ein gemeinsames Interesse und eine hohe natürliche Übereinstimmung in der Charakterstruktur (manchmal sogar im Aussehen) die Kinder zusammen. Aus Freunden (selten aus Geschwistern) bildet sich in einem nächsten Schritt die **Gruppe**. Diese lebt davon, dass mehrere Kinder mit ihrem individuellen Selbst auf der Basis von körperlicher und/oder charakterlicher **Übereinstimmung** zusammenfinden. Aber auch die reine **Interessenslage** des Einzelnen spielt eine Rolle, wenn sie sich mit der Interessenslage eines Anderen deckt. So gibt es auch schon im Kindesalter typische Zweckgemeinschaften, die den Charakter einer Gruppe entwickeln.

Die Gruppe grenzt sich nun nach außen zu den wiederum Anderen, auch den anderen Gruppen, durch eine gezähmte Form von Aggressivität ab. Diese Aggressivität bleibt aber nur dann gezähmt, wenn sich nicht plötzlich überschneidende Interessen zwischen den Gruppen ergeben. Treten solche **Interessenskonflikte** auf, kommt es schnell zu ausgedehnten Gruppenkämpfen. Nach innen befriedet sich die Gruppe durch eine **gemeinsame Identifikation**. In der Regel handelt es sich dabei um ein rein ideelles Wertegebäude, dass gemeinsam auf dem Boden von Konflikten mit der „Außenwelt" entwickelt wird. Die Gruppe wird so zur verschwörerischen Gemeinschaft gegen die gemeinen Erzieher/innen, die den Toberaum abschließen, oder die bösen Nachbarn, die die Kinder von der Wiese verscheuchen.

Von den Kindern wird in diesem Punkt aber noch nicht bewusst und schon gar nicht analytisch verfahren. Kinder finden in dieser Angelegenheit rein intuitiv zusammen. Das lässt den Zusammenhalt der Gruppen schnell brüchig werden, denn diese Intuitionen sind oft nur flüchtig und kaum je im Umgang mit den wirklichen Verhältnissen erfahren. Sie unterliegen dem Wechselspiel der kindlichen Launen und den momentanen, geistigen Übereinstimmungen. Nur selten beziehen sich die Inhalte der Ideen schon konkret auf die aktuellen Vorstellungen und Ansprüche der Gesellschaft, deren Antiposition dann im verbalen Austausch gemeinsam eingenommen wird.

Die **Identifikation mit der Gruppe** kann dem Kind diejenige mit den Eltern und Bezugspersonen ersetzen, wenn diese in die Brüche gegangen ist. Der aggressive Impuls des Kindes, der in diesem Fall von den verlorengegangenen Bindungen herrührt, kann so abgemildert und sogar neutralisiert werden. Dies ist jedoch meist nur vorübergehend der Fall, weil viele Gruppen sich ihre Gemeinschaft auf Dauer einzig in der Gegnerschaft zur Gesellschaft erhalten können. Die gemeinsame Aggressivität schweißt die Individuen besser zusammen als eine Übereinstimmung emotionaler Interessen. So zerbricht diese Gruppe aber schnell, denn die emotionale Zweckgemeinschaft reicht nicht aus zur dauerhaften Gegnerschaft. Eine echte Aussöhnung mit den Eltern über diesen Umweg kommt eher selten zustande.

Ein Ausgeschlossenwerden aus der Gruppe oder deren Zerbrechen kann – ihrer wachsenden Bedeutung für die Stabilisation des Selbst zufolge – **Identifikationsverlust** bedeuten und damit neue Aggression beim Kind hervorrufen. Aggressionen, die auf diese Weise entstehen, wirken dann auch auf das Zuhause zurück und erklären so manche zusätzliche Verstimmung im häuslichen Bereich. So entsteht wieder ein unheilvoller Kreisschluss, diesmal zwischen nach Hause getragener und zu Hause weiter anwachsender Aggression.

Nur wenn trotz einer solchen Entwicklung noch ein Rest intakter Beziehung zu den Eltern besteht und diese die Not ihres Kindes jetzt erkennen, gerät das Kind in die Lage, über die emotionale Absicherung zu Hause den Schmerz des Ausgeschlossenseins aus der Gruppe auszuhalten. Das jedoch ist nur in seltenen Fällen die reale, familiäre Ausgangslage eines Kindes, das in der Gruppe Unterschlupf sucht. Vielmehr verursachen ungünstige Wechselwirkungen zwischen Elternhaus und Gruppenbildung im Kindergarten sowie in der Schule auch im Normalfall schon so manchen Konflikt in der Eltern-Kind-Beziehung. Dieser Einflussfaktor wird von den Eltern oft übersehen. Das Kind setzt sich also zwischen die Stühle.

Das komplexe Geschehen im Hinblick auf die persönliche Entwicklung zwischen dem Individuum und noch größeren Gruppen wie z.B. **Vereinen, Sekten, politischen oder religiösen Gemeinschaften, Volksgruppen** und schließlich einer ganzen Volksgemeinschaft ist immer eine kongruente Fortführung der sozialen Gruppenstrukturen auf unterster Ebene. Auf der einen wie der anderen Ebene spielt die Identifikation die entscheidende Rolle. In jedweder Konstellation geht es um bestenfalls gezähmte, aggressive Abgrenzung nach außen und um **Identifikationsgewinn** durch eine gemeinsame Normen- und Werteskala nach innen. Der einzelne Mensch erfährt auf diese Weise eine Einbettung in die Gemeinschaft, die er sonst in der Vereinzelung entbehren würde. Was dabei als Vorteil für den Menschen erscheint, kann aber leicht missbräuchlich von autoritären Führerpersönlichkeiten in solchen Gemeinschaften ausgenutzt werden, die ihr demagogisches Potenzial dazu ausnutzen, identifikationsschwache Menschennaturen unter ihre Kontrolle zu bekommen. Die dabei entstehende „verführbare Masse" aus zahllosen untergehenden Einzelpersonen ist leicht manipulierbar zu guten wie vor allem auch zu schlechten Taten. Der Nutzen für die **Führerpersönlichkeit** ist der maximale Machtgewinn, den sie zur Stützung ihrer eigenen Identifikationsbedürfnisse braucht. Den die Identität stiftenden Inhalt entnimmt sie zumeist einer allfälligen Ideologie. So nutzen sich Gruppe und Führer gegenseitig.

Jede Aggression beginnt – wie im vorigen Unterkapitel gezeigt – im kleinsten Bereich. Zunächst offenbart sich aggressives Verhalten also immer in der Familie. Das Kind begehrt auf und richtet seine Aggression gegen die Hauptbezugspersonen. An vorderster Front steht die primäre Bezugsperson, in der Regel der Fälle die Mutter, besonders wenn ein Loslösungskonflikt (s.o.) zugrunde liegt. Die Mutter muss also die Wut des Kindes aushalten, wenn es sich nicht erkannt, missachtet oder unterdrückt fühlt, aber ebenso, wenn es mit der eigenen Entscheidungsfindung nicht klar kommt (frühe Ambivalenzkonflikte) oder aus Unerfahrenheit an der Beherrschung eines Objekts scheitert. Das aber sind meist einzelne, für sich allein stehende Aktionen oder kurze Phasen, die nicht den Gesamtcharakter des Kindes widerspiegeln und die auch noch keine unheilvolle Entwicklung voraussagen.

Die aggressiven Entladungen zeigen sich je nach Temperamentsveranlagung entweder als schwache Wutausbrüche mit **Beschimpfungen** („du blöde Mama") sowie tränenreichem **Wehklagen,** oder sie steigern sich zu schweren Attacken mit wutentbranntem **Schlagen, Treten oder Beißen** der Bezugsperson(en). Die Methoden, die das Kind bei der aggressiven Handlung benutzt, ähneln mit der Zeit immer mehr den Handlungsweisen, die auch die Eltern selbst anwenden und zwar entweder gegen die Kinder oder auch untereinander. Das gilt sowohl für das konkrete Handeln als auch für die benutzte Wortwahl.

Mit dem Eintritt in den **Kindergarten** erweitert sich das Spektrum der aggressiven Äußerungen rasch durch die **Imitation** der Ausdrucksformen anderer Kinder. Besonders bei den Schimpfwörtern funktioniert diese Übertragung in Windeseile. Die Kinder sind beeindruckt von der Wirkung, die einzelne Wörter bei ihrem Aussprechen hervorrufen, und nutzen sie allein schon aus Probierlust. Die Inhalte selbst verstehen sie oft noch gar nicht. Die beim Erwachsenen prompt hervorgerufene Reaktion erzeugt beim Kind ein kurzes Gefühl von Macht.

Solchen Tests auf die Wirksamkeit von Wörtern und die damit einhergehenden, kleinen Attacken gegen die Eltern und Erzieher/innen sind häufiger Anlass für Verdruss und Verärgerung. Am besten begegnet man ihnen übrigens durch ruhiges Ermahnen und anschließendes Ignorieren. Die Kinder verlieren schnell die Lust an diesen Scheinattacken, sobald sie merken, dass ihr Machtbedürfnis dadurch keine Befriedigung findet. Je geringer das Bedürfnis nach Macht über die Bezugsperson ist, desto weniger beteiligt sich das Kind überhaupt an dem Treiben.

Früheste aggressive Handlungen über das Maß ärgerlicher Reaktion hinaus sind kleine provokative Aktionen unter genauester Beobachtung der Bezugsperson. Was anfangs wie ein Schalk aus den Augen springt, wird eines Tages durch zunehmend aggressive Unterstützung eine gezielte Herausforderung für die Eltern. So lässt sich sagen, dass sich das **aggressiv-oppositionelle Verhaltensmuster** unter verstärkter emotionaler Aufladung mit der Zeit von der Opposition weg bewegt und auf die offene **Provokation** zu läuft. An diesem Scheidepunkt lässt sich gut unterscheiden, ob sich das Kind noch im vertretbaren Rahmen bewegt oder bereits die Grenzen zum übersteigerten und pathologischen Verhalten überschritten hat.

Aber auch in diesem Stadium finden alle Angriffe noch im Elternhaus des Kindes statt und nur die Eltern als die Hauptbezugspersonen sind die Objekte der Aggression (s.o.). Der normale, entwicklungsbedingte Trotz des zweiten bis dritten Lebensjahres ist in diesem Zusammenhang ein natürlich eingerichteter Übergangszustand zur Behauptung des gerade gewonnenen Selbst. Obwohl mancher **Trotzanfall** ein aggressives Ausdrucksbild bietet, darf er nicht auch so gewertet werden. Das Verhaltensspektrum des Menschen lässt im aggressiven Erscheinungsbild nicht so viel Spielraum zu, als dass hier fein voneinander abgrenzbare Einzelerscheinungen zustande kommen könnten. Einen einigermaßen treffsicheren Unterschied zum normalen Trotz bietet die oppositionelle Haltung im Alter von drei bis vier Jahren, wenn das Trotzgeschehen nicht langsam nachlässt und einer ersten **verbalen Verständigung** weicht, sondern immer hartnäckigeren Widerstand und stärkere Ausbrüche erkennen lässt.

Mit etwa vier Jahren beginnt in der gesunden psychosozialen Entwicklung des Kindes die Fähigkeit, sich in die Gedankenstrukturen eines anderen Menschen hineinzuversetzen (Theory of Mind, s.o.). Gleichzeitig setzt damit die Möglichkeit zur Erkenntnis eigener Gefühlszustände ein, deren inneres, emotionales Bild dadurch verbal mit den Bezugspersonen kommuniziert werden kann. Das schafft gute Voraussetzungen für die Entwicklung von Regulationsmacht über das eigene emotional-affektive Geschehen und eröffnet zum erstenmal im Leben die Chance auf **Selbstkontrolle**. Gleichzeitig wird eine Kommunikation über die Gefühle, die bei der Auseinandersetzung mit im Spiel sind, möglich.

Diejenigen Kinder, die sich stringent in Richtung auf eine oppositionell-aggressive Verhaltensstörung zu entwickeln, erreichen das nötige Maß an Selbstkontrolle nicht. Ihr übermäßiges **Machtbedürfnis** erzwingt anhaltend aggressive Verhaltensformen und lenkt die permanente Opposition immer weiter in Richtung auf die offene Provokation zu. Dabei werden die körperlich aggressiven Instrumente wie Hauen/Schlagen, wütendes Treten, Beißen und Zerstören von Gegenständen ständig weiter ausgebaut und auf ein höheres Schädigungsmaß des Anderen zu getrieben. Die Wut eskaliert irgendwann zum Hass, und die natürliche Hemmung, ein schwächeres Wesen oder einen anderen Menschen Schmerz und Leid zuzufügen, verliert sich in emotionaler Abstumpfung.

Eine solche Abstumpfung kann man sich heute durch aktuelle Ergebnisse in der Hirnforschung erklären. So könnten zum Beispiel diejenigen Gene, die die Fähigkeit zur Empathie und zum Mitgefühl codieren, durch Wegfall ihres Gebrauchs mit der Zeit regelrecht abgeschaltet werden. Wie das gelingt, sagt uns die **Epigenetik** mit ihren Modellen von einer neurochemischen „Abdeckung" (Methylierung) genetischer Matrixabschnitte, die einer bestimmten menschlichen Verhaltenseigenschaft dienen. Diesen Entwicklungsprozess mit der Hirnforschung in Übereinstimmung zu bringen und damit wissenschaftlich zu belegen, ist notwendig, weil er einen dramatischen Umschwung im Lebenslauf des an und für sich auf Sozialisation und Gemeinschaftlichkeit ausgerichteten Menschen darstellt.

Wissenschaftlicher Hintergrund 3

Anders als bei der Entstehung der Angst und den Bindungsstörungen gibt es für die Entstehung von Aggression keine ganz fest umrissenen Areale im menschlichen Gehirn. Aggression ist ein Trieb, der weit verbreitet über alle verhaltensrelevanten Hirnregionen seine Wirkung entfaltet. Und anders als bei den beiden anderen sozial relevanten Verhaltensweisen spielt bei der Aggression ein Hormon eine wichtige mitgestaltende Rolle, das männliche Hormon Testosteron. Die Eigenschaft der hormonellen Prägung hat die Aggression mit der Sexualität gemeinsam. Insofern ist Aggressivität eine in beiden Geschlechtern unterschiedlich ausgeprägte Verhaltensform.

Untersuchungen mit der funktionellen magnetischen Resonanztomographie an Probanten, die man mittels Videotechnik mit Gewaltszenen konfrontiert hat, haben ergeben, dass es im menschlichen Gehirn wenigstens Zentren gibt, die mit der Entstehung von Aggressivität assoziiert sind. Drei Zonen sind zu unterscheiden: erstens die Ebene der emotionalen Auslösung, zweitens die Zone der rationalen Kontrolle und drittens die Ebene der hormonellen Steuerung. Die erste Zone hat ihr Zentrum in der Amygdala parallel zur Angst. Es scheint so zu sein, dass sich hemmende und fördernde Kernstrukturen gleichsam rivalisierend gegenüberstehen. Die hemmenden lösen die Angst und das Fluchtverhalten aus, die fördernden die Angriffshaltung.

Die Kampf- oder Flucht-Reaktion bei Tieren hat hierin ihren Auslöser. Angefeuert werden die aggressionsfördernden Kerngebiete durch Strukturen im Hirnstamm, die ganz ähnlich wie auch bei der Angst (s.o.) in Teilen des zentralen Höhlengrau gelagert sind und wahrscheinlich urzeitliche Verhaltensautomatismen über die Generationen hinweg abspeichern. Über den zwischengeschalteten Locus coeruleus mit der Produktion von Noradrenalin gelangen die Impulse ins Limbische System und dort insbesondere in die Amygdala. Die Amygdala (mit ihren verschiedenen Kerngebieten) ist demzufolge offenbar die Schaltstelle für Aggression, sprich Angriff wie für Angst, sprich Flucht.

Serotonin (aus den Raphekernen im Hirnstamm) wirkt sich bei dieser Impulsgebung hemmend aus, was nach heutigem Wissensstand eine Auswirkung auf die Bereitschaft des Menschen zur Gewaltanwendung hat. Es konnte bei Gewalttätern nachgewiesen werden, dass ihre Serotonin-Produktion genau in diesem Neurotransmitter-System zu gering vorhanden war. Ob das als das Ergebnis einer genetischen Anlage gezählt werden kann oder als epigenetische Auswirkung schwer belastender Lebensumstände, ist bis heute nicht sicher geklärt. Zwillingsstudien (hauptsächlich an Jugendlichen) konnten eine starke genetische Komponente feststellen. Unter dem Gesichtspunkt der umweltbedingten, epigenetischen Veränderungen in der frühen Kindheit ist dieser Vergleich bei Jugendlichen aber nicht mehr beweisend.

Parallel zur Amygdala mit Auslösung aggressiver Reaktionen arbeitet das Belohnungssystem bei stärker aggressiven Menschen in dieselbe Richtung (ventrale tegmentale Area, anteriore Basalganglien, Nucleus accumbens), so dass die Neigung, Gewalt auszuüben statt gewaltlos das Feld zu räumen, in positiver Weise angeregt wird. Dabei spielt der Botenstoff Dopamin eine wesentliche Rolle. Die Erfahrung, dass bei gewaltbereiten Menschen das Belohnungssystem in den Aktivierungszirkel im Gehirn eingeschaltet ist, ist ein guter Beleg für die Verstärkung von aggressiver Veranlagung durch Erziehung und Vorbild.

Aber damit ist die Auslösung von Aggression mit der Anwendung der Gewalt beim Menschen noch nicht vollständig erklärt. Im Frontalcortex, besonders in den orbitofrontalen und ventromedialen Abschnitten (vorderes, mittleres Stirnhirn) findet die rationale Bewertung der wahrgenommenen Ereignisse statt und löst im

Normalfall die Kontrolle über die eigene Handlungsbereitschaft aus. Einschätzung der tatsächlichen Gefahrensituation, Empathie für den Angreifer und Gewissensregungen hinsichtlich der eigenen aggressiven Reaktionsbereitschaft üben hemmende Funktionen aus und lassen den Menschen sozial angepasst, überlegt und einsichtig handeln.

Via cingulärem Cortex an der Nahtstelle zwischen Limbischem System und Frontalhirn wird jede vorschnelle Handlungsbereitschaft dem Willen und der Entscheidung unterzogen. Sind die sozialen Anpassungsfähigkeiten gering ausgeprägt und ist der Wille in Bezug auf eine negative Entscheidung zu schwach, setzt sich die Bereitschaft zur aggressiven Handlung ungehindert durch. Sind alle diese Mechanismen durch erzieherischen Einfluss viel zu stark ausgeprägt, wird der Mensch hilflos in seiner Verteidigungsbereitschaft. Ideal ist also die durch ein starkes Gewissen kontrollierte Handlung. Die Handlungsweise selbst wird in der supplementär motorischen Area des hinteren seitlichen Frontalhirns generiert und abgespeichert.

Als drittes Gleis der Aggressionsteuerung hatte ich die hormonelle Ebene bezeichnet. Sie findet hauptsächlich in den vegetativen Zentren des Hypothalamus statt und findet über die Nebennierenrinde ihren Zugang zum gesamten Körper. Dabei konnte gezeigt werden, dass aggressive Verhaltensweisen bei Menschen mit einem erniedrigten Cortisolspiegel im Blut assoziiert sind. Das galt auch für Kinder, deren Cortisol-Spiegel im Speichel untersucht wurde. Durch den verringerten Cortisol-Spiegel wären die erhöhte Stressschwelle und das niedrige Aktivitätsniveau des vegetativen Nervensystems bei aggressiven Kindern gut erklärt. Hingegen scheint ein erhöhter Cortisol-Spiegel wie bei der Angst vorhanden mit einer niedrigen Aggressionsbereitschaft einherzugehen (vgl. alles G. Roth, 2003 u. W. Matthys, H. van Engeland u. F. Resch, 2003).

Das vorherrschende Fühlen im Inneren des Kindes wird nach umweltbedingt ausgelöstem Abschalten der „Empathie-Gene" mehr und mehr ein Empfinden von **Rache**. Dabei muss der eigentliche Auslöser dieser Rache nicht unbedingt erkannt werden. Der kritisch-analytische Beobachter sollte aber zu dem Schluss gelangen, dass diese Rache nur eine Reaktion auf erlittene Kränkung und Schmach im Zusammenhang mit der Erstellung und Präsentation des eigenen, frühen Selbst sein kann. Gewalttätige Unterdrückung, schwere Demütigung, Kränkung und Schmähung des noch jungen, unsicheren und damit fragilen Selbst wirken vermutlich wie ein Todesstoß auf den Aufbau eines kontrollstarken Gewissens und einer soliden Prosozialität. Erlittene körperliche Misshandlung und der sexuelle Missbrauch beschleunigen diese Entwicklung erheblich.

Es gibt nun zwei Wege in der weiteren Entwicklung des Geschehens. Der eine ist der, dass die Eltern eines solchen aggressiv aufgeladenen Kindes sei-

Grafik 3: Aggressionsentwicklung im Menschen

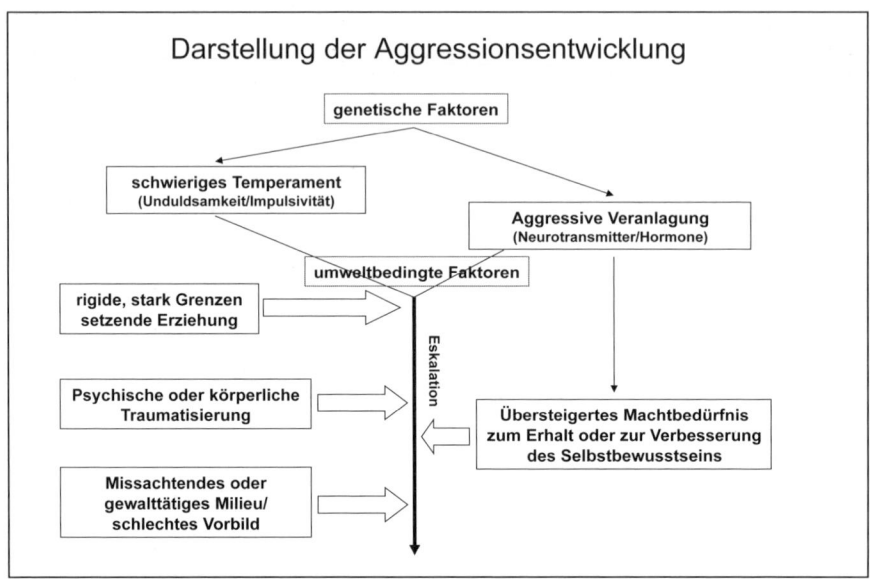

Die Grafik zeigt das Zusammenwirken von genetischen und umweltbedingten Faktoren auf die Stärke der Aggressionsentwicklung im Menschen.

nem gewalttätigen Auftritt und dem damit verbundenen Druck nachgeben und den Dingen zu Hause ihren Lauf lassen. Das Kind erfährt durch eine solche **Kapitulation seiner Eltern** jedoch alles andere als Befriedigung. Im Gegenteil: Es sieht seine Desorientierung und Ziellosigkeit im sozialen Denken und Handeln, abgesehen vom Racheimpuls, nur weiter verstärkt und nimmt dieses Empfinden wieder zum Anlass, seine Wut in immer höhere Kategorien zu steigern. Das emotionale und strukturelle Chaos, das dadurch im Elternhaus entsteht, ist der vorläufige Endpunkt des Versagens in dieser Erziehung.

Der andere Weg beginnt bei der **autoritären Unterdrückung** der Wut und Aggression des Kindes durch elterliche Züchtigungsmaßnahmen und endet oft in der Verstoßung. Meist sind es die Väter, denen immer häufiger der Geduldsfaden reißt, und die dann versuchen, mit drakonischen **Strafen** bis hin zu Schlägen und Prügel das Kind ins Joch zu zwingen. Derart gewalttätige und zugleich „blinde" Strafen, die zumeist keinen Bezug mehr zum verursachten Fehler haben, treffen aber nur noch das Selbstwertempfinden des Kindes und erreichen so das Gegenteil einer Verhaltenskorrektur. Der eigene Schuldfaktor gerät beim Kind ohnedies völlig aus der Sicht, und der erzieherische Nutzen ist damit verloren.

Vor jeder rohen Gewalt stehen zunächst noch die „einfachen", aber völlig sinnlosen Strafen, die zumeist mit Verboten der dem Kind liebgewordenen Tätigkeiten anfangen und bei Nahrungsentzug und Einsperren enden. Der Fantasie an erdachter Grausamkeit dem Kind gegenüber ist beim Strafen letztlich keine Grenze gesetzt. Bürgerliche Gesetze versuchen seit einigen Jahren diese Zumutungen zugunsten des Kindes zu regeln.

An diesem nun endgültigen Wendepunkt des sozialen Geschehens in der Familie nimmt das Kind neben dem schon erlittenen, psychischen Schaden oft auch massiven körperlichen Schaden. Es erfährt dabei, dass sein **Ringen um Macht** im Angesicht erzürnter Erwachsener vollkommener Aussichtlosigkeit unterworfen ist und seine Aggression es nicht vor schlimmen Übergriffen gegen sich beschützen kann. Hilflosigkeit und Angst erreichen einen bis dahin ungeahnten Höhepunkt.

Geht im Verlauf solch seelischer wie körperlicher Übergriffe das kindliche Selbst nicht gleich zu Bruch, trägt das Kind seine maßlose Wut nach draußen in die soziale Gruppe und schließlich in die ganze Gesellschaft. Wir haben es dann mit den Kindern zu tun, die daheim in großer Anpassung wie brave Chorknaben wirken und kaum, dass sie dem Elternhaus entronnen sind, sich wie die wilden Raubritter aufspielen. Die ganze durch die **Übermacht der Eltern** erlittene Schmach wird außerhalb der Familie an anderen, vorzugsweise schwächeren Wesen ausgetobt. Ob es sich dabei um schüchterne Kinder aus der altergleichen Gruppe handelt oder um kleine Tiere, ist dem Kind einerlei. Wahrscheinlich bestimmt mehr der Zufall der Begegnung die Entladung auf das Objekt als die geplante Handlung. Zwischen diesen Extremformen und gemäßigten, kaum von der Normalität zu unterscheidenden Schwachformen gibt es alle möglichen Übergänge. Einzig der Leidensdruck des betroffenen Kindes in der sozialen Gruppe und die Erträglichkeit seines Verhaltens im Elternhaus entscheiden darüber, was noch tolerabel ist und was schon als auffällig zu gelten hat.

An diesem Scheidepunkt in der Entwicklung des Kindes melden sich dann auch die Erzieher/innen zu Wort. Es liegt an ihnen zu erkennen, dass sich das Kind in einer seelischen Notlage befindet, und nicht, wie die Eltern solcher gerne Kinder behaupten, die Veranlagung des Kindes eine solche Notlage verursacht. Sind keine eindeutigen Zeichen einer seelischen oder körperlichen Misshandlung zu erkennen, kann es daher passieren, dass die Erzieher/innen für die Falschen Partei ergreifen. Da sie indirekt selbst unter den Verhaltensproblemen des Kindes leiden, weil dieses die Gruppe stört oder andere Kinder drangsaliert, beauftragen sie die Eltern, mit härteren Erziehungsmaßnamen das Kind „zur Raison" zu bringen; oder sie befleißigen sich gleich selbst, Erziehungsdruck auf das Kind auszuüben. Statt sich auf die Seite des Kindes zu schlagen und seine innere Not zum Anlass zu nehmen, sozialtherapeutische Schritte anzustoßen oder selbst einzuleiten, gehen sie einen Pakt mit den Eltern ein und versuchen sogar, ihnen die misslungene Erziehungsarbeit abzunehmen. In früheren Zeiten gaben kapitulierende Eltern ihre Kinder bewusst in die Hände solcher Erzieherinnen und Erzieher, um sich selbst von der Mühe des Erziehens zu befreien.

Letztendlich liegt aber eine große Chance für die Erzieher/innen darin, die familiäre Notlage aus dem Verhalten des auffälligen Kindes heraus zu lesen, und den Eltern sinnvolle, pädagogische Hilfsangebote zu machen. Entweder schaltet sich die Erzieherin direkt in den erzieherischen Prozess des Kindes ein und gibt getreu ihrem pädagogischen Auftrag nützliche Entwicklungsanstöße. Oder sie widmet dem Kind größere Aufmerksamkeit und versucht, es innerhalb der Gruppe besser zu positionieren und kraft ihrer **Erzieherin-Kind-Bindung** (s.u.) im Verhalten günstig zu beeinflussen.

Ähnliche Chancen bestehen auch für alle anderen sozialen Berufe, die in direktem Kontakt zu den Kindern stehen, aber auch für Kinder- und Jugendärzte sowie natürlich für die therapeutischen Berufsgruppen. Neben ihrer Aufgabe für die seelische und körperliche Gesundheit der Kinder zu sorgen, besteht ihr Auftrag auch darin, Misshandlung und Missbrauch sowie Vernachlässigung und Verwahrlosung rechtzeitig zu erkennen und die nötigen Schritte zu deren zukünftiger Verhinderung einzuleiten.

6.4 Das Problem der ADHS in der heutigen Ursachendarstellung

Das Störungsbild der **ADHS** (**A**ufmerksamkeits-**D**efizit-**H**yperaktivitäts-**S**törung) von den aggressiv-oppositionellen Verhaltensauffälligkeiten zu trennen und gesondert zu behandeln hat aus drei Gründen seine Berechtigung: Erstens ist zu seiner diagnostischen Klärung für das Kind immer ein **medizinisch-psychologisches Programm** zu durchlaufen. Die einfache Verhaltensbeobachtung reicht dafür sicher nicht aus. Spezielle Testverfahren (auf die ich aus Gründen der Beschänkung nicht weiter eingehen kann) und Fragebogen-Tests (z.B. **C**hild **B**ehaviour **C**heck **L**ist) sind unerlässlich. Zweitens sprechen wissenschaftliche Ergebnisse dafür, dass die ADHS mit einer **genetischen Anlageproblematik** des Kindes verbunden ist, während die aggressiv-oppositionellen Verhaltensweisen fast ausschließlich umweltbedingt zustande kommen. Drittens ist bei der ADHS, wenn sie mit **sozialen Verhaltensstörungen** kombiniert auftritt, auch immer von einer erheblichen Störung der familiären Bindungsstrukturen auszugehen.

Das Störungsbild der ADHS hat in den letzten Jahren hinsichtlich einer ursächlichen Klärung verschiedene Stadien durchlaufen. Grundsätzlich stehen sich zwei nahezu diametral entgegengesetzte Erklärungsmodelle gegenüber. Im einen Fall ist die Rede von einer angeborenen **Neurotransmitterstörung** des Kindes (spezielles Dopamintransportersystem im Stirn- oder Frontalhirn und in den Stammganglien), in deren Folge bestimmte der emotionalen Anpassung dienende und kommunikativ ausgleichende Funktionen im gesellschaftlichen Miteinander nicht ausreichend zustande kommen können. Im anderen Fall ist von einer sich entwickelnden **Störung der Sozialfunktionen** die Rede, in deren Folge individuelle Wahrnehmungsfunktionen und psychosoziale Anpassungsmechanismen auf der Strecke bleiben. Im einen Fall sind also die Gene an der Entstehung des Störungsbildes Schuld, im anderen Fall ist es die vom Kind angetroffene Umwelt. Derzeit geht man von einer Kombination beider Modelle aus, wobei die Frage im Raum steht, was im Verhalten als Ursache und was als Folge anzusehen ist.

Die neuesten Forschungsergebnisse der **Epigenetik** machen die Beantwortung der Frage eher noch schwerer, als dass sie sie lösten. Denn aus den hierbei erforschten Funktionen der Genaktivität (Genexpression) ergibt sich, dass Gene über ihre Auswirkungen in der Umwelt auf sich selbst zurückwirken und auf diese Weise ihr Ausdrucks(Expressions-)muster verändern können. Dabei benutzen sie An- und Abschaltmechanismen, die wiederum genetisch codiert sind. Ursache und Wirkung verschmelzen so zu einem gemeinsamen Gefüge von möglichen Ausdrucksformen. Das Resultat dieses Phänomens in der Welt der Gene ist aber, dass irgendwann nicht mehr zu unterscheiden ist, ob ein Gen nur deswegen arbeitet, weil es von den tatsächlichen Lebensumständen zum Arbeiten angeregt wird, oder weil es an sich bzw. originär aktiv ist. Umgekehrt betrachtet hieße das, dass ein Gen vielleicht nur deswegen nicht mehr arbeitet, weil es durch die realen Lebensumstände als wenig zweckdienlich erkannt und abgestellt worden ist.

Mit anderen Worten, wenn bei Kindern oder auch bei inzwischen Erwachsenen mit klinisch nachweisbarem ADHS tatsächlich eine Funktionsstörung im Neurotransmittergeschehen des Stirnhirns nachzuweisen ist, dann ist damit noch nicht gesagt, ob diese Störung die Ursache oder die Folge der dazugehörigen Verhaltensauffälligkeit ist. Die Epigenetik erklärt zunächst nur, dass das eine wie das andere möglich ist. Denn neben der These der angeborenen Fehlfunktion könnte ebenso gut auch die Umwelt in der Art und Weise, wie sie auf die emotionalen Befindlichkeitszustände dieses Menschen im Säuglings- und Kleinkindalter eingewirkt hat, dafür gesorgt haben, dass die Gene, die diese Neurotransmitterfunktion codieren (genetisch verschlüsseln), abgeschaltet worden sind und deswegen nicht mehr arbeiten; ob das nur zeitweilig so ist oder endgültig, bleibt zunächst dahingestellt.

Es bleibt zu befürchten, dass sich dieses Problem auch in der Zukunft als unlösbar erweist. Denn die einzige Möglichkeit zur Klärung wäre die, die zugehörige Genfunktion beim Kind schon zu einem Zeitpunkt zu bestimmen, wenn die Umwelt noch nicht eingewirkt hat. Aber zu diesem Zeitpunkt (nämlich noch in der frühen Neugeborenenphase) besteht so gut wie keine Möglichkeit, einen klinischen Verdacht auf diese Störung auszusprechen. Und so bliebe dann unklar, ob man mit seinem Suchtest überhaupt das richtige Kind untersucht hat, selbst wenn man eine große Zahl zu testender Kinder einplant. Als Resultat lässt sich festhalten, dass derzeit von einem Zusammenwirken genetischer und epigenetischer Einflüsse in der Entstehung der ADHS auszugehen ist.

Drei Kernsymptome kennzeichnen die eigentliche ADHS: 1. eine **Aufmerksamkeitsstörung** über das Maß einfacher Unaufmerksamkeit hinaus. Die betroffenen Kinder agieren nicht auf die Sache konzentriert, folgen nicht ausreichend der Ansprache an sie, handeln fahrig und reden viel und ausschweifend. 2. eine körperliche **Unruhe** und **Hypermotorik**, die die übliche, frühkindliche Lebhaftigkeit bei Weitem übertrifft. Die Kinder sind extrem zappelig, trommeln mit Händen und Füßen auf den Untergrund, stehen während der Kommunikation immer wieder auf und laufen ziellos im Zimmer umher. Und 3. eine **Impulsivität** im affektiven Sich-äußern und Handeln, die in erheblicher Weise die kommunikativen Strukturen in der Gemeinschaft stört. Die Kinder wirken wie aufgedreht, reden dauernd dazwischen, reagieren ungezügelt und unberechenbar, oftmals geradezu unbeherrscht und haben sich mit ihren Aktionen äußerst schlecht unter Kontrolle. Angeborene wie auch durch Lebensumstände erzeugte Aggressivität wird durch die veranlagte Impulsivität erheblich verstärkt und häufig in unerträgliche oder sogar (selbst-)gefährliche Bereiche geführt.

Alle zusätzlichen sozialen Verhaltensprobleme im Rahmen der ADHS sind Produkte der gestörten, alltäglichen Verständigung untereinander, bei der das betroffene Kind immer wieder durch fehlgehende Reaktionen und falsch verlaufende Handlungsweisen aneckt und die Mitmenschen bis an die Grenzen des Erträglichen führt. Die Folge der ständig negativen Rückmeldungen aus der Umwelt, wobei die Herkunftsfamilie absolut im Zentrum steht, ist die Entstehung eines **stark unausgewogenen Selbst** bis hin zur **Minderwertigkeit**.

An dieser Formulierung der Entstehungsursachen für die ADHS wird schnell klar, dass ein Urteil über solche Kinder und ihre Zuordnung zu einem psychosozialen Krankheitsbild stark von der Ertragensbereitschaft einzelner Personen abhängig ist. Bei dem einen ist schon eine etwas größere Lebhaftigkeit des Kindes unerträglich und sein Urteil „Störungsbild" schnell vergeben, bei dem anderen gilt dasselbe Kind als noch gut auszuhalten, wenn auch schwierig. Dieselben Relativitäten in der Beurteilung betreffen auch die Symptome Aufmerksamkeitsdefizit und Impulsivität. Die einen Eltern sprechen liebevoll von ihrem kleinen Träumer, der mal explodiert, die anderen von ihrem „völlig verpeilten" Kind. Manche Eltern finden ihre Kinder aufsässig und unerträglich belästigend, andere finden ihr vergleichbares Kind nur eigensinnig und etwas fordernd.

Daher ist es bei jeder Diagnosestellung unabdingbar, dass sich mehrere Personen, die in direkter Beziehung zu dem Kind stehen, gleichermaßen äußern, und diese Personen auch aus verschiedenen Aufenthaltsbereichen des Kindes stammen. Zu beleuchten sind immer die drei entscheidenden Aktionsräume eines Kindes: sein **Zuhause**, die **Schule** und die **Freizeit**. Hierfür gibt es verschiedene Beurteilungsbögen, die von den Eltern, den Lehrerinnen und Lehrern und bei älteren Kindern auch von sich selbst auszufüllen sind. Als zusätzliche diagnostische Kriterien gelten, dass das Störungsverhalten kontinuierlich über mindestens ein halbes Jahr bestehen muss und in der frühen Kindheit Anzeichen hierfür vorhanden gewesen sind.

Streng genommen ist auf die Diagnose ADHS immer erst dann zuzusteuern, wenn andere belastende, die Selbstentwicklung erheblich einschränkende Faktoren aus der Umwelt des Kindes, ausgeschlossen sind. Denn aus der eingangs dargestellten Problematik, was überhaupt Auslöser dieser Verhaltensstörung sein kann, ist zu entnehmen, dass ein extrem negativer Einfluss auf das Kind durch die Umwelt die Gene in ihrer Funktion verändern und eine ADHS im Nachhinein vortäuschen kann.

Will man aber die ADHS als rein genetische Funktionsstörung erklären, darf man dieser Irreführung nicht erliegen. Wahrscheinlich ergeben sich aus dieser Tatsache die sehr unterschiedlichen Angaben zu der zu erwartenden Häufigkeit dieser Verhaltensstörung in der Bevölkerung.

Aus den genannten Gründen einer schwierigen diagnostischen Zuordnung will ich die ADHS, wie schon erwähnt, ursächlich als ein vorläufig noch offenes Modell für epigenetische Einflussnahme auf die genetischen Anlagen des Menschen verstehen. Damit ist die Beschreibung der zugrunde liegenden Funktionsstörung auf der Basis eines Neurotransmittergeschehens im Stirnhirn nicht ausgeschlossen, aber auch nicht als allein auslösende Ursache festgeschrieben. Die Neurotransmitterfunktionsstörung ganz auszuschließen machte keinen Sinn, beweisen doch wirksame, medikamentöse Behandlungen mit Substanzen, die gerade auf diese Neurotransmitterfunktion Einfluss nehmen, dass hier ein organisch-funktioneller Zusammenhang bestehen muss.

Die Diagnose ADHS zählt man rein statistisch derzeit bei ca. 12% der Kinder im Grundschulalter. Die Diagnose schon früher zu stellen und damit eine Verstärkung der Symptomatik durch falsches Handeln der Umwelt zu verhindern, ist ein wichtiges Ziel, das derzeit aber schwer zu realisieren ist. Es müssten dazu zunächst einmal weitere umfangreiche Beobachtungsprogramme von Säuglingen und Kleinkindern in Langzeitstudien gestartet werden, die auf der Basis der erweiterten Bindungstheorie konzipiert sind. Derzeit gibt es nur wenige Längsschnittstudien, die Entwicklungsverläufe von Kindern bis ins Schulalter verfolgen. Diese legen ihr Schwergewicht auf die Kausalverbindungen zwischen definierten Verhaltensauffälligkeiten und Milieu bezogenem, familiärem Hintergrund. Auf die ADHS beziehen sie sich nicht speziell. Hinsichtlich der ADHS werden kleinere, überwiegend vergleichende Studien gemacht, die zwischen medikamentös behandelten Kindern und verhaltenstherapeutisch behandelten unterscheiden. Die Bindungstheorie spielt bei all diesen Studien noch keine nennenswerte Rolle.

Die großen, zum Teil ausgewerteten **Studien zur Sozialentwicklung** der Kinder und Jugendlichen zeigen interessante Ergebnisse zur psychosozialen Entwicklung unter einigermaßen klar definierten Lebensumweltbedingungen. Eine auswertbare Aussage zur Frage der ursächlichen Entstehung von ADHS machen sie erwartungsgemäß nicht.

Die bekanntesten Studien hierzu sind die Mannheimer Längsschnittstudie, der KIGGS (der sich nicht nur mit psychosozialen Auffälligkeiten beschäftigt) sowie aus den USA die NICHD-Studie (die ebenfalls umfangreiche Bezüge zur Lebensumwelt des Kindes herstellt). Die Ergebnisse der jeweiligen Studie werden recht unterschiedlich bewertet, je nachdem aus welchem Blickwinkel sie betrachtet werden. Eindeutig spielt in die jeweilige Auslegung diejenige Vorstellung hinein, die der Interpret bereits als konzeptuelle Vorstellung im Kopf hat. Zumindest sagen alle diese Studien aber eines sicher aus: je ungünstiger der Einfluss der Lebensumwelt im frühen Kindesalter sich darstellt, desto schwerwiegender gestalten sich Auswirkungen im Sozialverhalten der Kinder im Schulalter. Oder anders ausdrückt: Störungen im Sozialverhalten älterer Kind sind eindeutig auf lebensumweltbedingte, negative Einflüsse aus der frühen Kindheit zurückzuführen. Dabei betrachtet die Mannheimer Längsschnittstudie (M. Laucht und M.H. Schmidt, 2005) die Entwicklungsverläufe am stärksten aus der individuellen Sicht des Kindes im Abgleich mit seiner Lebensumgebung. Die NICHD-Studie aus den USA sagt über solche Erkenntnisse hinaus aus, dass je früher und je intensiver frühe Fremdbetreuung durchgeführt worden ist, desto schlechter sich das Sozialverhalten im Schulalter ausnimmt. Individuelle Verhaltensstörungen wurden jedoch in keinem Fall detailliert untersucht. Im weiteren Verlauf werde ich auf einige Ergebnisse dieser Studien zurückkommen.

Kürzlich wurde eine Studie zum Verlauf der ADHS in einem amerikanischen Journal für Kinder- und Erwachsenenpsychiatrie veröffentlicht, die als Nachfolgestudie von bereits früher durchgeführten Zwischenauswertungen konzipiert ist (B.S. Molina et al., 2009). Deren Ergebnissen zufolge, die sich explizit auf multimodal behandelte ADHS-Patienten beziehen, sind folgende Aussagen zutreffend: Erstens unterscheiden sich Kinder, die entweder nur medikamentös oder nur verhaltenstherapeutisch behandelt wurden, nach wenigen Jahren in ihrer Anpassungsfähigkeit an gesellschaftliche Werte und Normen so gut wie nicht mehr. Zweitens sind nur die Kinder als erfolgreich therapiert zu bezeichnen, die über Jahre hinweg kontinuierlich und intensiv behandelt worden sind. Und drittens blieben die Begleitstörungen der ADHS wie Aggressivität und Störung des Sozialverhaltens bis hin zur Deliquenz weit über die eigentliche Kernsymptomatik wie Unaufmerksamkeit und Hyperkinesie hinaus konstant. Ebenso blieben begleitende Angststörungen und Depressivität unabhängig vom Verlauf der anderen Symptome erhalten.

Ein grundsätzlich großes Problem ist die treffsichere Unterscheidung zwischen jenen Kindern, die rein aggressiv-oppositionell sind (s. oben), und denen, die im Rahmen einer ADHS nur durch ständiges Anecken mit der Lebensumwelt aggressiv-oppositionell geworden sind. In der Nomenklatur der psychischen Störungsformen hat sich daher im deutschsprachigen Raum (ICD-10) die Formulierung **Hyperkinetische Störung des Sozialverhaltens** durchgesetzt, was die Unterscheidung aber eher noch schwieriger macht. Denn jetzt sieht es so aus, als kämen diese beiden Störungsformen praktisch immer gemeinsam vor. In dem angloamerikanischen Diagnosekatalog (DSM-IV) gibt es diese Kombinationsdiagnose nicht.

Um überhaupt eine einigermaßen sichere Unterscheidung zwischen ADHS und aggressiv-oppositioneller Verhaltensstörung zu treffen, ist ein umfangreiches Fragebogen- und Testprogramm durch eine medizinisch-psychologische Einrichtung durchzuführen. Eine schnelle Blickdiagnose oder kurze Beobachtungsstudie reicht in keinem Fall aus. Um nun eine weitgehend sichere Differenzierung vorzunehmen, ist immer eine umfangreiche Begutachtung der gesamten frühkindlichen Vorgeschichte notwendig. Das fängt an bei der Schwangerschaft und der Geburt, setzt sich fort in den Bindungs- und Loslösungsprozessen und endet bei der Selbstkonstruktion des Kindes.

Jüngste Untersuchungsergebnisse über den Schwangerschaftsverlauf der späteren ADHS-gestörten Kinder zeigen eine positive Beziehung zu **mütterlichem Stress in der Schwangerschaft** und zu ihren **Rauchgewohnheiten**. Auch Drogeneinfluss während der Schwangerschaft erweist sich als ein hohes

Risiko. Die Geburt selbst könnte durch großen Stress, der auf das Neugeborene einwirkt, eine verstärkende Funktion auf die Entwicklung einer ADHS ausüben. Entscheidender ist wahrscheinlich aber die Bindungsfähigkeit zwischen Mutter und Kind unmittelbar nach der Geburt und während der gesamten Säuglingszeit (sogenanntes **bonding**). Solche Untersuchungen sind noch längst nicht abgeschlossen und werden sicher neue Erkenntnisse in den nächsten Jahren erbringen. Alle diese Hinweise sagen aber eines klar aus, dass keineswegs nur die Gene an der Entstehung der ADHS ursächlich beteiligt sind.

Zusammengefasst ergeben sich für das Risiko, eine ADHS zu entwickeln, folgende mögliche Entstehungsfaktoren:

a) genetische Veranlagung,

b) Schwangerschaftsprobleme und mütterliches Rauchen (Drogenprobleme),

c) Bindungsstörung zur Mutter/zum Vater in der Säuglingszeit,

d) Temperamentsfaktoren (die durch die Bezugspersonen nicht einigermaßen ausgeglichen werden),

e) Erkrankungen des Zentralnervensystems,

f) Misshandlung, andere Psychotraumatisierung, sehr ungünstige Lebensumwelt.

Die konkrete Symptomatik der ADHS ist von Kind zu Kind individuell unterschiedlich und äußerst vielgestaltig. Sie deckt sich im Bereich Sozialstörung weitgehend mit den aggressiv-oppositionellen Kindern, was zu der bereits genannten Kombinationsdiagnose in der ICD-10 geführt hat. Die Grenzen zwischen noch vertretbarem Normal-Verhalten und schon bestehender Auffälligkeit ist hierbei generell unscharf und wird von Beurteiler zu Beurteiler unterschiedlich gezogen. Die klassische Geschichte des **Zappelphilipps** im Struwwelpeter von Heinrich Hoffmann ist jedenfalls nur eine symbolisch-bildliche Darstellung von typischem Kindsverhalten und kein Diagnosekriterium für die ADHS. Umfallende Gläser am Tisch und herabgezogene Tischdecken kommen in mehr oder weniger allen Familien mit Kleinkindern einmal vor. Es müssen schon sehr viel schlimmere Aktionen und Fehlverhaltensweisen sein, um von einer krankhaften Verhaltensstörung zu sprechen.

Kommen alle drei genannten Kernsymptome zusammen, hat man das Vollbild der ADHS-Störung vor sich. In der Untersuchung zeigt sich ein Kind, das oft „ein wenig wie weggetreten" erscheint, mit dem Untersucher schlecht Kontakt aufnimmt (insbesondere auch keinen längeren Blickkontakt hält), und das nicht, weil es Angst vor diesem hätte. Das ist für die Unterscheidung zur primären Angststörung wichtig. Es zeigt sich weiter ein Kind, das in jede Unterhaltung mit den Eltern einfach hineinredet, das in der Untersuchungssituation permanent in Bewegung ist, herum rennt und kein ihm angebotenes Spiel über mehrere Minuten ausführt und das sich fremden Erwachsenen gegenüber eher distanzlos verhält als wirklich oppositionell. Es gibt Grenzfälle, die sich nahe am Rand einer Autismus-Spektrum-Störung bewegen.

Hingegen sind die mürrisch-aggressiven Kinder, die sich jedem Kontakt wütend verweigern, die bewusst nichts spielen, weil sie sich falsch am Platz fühlen, die so tun, als ginge sie die ganze Untersuchung nichts an und demzufolge auch mit dem Untersucher kein Wort wechseln eher diejenigen, die man zu den aggressiv-oppositionellen zu zählen hat. Die schwer bindungsgestörten Kinder sind wiederum die, die bei all ihrer Unruhe und Kontaktarmut ziemlich freundlich erscheinen, die geradezu entgegenkommend freundlich sind und Körpernähe auch zu fremden Menschen suchen; die aber wie durch eine Scheibe betrachtet unnahbar bleiben, sich wieder entfernen und distanziert und unstet im Raum agieren, wenig oder nur kurz spielen und auf ihre Bezugspersonen gereizt und aggressiv reagieren.

Die Erfahrung lehrt, dass diese drei Typen einer frühkindlichen Verhaltensstörung oft schwer zu unterscheiden sind, aber unbedingt unterschieden werden müssen, weil ein medizinisch-psychologisches Reagieren auf sie ganz unterschiedlich zu sein hat. Die Eltern selbst sind dabei absolut überfordert, sehen sie doch die Feinheiten im Störungsverhalten ihrer Kinder nicht und vermeiden oft jede negative Interpretation, weil eine solche ja auf sie selbst als verursachenden Faktor hinweisen könnte.

Das Problem der ADHS wird häufig erst im **Grundschulalter** richtig auffällig, da in der Schule drei entscheidende Dinge gefordert sind, die von hyperkinetischen Kindern nicht geleistet werden können. Erstens Aufmerksamkeit und Konzentration (inkl. Merkfähigkeit), zweitens Selbstkontrolle und Disziplin und drittens erfolgreiches Sozialverhalten. Die bindungsgestörten Kinder und die aggressiv-oppositionellen fallen dagegen fast immer schon in den Kindergärten und Kindertagesstätten auf.

Sind die tatsächlich hyperkinetischen Kinder gleichzeitig aber schon aggressiv-oppositionell geworden, ist gerade dieses Verhalten als Vorläufer-Verhalten zur ADHS auch schon im Kindergartenalter unübersehbar. Daher rührt die vorschnelle Auffassung vieler Erzieher/innen, dass oppositionelle Kinder gleich auch immer hyperkinetische Kinder seien. Die dadurch aufgeschreckten Eltern stellen dann ihr Kleinkind beim (Kinder-)Arzt mit Verdacht auf eine ADHS vor, was beim manchen Mediziner kurzschlüssig zu einer Behandlung mit Methylphenidat (Ritalin) führt. Solche Entwicklungen müssen unbedingt vermieden werden. Die Diagnose ADHS kann nur von ausgebildeten Fachleuten mit einem umfangreichen Testprogramm gestellt werden.

Grundschulkinder mit den typischen Auffälligkeiten einer ADHS müssen erst recht umfangreich getestet werden, damit möglicherweise begleitende

Schwächen in ihrer Hirnleistungsfähigkeit, die in Richtung **Lernbehinderung** oder **Teilleistungsstörung** gehen, exakt abgeklärt werden. Auch **sensorische Wahrnehmungsprobleme** mit der Hör- und Sehfunktion sowie der **Körperkoordination** sollten zunächst ausgeschlossen werden, da sie über vermehrte Anstrengung bei gleichzeitiger Leistungsminderung die Kinder in eine übermäßige Stresssituation führen können. Teile der ADHS wären also allein über solche Fehlfunktionen zu erklären. Schließlich gibt es noch die **ADS**, also die Störung ohne hyperkinetische Erscheinungen, deren Symptomatik sehr nah bei den **sensorisch-sensomotorischen Integrationsstörungen** liegt. Der Untersucher, der mit solchen Kindern zur diagnostischen Abklärung konfrontiert wird, sieht sich also einem ganzen Strauß an Diagnosemöglichkeiten gegenüber, aus deren Bündel er die richtige „Blume" herauspicken muss.

Die hier favorisierte Interpretation der ADHS und der ADS als eine Mischung von Veranlagungsschwäche und ungünstigem Einfluss der Lebensumwelt macht eine genaue Analyse der frühkindlichen Entwicklung notwendig. Neben der Klärung der unterschiedlichen Diagnosemöglichkeiten lässt sich hierdurch aber auch einiges zur umweltbedingten Entstehung des Störungsbildes sagen und zugleich den Eltern und Erzieher/inne/n eine Empfehlung aussprechen, wie sie besser mit dem betroffenen Kind umgehen können. Ursachenabklärung und Therapieempfehlung greifen also eng ineinander, was wünschenswert ist.

Bisher nicht gesichert erscheint die Auffassung, dass sich die spätere Ausbildung einer ADHS bereits in der Säuglingszeit durch exzessives Schreien und Schlaf- und/oder Essstörungen andeutet. Die **Gruppe der Schreibabys** ist zu verschieden, als dass von diesem Symptom auf eine sich anbahnende Entwicklungsstörung geschlossen werden könnte. Trimenonkoliken, Ernährungsfehler, Angst vor Verlassenheit und Überreizung mischen sich ursächlich unter die viel schreienden Säuglinge, die vielleicht wirklich eine Anlageproblematik für die Verhaltenskontrolle haben. Insofern ist der Empfehlung, einen sehr unruhigen Säugling und ein Schreibaby mit besonderer Zuwendung und einfühlsamer Beruhigung zu behandeln, unbedingt Folge zu leisten.

Denn auf der anderen Seite vermehren sich die Zeichen in der Hirnforschung dafür, dass das falsche Reagieren der Bezugspersonen auf schwierige Säuglinge überhaupt erst die Störung hervorruft, die eines Tages dann als angeboren betrachtet wird (G. Hüther u. H. Bonney, 2007). Im Rahmen der Besprechung des negativen Stresses in der frühen Säuglingszeit hatte ich bereits auf die schädlichen Auswirkungen des exzessiven Schreiens auf die Reifungsvorgänge im Gehirn, insbesondere dem Stirnhirn (wichtiger Teil des „Sozialhirns") hingewiesen.

Ich will hier diesen Faden noch einmal aufgreifen. Starker negativer Stress über längere Zeit wirkt sich auf die Vernetzungsvorgänge und die Ausreifung des Säuglingsgehirns ungünstig aus. Verschiedene Versuchsreihen mit Tieren, die im Sozialverhalten dem Menschen ähneln, haben den Beweis für die organischen Schäden im Gehirn erbracht. Man hat die Jungtiere immer wieder kurzzeitig von den Muttertieren getrennt und in eine Umgebung von Isolation gebracht, die den entstandenen negativen Stress verstärkt hat. Diese Versuchstiere hat man mit den normal aufgezogenen Tieren verglichen, um dann im reifen Alter an ihnen erhebliche Auffälligkeiten im Sozialverhalten festzustellen. Diese Auffälligkeiten betrafen vor allem ihre verschlechterte Angstbewältigung, ihre erhöhte Aggressionsbereitschaft und ihre Desorientierung in der Exploration einer unbekannten Umgebung (A.K. Braun und J. Bock, 2003 und T.W. Bredy et al., 2003).

Schließlich hat man ihre Gehirne untersucht und neben feingeweblichen Veränderungen der Hirnrinde durch schlechtere Vernetzung der Neuronen auch eine verringerte Größe des Stirnhirns und der Speicher- und Gedächtniszentren im Limbischen System, Hippocampus und Amygdala, festgestellt. Ganz ähnliche Veränderungen weisen auch bildgebende Untersuchungen (funktionelle magnetische Resonanztomographie und Positronen-Emissionstomographie) an ADHS-Patienten auf.

Die Verringerung der Größe des Stirnhirns bringt man in der aktuellen Hirnforschung ursächlich mit dem unkontrollierten Sozialverhalten der ADHS-Patienten zusammen und mit ihrer Neigung, eher Gewalttaten zu verüben als diesbezüglich gesunde Menschen (Hypofrontalisation s.u.). Denn im seitlichen Stirnhirn wird die Handlungsplanung initiiert (s.o.), verbunden mit der endgültigen Entscheidung über die Verwirklichung der geplanten Handlung oder ihre Verwerfung (Exekutionskunktion). Dazu werden die sozialen Kompetenzfunktionen herangezogen (Willenskontrolle, Selbstregulation und Gewissen), die in speziellen Zentren im mittleren Stirnhirn (und im vorderen Gyrus cinguli) gespeichert sind. Im Rahmen der Besprechung der therapeutischen Schritte sowie bei der Definition der schwerwiegenden Bindungsstörungen im letzten Kapitel werde ich auf diese Entdeckungen wieder zu sprechen kommen.

6.5 Wie könnte eine Therapie aussehen?

Für eine Behandlung der ADHS sowie der aggressiv-oppositionellen Verhaltensstörung überschlagen sich die Behandlungsvorschläge in den letzten Jahren. Ein ganzes Arsenal an Erziehungsanleitungen in Buchform ziert die Regale in den Buchhandlungen. Von ernst zu nehmenden Analysen und überlegten Therapievorschlägen bis hin zu laienhaften Anregungen für gestresste Eltern ist alles auf dem Markt zu haben. In der medizinisch-psychologischen Behandlung selbst sind im Grundsatz die medikamentösen Behandlungsformen von den psychotherapeutischen zu unterscheiden. Die Empfehlungen der Berufsgruppen und Fachgesellschaften der Kinderheilkunde und Kinder- und Jugendpsychiatrie sind sich darin einig, keine medikamentöse Therapie ohne eine begleitende Psychotherapie mehr durchzuführen. Diese Vorgehensweise wird als **multimodales Konzept** bezeichnet (vgl. Leitlinien der Arbeitsgemeinschaft ADHS der Kinder- und Jugendärzte).

Der Grund für diese Entscheidung ist darin zu suchen, dass der oft sofort einsetzende Effekt einer medikamentösen Behandlung keiner Nachhaltigkeit unterliegt und nur solange festzustellen ist, wie das Kind sein Medikament einnimmt. Das Ziel einer jeden Behandlung sollte aber sein, dass sich im Wesen des Kindes etwas verändert und sich die erzielte Verhaltensänderung auch über die Medikamenteneinnahme hinaus erhält. Eines zeichnet sich immer deutlicher ab: die Medikamente verändern nicht die geistigen Funktionen im Gehirn des betroffenen Kindes, sie beeinflussen nur die vorhandenen neuronalen Strukturschwächen in eine positive Richtung. Mit Medikamenten behandelt man eine ADHS demzufolge rein symptomatisch wie eine fieberhafte Infektion mit Schmerzmitteln. Der eigentliche Heilungsprozess muss auf andere Weise zustande kommen.

Wenn von medikamentöser Behandlung hyperkinetischer Kinder gesprochen wird, dann spricht man in erster Linie von der Substanz **Methylphenidat**. Sie ist ein Abkömmling der Droge **Amphetamin** und steigert normalerweise die Hirnaktivität. Der Zufall brachte es an den Tag, dass der Einsatz dieser Substanzgruppe bei Kindern mit schweren Verhaltensstörungen genau das Gegenteil bewirkt. Diese Kinder werden unter einer stimulativen Behandlung ihrer Hirnfunktionen auf scheinbar paradoxe Weise ruhiger und entspannter. Dieser Effekt wiederum verbesserte deutlich ihre Hirnleistungsfähigkeit mit verstärkter Aufmerksamkeit, höherer Konzentration und größerer Merkfähigkeit.

Heutzutage kann man diesen unerwarteten Effekt so erklären, dass unter Methylphenidat eine verbesserte Neurotransmitterfunktion (bezogen auf den

Neurotransmitter Dopamin) in den Stammganglien und im Stirnhirn erzeugt wird, und diese funktionelle Verbesserung dazu führt, defizitäre Funktionen auszugleichen und zumindest für den Moment gleichzeitig zu korrigieren. Es ist aber leicht sich vorzustellen, dass ein solcher Eingriff in die Aktivität der Botenstoffe des menschlichen Gehirns nur kurzzeitig wirkt und auch erhebliche Nebenwirkungen haben kann. An vorderster Stelle hinsichtlich der Nebenwirkungen stehen Appetitverlust, Stimmungsschwankungen, Störungen im Denken, Wachstumsprobleme sowie ungünstige Einflüsse auf die Herzfunktion.

Trotzdem hat es die Substanz Methylphenidat (erster gängiger Handelsname ist Ritalin) geschafft, sich als eine Art Allheilmittel bei schwerwiegenden Verhaltensproblemen im Kindesalter durchzusetzen. Inzwischen werden auch Kinder mit oppositionellen Verhaltensauffälligkeiten immer häufiger damit behandelt. Diese Entwicklung ist äußerst kritisch zu betrachten.

Da es sich bei allen hirnleistungssteigernden Drogen gleichzeitig auch um potenzielle Suchtmittel handelt, darf nicht übersehen werden, dass auch die Einnahme von Methylphenidat Gefahren der Sucherzeugung mit sich bringt. Interessanterweise ist die Suchtentwicklung vordergründig aber eher verringert, zumindest solange der Patient sein Methylphenidat einnimmt. Mit anderen Worten: Methylphenidat verhindert einen weiteren Suchtmittelgebrauch, weil es selbst schon die Tendenzen zu Suchtentwicklung abdeckt. ADHS-Patienten, die kein Methylphenidat (mehr) erhalten, entwickeln folglich ein sehr viel höheres Suchtmittelbedürfnis und damit auch höheres Abhängigkeitspotenzial.

Neben Methylphenidat hat sich in den letzten Jahren ein Konkurrenzpräparat auf dem Markt behauptet mit dem Namen **Atomoxetin** (Handelsname: Strattera). Diese Substanz greift nicht in den Dopamin-Neurotransmitterstoffwechsel ein, sondern richtet sich auf den Serotonin- und Noradrenalin-Neurotransmitterstoffwechsel. Diese Botenstoffe reagieren nun aber sehr viel träger als Dopamin, und die Wirkungen ihrer Beeinflussung kommen nur zeitlich stark verzögert zum Tragen. Ebenso sind die Effekte und die Nebenwirkungen von längerer Dauer, und sollte ein unerwünschter Effekt auftreten, ist er so schnell nicht wieder zu beseitigen. Das Nebenwirkungsspektrum ist erheblich und folgt denen der Substanzgruppe der Serotoninwiederaufnahmehemmer (SSRIs), die in der Psychiatrie zur Behandlung von Depressionen und Zwangserkrankungen eingesetzt werden. Das macht den Einsatz dieser Substanz kompliziert und in gewisser Weise auch riskant (eine Verstärkung der Suizidneigung wird immer wieder diskutiert), so dass in den meisten Fällen immer noch Methylphenidat bevorzugt wird. Noch andere Substanzgruppen spielen eine eher untergeordnete Rolle in der Behandlung, so dass ich hier auf ihre Erwähnung verzichte.

Das zuvor angesprochene multimodale Behandlungskonzept kombiniert die medikamentöse Therapie mit einer psychologischen Verhaltenstherapie. Neben dem Streit, ob eine medikamentöse Behandlung notwendig ist oder **Psychotherapie** und **Soziotherapie** bereits alleine helfen, existiert noch der Streit, welche Psychotherapie die besser geeignete ist. An all diesen Auseinandersetzungen erkennt der Fachkundige, dass es in der Therapie der ADHS bis heute keine absolut gesicherte Empfehlung gibt. Manchmal entsteht eine regelrechte Polypragmasie, das heißt eine Flucht in die unüberlegte Kombination verschiedener therapeutischer Strategien. Von den Angeboten einer auf Ernährung basierten Therapie, der Verordnung von Omega-3-Fettsäuren bis zur Gabe von Magnesium und homöopathischen Mitteln habe ich noch gar nicht gesprochen. Dem Markt ist hier Tür und Tor geöffnet und viele Heiler und die, die sich dafür halten, wollen an dem von elterlicher Sorge bestimmten Behandlungsdruck partizipieren.

In der Psychotherapie lassen sich zwei grundlegende Behandlungsansätze unterscheiden. Einmal die **tiefenpsychologisch fundierte Langzeittherapie** und zum anderen die zeitlich kürzer dimensionierte **Verhaltenstherapie**. Beide Therapieformen streiten sich seit Jahren um die bessere Wirksamkeit bei den oppositionellen Verhaltensstörungen. Aber auch bei der ADHS wird streng genommen nichts anderes als die Sozialstörung mit diesen Methoden behandelt. Die Funktionsstörung des oder der Neurotransmitter lässt sich, wenigstens nach den bisherigen Kenntnissen über einen möglichen hirnorganischen Änderungsprozess durch Psychotherapie, auf diese Weise nicht behandeln. Die Einstellung hierzu könnte sich in Zukunft ändern, wenn mehr darüber bekannt wird, wie sich analytische Psychotherapie doch auf die strukturellen Verhältnisse im menschlichen Gehirn auswirken kann. Aus der Hirnforschung sind vor allem durch die bildgebenden Verfahren zur Darstellung von neuronalen Funktionen vor und nach Psychotherapie Bahn brechende Entdeckungen zu erwarten (D.F. Braus, 2007).

Jede Psychotherapie muss auf die inneren Konflikte in der kindlichen Psyche eingehen und dabei ihre erwartungsgemäß heftige Dynamik beleuchten. Ausgehend von der These, dass eine unglückliche Veranlagung falsche Reaktionen in der frühkindlichen Lebensumwelt hervorgerufen hat, und damit vereitelt hat, dass eine Heilung bereits auf unterster Ebene zustande gekommen ist, muss das Kind von Anfang an am elterlichen Unverständnis seiner persönlichen Veranlagungen gelitten haben. Dieses Gefühl, immer falsch verstanden worden und dafür auch noch bestraft worden zu sein, muss sich in der Seele des Kindes zu einem permanent bedrohlichen Umwelteinfluss festgesetzt haben. Die ungeheure Belastung durch dieses Falschverstandensein war gemeinhin noch getoppt durch die Tatsache, dass es die elementar wichtigen Hauptbezugspersonen gewesen sind, die diesem Irrtum erlegen waren. Die Selbstkonstruktion dieser Kinder ist dadurch fraglos beschädigt, und die Ich-Wahrnehmung fortan auf anstrengende Weise bemüht, die sich widersprechenden und auseinanderdriftenden Selbstanteile zusammenzuhalten. Das Kind lebt in einem ständigen Widerspruch mit sich selbst und weiß nicht mehr, wie es sich in der Gemeinschaft richtig verhalten kann. Seine Auftritte, Handlungen und Aktionen sind auffallend hilflos, und die vielen unvermeidlichen Misserfolge schüren die Aggression bis zum Hass auf die ganze Gesellschaft.

Eine größere seelische Belastung als die emotionale Unvereinbarkeit mit seinen Eltern ist kaum vorstellbar, außer jener schrecklichen Erfahrung, von den eigenen Bezugspersonen misshandelt und gedemütigt zu werden. Alle diese Erinnerungen, soweit sie überhaupt schon zu Bewusstsein gelangen können, in der Therapie „zur Sprache" zu bringen und psychologisch aufzuarbeiten, muss unbedingter Bestandteil einer auf Nachhaltigkeit gerichteten Therapie sein. Dabei ist immer zu beachten, dass einige der Fakten noch gar nicht im Langzeitgedächtnis abgespeichert werden konnten und somit nicht erinnerbar sind. Hingegen sind die dabei empfundenen Gefühle bereits im **emotionalen Erinnerungsspeicher** (orbitofrontaler Cortex und ventromedialer Cortex im Stirnhirn) repräsentiert und müssen von dort ins Bewusstsein zurückgerufen werden. Zu schlimme Erinnerungen sollten dabei faktisch nicht „zur Sprache" kommen. Die Gefahr einer Re-Traumatisierung wäre zu groß. Für diese Gesamtaufgabe eignet sich die tiefenpsychologisch fundierte Psychotherapie weit besser, als eine reine Verhaltenstherapie.

Allerdings sollte über alle psychologischen Nachforschungen in der biographischen Vergangenheit hinaus nicht vergessen werden, dass sich ein sozial günstigeres und damit regelkonformes und normgerechtes Verhalten besser und schneller in der Verhaltenstherapie anbahnen lässt. Wenigstens diesen nicht unbedeutenden Unterschied in den beiden Psychotherapieformen bildet die Statistik verlässlich ab. Für die **Verhaltenstherapie** existiert ein Konzept, das unter dem Namen **THOP** bekannt geworden ist. Das Akronym steht für Therapieprogramm für hyperkinetisches und oppositionelles Problemverhalten (M. Döpfner, J. Fröhlich, G. Lehmkuhl, 2000).

THOP zeichnet sich dadurch aus, dass verhaltenstherapeutische Interventionen jederzeit mit einer medikamentösen Behandlung kombiniert werden können. Das Programm nimmt also gar nicht erst für sich in Anspruch, lediglich Psychotherapie durchführen zu wollen. Es wendet sich an Kinder zwischen drei und zwölf Jahren. Sowohl zu Hause als auch in der Schule und der

Freizeit werden die Therapiebausteine eingesetzt. Familienzentrierte Behandlungsformen werden mit kindzentrierten verbunden, wobei je nach Bedarf das Schwergewicht mehr auf das Kind oder mehr auf die Familie gelegt wird.

Es werden 6 Themenkomplexe angeboten mit insgesamt 21 Therapiebausteinen. Die Themenkomplexe schlüsseln sich wie folgt auf:

1. Problemdefinition, Entwicklung eines Störungskonzeptes und Behandlungsplanung.
2. Förderung positiver Eltern-Kind-Interaktionen und familiärer Beziehungen.
3. Direkte pädagogisch-therapeutische Interventionen zur Verminderung von impulsivem und oppositionellem Verhalten.
4. Spezielle operante (wirksame, belohnende) Methoden.
5. Intervention bei spezifischen Verhaltenproblemen.
6. Stabilisierung der erreichten Effekte.
(M. Döpfner, J. Frölich, G. Lehmkuhl 2002).

Die therapeutischen Bemühungen richten sich immer auf die drei entscheidenden Lebensbereiche des Kindes, das Zuhause, die Schule und die Freizeit. Dabei wird auf die Schule ein besonderes Schwergewicht gelegt, weil der Bildungsaspekt sich kongenial auf die Verbesserung des Sozialverhaltens auswirkt. Verbesserte Bildung ist schon immer ein wesentlicher Baustein in der Entwicklung zur Sozialkompetenz gewesen. Anders herum betrachtet ist schlechte Bildung immer ein zusätzlicher Risikofaktor in der Entwicklung zur Dissozialität und Deliquenz. In der letzten Zeit hat sich allerdings herausgestellt, dass der familiäre Bereich zusammen mit dem Freizeitbereich und dem Freundeskreis ebenso ein ganz entscheidender Faktor in der Stabilisation sozialer Kompetenzen ist. So ist es nicht mehr erstes Ziel, die Aufmerksamkeitsleistung und Konzentration in der Schule (inklusive der Hausaufgaben) zu erhöhen und Ablenkbarkeit und impulsives Handeln auszuschalten, sondern die emotionale Befindlichkeit des Kindes ganz allgemein zu verbessern und Bindungs- und Beziehungsfähigkeit im Nachhinein gezielt aufzubauen. Es ist offensichtlich wichtig, die Kinder auch durch funktionierende Beziehungen, stabile Freundschaften und sozialkompetentes Verhalten in der Gruppe in ihrem Selbstwertgefühl zu stärken, so dass die störenden Verhaltensweisen allein durch diese Aufwertung besser unter Kontrolle gebracht werden.

Neben der gezielten Psychotherapie gibt es verschiedene, rein **pragmatische Ansätze** zur Behandlung der ADHS mit gestörtem Sozialverhalten, die auch von den Eltern selbst oder von den Erzieherinnen und Erziehern angewandt werden können. Eine therapeutische Anleitung ist dafür nicht zwingend erforderlich, aber sinnvoll (z.B. Elternberatung). Neben der Aufdeckung der eigentlichen Problemkonstellation geht es in erster Linie um die Analyse der **Kommunikationsstruktur** im Elternhaus. Stellt sich dabei heraus, dass zwischen Eltern und Kind keine Besprechung der vom Kind begangenen Fehler und Vergehen in einer ruhigen Atmosphäre und „auf Augenhöhe" der Meinungs-Kontrahenten möglich ist, so ist hieran zu allererst zu arbeiten. Die Entschärfung des Tonfalls hat oberste Priorität. Die Wortwahl der Eltern ihrem Kind gegenüber sollte sich aller aggressiven und pauschalierenden Äußerungen enthalten und ungerechte Kritik, Schmähung, Demütigung und herablassende Aussagen unterlassen. Das Gespräch sollte immer konstruktiv geführt werden. Sarkasmus im Unterton ist zu vermeiden; nicht einmal Ironie kann vom Kind richtig verarbeitet werden.

Gemäß dem Grundsatz, dass sich jede Aggressivität in **körperliche Aktivität** umsetzen lässt und auch umgekehrt verhinderte Aktivität in Aggressivität münden kann, ist es ratsam, im Sozialverhalten gestörte Kindern klar strukturierte körperlich ausgerichtete Aufgaben und Arbeiten anzubieten. Sollte es dabei zu einem Sich-widersetzen kommen, müssen von Erzieher und Kind gemeinsam Alternativen ausgehandelt werden, deren inhaltliche Ausgestaltung für das Kind jedoch Unlust fördernd sein muss. Das Kind darf nicht den Eindruck bekommen, dass es sich mithilfe aggressiver Einstellungen der Gemeinschaft gegenüber einen persönlichen Vorteil verschaffen kann.

Die vom Kind erwarteten Aktivitäten müssen dabei so gestaltet sein, dass das Kind in deren Erfüllung sich Anerkennung in der Gruppe und der Gemeinschaft verschaffen kann. Es darf sich also nicht um perspektivlose und der Nichtigkeit unterworfene Tätigkeiten handeln.

Die Erfüllung von kleinen Arbeiten für die Familie oder die Gruppe sind geeignete Maßnahmen, die angestrebte Umlenkung von Aggressivität in Aktivität zu realisieren. Dabei ist sehr darauf zu achten, dass nicht aus mehr oder weniger unterdrückter Empörung über die Entgleisungen des Kindes es zu unlauterer Arbeit gezwungen wird. Der therapeutische Hintergrund muss noch erkennbar bleiben, ein Bestrafungsszenario muss unbedingt vermieden werden.

Schließlich gibt es noch die Möglichkeit, über **kreative Entfaltung geistiger Ressourcen** das Kind aus der Aggressivität herauszuführen. Das lässt sich weitgehend nur mit Kindern durchführen, die genügend Kreativität in sich verspüren und bereit sind, an sich selbst zu arbeiten. Ideenreiche, künstlerische Arbeit stärkt zugleich die authentische Identität, die diesen Kindern mit extrem schwachen Selbstkonstruktionen weitgehend abhanden gekommen ist.

Ein wichtiger Grundsatz in der weiteren Erziehung sozial auffällig gewordener Kinder ist das **Aufstellen von klaren Regeln** im Umgang miteinander und speziell im familiären Alltag. Solche Regeln müssen, sofern die Kinder von ihrer Entwicklung her in der Lage sind und solange sie einer friedlichen Kommunikation noch zugänglich sind, von den Eltern und Erzieherinnen und Erziehern mit ihnen gemeinsam formuliert werden. Eine gegenseitige Verpflichtung zum Einhalten dieser Regeln gehört zum Prinzip; ebenso das Aushandeln von Sanktionen im Falle eines Verstoßes gegen die Regel. Regeln haben nur Sinn, wenn sie konsequent eingehalten werden und nur wenige Ausnahmen zulassen. Wird die Regel beliebig, wird sie von den Kindern nicht mehr beachtet.

Ein weiterer Punkt in der familiären Beratung ist der **richtige Umgang der Eltern mit negativen Interaktionsformen**. Entscheidend dabei ist die elterliche Korrektur ihrer eigenen affektiven Reaktionen und verbalen Antworten auf die Herausforderungen des Kindes. So sollten Eltern lernen, die alltäglichen aggressiven Verhaltensweisen nicht eins zu eins zu spiegeln. Das bedeutet, nicht in den gleichen Stil zu verfallen, mit dem sie von ihren Kindern attackiert worden sind. Statt barscher Abfuhr und massiver Zurückweisung sollten Methoden der Beschwichtigung und der gezielten, verbalen Aufwertung eingesetzt werden. Strafen, wenn überhaupt nötig, sollten mit sinnvollem Inhalt gefüllt werden und einen klaren Bezug zum ursächlichen Fehlverhalten des Kindes erkennen lassen. Die Gesamtproblematik des Kindes muss richtig erkannt und seine momentane Position auf der Skala der aggressiv-antisozialen Entwicklung korrekt eingeschätzt werden. In der angemessenen Reaktion der Eltern muss diese Analyse die nötige Berücksichtigung finden.

Solche sozialen Strategien müssen vorher aber im **Elterntraining** erarbeitet und im Verlauf der Anwendung auch immer wieder überprüft werden. Ähnliche Handlungsanleitungen sind gleichzeitig für Erzieher/innen und Lehrer/innen entwickelt worden. Auch für sie gibt es spezielle Schulungsprogramme. Das gilt besonders für das pädagogische und heilpädagogische Personal an den Förderschulen.

Schließlich kann für Klein- und Schulkinder das sogenannte **Token-Prinzip** zum Einsatz kommen, bei welchem die Kinder für gelungenes Sozialverhalten Pluspunkte sammeln können. Solche Pluspunkte sollen dann bei einer bestimmten Menge in eine größere Vergünstigung eingetauscht werden. Sie können im Falle des Versagens im Sozialverhalten oder Brechens einer Regel aber auch wieder entzogen werden, so dass im Endeffekt ein regelrechtes Punktekonto aufgebaut wird. Jugendliche lassen sich auf einen solchen Handel allerdings nicht mehr ein. Mit ihnen werden besser Vereinbarungen getroffen, die als **therapeutische Verträge** zu bezeichnen sind.

Die **Ergotherapie** ist eine zusätzliche Behandlungsmöglichkeit. Sie ist eher als ergänzendes Instrument zu sehen und verbindet die Prinzipien körperliche

Aktivität, Selbstkontrolle und verschärftes Regelkonzept zu einer von außen gesteuerten, erzieherischen Hilfsfunktionen. Kleinkinder werden durch gezielte Beschäftigung und Wahrnehmungsförderung zu verbesserter Konzentration und höherer Ausdauer im Spiel angehalten. Schulkinder sollen Lernen, in Gruppen zu operieren und gemeinsam Lösungsstrategien für ihre Probleme zu entwickeln.

Das Generalziel aller therapeutischen Bemühungen in der Behandlung von Aggressivität und oppositionellen sowie provokativen Verhaltensweisen kann nur die Umlenkung innerer antisozialer Haltungen in prosoziale Einsichtsfähigkeit und Einsatzbereitschaft sein. Das lässt sich erreichen, wenn die Entwicklung des Kindes zur Identifikation mit dem Aggressor (s.o.) frühzeitig unterbrochen wird und alternative, positive Identifikationsfiguren an die Stelle des ursprünglichen Aggressors gesetzt werden. Ebenso gilt es, eine übermäßige Identifikation mit dem Opfer (s. oben) aus Gründen eines irregeleiteten Solidaritätsbedürfnisses von Anfang an zu verhindern.

Kinder mit einem eigenen schwachen, unausgewogenen Selbst sind für eine solche Entwicklung gefährdet. Jedes Kind hat als ein für sich allein stehendes Wesen mit eigenen biographischen Eckdaten zu gelten. Seiner Individualität gebührt ausreichender Respekt. Auf diese Weise soll verhindert werden, dass sich unter den „Gesetzeslosen" eine verschwörerische Gemeinschaft heraus bildet, die sich in gegenseitiger Anstachelung anmaßt, Rache gegen die Gesellschaft zu üben (Märtyrertum). Die Bekämpfung pathologischer Aggression muss eine Bekämpfung der Aggressivität als Ersatzidentifikation von in ihrer Selbstkonstruktion geschwächten Menschen sein.

An dieser Stelle war nur die Rede von einer Behandlung der aggressiven und antisozialen Verhaltensweisen und der ADHS. Schwererwiegende Störungen des Sozialverhaltens, die als Dissozialität bezeichnet werden, werden im nächsten Kapitel abgehandelt.

An dieser Stelle sollte aber schon auf die **Sozialgesetzgebung** mit ihren **Jugendhilfemaßnahmen** eingegangen werden, die vom Gesetzgeber dafür eingerichtet worden sind, den Problemen der anti- und dissozialen Entwicklung bei Kindern und Jugendlichen entgegenzuwirken. Dabei ist es in der Zielsetzung gleichgültig, ob die Problematik hauptsächlich Folge der emotional und sozial desolaten Situation der Familie ist oder – scheinbar – im Kind selbst begründet liegt. Getreu der weiter oben ausgeführten Darstellung zu den Ursachen der Aggressivität und Antisozialität ist das Kind ohnehin immer erst Opfer, bevor es Täter wird. Hinsichtlich des Einsatzes von Jugendhilfemaßnahmen ist die Unterscheidung in familiäre oder kindliche Ursachen also unerheblich.

Jugendhilfemaßnahmen sehen ein ganzes Bündel an Möglichkeiten vor, in die zum öffentlichen Problem gewordenen Familien einzugreifen. Das Kind ist dabei nur der konkrete Anlass zu einem solchen Eingriff. Für das Kind stehen zwei Dinge im Vordergrund allen Geschehens und zwar je nach Ausgangslage der Situation: erstens die Schutzwirkung bei **Gefährdung des Kindeswohls** durch Gewalt in der Familie oder schwere Vernachlässigung und zweitens die aufsuchende oder begleitende therapeutische Hilfe bei erwiesener Erziehungsunfähigkeit der Eltern.

Eingriffe in die Erziehungshoheit der Familie sind nur möglich im Rahmen der Bestimmungen des **Kinder- und Jugendhilfegesetzes** (KJHG). Das KJHG dient in erster Linie dem Schutz des Kindeswohls. Der Erhalt der Familie ist nur in zweiter Linie Zielvorgabe. Das **Jugendamt**, verbunden mit dem Familiengericht, ist kraft Gesetzes die Institution, die den angestrebten Schutz für das Kind auszuüben und zu überwachen hat.

Das oberste Ziel der Jugendhilfemaßnahmen ist, wenn es eben geht, das Kind in der Familie zu belassen. In einem ersten Schritt wird der Familie dabei Hilfe zur Erziehung angeboten. Pädagogische wie therapeutische Leistungen sind darin enthalten sowie auch Ausbildungs- und Beschäftigungsmaßnahmen für das größere Kind. Des Weiteren ist **Erziehungsberatung** vorgesehen, die in dafür eingerichteten **Beratungsstellen** durchgeführt wird. All das findet außerhalb der Familie statt wie auch Soziale Gruppenarbeit und Erziehungsbeistand durch Betreuungshelfer. In die Familien direkt hinein geht die **Sozialpädagogische Familienhilfe**, die der Familie bei der Bewältigung der Alltagskonflikte helfen soll und ihr Lösungen in der Krise anbieten kann. Gleichzeitig will sie der Familie Hilfestellung im Kontakt mit Ämtern und bei Gesundheitsfragen leisten. Diese Hilfe ist immer so angelegt, dass sie eine Hilfe zur Selbsthilfe wird. Notwendige schulische Förderung und gezielte Elternarbeit bieten zusätzliche Tagesgruppen. Auch hier ist immer das Ziel, den Kindern und Jugendlichen den Verbleib in der Familie zu sichern.

Der letzte Schritt in den Jugendhilfemaßnahmen ist die Herausnahme des Kindes aus der Herkunftsfamilie und die Unterbringung in einer Pflegefamilie. Wenn es die Sicherung des Kindeswohls erfordert, kann diese Maßnahme auch notfallmäßig durchgeführt werden. Es ist aber nicht das Ziel, das Kind auf Dauer in der Pflegefamilie zu belassen, vielmehr ist seine Rückführung in die eigene Familie unter verbesserten Bedingungen das oberste Gebot. Dauerhafte **Vollzeitpflege** ist dann vorgesehen, wenn die Familie nicht mehr in der Lage ist, das Kind wieder aufzunehmen oder das Kind so stark in die Dissozialität abgedriftet ist, dass eine Rückführung in die eigene Familie eine öffentliche Gefährdung darstellt. Die dann verordnete **Heimunterbringung** ist für das Kind immer eine äußerst schmerzliche Erfahrung. Streng genommen ist sie das Ende einer langen Kette von Traumatisierungen (H. Remschmidt, 2005).

Jeder, der sich in seinem Leben mit sogenannten Heimkindern befasst hat, kennt dieses Dilemma. So versammeln sich in den – sicher oft sehr bemühten – Einrichtungen Kinder, von denen nicht mehr zu sagen ist, ob sie von der Entfernung aus ihren Herkunftsfamilien Nutzen beziehen oder in ein noch größeres Leid gestürzt werden. Nahezu all diesen Kindern gemein ist nämlich die große Sehnsucht, wieder von ihren Familien unter besseren Bedingungen aufgenommen zu werden. Selbst Kinder, die nur Lieblosigkeit, Verachtung, Misshandlung und Gewalt erlebt haben, wünschen sich dennoch, von ihren Familien wieder „zurückgenommen" zu werden. Dabei hat sich in der Regel durch die Trennung von Kind und Familie an den familiären Ausgangsbedingungen nichts geändert und die Rückkehr in die Familie ist nichts als eine schöne Illusion.

Staat und Kommunen bieten also folgende Hilfen zur Erziehung im sozialpädagogischen Bereich, je nach Schwere der Ausgangssituation, an:

1. Erziehungsberatung (extern und ambulant)
2. Soziale Gruppenarbeit (extern)
3. Erziehungsbeistand durch Betreuungshelfer (Beratung)
4. Sozialpädagogische Familienhilfe (in der Familie)
5. Erziehung in einer Tagesgruppe (Einrichtung)
6. Vollzeitpflege (Einrichtung)
7. Heimerziehung oder andere gemeinschaftliche Wohnform (Einrichtung)
8. Intensive Sozialpädagogische Einzelbetreuung (Therapie)

Die Entscheidung darüber, ob das Kind aus der Familie herausgenommen werden muss oder zur Behandlung in der Familie verbleiben kann, obliegt dem Jugendamt mit seinem allgemeinen sozialen Dienst. Im schlimmsten Fall und bei direkter Bedrohung für das Kind erwirkt das Jugendamt über das Familiengericht die **Inobhutnahme** des Kindes. Diese Inobhutnahme kann notfalls, das heißt bei **Kindeswohlgefährdung**, auch ohne Zustimmung des Erziehungs- oder Personensorgeberechtigten erfolgen. Sind die Kinder aber alters- und reifemäßig dazu in der Lage, an dem Verfahren zu ihrer Inobhutnahme beteiligt zu werden, müssen sie mit einbezogen werden.

Spätestens wenn der Bruch zwischen Kind und Elternhaus so offensichtlich geworden ist, und das Kind in fremder Obhut neue Nahrung für seinen Hass auf die Familie und die ganze Gesellschaft gefunden hat, beginnt sich eine Verstellung seiner Bezüge zur menschlichen Gemeinschaft herauszubilden, die sich wie folgt zusammenfassen lässt:

1. Das Kind neigt dazu, soziale Bezüge in seiner negativ gefärbten Sichtweise ständig fehl zu interpretieren. Seine ganze soziale Wahrnehmung gerät in eine Schieflage.

2. Empathie und Mitleid für das Empfinden des Anderen und Einsicht in dessen Denkungsweise gehen zunehmend verloren, obwohl die geistigen Grundlagen dafür angelegt sind (s.o., epigenetische Vorgänge).

3. Verantwortungsübernahme schlägt regelmäßig fehl, weil der aggressive Impuls gegen das schwächere zu beaufsichtigende Wesen übermächtig wird. Schuldempfinden, Reue und Gewissen verlieren ihre Verbindungen zur Selbstkontrolle und verblassen.

4. Soziale Probleme können nicht mehr gelöst werden. Ausgleichende Ideen fehlen, Altruismus wird nicht eingesehen, Gerechtigkeitsempfinden verschwindet und Handlungskonsequenzen werden bedeutungslos.

5. Konfliktlösungsstrategien basieren nahezu ausschließlich auf aggressiver Austragung. Soziale Kompetenz geht verloren. Selbstbehauptung steht im Vordergrund.

6. Die Affekt- und Impulskontrolle versagt immer häufiger. Bedürfnisaufschub gelingt nicht mehr, Frustrationen werden nicht ertragen.

7. Soziale Beziehungen zu Eltern, Erzieher/inne/n und Lehrer/inne/n schwinden und machen der Gruppe und im nächsten Schritt der Bande Platz, oder das Kind gerät in die Isolation.

8. Beziehungen, die noch zustande kommen, werden gesehen unter dem Freund-Feindschema und unter den Gesichtspunkten der Nützlichkeit für sich selbst qualifiziert.

(nach F. Petermann, M. Döpfner, M.H. Schmidt, 2001)

6.6 Die Entwicklung der aggressiv-oppositionellen Störung zur Dissozialität

Es gibt eine fließende Grenze zwischen den noch individuellen, von Wut, Enttäuschung und Rachegelüsten gekennzeichneten Einzelreaktionen der Kinder und Jugendlichen und den zunehmend kollektiven, aufrührerischen Strategien in der Gruppen- und Bandenbildung. Allen Kindern und Jugendlichen gemeinsam, ob allein oder in der Gruppe, ist der Zorn über das persönliche Abgelehntsein durch die wichtigen Bezugspersonen. Dieser Zorn gilt auch über die individuelle Ausgrenzung hinaus der sich als heile Gesellschaft darstellenden Gemeinschaft und drängt nach Solidarität mit gleichermaßen Betroffenen. Unter diesen bildet sich eine Anti-Gemeinschaftshaltung, die sich Ersatz- oder **Pseudoidentitäten** schafft, um die individuellen Identifikationsschwierigkeiten mit den gesellschaftlichen Werten und Normen in einer Art Solidarität der Ausgestoßenen zu kompensieren.

Die derart fehlgeleitete Identität muss nun aus aggressiven Elementen bestehen, damit sie den Kampf mit der Gesellschaft erfolgreich aufnehmen kann. Am Anfang bilden sich eher harmlose kleine Banden heraus, die sich mehr untereinander bekämpfen als die große Gemeinschaft herauszufordern. Ziel dieser Kabbeleien ist es, ein gemeinschaftlich aggressives Profil in der Bande zu entwickeln. Ist dieses dann geschaffen und hat sich eine stabile Hierarchie in der Gruppenstruktur herausgebildet, geht die Truppe in die Offensive und sucht sich ganz bewusst ein Feindbild. Ergeben sich die ausgespähten Feinde nicht durch die anderen Gruppen mit ähnlich angelegter Struktur, aber unterschiedlichen Identitätsmerkmalen, werden gerne gesellschaftlich ausgegrenzte Gemeinschaften, oft auch vereinzelte Gesellschaftsmitglieder dafür ausgesucht. Diese eignen sich insbesondere dann, wenn es sich dabei um schwächere Personen(-gruppen) oder regelrechte Randgruppen handelt. Die aggressive Brandmarkung gerade dieser gesellschaftlichen Einzelindividuen und Gruppierungen ist ein guter Einstieg in die dringend notwendige Selbstaufwertung. Sie erweist sich sogar als erfolgversprechend hinsichtlich einer Unterstützung und Anerkennung durch die (an sich abgelehnte) integre Gesellschaft. So wird die Gruppe der Ausgestoßenen unvermittelt zum Hüter gesellschaftlicher Grundwerte, in dem sie an den gesellschaftlichen Rändern Säuberung ausübt.

Außerhalb ihrer Gruppe oder Bande sind solche Kinder und Jugendlichen eher vereinzelte und am Rande stehende Individuen, die durch Kontaktunlust und Widerspruch zu allen gemeinschaftlichen Unternehmungen auffallen. Hier sind sie also Spielverderber, in ihrer eigenen Gruppe hingegen spielen sie sich als die Macher auf.

Es gibt aber auch in diesem Stadium schon einige Kinder, die nirgendwo Fuß fassen können, auch nicht in den Gruppierungen der Ausgestoßenen und die sich virtuelle Ersatzwelten suchen, in denen sie dann einen Pseudo-Gemeinschaftsgeist auf aggressiven Ebenen erleben dürfen. In diesen auf Video, DVD oder im Internet erzauberten Welten wähnen sie sich als der Held in einer Kämpfertruppe, die sich einer universell-feindlichen Welt erfolgreich widersetzt. Solche Entwicklungen fallen hauptsächlich in die Zeit der Präpubertät und Pubertät, wenn sich das jugendliche Gehirn neu zu strukturieren versucht und dabei die alten Bindungsprofile und Loslösungsstrategien vorerst über Bord wirft. Der entstehende psychosoziale Leerraum, den kein stabiles, funktionstüchtiges Selbst mehr ausfüllt, wird dann zum Zentrum falscher Vorbilder mit identitätsstiftender Macht. Siegreiche Kämpfer und Helden in der Feindberührung und an der Front sind solche falschen Vorbilder von hoher Attraktivität. Jungen sind in dieser Entwicklung weitaus stärker gefährdet als Mädchen, ausgeschlossen ist aber auch bei ihnen eine solche Fehlpositionierung in der Gesellschaft nicht.

Der bereits erwähnte Kinder- und Jugendsurvey (KiGGS) weist aus, dass aggressive Verhaltensauffälligkeiten bei Jungen fast doppelt so häufig beschrieben werden wie bei Mädchen. Die Altersgruppe zwischen 7 und 13 Jahren ist am stärksten betroffen, und Kinder aus Familien mit niedrigem sozioökonomischem Status sind mehr als doppelt so häufig vertreten, wie aus Familien mit hohem. Kinder mit Migrationshintergrund sind zahlenmäßig etwa um ein Drittel stärker, als Kinder von Nichtmigranten. Alle diese Zahlen ergeben ein Muster folgender Risikogruppe: psychosozial fehlentwickelte Jungen aus Bevölkerungsschichten mit sozioökonomischen Problemen in der Entwicklungsphase der Präpubertät und Pubertät. Migrantenkinder sind dabei besonders häufig vertreten. Aber es gibt ebenso gut auch Mittelschichtskinder, die ihr Heil auf diesem Weg suchen.

Interessant ist, dass sich das Problem der antisozialen Haltungen schon in der Grundschulzeit herausbildet und Gewaltneigung die gefährdeten Kinder um das 10. Lebensjahr bereits fest im Griff hat. Von der persönlichkeitsprägenden Antisozialität zur **Dissozialität**, das heißt von der diffusen Ablehnung gesellschaftlicher Normen hin zu ihrer gezielten (gesetzeswidrigen) Aufkündigung, ist es dann eines Tages nur noch ein kleiner Schritt.

Grundsätzlich schon im Keim verhindert werden könnte eine solche Entwicklung einzig durch die Ausbildung eines im Selbstkern verankerten Gewissens. Das Gewissen muss struktureller Bestandteil des individuellen Selbst geworden sein und dort unerschütterlich regieren. Das gelingt nur durch die günstige Aufeinanderabstimmung der komplexen Gefühle von Stolz und Scham. In den Anfangskapiteln hatte ich gezeigt, wie sich Stolz und Scham als die das Gefühlsleben der Vorschulkinder steuernden Emotionen herausbilden und Garanten für die Gewissensbildung werden. Es kam in der Ausbalancierung der gegensätzlichen Gefühlsqualitäten darauf an, dass der Stolz gegenüber der Scham immer ausreichend überwiegt, damit Selbstzufriedenheit einsetzen kann und sich das Selbstbewusstsein positiv entwickelt. Die Scham durfte dabei nicht gänzlich gelöscht werden (wie bei der Entwicklung des Selbst zur Grandiosität, s.u.), damit auf ihrem Boden Selbstkritik und Einsichtsfähigkeit in fehlerhaftes Handeln entstehen konnte. Die letztlich stolze Anerkennung der Scham in sich selbst als notwendig gegenhaltendes, negatives Attribut ist die Ausgangsbasis für die **Reue**.

Während so die Frage der **Schuld** für fehlerhaftes Handeln und für eine Übertretung gesellschaftlicher Regeln und Normen eine Angelegenheit der geistigen und damit kognitiven Fähigkeiten des Menschen ist, handelt es sich bei der Reue für die eingegangene Schuld um einen rein emotionalen Vorgang. Im emotionalen Abgleich von Stolz und Scham mit positivem Ergebnis für das Selbstbewusstsein entwickelt sich das **Gewissen** als eine innere, moralische Institution, welche lebenslang eine Handlungskontrolle auf dem Boden der guten Sitten ausübt und die innere Bereitschaft erzeugt, Verantwortung zu übernehmen.

Aus diesen theoretischen Ableitungen über die Entstehung des Gewissens ergibt sich, dass Scham niemals Selbstgefährdung bedeuten darf (ursprünglich ist sie auch als Selbstschutz angelegt, s.o.), denn dadurch wäre ihr die Grundlage zur Erzeugung von Reue und damit von Gewissensausbildung entzogen. Gerade das aber passiert bei schwer gedemütigten, ständig benachteiligten und durch Gewalt erzogenen Kindern mit ihrer Entwicklung zur Minderwertigkeit. Solche Kinder können ihre massiv empfundene Scham nicht mehr zulassen und schließlich nicht einmal mehr empfinden. Sie werden regelrecht gefühlsstumpf für Selbstkritik, weil sie in Selbstkritik unterzugehen drohen. Dadurch verlieren sie aber auch den empathischen Zugang zum Leidensempfinden ihrer Mitmenschen, wenn er schon entwickelt war. In Wirklichkeit sind sie demzufolge die am meisten beschämten Menschen überhaupt, und in der Ahnung ihres wahren Zustandes büßen sie immer mehr an Selbstachtung ein. Fragt man sie nach der Einschätzung ihres Selbst, ergehen sie sich in **massiver Abqualifizierung**. Allein in aggressiver Macht erkennen sie eine Lösung für sich.

Der Verlust an Mitleid oder Empathie für den anderen leidenden Menschen als Folge notwendiger Unterdrückung und Verleugnung eigenen Leidens ist der Anfang für ungehemmt brutales Handeln gegen andere Menschen. Solange sich die Kinder altersmäßig noch in der Kleinkind- und Grundschulphase befinden, ist Brutalität gegenüber anderen Menschen, sprich Kindern, noch die Ausnahme. Forensische Beobachtungen, das heißt psychopathologische Straffälligkeit, hierzu gibt es ab etwa dem Alter von neun bis zehn Jahren. Viel häufiger fallen diese Kinder durch Grausamkeiten gegenüber Tieren auf. Haustiere sind am meisten gefährdet. Die Liste der **Gewaltakte** Kleintieren gegenüber ist lang.

Eine andere Erklärung für den Empathieverlust den Mitmenschen oder anderen Lebewesen gegenüber kommt aus der Soziologie. Hier wird für die Abstumpfung an Mitgefühl und Mitleid die permanente Konfrontation mit Gewaltakten verantwortlich gemacht. Die Gewalttätigkeit in der Familie macht dabei den Anfang. In der **Gewöhnung an** von **Gewalt** geprägte, menschliche Auseinandersetzung und einer damit verbundenen Verdrängung des Leidenszustandes beim Anderen liegt hiernach der eigentliche Grund. Für diesen innerpsychischen Vorgang findet der auch in anderen Zusammenhängen bekannte Begriff der **Desensibilisierung** Verwendung. An dieser Stelle handelt es sich aber im Gegensatz zum sonstigen Gebrauch um einen psychischen Gewöhnungsprozess mit stark negativen Auswirkungen.

Die soziologische Interpretation des Befundes ermöglicht auch die Erklärung einer medial bedingten Abstumpfung. Das bedeutet, Kinder, die beim Fernsehen oder bei Video- und Computerspielen in Dauerkonfrontation mit Gewalt verharmlosenden Inhalten stehen, entwickeln ein sehr viel größeres Potenzial für eine solche Desensibilisierung als andere (T. Mössle und M. Kleimann, 2009).

In der Frage der entstehenden **Mitleidslosigkeit** ist grundsätzlich zwischen der aktiven und der passiven Form zu unterscheiden. Bei der aktiven Form ist die kognitive Reife immerhin noch so weit vorangeschritten, dass die Unrechtmäßigkeit der Gewalt und deren Folgen für das Opfer durchaus verstanden, aber billigend in Kauf genommen werden. Im Inneren des Kindes kommt es zu einem Konflikt zwischen dem Drang zur hasserfüllten Tat und den noch bestehenden, schwachen Regungen von Reue und Gewissen, diesen Drang unter Kontrolle zu bekommen. Bei der passiven Mitleidslosigkeit gibt es keine innere Regung von Reue mehr, die eigenen Gefühle sind vollkommen abgestumpft, der Körper agiert wie automatisch. Vielfach sind solche Kinder auch Mitmacher und stehen wie Voyeure bei Grausamkeiten dabei. Sie verspüren nicht mehr den Impuls, gegen den Vollzug der Grausamkeit die Stimme zu erheben oder einzuschreiten. Solche Unterscheidungen sind aus juristischen Gründen im Alter der Strafmündigkeit interessant.

Es ist hier nicht der Ort, die ganze Liste aller weiteren antisozialen Entwicklungen und Verhaltensweisen aufzuzählen und zu besprechen. Es ist aber nicht schwer, sich vorzustellen, dass mit dem Verlust an Empathie und dem verringerten Verständnis für die inneren Haltungen und Gefühlszustände des anderen Menschen sowie der schrittweisen Aufgabe des Gewissens der Weg in die **Gesetzlosigkeit** und **Amoralität** vorgezeichnet ist. Verhaltensweisen wie ständiges Provozieren, dem Anderen Schaden zufügen, Konflikte bewusst zuzuspitzen, sich für eine begangene Tat verleugnen lassen bis hin zum Stehlen, Lügen und Betrügen mischen sich immer stärker unter das Normalverhalten von Kindern und Jugendlichen. Alle diese Erscheinungsformen der Antisozialität sind Ausdruck aggressiver Einstellung der Gesellschaft gegenüber. Kommen auch noch Bindungsstörungen mit schweren Selbstdefekten dazu (siehe nächstes Kapitel) ist neben der Dissozialität die Verbindung zur antisozialen Persönlichkeitsstörung geschaffen.

Aktuelle Ergebnisse der Hirnforschung können bei Menschen mit antisozialen Persönlichkeitszügen Defekte in Strukturen des **Limbischen Systems**, insbesondere der Amygdala (s.o.) aber auch des Hippocampus (s.o.) und des Stirn- resp. Frontalhirns (Hypofrontalisation) nachweisen (K.A. Kiehl, 2006). Diese Defekte sind nachweislich Folgen frühkindlicher emotionaler Vernachlässigung, Gewalterfahrung und Deprivation. Wie ich schon berichtet habe, verursachen die mit diesen Traumatisierungen verbundenen, negativen Stress-Effekte neuronale Wachstumsstörungen mit verringerter Netzwerkverbindung. Die graue Substanz in diesen Zentren ist messbar verringert. Dazu kommt eine Verschlechterung der Selbstkontrollfunktion im vorderen cingulären Cortex und dem oberen temporalen Cortex (paralimbisches System).

Um das ganze Ausmaß der Entwicklung von Aggressivität zur Gewalt zu verstehen, lohnt sich ein Ausblick auf die Pubertät und Adoleszenz. Das stetige Absinken der Selbstachtung in die innere Wertlosigkeit öffnet der eigenen Gewaltanwendung Tür und Tor. Wer nichts mehr zu verlieren hat, nicht einmal mehr die Selbstachtung, kann hemmungslos Rache nehmen an denen, die er für die Verursacher dieses defizitären Zustandes hält. Die durch Moralität und ein intaktes Gewissen bestehende Hemmung zur Ausübung von Gewalt ist nahezu aufgelöst. Je nach persönlicher Vorgeschichte sind nun die **Racheopfer** unterschiedlich definiert. Häufig sind diese Opfer aber auch nur Projektionsflächen für den Hass auf die ganze Gesellschaft und keine gezielten Einzelpersonen, wobei hinsichtlich einer solchen Personifizierung der Opfer sozial ausgegrenzte Menschen oder diffamierte Bevölkerungsgruppen ein willkommenes Profil abgeben.

Aber auch die tatsächlichen Verursacher der eigenen Minderwertigkeit können plötzlich auserwähltes Opfer werden. Für diesen Schritt bedarf es jedoch noch der Überwindung verinnerlichter kategorialer Verbote, denn diese Opfer als die Eltern sind ja die früheren, in Bezug auf einen Angriff stark tabuisierten Hauptbezugspersonen. Die moralische Enthemmung durch den Mangel an Gewissen macht eines Tages auch dafür den Weg frei. Gegen die Eltern Gewalt auszuüben befreit nur vermeintlich von dem unaufhörlichen Druck, den sie immer noch verursachen. Denn der Druck sitzt längst im eigenen Gehirn und ist nicht wirklich aufgehoben.

In der forensischen Analyse von Gewaltdelikten geht man einen Schritt weiter und vermutet, dass auch die nicht-familiären Opfer zumeist reine Projektionen ehemals familiärer Unterdrücker und Gewaltanwender sind. Auf diese Weise können frühere Freunde, aber auch Mitschüler, Lehrer/innen oder andere, den Lebensweg intensiv begleitende Personen Opfer der Gewalttat werden.

Eine moderne Gruppe von jugendlichen Gewalttätern geht aus dem sogenannten **Ego Shooter** hervor. Es handelt sich um versprengte junge Männer als Einzeltäter, die häufig zuerst Computerspiele zum Ausleben ihrer aggressiven Impulse nutzen. Dabei besticht sie die Möglichkeit, im virtuellen Raum ohne reale Selbstgefährdung ihrem Tötungsbedürfnis auf scheinbar legitimierte Weise (Kriegsszenarien u.ä.) nachzukommen. In diesen jungen Menschen *addieren* sich massive Selbstabwertung, Bindungsstörung, absolute Isolation, psychische Leere und Hass auf die Gesellschaft zu einem verderblichen, antisozialen Konglomerat. Ihre Vorgeschichte ist immer die von frühkindlicher Gewalterfahrung, Zurückweisung und/oder Misshandlung. Über eine mehr oder weniger unterdrückte Entwicklung zur aggressiv-oppositionellen Haltung kommt es zur Ausbildung einer **Parallelwelt**, in der die Selbstaufwertung des minderwertigen Selbst und die Tröstung für die erlittenen Kränkungen im Mittelpunkt stehen. Diese Parallelwelt deckt zunächst die virtuelle Welt der sogenannten **Killer-Spiele** ab. Irgendwann reicht dieser Kick aber nicht mehr aus und der Drang wird unabweisbar, die Befriedigung durch das innere Erleben von Macht sich auch in der realen Welt zu verschaffen.

Neben der Gewalterfahrung am eigene Leib, eine Wahrheit, die von den Eltern in Protokollen zur eigentlichen Tatzeit nicht immer zugegeben wird, spielen auch gewalttätige Vorbilder in der frühen Jugend eine wichtige Rolle. Diese haben die jugendlichen Täter auf dem Weg zum Erwachsensein in ihre brüchigen Selbststrukturen eingebaut. Waffen haben im Alter der Pubertät und Adoleszenz ihren Fetischcharakter endgültig verloren und werden nun zu entscheidenden Wegbegleitern der Gewaltfantasien. Irgendwann bricht der Impuls zur Tat durch. Der **Amoklauf** beginnt. An echte Waffen gelangen die Täter häufig über eine langjährige Mitgliedschaft in Sportschützenvereinen.

Die diesen Jugendlichen innewohnende, latente Aggressivität wird auch von den Tätern selbst nicht immer zugegeben und manchmal über Jahre hinweg nicht gezeigt. Viele dieser Täter haben, bei oberflächlicher Betrachtung, beinahe unauffällig gelebt und waren in der Gesellschaft wie abgetaucht. Ihre wahren Gefühle agierten sie nur in privaten Kampfspielen, in Kriegsszenarien auf Video und DVD sowie im Internet aus. In ihrer sozialen Umgebung fielen sie höchstens als Eigenbrödler und „Spinner" auf. Von ihrer altersgleichen Gruppe wurden sie häufig gemieden oder sogar ausgeschlossen und verspottet. Richtige Freunde hatten sie demzufolge nicht oder nicht mehr. So entlädt sich dann ihre Gewaltfantasie häufig genau in der Umgebung, in der sie als Ausgeschlossene und „Versager" gelebt haben. Schulen stehen dabei, wie die Tagesnachrichten beweisen, absolut im Mittelpunkt.

Die Bahnung und Vermehrung von Gewaltdelikten durch Computerspiele mit Kriegsinhalten, in denen der Spieler auf seinem Bildschirm die Perspektive des Kämpfers einnimmt (Ego-Schooter/Ego-Fighter), ist in der öffentlichen Diskussion sehr umstritten. Die Verbreitung dieser Spiele ist im Vergleich zu tatsächlich Amok laufenden Jugendlichen viel zu groß, als dass ein direkter ursächlicher Zusammenhang hergestellt werden könnte. Die Gefahr dieser Spiele ist aber vermutlich auch eine andere. Diese Spiele üben auf das aus frühkindlicher Vorerfahrung zu Aggressivität und Gewalttätigkeit verformte Gehirn seines Spielers eine immense Stimulation aus und schließlich einen regelrecht suchtartigen Charakter. Durch einen solchen Einfluss binden die Spiele zwar zunächst aggressives Potenzial im Spieler, erzeugen aber dann wie jedes andere Suchtmittel auch mit der Zeit ein Verlangen nach „mehr". Eines Tages kann dieses „mehr" nur noch die Umsetzung in die Realität sein, denn das Spiel als Virtualität hat irgendwann seine absorbierende und betäubende Wirkung verloren. In diesem Punkt ähnelt die Computersucht der Betäubungsmittelsucht, bei der die ständige **Dosissteigerung** irgendwann den „goldene Schuss" verlangt.

Während Computerspiele wie ein geistiger Katalysator auf aggressives Verhalten wirken, lösen andere **Suchtmittel** wie **Alkohol** und **Drogen** die Neigung zur Aggressivität direkt im Hirnstoffwechsel aus. Das funktioniert über Stimulation und Enthemmung von Botenstoff-Systemen. Alkohol fördert in kleineren Mengen eingenommen die „Neurotransmitterschiene" des Belohnungssystems. Der betroffene Mensch fühlt sich mächtiger und stärker als er in Wahrheit ist. Das hebt seine Stimmung. Aber wenn er bereits eine latent aggressive Veranlagung entwickelt hat, kann sich auf diese Weise zugleich sein Hang (via Amygdala, s.o.) zu aggressiven Handlungen verstärken. In seiner gehobenen Stimmung und Selbstüberschätzung meint er, sich für alles rächen zu müssen, was ihm bisher angetan worden ist. In Verbindung mit der neuronalen Enthemmung geraten ihm seine Verhaltensformen außer Kontrolle.

Andererseits kann sich auch ein Hang zu ängstlichem Verhalten verstärken. Aber noch empfindet sich der Mensch angenehm erregt und zur Handlung getrieben. Bei weiterem Konsum des Alkohols geraten dann die aktivierenden und dämpfenden Botenstoffe aller Neuronen aus dem Gleichgewicht mit der Folge, dass sich der dämpfende Effekt immer stärker bemerkbar macht. Die aggressive Neigung kommt dadurch nicht mehr zum Tragen. Auch die Angst schwindet und der Mensch ist wie betäubt (A. Heinz und K. Mann, 2001).

Bei den **chemischen Drogen** kommen sehr verschiedene Effekte im Gehirn zustande, je nachdem, welche Droge eingenommen wird und welches Botenstoff-System dadurch beeinflusst wird. Insofern lässt sich für Drogen keine allgemein gültigen Aussagen über ihre Wirkung auf aggressives Verhalten machen. Ein Effekt auf die Aggressivität (aber auch auf Autoaggressivität) kommt wohl hauptsächlich durch Verlust der Selbstkontrolle zustande. Ähnlich wie bei der alkoholischen Enthemmung entscheidet hauptsächlich die Persönlichkeitsstruktur des betroffenen Menschen darüber, zu welchen Entgleisungen er neigt. In diesem Zusammenhang wird immer wieder die wissenschaftliche Beobachtung zitiert, dass es in besonderer Weise ein Abfall des Neurotransmitters Serotonin ist, der mit aggressiven Handlungen in Verbindung gebracht werden kann. Aber auch einfache Fehlwahrnehmungen, verfolgungswahnähnliche (paranoide) Zustände und echte Halluzinationen können zu unkontrolliert aggressiven Ausbrüchen beitragen. Schließlich können auch unangenehme Rausch-zustände auftreten, wenn der Konsument z.B. depressive Vorerfahrungen hat.

Hinsichtlich der Aggressivität ist also auch im Falle von Drogenmissbrauch mehr die im bisherigen Lebenslauf entstandene Neigung zu Gewalttätigkeit von entscheidender Bedeutung auf die Auswirkungen des Rauschzustandes, als die Droge selbst (R.M. Julien, 1997).

6.7 Ausblick auf die Therapie der Dissozialität

Die Therapie der Dissozialität sucht zunächst einmal nach den Ursachen zu deren Entstehung. Individuelle **Entwicklungsfehlschläge** sind dabei zu un-terscheiden von echten **Milieuschäden**. Sehr häufig sind aber beide Entwick-lungsbereiche auf das Engste miteinander verwoben. So muss die psychothera-peutische Intervention auf beide Ursachen abzielen.

Im Mittelpunkt steht das Bemühen um **Psychoedukation**. Eltern, Erziehe-rinnen und Erzieher sowie auch der Jugendliche selbst werden einer intensiven Beratung unterzogen. Das dient in erster Linie dem Zweck, aggressive Vorbil-der und Verhaltensmodelle in der Familie durch verbesserte Kommunikations-strukturen zu ersetzen. Den Erzieherinnen und Erziehern wird erklärt, wie sie schlechte Vorbilder aus dem Elternhaus ausgleichen können und wie sie dazu beitragen können, dem Kind ein besseres Selbstbewusstsein zu vermitteln. Den Eltern wird gezeigt, wie sie angemessen und mit letztlich positiver Aussage auf ihre Kinder und Jugendlichen reagieren können. Ständige Ermahnungen, Ver-bote, harte Grenzziehungen und unsinnige Bestrafungen müssen sie bei sich selbst hinterfragen und nach Möglichkeit beenden. Ebenso müssen sie lernen, auf positive Angebote ihrer Kinder mit verständlichem Lob zu antworten. An-dererseits müssen auch klare und für das Kind und den Jugendlichen **einsich-tige Konsequenzen auf negative Verhaltensweisen** seitens der Eltern erfolgen. Falsch nachgiebige und aus Bequemlichkeit desinteressierte Reaktionen müs-sen der Vergangenheit angehören. Die Kinder und Jugendlichen selbst sollen lernen, alternative und vor allem **gewaltfreie Lösungsstrategien** für ihre zahl-losen Konfliktpunkte in der Gemeinschaft zu suchen und auch zunehmend an-zuwenden.

Soziale Kompetenzen müssen beim betroffenen Kind oder Jugendlichen entwickelt und gefördert werden. Dazu gehört es, die Fähigkeit zum **Schuld-eingeständnis** und die Bereitschaft zur **Wiedergutmachung** in deren bewuss-ter Sozialstrategie neu einzurichten. Damit wird ein Stück fehlende Gewis-sensentwicklung im Nachhinein mental aufgearbeitet. Ob die Verankerung im Selbst des Betroffenen dadurch in gleicher Weise zustande kommt, wie in der Zeit des eigentlichen Entwicklungsfensters, muss allerdings bezweifelt werden. Immerhin jedoch werden Kompetenzdefekte im Sozialverhalten sinnstiftend ausgefüllt. Die oft hohe **Impulsivität** des Kindes und Jugendlichen sollte intensiv bearbeitet werden. Da sie die Aggressivität erheblich steigert und unberechenbar werden lässt, ist auf diesen Verbesserungsprozess ein besonderes Augenmerk zu richten. Dafür gibt es verhaltenstherapeutische Programme wie z.B. das Programm „Faustlos", das vom Kinderschutzbund angeboten wird. Ziel ist es, der schnell eskalierenden Wut des Betroffenen ein alternatives Ventil zu schaffen.

Schließlich müssen neue Bindungen erwirkt werden, die notfalls vorübergehend an **therapeutische Gruppen** erfolgen. Denn diese hoch aggressiven Kinder und Jugendlichen leiden entweder primär oder sekundär unter gestörten Bindungsverhältnissen bis hin zur absoluten Bindungslosigkeit. Mitgefühl mit dem Unterlegenen und Empathie in die Gefühlswelt des Anderen sollen in den therapeutischen Gruppen neu erlernt werden. Gleichzeitig müssen die Heranwachsenden schleunigst aus dem strafauffälligen Umfeld entfernt fernen, das ihnen die dringend benötigte, aber aggressiv beinhaltete Pseudoidentität verschafft (s.o.).

Lebensumstände, die kaum ein Abweichen von Gewaltneigung und Delinquenz zulassen, müssen zumeist radikal geändert werden. Anders gesagt, der Jugendliche muss „von der Straße" geholt werden. Gleichzeitig muss das Verhältnis des Jugendlichen zur Schule und/oder zu anderen Bildungseinrichtungen wieder ins Lot gebracht werden, denn auf diesem Sektor bestehen zu allererst die Beziehungsabbrüche zum normalen Gesellschaftsleben. **Bildung** ist grundsätzlich ein gewaltpräventiver Faktor im menschlichen Bewusstsein.

Herrschen zu Hause chaotische Zustände und/oder stehen elterliche Gewalt, Misshandlung oder Missbrauch im Vordergrund, sind diese vorrangig auszuschalten. Über die hierfür möglichen Jugendhilfemaßnahmen wurde weiter oben ausführlich gesprochen. Sind die Eltern aus der Bahn geraten, hilflos in der Gesellschaft geworden und/oder suchtmittelabhängig ist an dieser Stelle der Ansatz zu machen. Entscheidend, ist, dass die Kinder in ihrem Zuhause wieder ein zuverlässiges und sie selbst respektierendes Umfeld erhalten, damit sie jederzeit eine behütete Zuflucht finden und eine soziale Umgebung, mit der sie sich identifizieren können. Ist diese Zuflucht zu Hause nicht mehr zu erreichen, müssen therapeutische Einrichtungen diesen Teil der Lebensbasis übernehmen (s.o.).

Bei der Besprechung der Therapieformen für Dissozialität gelangt man schnell in den Bereich der Gerichtsbarkeit und **Rechtsprechung**. Denn die Jugendlichen befinden sich im Rahmen ihrer Täterschaft zumeist schon im Altersbereich der Jugendstrafmündigkeit. Diese gilt in der Bundesrepublik

Deutschland derzeit ab einem Alter von vierzehn Jahren. Die Gesellschaft gibt damit unmissverständlich zu verstehen, dass ab einem gewissen Alter und einer gewissen Schwere der Tat die Abfolge von Schuld, Reue, Einsichtigkeit und Wiedergutmachung nur noch durch Gesetze zu regeln ist. Eine willkürlich individuelle Regelung und Sanktionierung von Normen- und Werteübertretung soll bewusst ausgeschlossen sein.

Gerechtigkeit und Recht auf einer rein pädagogischen Basis wiederherzustellen ist eine Aufgabe für das Entwicklungsalter bis zum vierzehnten Lebensjahr. Die Pädagogik darf aber auch in der Rechtsprechung danach nicht vernachlässigt werden.

Dem **Jugendstrafrecht** angegliedert ist deshalb die **Jugendgerichtshilfe**, die dafür Sorge zu tragen hat, dass erzieherische, soziale und fürsorgliche Gesichtspunkte nicht außer Acht gelassen werden. Neben den Gewaltdelikten spielen im Jugendstrafrecht Diebstahl und Sachbeschädigung eine große Rolle. In den letzteren Delikten kommt die Aggressivität der Jugendlichen gegen Sachen und Wertgegenstände zum Ausdruck. Erst in einem nächsten Schritt kommt es dann auch zur **Missachtung der Persönlichkeitsrechte** (Freiheitsrechte, Recht auf körperliche Unversehrtheit usw.) des anderen Menschen. Ähnlich wie bei trotzig-oppositionellen Haltungen des Kleinkindes gibt auch hier wieder diese Abfolge: Zunächst wird die Aggression an Gegenständen und Sachwerten ausgeübt und erst bei noch weiterer Steigerung des Aggression auch an Menschen. Rein impulsiv reflektorisches Handeln steht dabei jeweils vor gezielten Aktionen. Ein detailliertes Eingehen auf die juristischen Zusammenhänge zwischen Dissozialität und Rechtsprechung kann aber hier nicht geleistet werden.

7. Bindungsstörungen als frühe Störung der Persönlichkeitsentwicklung und die Probleme bei der Selbstentstehung

7.1 Allgemeine Vorbemerkungen zum gestörten Bindungsverhalten

Unter entwicklungspsychologischen Gesichtspunkten sind ursächlich zwei Typen der Bindungsstörung zu unterscheiden:
1. die Bindungsstörung durch die frühkindliche Deprivation (Hospitalismus)
2. die Bindungsstörung durch die falsche Selbstkonstruktion.

Die neue Formulierung einer **frühen Bindungsstörung,** die auch als Vorläufer der Angst- und Aggressionsstörungen im Kindesalter gilt, hatte ich weiter oben ausführlich besprochen.

In der Internationalen Klassifikation der Krankheiten (ICD 10) wird ebenfalls ein Unterschied im Muster der Bindungsstörungen gemacht. Dort wird unterschieden zwischen einer **Bindungsstörung mit Enthemmung,** die in meiner Namensgebung der **Bindungsstörung durch Deprivation** am nächsten kommt, und einer **reaktiven Bindungsstörung,** die bei mir in vergleichbarer Weise durch die **Bindungsstörung mit falscher Selbstkonstruktion** beschrieben wird. Übergangsformen zwischen der einen wie der anderen Verlaufsform kommen bedingt durch die biographischen Lebenseckdaten des Kindes vor. Auf die frühe Bindungsstörung wird hier noch kein Bezug genommen.

Deprivierte (enthemmte s.o.) – oder wie sie auch genannt werden – **„hospitalisierte" Kinder** fallen bereits in früher Kindheit durch ein völlig diffuses, unbestimmtes Bindungsprofil bis hin zur absoluten Bindungslosigkeit auf. Der Schweregrad ist abhängig vom Zeitpunkt des Beginns der sozialen „Ausgrenzung" und vom Grad der gestörten Beziehung zur primären Bezugsperson. Entweder konnte eine stabile Eltern-Kind-Bindung gar nicht erst aufgebaut werden oder sie wurde durch äußere Einflüsse noch im Aufbau zerstört. Bereits vor einem halben Jahrhundert beschrieb René Spitz in den USA (1954) solche bindungsgestörten Kinder als Heiminsassen nach Verlust ihrer leiblichen Eltern. Das psychische Störungsbild, das er bei diesen Kindern feststellte, nannte er **anaklitische Depression.** Auch John Bowlby (1953) untersuchte solche Kinder im Rahmen seiner Entwicklung der Bindungstheorie. Je älter die Kinder mit einem solchen Entbehrungszustand werden, desto unwahrscheinlicher wird es, die verloren gegangenen Bindungsstrukturen noch einmal wiederherzustellen.

Kinder mit reaktiver Bindungsstörung fallen gegenüber den „hospitalisierten" Kindern durch schwerwiegende Verhaltensstörungen bei noch zur Herkunftsfamilie erhaltenen Sozialbeziehungen auf. Ihre Bindungsstrukturen sind innerlich jedoch stark beschädigt, im Einzelfall bis an die Grenze der Zerstörung, und ihr Selbst wird von einer falschen Selbstkonstruktion beherrscht. Sozialverhalten und Kommunikationsstrukturen sind dadurch stark beeinträchtigt, obwohl sich diese Kinder in der Gemeinschaft noch einigermaßen zurechtfinden. Die Herausnahme des Kindes aus der versagenden Familie und der schädlichen sozialen Umgebung führt daher unter günstigen Voraussetzungen zu einer Verbesserung der Gesamtsituation. Tiefgreifende Verwerfungen in der emotionalen Eltern-Kind-Beziehung („frühe Bindungsstörung"), die nicht behoben werden, schwere Vernachlässigung, Misshandlung und (meist verborgener) sexueller Missbrauch stehen ursächlich im Vordergrund der familiären Problematik. Anders als oft behauptet wird, handelt es sich nicht automatisch um Kinder, die in sozial schlechten Verhältnissen oder an der Armutsgrenze groß werden. Zwar steigern sich die emotionalen Verwerfungen und psychosozialen Spannungen in den Familien durch das Leben am Existenzminimum, es muss dadurch jedoch nicht zwangsläufig auch zu Schäden in der Selbstentwicklung der Kinder kommen.

Das hier ausgeführte Konzept der Bindungsstörung als Folge einer **Schwächung oder Zerstörung der „inneren" Bindungsstrukturen** erlaubt die Erklärung einer Vereinbarkeit von noch verträglichen psychosozialen Verhaltensweisen als erhaltene Anpassungsleistung aber mit höchst problematischen Persönlichkeitsentwicklungen. Nur die bereits abgegrenzte frühkindliche Deprivation mit ihrem Entziehen oder Fehlen der sozialen Beziehungsstrukturen nahezu vom Anbeginn des Lebens an gilt als schwerste Sozialstörung letztlich ohne Gesellschaftsfähigkeit. Sie fügt dem Kind derart massiven Schaden zu, dass ihm dadurch wesentliche existenzielle Voraussetzungen zum gesunden psychosozialen Gedeihen vorenthalten bleiben („totale Mutterentbehrung", „schwere Vernachlässigung").

Die Bindungsstörung durch Schwächung der inneren Bindungsstrukturen und damit verbunden auch der Selbstkonstruktion ist dagegen eine Störung oder Erkrankung des sich bereits ausbildenden Persönlichkeitskerns. Infolgedessen kommt es zu starken Verhaltensauffälligkeiten. Eine Gesellschaftsfähigkeit bleibt jedoch zunächst auf lange Sicht erhalten. Um diese Verhaltensauffälligkeiten in ihrer Entstehung weiter zu ergründen, müssen wir noch einmal das menschliche Selbst und seine Entstehung unter die Lupe nehmen.

Ich will an dieser Stelle aus methodischen Gründen nur einen kurzen Überblick geben, denn diesem Punkt ist vor allem das nächste Unterkapitel gewidmet. Das **Selbst** des Menschen ist philosophisch betrachtet eine wachsende „mentale Sammlung" subjektiver Annahmen über das eigene objektive Dasein. Das bedeutet im entwicklungspsychologischen Sinn, dass das Kind anfängt zu verstehen, eine einheitliche, von allen anderen ihm bekannten Menschen unterscheidbare Person zu sein. Wie diese eigene Person geartet ist, wie sie auf Andere reagiert und wirkt, wie sie sich ihr Leben erobert und fortan gestaltet, das weiß das Kind am Anfang noch nicht. Aber es begehrt danach, es zu wissen und vereinnahmt dazu Ansichten und Meinungen über sich von seinen Hauptbezugspersonen. „Die Eltern sagen mir, wer oder was ich bin". In der Neuropsychologie spricht man hierzu von entstehenden **Repräsentationen**, die im Gehirn des Kindes in neuronalen Netzwerken Gestalt annehmen. In ihnen werden die Ansichten und Meinungen, die das Kind über sich selbst erfahren hat, erhalten und bleiben in der Zukunft permanent als „innere Stimmen" vertreten.

Durch solche Repräsentationen sind die Eltern selbst (und natürlich auch andere wichtige Bezugspersonen) im frühesten Bewusstsein des Kindes **verinnerlicht** und damit über das erworbene Selbst „grundmeinungsbildend". Das hat entscheidenden Einfluss auf die Bedeutung, die die Eltern von Anfang an in der Selbsteinschätzung ihres Kindes besitzen. Der Vorgang ist Grund dafür, dass sich von nun an zur äußeren sozialen Bindung die **innere, im Individuum verankerte Bindung** gesellt. Diese innere Bindung wird fortan zu einem entscheidenden Mitgestalter des Selbst und der Selbstauffassung. In diesem Gestaltungsprozess ist die Ursache für die Ausbildung einer (inneren) Bindungsstörung zu suchen, wenn nämlich die Repräsentationen elterlicher Auffassungen und Meinungen über das Selbst entweder nicht dem wahren Persönlichkeitskern entsprechen oder es derart schmähen und schwächen, dass die weitere persönliche Ausgestaltung (beinahe) nur noch missglücken kann.

Später, etwa ab der **Pubertät** und **Adoleszenz,** verwandelt sich in der Persönlichkeitsgestaltung die Selbstvorstellung von subjektiven Annahmen über das objektive Dasein in objektive Annahmen über das subjektive Dasein. Dadurch wird der andere Mensch (Freund, Lehrer/in, Gruppenmitglied) immer wichtiger für die Selbsteinschätzung, denn die notwendigen, objektiven Beschreibungen über sich selbst können nur diese Anderen liefern. Unreife Persönlichkeiten vollziehen in dieser wichtigen Altersphase den erforderlichen Perspektivwechsel wenig oder gar nicht. Sie bleiben in gewisser Weise immer egozentrisch-infantil, also kindlich mit all den damit verbundenen Beschränkungen in der Anpassungsfähigkeit. Das Fremdurteil über sich selbst anzunehmen oder zumindest zur Relativierung der bisherigen eigenen Auffassungen darüber nachzudenken, gelingt ihnen nicht. In diesem Entwicklungsstadium wird die entstandene Persönlichkeitsstörung in ihrer individuellen Ausprägung evident.

Letztere Erklärung soll in erster Linie ein Beleg sein für die Grundauffassung, dass die Bindungstheorie, die meinem vorgestellten Konzept insgesamt zugrunde liegt, eine Erklärung dafür bietet, wie sich aus Bindungsstörungen in der Entwicklungsphase bis zur Präpubertät und Pubertät schrittweise schwerwiegende Persönlichkeitsstörungen herausbilden. Es ist aber nicht die Bindungsstörung allein, die zur Persönlichkeitsstörung führt; mit ihr vergesellschaftet sind regelmäßig zusätzliche emotionale und psychosoziale Störungen sowie im Einzelfall auch geistige Beeinträchtigungen. Stellt man bei den pubertierenden Jugendlichen und Heranwachsenden also die Diagnose Persönlichkeitsstörung, ist bei der Ursachenforschung immer auch nach den sonstigen emotionalen und kognitiven Entwicklungsverläufen in der frühen Kindheit zu fahnden.

Neben den entwicklungsbedingten Persönlichkeitsstörungen gibt es auch solche, die sich akut aus schweren **seelischen Traumatisierungen** durch Krieg, Folter, Missbrauch, Naturkatastrophen, Tod von geliebten Personen und schweren Unfälle bei bis dahin weitgehend stabiler Persönlichkeit herausbilden. Dabei muss es sich immer um ein gravierendes Schockerlebnis oder einen schweren seelischen Belastungszustand, das heißt um ein **Psychotrauma** auf die bis dahin unversehrte Seele handeln. Das Störungsbild, das sich hierdurch entwickelt und negative Auswirkungen auf die Persönlichkeitsausbildung hat, bezeichnet man als **Posttraumatische Belastungsstörung** (PTBS). Solche Fälle sollen uns im hier erstellten Zusammenhang aber nicht beschäftigen.

In der klassischen Typologie werden folgende fertig ausgebildete, das heißt erst in der Adoleszenz und im Erwachsenenalter klar abzugrenzende, Persönlichkeitsstörungen unterschieden:

a) der paranoide Typ (fanatisch, extrem expansiv, querulantisch),
b) der schizoide Typ (versponnen, weltfremd bis zur Wahnhaftigkeit),
c) der dissoziale Typ (s.o.) (amoralisch, asozial und soziopathisch),
d) der emotional-instabile Typ oder Borderline-Typ (überaus reizbar, unausgeglichen und explosiv),
e) der histrionische Typ (übertrieben, hysterisch, selbstdarstellerisch, zugleich infantil),
f) der anakastische Typ (übergenau, penibel, zwanghaft),
g) der ängstlich-vermeidende Typ (s.o.) (extrem vorsichtig, jedes Risiko umgehend),
h) der abhängige oder dependente Typ (schwächlich, passiv, auch selbstschädigend),
i) gemischtes Verhaltensmuster (haltlos, narzisstisch, exzentrisch usw.).

Alle genannten Eigenschaften, die in ihren ausgeprägten Formen einer Persönlichkeitsstörung zuzurechnen sind, kommen in schwachen Formen auch bei gesunden psychosozialen Entwicklungen vor. Genau wie bei den Angststörungen und den aggressiv-oppositionellen Verhaltensstörungen gibt es auch hierbei keine trennscharfe Grenzlinie zwischen dem Erscheinungsbild, das noch als absolut normal gelten kann und dem, was eindeutig schon als gestört oder gar pathologisch zu bezeichnen ist.

Zusammengefasst lässt sich festhalten: Die Konstruktion des Selbst in der frühen Kindheit sowie die Außeneinflüsse aus dem gesamtgesellschaftlichen Milieu und der unmittelbaren Lebensumwelt des Kindes zusammen gestalten das Selbst und schließlich die Persönlichkeit des Menschen auf dem Boden seiner angeborenen erblichen Anlagen. Deprivierende Bindungsstörungen erzeugen schwerste Störungen des Selbst, auf andere Weise entstandene Störungen des Selbst produzieren reaktive Bindungsstörungen.

Wissenschaftlicher Hintergrund 4

Wenn man einen Ort im menschlichen Gehirn für den Ursprung von schweren Bindungsstörungen und nachfolgenden Persönlichkeitsstörungen ausfindig machen möchte, dann ist es die neuronale Verbindung zwischen dem **Frontalhirn** (Stirnhirn), den Strukturen des **Limbischen Systems** (Gefühlsspeicher im Zentrum des Gehirns) und den **Basalganglien** (Kerngebiete unterhalb der Hirnrinde mit Reaktionszentren). In diesem dreiecksförmigen Netzwerk spielen sich die Funktionen ab, die das menschliche Verhalten auf der Basis seiner genetischen Voraussetzungen und den umweltbedingten Prägungen steuern. Willensfunktionen an den zentralen Verknüpfungspunkten (z.B. **Gyrus cinguli**) und Ortsverbindungen zu peripheren Zentren der Erinnerung (z.B. **Temporalpol**) flankieren das Geschehen.

Über neuroradiologische, bildgebenden Verfahren wie funktionelle magnetische Resonanztomographie und Positronenemissionstomographie, um die beiden bekanntesten Verfahren zu nennen, lassen sich diese Zentren im Gehirn funktionell ausfindig machen.

So konnten experimentell psychologische Untersuchungen an Menschen nachweisen, dass Störungen im emotional-affektiven Verhalten und schlechte soziale Anpassungsstrategien durch eine verringerte Steuerungsfunktion im Frontalhirn (präfrontaler Cortex) ausgelöst werden. Die Aufnahme der Frontalhirnfunktionen ist stark abhängig von den vorgeschalteten Zentren der Gefühlverarbeitung und der Erinnerungsfunktion. Die Gefühlsverarbeitung für negative Empfindungen findet in den **Mandelkernen** bzw. der **Amygdala** statt, die für positive in einem Zirkel zwischen Mittelhirn und vorderen Basalganglien (insb. **Nucleus accumbens**), den man auch als **Belohnungszentrum** bezeichnet. Der Botenstoff Dopamin spielt gerade in diesem Schaltkreis eine entscheidende Rolle. Aber auch Serotonin und

Grafik 4: Die Selbstentwicklung

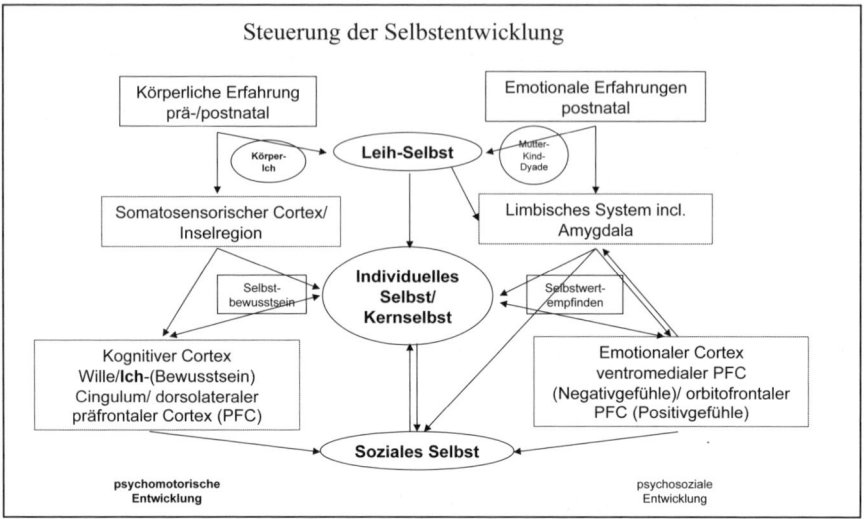

Die Grafik zeigt die Selbstentwicklung des Menschen und ihre vermuteten Zentren im Gehirn

Endorphine sind für die ausgeglichene Funktion unentbehrlich. In der Amygdala wirken vor allem die Botenstoffe Corticotropin-Releasing-Hormon (CRH) sowie Noradrenalin. Noradrenalin verstärkt gleichzeitig die Aufmerksamkeit und Wachheit (Vigilanz) (G. Roth, 2003 u.a.).

Amygdales System und Belohnungszentrum wirken auf die Ausgestaltung der Frontalhirnfunktionen offenbar wie zwei sich in der Balance haltende Gegenspieler. In gewisser Weise könnte man die beiden Zentren als Zulieferer für den komplexen Gefühlsapparat des Stolzes (über Belohnungssystem) und der Scham (über Amygdala) festlegen.

Die vielfältigen sozialen Erfahrungen, die diesen Gefühlen zunehmend innewohnen, sind nun Ergebnis von Erinnerungsfunktionen, die über das Gedächtniszentrum, den **Hippocampus**, vermittelt werden. Das alles hat seine Bedeutung in dem neuen Wissen der Hirnforschung, dass großer, negativ gefärbter, emotionaler Stress in der frühen Kindheit, insbesondere schon im Säuglingsalter, diese Systeme schädigt und damit die Frontalhirnfunktion nicht unerheblich beeinträchtigt (A.K. Braun, M. Meaney, P.O. McGowan) (s.o.). In dieser Altersphase ist das menschliche Gehirn besonders reagibel und wachstumsaktiv, was seine Verletzbarkeit erklärt. Auf die psychische Verletzbarkeit des Säuglings mit Stressanfälligkeit bei unkalkulierbaren Trennungserlebnissen bin ich an anderer Stelle, besonders im Zusammenhang mit der Angst, ausführlich eingegangen.

Eine ungenügende Funktion des Frontalhirns (Hypofrontalisation s.o. unter Antisozialität) hat zwei Hauptauswirkungen: Erstens können emotionale und soziale

Gefühle nicht mehr ausreichend beherrscht werden und sind damit den Einflüssen aus der Umwelt auf Gedeih und Verderb ausgeliefert. Zweitens ist dasjenige Verhalten gestört, das aus der Handlungsplanung hervorgeht, das also dem Willen, dem Verstand und der Selbstkontrolle unterliegt. Die Folge sind unbeherrschbare affektive Ausbrüche des betroffenen Menschen mit unkontrollierten Handlungen als fehl verlaufende Reaktion auf gesellschaftlich-umweltbedingte Herausforderungen (Maladaptation). Solche Menschen können in Form einer ungehemmten Eskalation zur Gefahr ihrer Mitmenschen werden, ob in kleinen Ausbrüchen oder in großen, von Gewalt gekennzeichneten Aktionen.

7.2 Darstellung der Selbstentwicklung im Blickwinkel der Bindungstheorie

In meiner Konzeption leiten sich die Entwicklungsstörungen der Persönlichkeit stärker von den reaktiven und deprivierten Bindungsstörungen ab, als von den aggressiv-oppositionellen Verhaltensauffälligkeiten oder den Angsterkrankungen allein. Allerdings ist die Unterscheidungsmöglichkeit im Einzelfall nicht immer so klar, wie es den Anschein hat. Gegenseitige Beeinflussung der verschiedenen Störungsbilder kommt ebenso vor wie gleichzeitiges Auftreten. Daher rührt der in der Kinder- und Jugendpsychologie und -psychiatrie berechtigterweise bestehende Vorbehalt, in so frühem Alter überhaupt schon eine Persönlichkeitsstörung aus dem Konglomerat allgemeiner Verhaltensstörungen abzugrenzen. Anhand der Entstehung des individuellen Selbst will ich nun versuchen, diese bislang rein auf Erfahrung basierende Schlussfolgerung einer verständlichen Erklärung zugänglich zu machen.

Als Ergänzung und Vertiefung der im ersten Kapitel getroffenen Unterscheidung der verschiedenen Selbsttypen soll an diesem Punkt der Faden wieder aufgenommen werden. Dazu sei kurz wiederholt, dass sich das Selbst des Menschen auf den Grundlagen seiner Bindungsvoraussetzungen und Loslösungsprozesse aus der **Leih-Selbst-Position** in der **Mutter-Kind-Dyade** im ersten Lebensjahr herausbildet. Das bedeutet, dass das Kleinkind bis etwa zum 18. Lebensmonat sich selbst und sein eigenes Existieren beinahe ausschließlich in der gleichzeitigen Wahrnehmung seiner Mutter versteht (Leih-Selbst). Allein erste Ahnungen auf der Basis seiner Körperempfindungen (sogenanntes **Körper-Ich**) und der selbst hervorgebrachten Wirkungen in der Umwelt (sogenannte **Selbstwirksamkeit**) geben ihm ein Grundgefühl von einem eigenen Dasein.

Eine solche Abhängigkeit der persönlichen Wahrnehmung von einem anderen Menschen ist im späteren Leben bei psychischer Gesundheit nicht mehr nachvollziehbar. Allenfalls in hochgradig psychischen Ausnahmesituationen mit nebulöser Entfremdung der eigenen Person vom real existierenden Körper sind solche Züge noch halbwegs nachzuempfinden (Depersonalisation). Eine rettende Person wie die Mutter als primäre Bezugsperson ist in diesem Alter nun nicht mehr verfügbar. Sie könnte jetzt auch nur durch eine Ersatzbezugsperson gestellt werden, was allein im therapeutischen Geschehen durch den Psychotherapeuten gewährleistet ist.

Mit etwa eineinhalb Jahren nun lernt das Kind, sich als eine eigenständige, existenzielle Einheit („kohärentes Selbst") zu verstehen, ganz unabhängig von einer anderen wichtigen Bezugsperson. Dieser Vorgang ist nachzuweisen durch das sogenannte **Spiegelparadigma**. Erblickt sich ein eineinhalbjähriges Kind im Spiegel, ist es nicht mehr belustigt und sieht in der gespiegelten Person einen freundlichen Spielkameraden wie bis zu diesem Zeitpunkt, sondern ist vielmehr irritiert und sogar beschämt, weil es sich jetzt selbst erkennt und nicht weiß, wie es sich selbst gegenübertreten soll. Pudert man ihm einen roten Punkt auf die Nase, ist es bestrebt, diesen Punkt wieder abzuwischen (D. Bischof-Köhler, 1994), ein Impuls, der bis dahin nicht nachzuweisen ist. Das Kind selbst zählt in dieser Phase quasi als Übung immer wieder die ihm augenfälligen Körperteile des Gesichts von ihm selbst und seiner Bezugsperson auf wie: „das ist meine Nase, das ist deine Nase" usw.

Das Selbstempfinden dient dem Kind und schließlich dem erwachsenen Menschen dazu, sich als Person zu objektivieren, das heißt, seine Person in Raum und zunehmend auch in der Zeit wahrzunehmen, seine Gefühle mit dem Geist (Verstand) zu verbinden und Orientierung und Ordnung in seine Sozialbeziehungen zu bringen. Außerdem ist dieses Geschehen der Anfang der Selbstregulation der Affekte (Gefühlsdarstellungen nach außen) sowie der Aufnahme der konkurrierenden Beziehungen in der altersgleichen Gruppe.

Von diesem entscheidenden Augenblick an ist das Kind bestrebt, sich selbst in einem guten Licht zu sehen. Es fängt an, alle Ereignisse, die mit seiner Person in Zusammenhang stehen, daraufhin zu überprüfen, ob sie gute Aussagen über das eigene Selbst treffen oder schlechte. Gute Aussagen führen automatisch zur Stärkung des Selbst, schlechte zu seiner Schwächung. Nun ist ein Kind nicht einfach nur selbstverliebt und erheischt diese Selbstbewertungen aus Eitelkeit (primärer Narzissmus, s.u.), sondern es sieht sich gezwungen, ein starkes Selbst zu erarbeiten, um im Kanon der vielen Selbste seiner Konkurrenten und Mitmenschen bestehen zu können. Außerhalb des Elternhauses, so erfährt das Kind, zählt das eigene Selbst nicht mehr so viel wie zu Hause und der Druck der Rivalität durch andere Kinder ist enorm. An die mächtigen Selbste der Erwachsenenwelt kommt es ohnehin nicht heran.

Also ist das Kleinkind bestrebt, immer **positive Aussagen über sein Selbst** zu hören und **Anerkennung** zu erfahren, und den sicher unvermeidlichen negativen Beurteilungen möglichst zu entgehen. In diesem unausweichlichen Geschehen beim Eintauchen des Kindes in die soziale Welt der menschlichen Gemeinschaft wird ihm die wahre Bedeutung der Lebensumwelt erst deutlich. Waren es bis dahin hauptsächlich die Erlebnisse des Kindes mit seinen Eltern und anderen Familienangehörigen, die es geprägt haben, so wird es jetzt zunehmend die ganze Gesellschaft.

Aus dieser Konstellation ergibt sich für das Kind automatisch eine Taktik im Sozialverhalten, die ein intelligentes und/oder anpassungsfähiges Kind schnell versteht und davon auch ausgiebig Gebrauch macht, ein weniger intelligentes und/oder anpassungsschwieriges Kind aber nicht genügend einzusetzen vermag. So erleben wir Erwachsenen im Umgang mit kleinen Kindern immer wieder zwei ganz grob zu unterscheidende Kindertypen, einmal die charmanten, betörenden, die uns Spaß machen und uns sofort um den Finger wickeln und zum anderen die schwierig und eigenbrödlerisch wirkenden, die gar kein Geschick haben, in uns Erwachsenen Begeisterung hervorzurufen. Diese letzteren Kinder haben es von Vornherein schwerer, Bestätigung und Anerkennung in der Kommunikation mit uns zu erhalten. Die ersteren aber sind die Lieblinge aller Erwachsenen und bekommen ihre Anerkennung beinahe gratis.

Schon mit diesen spontanen, kaum kontrollierbaren Reaktionen aller Erwachsenen beginnt ein massiver Einfluss auf die **Selbstbewertung** des heranreifenden Menschen. Die soziale Umwelt wirkt also keineswegs nur durch schichtenspezifische Faktoren und existenziell-wirtschaftliche Lebensbedingungen, wie es in der Soziologie herausgearbeitet wird, sondern ganz subtil auch im immer individuell ausgerichteten familiären Umgang mit dem Kind und ebenso dem der familiennahen Gruppe.

Positive und negative Attribute oder **Attributionen** sind gleichsam das Strickmuster der sich herausbildenden, individuellen Persönlichkeiten. Um das „Erjagen" dieser Attribute geht es den Kindern in den meisten ihrer Verhaltensweisen. Längst nicht alle Verhaltensweisen sind in diesem Alter schon überlegt, viele sind noch rein spontane Reaktionen auf das alltägliche Geschehen. Aber je älter die Kinder werden, desto häufiger sind auch gezielte Aktionen dabei. Das heißt, das Kind wird jetzt immer deutlicher zum **Akteur** in der täglichen Auseinandersetzung mit Eltern, Geschwistern und anderen Mitmenschen und ist beileibe nicht mehr nur reagierendes Wesen. Ansätze dazu sieht man schon bei den älteren Säuglingen.

Nun sind die Kinder aber in dieser Entwicklungsphase, ich spreche vom Alter zwischen eineinhalb bis gut drei Jahren, gezwungen, sich ihre Loslösung aus der primären Bindung zu erkämpfen. Unmittelbare Auswirkung dieses „Kampfes um das Selbst" ist das **Trotzgeschehen**. Das bedeutet, dass ein ständiges Lächeln auf den Lippen und ein sich endlos wiederholendes Scherzen mit den Eltern nicht mehr gelingen kann. Der Trotz ist die Grundlage der **Selbstbehauptung** (s.o.) und damit gleichzeitig der innere Motor der Loslösung. So gibt es kein permanentes Glücksempfinden in der Kinderseele, und auch die Eltern werden nicht umhin können, immer wieder auch negative Äußerungen über ihr Kind zu machen.

Dazu kommen mannigfaltige Versagensmomente im Sozialverhalten seitens des Kindes und reichlich Fehlschläge im Umgang mit den alltäglichen Gegenständen. Solche Fehler sind entwicklungsbedingt und der noch bestehenden Unreife zu schulden. Auch alle diese Erlebnisse zehren an der positiven Selbstbeurteilung und häufen zusammen ein erkleckliches Maß an negativer Attributierung in der Seele des Kindes an.

Umso wichtiger sind die positiven Attribute. Während sich negative Attribute also wie von selbst durch unvermeidliche Fehler und Fehlverhaltensweisen einstellen, müssen positive Attribute immer wieder erarbeitet werden. Dabei ist die unmittelbare soziale Umgebung von ausschlaggebender Bedeutung. Es gibt Familien, da ist es für ein Kind leicht, positive Attribute anzusammeln und solche, da kann ein Kind sich so viel bemühen wie es mag, es erntet immer wieder nur Kritik. Diese unterschiedliche familiäre Umgebung macht also etwas mit der Persönlichkeit des Kindes, sie gestaltet sie ähnlich einem Bildhauer mit, der seine Skulptur aus einem groben Stein oder Holz herausstemmt. An diesem Punkt ist das Kind weitgehend passiv, obwohl es vordergründig so aussieht, als sei das Kind selbst diejenige Person, die durch ihr Verhalten seine Attribute gezielt herausforderte. Dafür aber, wie die Eltern aufgrund eigener Kindheitserfahrungen und aufgrund von Erziehungsratschlägen sowie „vom Hörensagen" mit ihren Kindern umgehen, kann das Kind nichts. Diese Feststellung steht jedoch nicht im Widerspruch zu der eben gemachten Aussage, dass das Kind immer mehr zum Akteur wird. Das Kind ist Akteur in der Herausforderung einer Reaktion seiner Eltern, es ist aber nicht in der Lage, die Art der Reaktion durch sich selbst festzulegen.

Die Interpretation eines familiären Interaktionsgeschehens auf der Basis gleichberechtigter Partnerschaft, also Kind und Eltern haben dieselben Anteile, hätte nur dann Sinn, wenn man von einer absoluten Gerechtigkeit in der Kommunikation und Gleichheit in den Handlungsstrategien zwischen Eltern und Kind ausgehen könnte. Das ist aber mitnichten der Fall, allein die geistig-sprachlichen Fähigkeiten lassen das nicht zu und die **hierarchischen Strukturen in der Familie** widerlegen diese Behauptung endgültig. Eltern beanspruchen ihre Bestimmungs- und Entscheidungsmacht fast immer unhinterfragt, ob sie ihnen zusteht oder nicht. Selten kommen Eltern zu dem Ergebnis, dass auch die Kinder im einen oder anderen Fall durchaus eine gewichtige Stimme beanspruchen dürfen. Aus diesen Gründen hat jede Verteilung der Verantwortlichkeiten für die Entwicklung eines Kindes zu berücksichtigen, dass das Kind immer aus der schwächeren und unterlegenen Position heraus agiert. In diesem Alter jedenfalls beeinflusst das Handeln der Eltern entscheidend mehr dasjenige der Kinder als umgekehrt. Jede andere Darstellung bezweckt nur eine erziehungspolitische Aussage. Die moderne Pädagogik empfiehlt sich zwar zu Recht damit, das aktiv handelnde Kind im familiären Miteinander stärker zu berücksichtigen, sie darf aber nicht übersehen, dass grundsätzlich die Eltern ihr Kind formen und nicht die Kinder ihre Eltern. Ich muss vielleicht nachschicken, dass ich in diesem Moment nur von normalen und psychisch gesunden Eltern spreche.

Darüber hinaus ist zu berücksichtigen, dass jedes Kind bis zu einem Alter von etwa vier Jahren noch stark in seiner Subjektivität gefangen ist und immer von der Richtigkeit seines eigenen Handelns ausgeht. Dadurch ist ihm soziales Fehlverhalten geradezu vorgezeichnet, und es besitzt so gut wie keinen Handlungsspielraum, dies zu ändern, selbst wenn seine Aktionen augenfällig falsch sind. So ist ein „vernünftiges", einsichtiges und damit zweckdienliches Handeln zum Erwerb positiver Attribute vom Kind noch gar nicht zu leisten, und auch die ständigen Aufforderungen seiner Eltern nach „artigem" Verhalten und **Gehorsam** können diesem Umstand nicht Abhilfe schaffen.

Die Natur hat es vorgegeben, dass Loslösung und Selbstfindungsprozess unter sozialen Spannungen stattzufinden haben, und die Ursachen dieser Spannungen sind keine Übellaunigkeit oder Boshaftigkeit des Kindes (von Ausnahmen abgesehen), sondern dessen – oft verzweifelte – Bemühungen, sein wahres Selbst aus der Taufe zu heben. So fühlt sich ein Kind dieses Alters grundsätzlich ungerecht behandelt, wenn es kritisiert wird. Ein negatives Urteil über sich selbst ließe sein subjektivistisch geprägter Selbstschutz auch nicht zu.

Mit der Zeit gesellen sich zu den positiven wie negativen Attributen im eigenen seelischen Haushalt zur Verwaltung zwei Gefühle komplexer Art hinzu, die jedem Menschen lebenslang als **Stolz** und **Scham** geläufig sind (s. Kapitel 1). Der Stolz ergibt sich aus der Anzahl positiver Attribute, die Scham aus der der negativen Attribute. Ein Kind fühlt sich solange noch wohl, wie das Kontingent des Stolzes das der Scham überwiegt. Das Wohlbefinden entspringt in diesem Fall unmittelbar aus dem Zentrum des Selbst und die unvermeidliche Scham kann in Schach gehalten werden. Überwiegt die Scham, gehen die Vorzeichen des Selbstwertes und auch des nach außen getragenen Selbstbewusstseins gleichsam in den Keller. Solche Kinder verlieren aber nicht sofort ihre Selbstachtung, sondern fangen zunächst an, dauernd um positive Selbstbeurteilung zu betteln, und sie denken sich Verhaltensstrategien aus, um an diese positiven Aussagen über sich selbst heranzukommen. Im erzieherisch ungünstigsten Fall genügen ihnen schon eine kleine Zuwendung und ein Geschenk, und ihr Selbstwert ist wieder einigermaßen ausgeglichen. Aber dieses Bemühen trägt nur eine Zeit lang Früchte und hilft auf Dauer nur denjenigen Kindern, deren Gesamtkonstruktion des Selbst noch genügend positiv ausgerichtete Anteile enthält. Kinder, die von tiefer Scham erfasst sind, können ein gezielt ausgesprochenes Lob nicht mehr auf sich anwenden und selbst ein Geschenk nicht mehr als persönliche Aufwertung anerkennen.

Es liegt auf der Hand, dass vernachlässigte Kinder und solche, die schon in frühen Jahren emotionale Ablehnung und körperliche Gewalt erfahren mussten, generell extrem schlecht attribuierte Kinder sind. Ihre Scham ist oft bis zur Unerträglichkeit gesteigert, wobei ein wachsendes **Minderwertigkeitsgefühl** mehr und mehr grundlegender Bestandteil der von ihnen empfundenen Scham wird. Aber auch Kinder, die im ersten Lebensjahr lang anhaltend schreien mussten und nicht getröstet wurden, die keine elterliche Wärme, Geborgenheit und Zuverlässigkeit erfahren durften, die ständig gedemütigt und geschmäht worden sind und die beschimpft und erniedrigt wurden, sind in ihrer weiteren Entwicklung stark anfällig für negative Attribute und Minderwertigkeitsempfinden. Sie sind mit der Zeit oft so empfindlich in ihrer persönlichen Bewertung, dass schon die geringste Kritik massive Wutausbrüche und regelrechte Verzweiflungstaten auslöst.

Ihr zumeist starkes Trotzen als ständiger Kampf um ihr Selbst – denn nicht nur die Bindungsvoraussetzungen sind in solchen Fällen fehl geschlagen, sondern auch die Loslösungsvorgänge misslingen – häufen ein weiteres Maß an Kritik und Negativeinschätzung auf ihre Häupter. Sind nun diese starken „Trotzköpfe" zu allem Überfluss auch noch impulsiv veranlagt und neigen zu aggressiv verstärktem Trotzen mit hoch emotionalen Affektausbrüchen, sind die Interaktion und Kommunikation zwischen Kind und Eltern bereits in jungen Jahren nachhaltig gestört und führen leicht zur **frühen Bindungsstörung**. Der Leidtragende solcher frühen Entzweiungen ist weit mehr das Kind selbst als der Erwachsene, obwohl letzterer sich gerne als Opfer seines Kindes ausgibt (die Mär vom „**kleinen Tyrannen**"). Andere Kinder hingegen trotzen in dieser Lage fast gar nicht und können nicht einmal auf diese Weise den nötigen Selbstwert aufbauen. Sind sie nun auch noch defensiv veranlagt, ist der Weg in die Minderwertigkeit beinahe zwangsläufig.

Aber es gibt auch Kinder, die schon im Trotzalter durch die Erziehungspraktiken ihrer Eltern so stark eingeschüchtert sind, dass sie ihr notwendiges Trotzen massiv unterdrücken. Sie wirken in ihrem Sozialverhalten überangepasst, dabei ernst und traurig und fangen frühzeitig an, sich minderwertig zu fühlen. Ihr Selbstbewusstsein entwickelt sich von Anfang beschädigt. Die Wut darüber tragen sie schnell in die altersgleiche Gruppe.

Problematisch in den zwischenmenschlichen Auseinandersetzungen von Eltern und Kind ist die notorische Überzeugung des Erwachsenen, alles richtig gemacht zu haben. Dem Kind allein wird die Auslösung der Aggressionsspirale mit dem Einstieg in die persönliche Ablehnung zugeschrieben. Auch die beginnende depressive Haltung der „Nicht-Trotzer" wird ursächlich dem Kind angelastet. Vordergründig geschriebene Erziehungsratgeber und eine wenig tief schürfende Massenpsychologie liefern diesen Eltern die nötige, argumentative Basis. Aber welches Interesse sollte ein Kind haben, sich schon in den ganz frühen Jahren mit seinen Eltern völlig zu überwerfen und ihnen das Leben schwer zu machen. Schließlich sind sie doch emotional wie hinsichtlich ihres gesamten Entwicklungsfortschritts vollständig auf diese Eltern angewiesen. Die Kinder lieben ihre Eltern, ganz gleich, was diese mit ihnen anstellen, und egal, wie schlecht sie über ihre Kinder denken und reden. Den Spieß nun umzudrehen und die Kinder zum eigentlichen Sündenbock zu machen, ist nicht nur im psychologischen Sinne vollkommen verfehlt. Nicht ihre schlechten Anlagen sind der wahre Grund für den kommunikativen Zusammenbruch schon in den ersten Lebensjahren, sondern die Umwelt und das Elternhaus, die an diesen Anlagen erzieherisch scheitern. Das zuzugeben fällt aber der Gesellschaft schwer.

So schrecklich diese Fehlentwicklungen im Verhältnis zwischen den Kindern und ihren Eltern auch sind, sie sind nicht unbedingt die eigentlichen Auslöser für die Persönlichkeitsstörungen. Die Beziehungsstörung zwischen Eltern und Kind muss, wie anfangs gezeigt, noch gravierender sein. Allerdings lässt sich aus der Betrachtung der attributiven Wirkungen auf das Kind schon einiges über die potenziellen Fehlentwicklungen in der Persönlichkeitsstruktur vorhersagen. So werden Kinder, die unter einem massiven Mangel an positiver Bewertung aufwachsen müssen, später im Rahmen ihrer Persönlichkeitsausprägung besonders hohen Wert auf günstige Aussagen über sich selbst legen und sehr schnell in Unausgeglichenheit und wütende Reaktionen verfallen, wenn dem nicht ausreichend Rechnung getragen wird. Oder Kinder, die in falscher Weise immer wieder mit ihrem Persönlichkeitskern fernen, positiven Attributen konfrontiert worden sind (ständiges substanzloses Loben und unsinniges Beschenken und Verwöhnen), können es später kaum ertragen, einmal berechtigterweise getadelt oder auch nur kritisiert zu werden.

Aber in beiden Fällen ist die Ursache für die jetzt entstehende Persönlichkeitsstörung und das unangepasste Sozialverhalten nicht so sehr die Wiederholung früherer Fehlbeurteilungen oder das Aufreißen alter Wunden, sondern das mit der Zeit instabil gewordene oder gänzlich zerbrochene Selbst, das nicht mehr in der Lage ist, mit unangemessenen Reaktionen aus der Umwelt angemessen umzugehen.

7.3 Die Selbstentwicklung bei gestörten Bindungsverhältnissen

Die zwei grundsätzlichen Verlaufsformen der Selbstentwicklung im zweiten bis vierten, z.T. auch noch im fünften Lebensjahr hatte ich bereits im Eingangskapitel des Buches besprochen. Es sind die des **ausgewogenen** und somit gesunden Selbst und die des **unausgewogenen** und damit gefährdeten Selbst. Letzteres hatte ich noch unterschieden in das **einfach unausgewogene Selbst**, dem alle schwachen Selbste zuzurechnen sind, das **unausgewogene Selbst mit Minderwertigkeit** sowie das **unausgewogene Selbst mit** Neigung zur **Grandiosität**.

Die beiden letzteren Selbstformen werden von mir als prognostisch besonders ungünstig gewertet und geraten ab einem bestimmten Schweregrad in die Nähe der **Bindungsstörungen mit falscher Selbstkonstruktion**. Denn es sind genau diese Selbstkonstruktionen, die schließlich ihre dem wahren Persönlichkeitskern entsprechende Grundstruktur verlieren und darauf angewiesen sind, das in seiner Entwicklung gestörte Selbst durch Adaptation **falscher Selbstanteile** versuchsweise zu heilen oder letztlich ganz zu ersetzen.

Die falschen oder auch fremden Selbstanteile „sprengen" in Wahrheit aber das authentische Selbst und lassen es im schlimmsten Fall ganz auseinander brechen. Der Psychoanalytiker Heinz Kohut bezeichnete in seiner Selbst-Pathologie solche Konstruktionen als (primär) **fragmentiertes Selbst**. Die Kinder spüren die unzureichende Entfaltung ihres Persönlichkeitskerns und reagieren dadurch zunehmend problematisch im Verhalten und in ihren sozialen Beziehungen. Denn die falschen Selbstanteile sind von seinem Träger immer ungeliebt, weil **unauthentisch**, und erzeugen lebenslange Spannungen im seelischen Gefüge. Außerdem ist das verfälschte Selbst ein Selbst ohne passgenaue Identität (inkongruentes Selbst). Die nötige Stabilität in der Eigenwahrnehmung muss im weiteren Verlauf von außen besorgt werden. Dadurch gerät das Kind immer mehr unter Fremdeinfluss, von dem die (in dieser Lage) gut erscheinenden und nützlichen Aspekte adaptiert werden und die schlecht erscheinenden auf andere Personen(gruppen) projiziert werden. Im nächsten Unterkapitel werde ich auf diesen Punkt zurückkommen.

Um hierzu noch einmal das ganz am Anfang gebrachte Bild vom Selbstgebäude aus zementierten Mauersteinen wieder aufleben zu lassen, möchte ich den Vergleich in folgender Weise fortführen: Die falschen oder fremden Selbstanteile erzeugen ungeeigneten Mörtel für das in seiner Grundstruktur schon schlecht zusammengeklebte Mauerwerk, Mörtel, der überdies in einer überfälligen Bauphase und nur von außen aufgetragen wird. Er wird das Mauerwerk vielleicht wie ein Putz einigermaßen zusammenhalten, kann es aber auf Dauer kaum gegen starke Erschütterungen sichern und bei schweren Belastungen instandhalten.

Das „einfach unausgewogene Selbst" ist zwar ebenfalls ein gefährdetes Selbst, besitzt aber noch genügend Ressourcen in seinen Grundvoraussetzungen, um die Nähe zu dem in der genetischen Anlage vorgegebenen Persönlichkeitskern zu erhalten. Anders und leichter verständlich ausgedrückt: Die einfach unausgewogenen Selbste sind noch zu wenig deformiert, als dass sie in der weiteren Auseinandersetzung mit den sozialen Umweltbedingungen und bei den damit verbundenen Notwendigkeiten zur Anpassung zerbrächen. Dabei handelt es sich um die Kinder, deren Persönlichkeitsentwicklung ich im bisherigen Text als noch gesund, aber geschwächt bezeichnet hatte. Im Falle einer Krise erlebt man sie als emotional schwierig und innerlich intensiv damit beschäftigt, ihre Identität zu bewahren. In entspannten Phasen erscheinen sie jedoch umgänglich und sozial ausreichend angepasst.

Gesunde, ausgewogene wie auch die unausgewogenen, aber in sich noch haltbaren Selbstkonstruktionen werden in der Psychoanalyse nach S. Freud mit dem Begriff des gesunden, **primären Narzissmus** charakterisiert. Der primäre Narzissmus bezeichnet eine wahrnehmende Beziehung des Kindes zu sich selbst, die sich als authentisch erweist und die von emotionaler und geistiger Übereinstimmung mit den eigenen Vorstellungen und Zielen gekennzeichnet ist. Das Kind spürt in sich, dass die innere Position zur eigenen Person voller Erfüllung und Wahrheit über sich selbst ist. Das **Ich-Ideal** erscheint erreichbar. Es ist deswegen aufnahmebereit für Anerkennung und Bestärkung und sieht sich in der Lage, seine in der Entwicklung befindlichen Persönlichkeitszüge den Ansprüchen seiner familiären und allgemein sozialen Umwelt anzupassen. Die **Über-Ich-Anteile**, um noch einmal mit Freud zu sprechen, sind erträglich und können in das Gesamtkonzept sinnvoll eingebaut werden. Das Über-Ich geht bei mir in der Gewissensentwicklung auf. Dem übermäßig bedienten primären Narzissmus entspringt aber auch die Geltungssucht.

Schwieriger wird es, wenn diese im Ich-Bewusstsein des Kindes erzeugte Selbstwahrnehmung von profundem Zweifel erfasst ist und von den Eltern – als den Hauptbezugspersonen – spürbar anders gesehen wird, als vom Kind selbst empfunden. Die Eltern beherrschen als längst verinnerlichte Repräsentanzen das Kind von innen heraus und zwingen es mit ihrem Über-Ich-Einfluss, das von ihnen gewünschte Selbstbild anzunehmen. Das bedeutet konkret, dass seine eigenen Selbstvorstellungen zu wenig oder überhaupt nicht zum Zuge kommen können und andere Selbstvorstellungen sich in die eigene Seele einbrennen. Das Kind sieht sich gezwungen, um der Existenzfähigkeit in seiner Lebensumwelt willen fremde bzw. falsche Selbstanteile anzunehmen. Diese Form seelischer Belastung kann im Einzelfall auch Kinder mit ausgewogener Selbstkonstruktion treffen, wenn sie in eine schwere Krise geraten. Nur sind hier die schädlichen Auswirkungen in der Regel nicht so groß, da die authentischen Selbst-Anteile dem fremden Einfluss weitgehend standhalten.

Um diese theoretischen Ausführungen zu konkretisieren, nehmen wir einmal an, ein Kind mit weitgehend ausgewogenem Selbst in einer intakten Familie fühlt in sich selbst, ein defensiver Typ zu sein, der in einer Gruppe mit gleichaltrigen Kindern lieber erst einmal am Rande steht und zusieht, wie die sozialen Stränge hier verlaufen. Seine Eltern aber möchten lieber in ihm einen kleinen Haudegen sehen, der gleich in die Mitte des Geschehens springt und allen zeigt, dass er das Sagen hat. Dieses Kind fühlt, den Ansprüchen seiner Eltern nicht gerecht zu werden, und empfindet sich schnell als Versager. Das Gefühl, ein Versager zu sein, löst nun in ihm eine Krise aus. In diesem Alter folgen die Kinder den Selbstvorstellungen ihrer Bezugspersonen nämlich noch stärker, als dem eigenen intuitiven Gespür. Die Folge ist, dass das Kind versucht, seine wahren inneren Impulse zurückzustellen und sich den Erwartungshaltungen seiner Eltern anzupassen. Denn nur so kann es seinen Bedarf nach Zuwendung, Lob und Anerkennung, sprich nach positiven Attributen, ausreichend abdecken. Dieses Kind läuft Gefahr, Anteile eines falschen Selbst einzubauen. Trotzdem bleibt seine Selbstkonstruktion noch stabil und authentisch, denn die Ausgewogenheit seines Selbst kann ungünstige Einflüsse dieser Ausprägung einigermaßen parieren.

Nehmen wir ein anderes Beispiel, das anders als das vorige eher bei den unausgewogenen Selbstkonstruktionen einzuordnen ist. Ein Kind in schwieriger Loslösung bei allein erziehender Mutter ist von Natur aus fröhlich, erkundungslustig und etwas umtriebig. Das ständige Kuscheln bei seiner Mutter ist nicht seine Sache. Es geht, wie man so sagt, direkt auf die Dinge zu. Ein hohes Distanzbedürfnis zu fremden Personen kennt es nicht. Die Mutter mag aber genau dieses Verhalten bei ihrem Sohn *nicht* und braucht ihn, um sich ihre eigenen Bedürfnisse nach emotionaler Nähe und Körperkontakt zu erfüllen. Der Junge spürt, dass er mit seinen anders gearteten Verhaltensweisen seine Mutter unglücklich macht und gerät in einen Konflikt. Da er aber wie jedes andere Kind die Liebe seiner Mutter braucht und sich diese erhalten möchte, unterwirft er sich ihren Ansprüchen und untersagt sich seine wahren Bestrebungen. Sein wahres Selbst wird dadurch mit der Zeit unterdrückt und von anderen Selbstkonzeptionen überlagert.

Das macht ihn unausgeglichen und wütend. Sobald sich eine Konfliktsituation ergibt, eskaliert in ihm diese Wut, und er gebärdet sich seiner Mutter gegenüber äußerst aggressiv. Das wiederum bringt ihm nicht nur bei der Mutter selbst zahlreiche negative Attribute ein, sondern in der gesamten sozialen Umgebung. Seine authentische Selbstkonstruktion wird dadurch weiter unterminiert und weicht Schritt für Schritt einem falschen Selbst.

Mit diesen zwei Beispielen wollte ich – leicht verallgemeinernd – zeigen, um was es bei der Konstruktion eines falschen Selbst geht, und zwar dann, wenn die Rahmenbedingungen des sozialen Umfeldes insgesamt noch stimmen – oder wie im zweiten Fall wenigstens im Groben in Ordnung sind –, die elterlichen Vorstellungen aber nicht dem wahren Selbst des Kindes entsprechen wollen. Das heißt noch nicht, dass diese Kinder am Ende immer beschädigt aus ihrer Entwicklung hervorgehen, eher pendeln sie zwischen einigermaßen seelischem Wohlbefinden und zornigen Reaktionen auf den Einfluss ihrer Eltern hin und her. Was in diesen Beispielen wesentlich zum Ausdruck kommt, ist die passive Verformung des eigenen Selbst durch falsche Sichtweisen der Eltern oder anderer Erwachsener auf die angeborene Persönlichkeitsstruktur.

Es gibt nun aber „aktiv" eingeleitete, falsche Selbstkonstruktionen mit weitaus folgenschwereren Auswirkungen, die dann von Anfang an in die Kategorie der deprivierten Bindungsstörung (mit Enthemmung) gehören. Sie finden statt auf einem noch unbearbeiteten Boden der grundlegenden Persönlichkeitsstrukturen, wenn sich also das eigene Selbst noch gar nicht richtig entfalten konnte oder an seiner Entfaltung massiv behindert worden ist. Gemeint sind solche Säuglinge und junge Kleinkinder, die in schwerer Vernachlässigung groß werden und denen kein geordnetes, zuverlässiges Elternhaus geboten wird. Auf ihrem noch weitgehenden Rohboden der Persönlichkeitsentwicklung lässt sich jedes falsche Selbst einpflanzen, das sich anbietet. Diese Kinder gieren geradezu nach einem von fremder Seite an sie herangetragenen Selbst, weil sie spüren, ihr eigenes nicht ausbilden zu können. So gibt es bei ihnen so gut wie keinen Widerstand durch schon in Entwicklung befindliche, originäre Muster. Den gestörten Bindungsstatus solcher Kinder erkennt und bezeichnet man am Ende des ersten Lebensjahres bindungstheoretisch als **desorganisiert** (s.o.). Auch sehr stark vermeidende Bindungsformen geraten leicht in diese Entwicklung. Die einsetzende Loslösung findet dabei in der Regel ohne ein geeignetes Loslösungsvorbild statt und muss als misslungen gelten.

Ich habe bereits erklärt, diese Form der Bindungsstörung auch als **deprivierende Bindungsstörung** bezeichnen zu wollen (s. anfängliche Unterscheidung). Diese Kinder erscheinen als weitgehend „unerschlossen" in ihrer Selbstentwicklung und sind dem Einfluss eines falschen Selbst regelrecht ausgeliefert. Denn mit seinen genetischen Anlagen allein findet sich der Mensch in der Selbstausbildung und Persönlichkeitsentwicklung nicht zurecht. Ohne sicheres und zuverlässiges Leitbild kann er kein authentisches Persönlichkeitsprofil aufbauen. Der Mensch braucht einen sicheren, sozialen Rahmen um sein wahres Selbst zu entdecken.

Es handelt sich bei dem gerade beschriebenen Typ von Bindungsstörung aber auch um die im Laufe ihrer frühen Kindheit schwer misshandelten und sexuell missbrauchten Kinder, deren Selbstkonstruktionen durch die schweren Übergriffe massiven Schaden genommen hat bis hin zu ihrer Zerstörung. Besonders in diesen Fällen ist die Gefahr der dauerhaften Fragmentierung ihres Selbst besonders groß. Sie kommen der Deprivation nahe.

Die innerpsychische Entstehungsursache von Persönlichkeitsstörungen durch schwerwiegende Angriffe und gewalttätige Übergriffe auf das in der Entfaltung befindliche Selbst basiert auf einer rein tiefenpsychologischen Interpretationsweise. Bei diesem Erklärungsschema werden **psychodynamische Prozesse** in den Mittelpunkt der Selbstschwächung gestellt. Die massive **Verdrängung** der gravierenden Angriffe auf das noch unfertige Selbst und die sich erst in der Entstehung befindliche Persönlichkeit spielen dabei die ausschlaggebende Rolle. Diese Verdrängung kann soweit gehen, dass ganze Erlebnissequenzen und Ereignisinhalte vom Bewusstsein abgespalten und dem scheinbaren Vergessen unterworfen werden. Dieser Vorgang innerhalb der verletzten Seele des Kindes wird in der Psychopathologie als **Dissoziation** bezeichnet. Das Fatale an der Dissoziation ist, dass sich der *emotionale* Eindruck, der mit solchen Ereignissen verbunden ist, nicht verdrängen lässt und im Bewusstsein verbleibt und weiter fortlebt. Dies findet insbesondere dann seine nachhaltigen Auswirkungen auf das seelische Empfinden, wenn das auslösende Ereignis von hoher Einprägsamkeit ist, oder wenn es in ständiger Wiederholung auftritt.

Solche Abspaltungen erzeugen dauerhaft eine hohe seelische Belastung mit dem Gefühl einer ständigen Bedrohung, ohne zu wissen von was. Vor allem an sich selbst verübte Verletzungen und gegen sich selbst gerichtete Angriffe („selbstverletzendes Handeln") prägen das spätere, in der Pubertät und Adoleszenz auftretende, seelische Erkrankungsbild. Offenbar muss die Bedrohung permanent reinszeniert werden, um die Leerstelle in der Seele durch Schmerzen wieder mit Inhalt zu füllen.

An der Spitze gewaltsamer Übergriffe auf das Kind stehen gezielte Schläge, Prügel, Ein- oder Aussperren, Nahrungsentzug, gezielte thermische Einwirkungen (Kälte- oder Hitzeexposition) sowie dauerhafter Liebesentzug, gezielte Missachtung und Herabwürdigung der kindlichen Person. Diese Quälereien sind dann von besonders schädigendem Einfluss, wenn sie entweder mit großer Kaltherzigkeit und/oder gezielter Grausamkeit verbunden sind oder wenn sie massive körperliche und seelische Schmerzen hervorrufen.

Besonders dramatisch wirken sich solche Übergriffe aus, wenn der Aggressor gegen das Kind gleichzeitig auch eine Hauptbezugsperson ist. Der sexuelle Missbrauch mit Ausbeutung des kindlichen Körpers zur Triebbefriedigung des Erwachsenen ist zusammen mit schwerem Gewaltexzess, permanenter Misshandlung und gefühlskalter Lieblosigkeit die grausamste Form der Zerstörung frühkindlicher Selbststrukturen.

Überlebt ein von Anfang an vernachlässigtes und/oder schwer misshandeltes Kind seine Torturen, was nicht gewährleistet ist, droht ihm das **Schicksal eines „Kaspar Hausers"**. Kaspar Hauser war jenes im 19. Jahrhundert schon im Säuglingsalter ausgesetzte Kinder aus einem Adelsgeschlecht (diese Herkunft wird allerdings immer wieder bestritten), das nur körperlich einigermaßen gepflegt worden ist, dessen Sozialkontakte aber mehr oder weniger auf dem Nullpunkt gehalten wurden. Der Mensch, der sich daraus entwickelte, war psychosozial und auch geistig massiv gestört und einer späteren Resozialisierung so gut wie nicht mehr zugänglich. Dieser Verlauf entspricht im Endeffekt dem Störungsbild der frühkindlichen Deprivation bzw. dem Hospitalismus (s.o.). Nicht alle Kinder überleben solche Entbehrungen, viele bleiben geistig minderbemittelt und/oder in ihrer körperlichen Entwicklung hinter den Gleichaltrigen zurück.

Die in diesem Zusammenhang immer wieder erwähnten „**Wolfskinder**" sind von ihren Eltern verlassene oder ausgestoßene Kinder, die das Glück hatten, durch einen dauerhaften Kontakt zu Tieren (zumeist Wölfe oder Hunde) zu überleben. Es handelt sich bei diesem Fällen sicherlich um die größtmögliche Form der Verwahrlosung mit zufällig erhaltener Überlebenschance. Der Preis für das Kind ist die Aufgabe menschlicher Verhaltensweisen und die Anpassung an die Lebensformen und Sozialstrukturen der aufziehenden Tierart. Das Kind mutiert zu einem kleinen Wolf oder Hund mit Übernahme der Kommunikation durch tierische Laute und mit Ernährungs- und Verhaltensweisen seines es aufziehenden Rudels.

In weniger schweren Verlaufsfällen dieser Art entsteht ein gestörtes Selbst mit Restelementen von erkennbarer Authentizität, verbunden mit massiven Fehleinflüssen von außen im Sinne des falschen Selbst. Die daraus entstehenden Menschen befinden sich allesamt am Rande der seelischen und geistigen Gestörtheit. Auch diesen Kindern würde man diagnostisch eine Bindungsstörung mit Enthemmung bescheinigen.

Nicht ganz so nah an der Psychopathologie befinden sich nun diejenigen Kinder, die ein **unausgewogenes Selbst mit Minderwertigkeit oder Grandiosität** aufgebaut haben und mit diesen anfälligen Selbstkonstruktionen in den Strudel falscher Selbstvorstellungen durch fremde Einflüsse geraten. Es sind diese Kinder, die wegen der Schwächen ihres Selbst als stark gefährdet für eine einsetzende, **reaktive Bindungsstörung** gelten müssen. Aber anders als die „Kaspar-Hauser-Kinder" ringen sie zumindest noch eine gewisse Zeit um ihr wahres Selbst oder erhalten sich dessen Restbestände. Dennoch ist ihr unauthentisches, aufgezwungenes und von ihnen zunehmend abgelehntes Selbst – und das betrifft vor allem die sich minderwertig Fühlenden – annähernd gleichzusetzen mit einer Entwicklung, die ab einem gewissen Punkt kein reifes, eigenständiges Selbst mehr zulässt. Die grandiosen Selbstkonstruktionen hingegen leiden mehr unter den enormen, qualitativen Schwankungen in ihrer Selbstwahrnehmung, als dass sie einen Verlust ihres wahren Selbst verspürten. Ich werde darauf zurückkommen.

Bindungsgestörte Kinder ganz allgemein kann man unter diesem Blickwinkel auch als Kinder bezeichnen, denen es auf Grund ihrer Lebensumstände weitgehend verwehrt geblieben ist, ihr subjektiv identisches und damit authentisches (wahres) Selbst aufzubauen, weiter zu entwickeln und als eigene Persönlichkeit anzunehmen. Zu nichts anderem dient nämlich die Bindung (samt Loslösung) des Kindes an seine Bezugspersonen, als zu dem, in einem Schonraum in der sozialen Gemeinschaft, das heißt in der Familie, die Entfaltung des eigenen wahren Selbst vorzubereiten und dieses Selbst in demselben Schonraum erst einmal ohne größere Gefahren der Außenwelt zu präsentieren.

Es lassen sich den konkretisierten Ausführungen zufolge also genau die zwei Formen von Bindungsstörung mit Problemen in der Persönlichkeitsentwicklung differenzieren, die ich gleich zu Anfang schon im methodischen Überblick vorgestellt hatte. An dieser Stelle sollen sie nun etwas verfeinert beschrieben werden:

1. von Geburt an nicht in Gang gekommene Selbstentwicklungen auf dem Boden gestörter Bindungsverhältnisse (desorganisierte Bindung, s.o.). Sie führen zu einer **Bindungsstörung mit Enthemmung**. Ihr Ausgangsgeschehen und manchmal zugleich Entwicklungsendpunkt ist die **Deprivation** (daher auch „deprivierende Bindungsstörung") mit dem unbereiteten Boden für ein wahres, authentisches Selbst. Die Kinder sind dadurch für jede fremde und damit falsche Selbstkonstruktion völlig offen, sofern sie körperlich die Bindungslosigkeit überleben konnten. Sozialer Minderwuchs und geistige Entwicklungseinschränkung gehören zum typischen Erscheinungsbild. Sind Bindungsstrukturen bereits in Gang gekommen, aber massiv abgebrochen, zeichnet diese Kinder das Bild der anaklitischen Depression (s.o.) aus. Hochgradig aggressive Verhaltensauffälligkeiten kommen ebenso häufig vor.

2. gestörte (unausgewogene) Selbstentwicklungen mit entweder Minderwertigkeit oder Grandiosität auf dem Boden einer frühen Bindungsstörung. Sie sind Folge einer unsicheren Bindung und einer stark erschwerten oder

misslingenden Loslösung. Das Resultat der psychosozialen Entwicklung entspricht klinisch weitgehend der **reaktiven Bindungsstörung**. Das kindliche Selbst entwickelt sich unvollkommen, ist beschädigt und wird zunehmend von einer **falschen Selbstkonstruktion** deformiert.

Die sich ausbildenden Untergruppen der erwachsenden Persönlichkeitsstörung, die ich weiter unten benenne, haben mit diesen Grundvoraussetzungen der Bindungsstrukturen ursächlich zu tun. Sie folgen in ihrer Entstehung dem Einfluss des falschen Selbst auf die wahre, authentische Selbstkonstruktion. Nicht zuletzt spielen aber immer auch Charakterbildung und Temperament durch genetische Voraussetzungen eine wichtige Rolle.

Wie stellen sich nun die Kinder mit Schwierigkeiten in der Selbstentwicklung in der Gesellschaft dar? Auf die schwer bindungsgestörten, deprivierten, sich oft nahe am Rand der geistigen Behinderung bewegenden Kinder, möchte ich jetzt nur noch kursorisch eingehen. Sie gehören fast ausnahmslos in den Bereich der klinischen Kinder- und Jugendpsychiatrie, wobei es Sonderfälle gibt, die unter frühzeitigem therapeutischen Eingreifen und Verbesserung der familiären Verhältnisse noch gesellschaftsfähig bleiben. Häufig leben sie aber in Heimen für schwer erziehbare Kinder oder in anderen karitativen Einrichtungen und tauchen von dort nur noch selten in der Öffentlichkeit auf. Sind sie jedoch bei Pflegeeltern untergekommen, werden sie auch in öffentlichen Kindergärten mit Integrativplätzen gebracht. An eine reguläre Beschulung ist häufig nicht zu denken. Wenn keine andere Schulform für sie infrage kommt, werden sie in Förderschulen für erziehungsschwierige Kinder (E-Schulen) untergebracht.

Mehr oder weniger unverdächtig dagegen tauchen die Kinder mit **reaktiver Bindungsstörung** zunächst noch in den normalen Kindergärten und in der Grundschule auf. Aber über kurz oder lang fallen sie durch bestimmte Verhaltensmuster auf, die auch von den Erzieher/inne/n und Lehrer/inne/n als besonders schwierig wahrgenommen werden. Im Vordergrund steht dabei regelmäßig der Eindruck, es mit einem ganz besonders empfindlichen und streitbaren Kind zu tun zu haben, dessen zugrunde liegende Problematik schwer einzuordnen ist und dessen charakterlichen Strukturen kaum zu erfassen sind. Kann dieses Verhalten bis zu einem Alter von etwa viereinhalb oder fünf Jahren noch als frühe Bindungsstörung (s.o.) interpretiert werden, muss sie danach als reaktive Bindungsstörung angesehen werden.

Die Kinder mit den **minderwertigen Selbstkonstruktionen** empfinden ihre psychosozialen Schwächen zumeist unzweideutig und übertragen ihr entstehendes Persönlichkeitsproblem frühzeitig und unübersehbar in die soziale Gemeinschaft. In der Gruppe fallen sie durch Ängstlichkeit und Unsicherheit im Umgang mit altersgleichen Kindern auf, durch Versuche einer Anbindung an sehr viel ältere Kinder, von denen sie sich geachtet und beschützt fühlen, oder an sehr viel jüngere, von denen sie sich weniger bedroht fühlen. Vor allem den erwachsenen Personen gegenüber demaskieren sie sich alsbald durch große Schüchternheit und Scheu besonders in Aktionen im größeren sozialen Verband. Darüber hinaus wirken sie eher eigenbrödlerisch, spielen gerne „parallel", das heißt für sich allein am Rande der Gruppe, scheinen bedrückt zu sein, manchmal sogar depressiv. Sie weinen leicht und flüchten sich schnell in die Arme ihrer Bezugspersonen, wenn noch ausreichend Vertrauen zu ihnen besteht. An den Rand ihrer Ertragensfähigkeit gedrängt kommen aber auch stark aggressive Ausbrüche vor. Sie kennzeichnen die insgesamt hohe Verteidigungsbereitschaft dieser Kinder. Anderen leidenden Kindern gegenüber zeigen sie auffallend wenig Mitgefühl und drängen sich mit eigenem Leid dann gerne in den Vordergrund.

Viele dieser Kinder sprechen mit fremden Erwachsenen nicht oder flüstern Botschaften an sie in die Ohren ihrer Eltern (**elektiver Mutismus**). Bei direkter Ansprache wenden sie sich ab und verbergen ihr Gesicht, wo immer es geht. Sie trauen sich wenig oder gar nichts zu, sagen bei jeder kleinsten Schwierigkeit, sie könnten es nicht, und versuchen oft auch gar nicht, das Problem zu lösen. Lieber lassen sie die Probleme von ihren Bezugspersonen lösen oder anderen Menschen, zu denen sie einigermaßen Vertrauen gefunden haben. Viele dieser Kinder zeigen mit der Zeit immer mehr soziale Entwicklungsschwächen und sind aus sozialen Gründen oft schwer einschulbar.

Die Kinder mit **grandiosen Selbstkonstruktionen** sind hingegen zunächst einmal weniger auffällig, da ihre Außenwirkung gelungen erscheint, fast schon beeindruckend wirkt. Sie fühlen sich zumindest phasenweise stark genug für die Auseinandersetzung in der Gesellschaft. Ihr primärer Narzissmus (s.o.) fängt aber über kurz oder lang an, unkontrollierbare Blüten zu treiben. Die Kinder leiden zunehmend an Selbstüberschätzung. Es entsteht ein pathologischer Narzissmus (s.u.). So erscheinen diese Kinder häufig wie aufgedreht, selbstdarstellerisch, vorlaut und auch schnell rücksichtslos. Wenn sie besondere Fähigkeiten besitzen, spielen sie diese rücksichtslos aus. Sie teilen ihre Ansprüche sofort mit und gehen in die Offensive.

Gleichzeitig sind sie Eingrenzungen gegenüber intolerant und scheinen der Auffassung zu sein, allgemeine Regeln gingen sie nichts an. Sie machen sich gerne ihre eigenen Regeln und fechten diese vehement der Gruppe gegenüber durch. Stoßen sie auf Widerstand, sind sie sofort beleidigt, wenden sich ab und ertragen keine verbale Auseinandersetzung. Letzteres geschieht besonders, wenn die Auseinandersetzung auf eine negative Attribution hinauszulaufen droht. Insgesamt verhalten sie sich äußerst kapriziös. Gerade diese **Launen** sind es, die diese Kinder im Umgang so schwer machen. Sind sie zudem aggressiv veranlagt, setzen sie ihre Ansprüche immer häufiger mit gewaltsamen Mitteln durch. Die „narzisstische Wut" mit zerstörerischen Ausmaßen gilt als ein typisches Charakteristikum.

Es gibt, ich sagte es eingangs, keine klare Trennlinie im Verhalten der Kinder, welche eindeutig eine Bindungsstörung erkennen lassen und welche nur mehr gewöhnliche Schwierigkeiten in der Selbstentwicklung als Folge einer unbewältigten *frühen* Bindungsstörung signalisieren. Im Zweifelsfall ist immer eine fachkundige Analyse der Entwicklungsschwierigkeiten beim Kind gefragt. Ausgelöst werden all diese sozialen Probleme an der Grenze zum Pathologischen in jedem Fall zwischen dem unbedingten, kindlichen Durchsetzungswillen des eigenen Selbst und einer massiven Grenzsetzung durch die unmittelbare Lebensumwelt. Wahrscheinlich sind die Übergänge zwischen noch normalem Verhalten und schon pathologischer Entwicklung an dieser Stelle immer fließend und kaum exakt beschreibbar.

Sicher gibt es auch genetisch bedingte Anlageschwächen des Kindes, welche die Entstehung einer späteren Persönlichkeitsstörung auf dem Boden eines falschen Selbst begünstigen. Hier aber wissenschaftlich klar definierbare, genetische Profile zu erstellen, dürfte bei der Variabilität der Einflüsse von innen wie von außen extrem schwer fallen. Zu sehr sind genetische und rückwirkend epigenetische Einflüsse auf die Denkstrukturen und das emotionale und psychosoziale Verhaltensmuster des Kindes miteinander verschmolzen. In der Psychopathologie geht man von 16-20% aller 11- bis 17-Jährigen aus, ein seelisch beschädigtes Persönlichkeitsmuster zu entwickeln (B. Herpertz-Dahlmann und S.C. Herpertz, 2003), was eine verhältnismäßig hohe Zahl ist.

Die Schwierigkeit im Unterscheiden von klar in den Krankheitsbereich gehenden Entwicklungen und solchen, die noch am Rande der Normalität verlaufen, betrifft nur die Bindungsstörungen mit falscher Selbstkonstruktion. Die stark vernachlässigten und/oder misshandelten und letztlich deprivierten Kinder sind immer pathologischen Verläufen unterworfen. Sie sind in jeder Hinsicht Opfer ihrer Lebensbedingungen. Der frühkindliche Autismus (jetzt Autismus-Spektrum-Störungen) und die Alexithymie (Schwäche oder Unfähigkeit zur Ausbildung eines Verstehens von Emotionen) sind von diesen Kindern unbedingt abzugrenzen. Bei Letzteren handelt es sich um genetisch vorgegebene oder durch neurologische Schädigung verursachte psychopathologische Krankheitsbilder.

7.4 Die Störungsmuster der falschen Selbstkonstruktion in der Entwicklung zur Persönlichkeitsstörung

Welche Schwächen in der Emotionalität und im kindlichen Verhalten entstehen nun durch die minderwertigen, grandiosen oder von Anfang an falschen Selbstkonstruktionen? Denn es sind emotionale Schwächen in der allgemeinen sozialen Verständigung, die den Umgang mit solchen Kindern äußerst kompliziert machen, manchmal bis an die Grenze der Unmöglichkeit. Bei diesen Schwächen handelt es sich einerseits um Verarbeitungsschwächen im Inneren des Kindes und andererseits um Verhaltensschwächen im Umgang mit der äußeren sozialen Umgebung. Kern dieser Problematik im sozialen Umgang ist das Ausbleiben ausreichender Selbstregulationsmechanismen.

Die inneren Verarbeitungsschwächen zeichnen sich durch **Verleugnung** der eigenen Person als Verursacher des begangenen Fehlers und durch **Spaltung** der auf sie einwirkenden Vorgänge in total gut und total schlecht oder böse aus. In der **Projektion**, also die Zuschreibung allen entstehenden Übels auf den oder die jeweils Anderen, und der **Introjektion**, der Vereinnahmung der guten und nützlichen Vorgänge auf sich selbst, richten sich die Kinder innerlich frei von Selbstgefährdung häuslich ein. Die dadurch entstehenden Schwächen im Umgang mit der realen, sozialen Umgebung zeichnen sich aus durch **Abwertung** des vermeintlichen Gegners sowie durch **Ausagieren** der angestauten Gefühle in impulsiven Handlungsweisen, die stark aggressiven Charakter annehmen können. Die genetische Anlage zur Impulsivität wird in solchen Zusammenhängen zu einem immer stärker werdenden Problempunkt.

Im Einzelnen: Bindungsgestörte Kinder erklären in Konfliktfällen kategorisch, gar nicht für den Verlauf des Geschehens verantwortlich zu sein, und schieben dem oder den Anderen diese Verantwortung zu. Die Verleugnung der Tat bei einer normalen, psychosozialen Entwicklung des Kindes fällt viel schwächer aus und offenbart Züge des schlechten Gewissens. Genau das aber fehlt den bindungsgestörten Kindern, allerdings in unterschiedlichem Ausmaß. Die komplizierte Balance des **Gewissens** auf den Grundlagen von „Stolz auf die Scham und Scham für zu viel Stolz" (s. 2. Kapitel) hat sich bei diesen Kindern nicht genügend ausbilden können. Hauptgrund hierfür ist im Falle des minderwertigen Selbst das enorme Überhandnehmen der Scham im Verhältnis zum Stolz. Solche Kinder besitzen oft so gut wie gar keinen Stolz mehr auf sich selbst und ihr Wertesystem kennt nur noch die Negativattribute mit Verursachung von tiefer Scham. Folglich sind sie nicht in der Lage, fehlerhaftes Handeln bei sich selbst zu akzeptieren und die notwendige Bereitwilligkeit zur Korrektur und zur sozialen Anpassung aufzubringen.

Diejenigen Kinder, die sich zur Grandiosität entwickeln, empfinden maßlosen Stolz und missachten dadurch zunehmend ihr Gewissen. Sie besitzen zu wenig Scham, um ihren Stolz kontrollieren und korrigieren zu können. In der Ausuferung der Selbstgefälligkeit gehen Mitleid und Empathie für den Anderen immer mehr unter.

Mit der Schwäche oder dem Fehlen der Gewissensausbildung ist auch ein Regelverständnis mit Anpassung eigener Verhaltensweisen an die inhaltliche Vorgabe der Regel erheblich eingeschränkt oder ganz unmöglich gemacht. Diese Kinder sind bereit, jede Regel zu brechen, selbst wenn sie sie kurz zuvor in Form einer intensiven Belehrung begriffen haben. Anderen Kindern gegenüber kennen diese Kinder, um es noch einmal herauszustellen, wenig Einfühlsamkeit. Rücksicht und Toleranz sind für sie ein Fremdwort.

Gleichzeitig übertreiben diese Kinder ihre Gunstbezeugungen zu angeblichen Freunden erheblich und rühmen sich deren Wohlwollens. Aber mit ähnlicher **Übertreibung** diffamieren sie ihre Gegner und Feinde und kritisieren auch jedes Mitglied ihrer eigenen Gruppe ohne jede Hemmung und ohne jedes (selbst-)kritische Hinterfragen, wenn die Beziehung einen Knacks bekommt. Gleiches widerfährt den Bezugspersonen, wenn sie ihnen einmal nicht nur Komplimente machen. Der hoch gelobte Sozialarbeiter ist auf einmal ein Verräter und Feind, weil er es gewagt hat, eine ihrer Handlungsweisen auf den Prüfstand zu stellen.

Das Böse geht ihrer Aussage nach immer nur von den Anderen aus, sich selbst halten diese Kinder regelmäßig für gut und richtig handelnd und stehen auf diese Weise permanent unter Rechtfertigungsdruck (pathologischer Narzissmus). Aus dieser Rechtfertigung wird nahtlos Selbstverteidigung. Dabei behaupten diese Kinder, die ganze Welt hätte es nicht besser verdient, wenn sie die Beherrschung verlören und auf alles und jeden einschlügen. Solche Ideen, Meinungen und Vokabeln mit aggressivem Unterton erscheinen zwar gelegentlich auch bei in ihrer Selbstentwicklung gesunden Menschen, wenn sie von großer Wut erfasst werden. Aber im Gegensatz zu den bindungs- und persönlichkeitsgestörten Menschen gibt es bei ihnen ab einem gewissen Punkt der Eskalation eine innere Hemmung, ein Innehalten, ein Umkehren und reumütiges In-sich-gehen. Das jedoch fehlt bei den pathologischen Persönlichkeitsentwicklungen immer deutlicher, je älter diese Kinder werden. Das schwache Erscheinen oder gänzliche Fehlen des Gewissens wird immer eklatanter.

Häufig machen Psycholog/inn/en und Sozialpädagog/inn/en die Beobachtung, dass genau dieser Typ von Kindern extrem **stressempfindlich** ist. Das heißt, das soziale Erscheinungsbild, das diese Kinder selbst verkörpern, nämlich Stress verursachende Mitmenschen zu sein, empfinden sie selbst bei Anderen als unerträgliche Belastung. Dabei reagieren diese Kinder oft schon auf ganz normale soziale Reize mit unangemessener Reizbarkeit. Ihre Toleranz-grenze ist Stressoren gegenüber ausgesprochen niedrig, und oftmals genügt nur der berühmte Tropfen, der das Fass zum Überlaufen bringt, um sie – wie es heißt – ausrasten zu lassen. Im Gegensatz dazu steht die Erfahrung, dass es genau diese dann zum Jugendlichen gewordenen Kinder sind, die den Stress und die Angst bei Opfern besonders gut aushalten können.

Die Altersphase, in der sich die hier besprochenen Auffälligkeiten in der Persönlichkeitsentwicklung abspielen, lässt noch keine weitere Differenzierung in die einzelnen sich später ausbildenden Untergruppen der Persönlichkeits-störung zu. Noch sind nur sehr grobe Verhaltensmuster zu erkennen, die Ele-mente von verschiedenen Störungsformen erkennen lassen und die sich ähn-lich wie bei den allgemeinen psychosozialen Störungsbildern ganz grob in internalisierende und externalisierende Verlaufsformen aufgliedern lassen. Al-len gemein ist wahrscheinlich am Anfang die Ausbildung eines **pathologi-schen Narzissmus**. Diese Kinder sind gezwungen, ihr Selbst, ob beschädigt, minderwertig, grandios oder schon falsch (letztendlich fragmentiert, s.o.) in den absoluten Mittelpunkt ihres Denkens und Handelns zu stellen. Das spür-bar gefährdete oder beschädigte Selbst muss vor allen negativen Einflüssen und direkten Angriffen geschützt werden. Kategorien der kritischen Selbstana-lyse (Einsichtigkeit) und der emotional-affektiven Beherrschung (Selbst- und Affektregulation) sind ihnen dabei kein Begriff geworden oder als fälliger Ent-wicklungsschritt verloren gegangen. Daher müssen diese Kinder im Endeffekt ein Zerbrechen ihres Selbst in Kauf nehmen, um wenigstens einige schützens-werte Aspekte zu erhalten.

Diese fragmentarischen Selbstaspekte müssen dann zur Heilung genügen, wenn es die sozialen Umstände irgendwie zulassen. Die Teilaspekte des Selbst sind es dann aber auch, die mithilfe von willkommenen Vorbildern und ge-eigneten Idolen zur Erneuerung positiver Attribution immer weiter aufgebaut werden. Am geeignetsten erscheinen verständlicherweise Idole aus dem Be-reich von Macht und Gewalt (Identifikation mit dem Aggressor, s.o.), weil sie die Minderwertigkeit aufzuheben scheinen und Schwäche und Unterlegen-heit in Stärke und Beherrschung umzuwandeln helfen. Der Weg in die Formen der **Antisozialität** ist damit vorgegeben. Aber auch Vorbilder aus **Askese** und **Märtyrertum** erzeugen ihre Wirkung und ziehen solche Kinder und Jugend-lichen gleichsam magisch an.

Noch vor irgendeiner Unterscheidung in einen bestimmten Verlaufstyp von Persönlichkeitsstörung sind die betroffenen Kinder hauptsächlich an ih-ren sehr **komplexen Verhaltensstörungen** zu erkennen, die sich besonders da-rin von den Angstformen und den aggressiv-oppositionellen Störungen unter-scheiden, dass sie so schwer fassbar und zuzuordnen sind. Die Situation wird für den Beobachter wie für den Therapeuten noch dadurch erschwert, dass es teilweise Überschneidungen zwischen den einzelnen Störungsbildern gibt und darüber hinaus auch noch ein gleichzeitiges Auftreten (Komorbidität). Die internationalen Klassifikationssysteme fordern für die Festlegung der Entwicklung auf ein pathologisches Bindungsgeschehen, dass die beschriebenen Auffälligkeiten zeitlich beständig bleiben und über die jeweils auslösende Situation hinaus auch in anderen Zusammenhängen auftreten.

Die Kinder mit Bindungsstörungen und gestörter Selbstentwicklung fallen trotz diagnostischer Schwierigkeiten vor allem dadurch auf, dass sie geradezu um Aufmerksamkeit ihrer sozialen Umgebung ringen und Anbindung ziemlich wahllos auch an fremde Personen suchen, was ihrem pathologisch übersteigerten Narzissmus entgegen kommt. Dabei lassen sie es an **kritischer Distanz** unbekannten Personen gegenüber **vermissen**. Auf diese Weise bringen sie sich aber in Gefahr wie z.B. sexuellem Missbrauch, Gefahr, die ihnen in keiner Weise bewusst ist. Am meisten gefährdet sind hierbei die Kinder, die sich nahe am Rande zur Bindungsstörung mit *Enthemmung* befinden. Sie nehmen arglos die Form des manipulierten Selbst an, das ihnen sogar im Missbrauch ihres Körpers Anerkennung und emotionale Zuwendung verheißt. Zu dieser psychosozialen Gefährdung kommt der Umstand, dass diesen Kindern das Gefahrenbewusstsein generell abhanden gekommen zu sein scheint, oder vielleicht gar nicht genug angelegt gewesen ist.

Darüber hinaus kann der geschulte Beobachter immer dann an eine Bindungsstörung mit gestörter Selbstentwicklung denken, wenn die Kinder auch nach Einsetzen vernünftiger und einsichtsfähiger Geisteshaltungen (frühestens ab 3 bis 4 Jahre, Theory of Mind, s. Kapitel 1) in ihren Reaktionsweisen in keiner Weise logischen Gesichtspunkten folgen wollen. Ihre Launen bleiben ungezügelt und ihr Handeln völlig unberechenbar (fehlende Affektkontrolle und schlechte Kontrolle der Handlungsplanung). So sind auch ihre Liebes- und Gunstbezeugungen sowie ihr Zorn und ihre Ablehnung den Bezugspersonen gegenüber vollkommen widersprüchlich und kaum vorauszusehen. Alle Reaktionen wirken übertrieben und unentspannt. Die Kinder selbst sind auffallend leicht **kränkbar** und reagieren schnell beleidigt. Auf die enorme Stressempfindlichkeit bzw. -intoleranz auch schon bei geringster Belastung hatte ich bereits hingewiesen. Zugleich sind diese Kinder in ihrer Haltung merkwürdig starr, fast zwanghaft unflexibel und ihre Anpassungsbereitschaft ist äußerst gering. Eine Vermehrung positiver Gefühle verschaffen sich viele dieser Kinder durch ständiges Naschen. Die **Naschsucht** ist ein wichtiger Vorhersagefaktor für spätere Essstörungen wie Bulimie oder Binge Eating.

Diese Kinder fallen darüber hinaus dadurch auf, dass sie wenig umsichtig sind und auch sich selbst vor Gefahren wenig in Acht nehmen (s.o.). Sie wirken so, als ginge die ganze Welt sie nichts an und als müsste sich alles um sie herum so arrangieren, dass es vor allem ihnen gut geht und ihnen nichts passiert. Die psychosoziale Reifung mit der Entwicklung des Gewissens und der Fähigkeit zur Zurücknahme des Selbst im Falle von Konflikten sowie ein Anwachsen von Sozialkompetenz bleiben größtenteils aus. Kinder mit schwachen Selbstkonstruktionen können aus Erfahrungen, die sie gemacht haben, schlecht lernen. Sie tappen immer wieder in dieselbe Falle, ob im rein gegenständlichen Sinn oder im sozialen. Die unreifen Abwehrmechanismen in Konfliktsituationen, die daran Schuld tragen, hatte ich weiter oben erwähnt.

Es gibt vielleicht noch einen Punkt, der in der Beobachtung gut auf die mögliche Entwicklung zur Persönlichkeitsstörung passt. Diese Kinder funktionieren zeitweise scheinbar unproblematisch, um dann – ursächlich und zeitlich meist völlig unkalkulierbar – wieder in ihr altes Störungsmuster zurück zu fallen. Überhaupt ist ihre extreme Unausgeglichenheit eine der Grundschwierigkeiten im alltäglichen Umgang. Eine Veranlagung zur Impulsivität steht ihnen zusätzlich im Wege. Hierin ähneln die Kinder schon früh den erwachsenen Formen der Persönlichkeitsstörung (z.B. Borderline-Typ, s.u.).

In der Altersphase des älteren Kleinkinds und des Kindergartenkindes bleiben die im Einzelnen beschriebenen Verhaltensauffälligkeiten noch weitgehend unprofiliert und kaum voneinander differenzierbar. Es ist mehr ein Gemisch aus allem abzulesen, als eine klare Zuordnung zu einem bestimmten Typ. Immerhin lassen sich aber jetzt schon die zwei standardmäßigen Entwicklungsrichtungen internalisierend und externalisierend – auf diese hatte bereits hingewiesen – deutlich erkennen und auch abgrenzen. Aber erst im Schulalter zeigt sich dann auch mehr und mehr eine bestimmte Typologie.

Bleiben wir in der Analyse zunächst bei den **internalisierenden** Verlaufsformen. Sie entspringen in naheliegender Weise den Selbstkonstruktionen mit minderwertigem Selbst. Je nach Infektionsstärke mit falschen Selbstanteilen lassen sich folgende Entwicklungstypen heraus kristallisieren. (Die hier aufgestellte Typologie ist eine für das Kindesalter verfeinerte Differenzierung der eingangs für die Adoleszenz und das Erwachsenenalter gemachten Tabelle).

Die **internalisierenden** Entwicklungen in der Definition:

a) Selbstunsicher-ängstlich vermeidender Typ: Diese Kinder entwickeln eine schwerwiegende soziale Hemmung mit Unfähigkeit, in der Gruppe und der Gemeinschaft erfolgreich aufzutreten. Sie fühlen sich permanent unzulänglich, unfähig und sind demzufolge überempfindlich gegenüber jeder negativen Bemerkung.

b) Dependenter-abhängiger Typ: Solche Kinder erweisen sich als ständig hilflos in der Konfrontation mit den Altersgenossen oder generell anderen Menschen und klammern sich an eine ihnen kompetent und stärker erscheinende Person (die keineswegs mehr die eigentliche Bezugsperson sein muss). Regressiv-depressive Phasen kommen vor.

c) Schizoider Typ: Kinder mit dieser Entwicklung zeigen einen Rückzug aus der Wirklichkeit und bauen Distanz um sich herum auf. Sie wirken in sich versponnen. In Beziehungen erweisen sie sich als unflexibel und unfähig zur emotionalen Anteilnahme. Bis hin zur (zuweilen bizarren) Realitätsverzerrung kommen alle Stadien der Befremdung vor.

d) Anakastisch-zwanghafter Typ: Die Kinder mit diesem Entwicklungsmuster wirken in sich vergraben, emotional eingeengt und sind übermäßig selbstkritisch bis zur Handlungslähmung. Andererseits sind sie extrem darauf bedacht, keine Fehler zu machen und nicht negativ aufzufallen.

e) Paranoider Typ: Fast wie beim echten Verfolgungswahn phantasieren diese Kinder ständig bedroht zu sein und entwickeln ein starkes Misstrauen gegenüber allen Mitmenschen. Sie argwöhnen, dass ihnen jeder Andere Schaden zufügen könnte und wittern in nahezu jedem Menschen einen Gegner. Der querulantische Typ ergibt sich aus dieser Geisteshaltung.

Die **externalisierenden** Entwicklungen zeigen dagegen eine andere Typologie. Diese entspringen in erklärter Weise den Selbstkonstruktionen mit grandiosem Anteil:

a) Narzisstischer Typ: Anders als beim gesunden Narzissmus, der jedes Selbst dazu veranlasst, positive Attribute über sich zu sammeln, ist diese Entwicklung gekennzeichnet durch eine ausschließliche Akzeptanz von positiven Attributionen und von übersteigerter Wut, wenn es anders kommt und nicht nach dem eigenen Kopf geht. Die Kinder sind extrem leicht kränkbar, streben permanent nach Bewunderung, pflegen ihre vermeintliche Grandiosität und machen sich im Leben ihre eigenen Regeln. Dabei sind sie nie wirklich zufrieden und überaus launisch.

b) Histrionischer Typ: Ähnlich wie beim narzisstischen Typ sind diese Kinder Opfer ihrer übersteigerten Selbstsicht und unfähig, auf Kritik oder Zurückweisung angemessen zu reagieren. Stattdessen zeigen sie völlig übersteigerte Reaktionen mit deklamativen Ausbrüchen und theatralischer Gestik. Früher sprach man bei dieser Ausfällen von hysterischen Reaktionen.

c) Borderline-gestörter Typ: Bei diesem Verlauf geht die emotionale Fähigkeit des Kindes verloren, gute Empfindungen und schlechte gegeneinander auszugleichen. Es gibt keine Gesamtbilanz mehr, jede momentane Gefühlsregung wird bis zum Extremen ausgelebt. Schwere Stimmungsschwankungen sind die Folge. Gutes und Böses kann nicht in ein und derselben Person oder Sache verbunden werden. Beides muss in eine getrennte Personalität oder Sache introjiziert bzw. projiziert werden. Innere Leere wechselt mit übersteigerter Wut (bis zur Gewalttätigkeit).

d) Antisozialer Typ: Diese Kinder gewöhnen es sich an, andere Menschen zu ihren eigenen Zwecken auszunutzen. Sie fragen nicht mehr nach den rechtmäßigen Bedürfnissen und Interessen des Anderen und sind immer mehr bereit, deren natürliche Rechte und Ansprüche auf persönliche Unverletzlichkeit zu missachten oder sogar gezielt zu bekämpfen.

e) Permanent aggressiver Typ: Eine dauerhaft negativistische Weltsicht formt die Einstellungen und Verhaltensweisen der Kinder der Gesellschaft gegenüber. Das Gefühl, doch immer der Benachteiligte und Unterlegene zu sein, erzeugt in ihnen ein Gefühl von Berechtigung, sich zu allem verneinend zu verhalten und immer und ewig um das eigene Recht zu kämpfen.

Trotz aller Schwierigkeiten in der frühzeitigen Abgrenzung der unterschiedlichen Störungstypen lässt sich eines mit Gewissheit sagen: Die sich schon in der Kindheit abzeichnenden Untergruppen der späteren Persönlichkeitsstörung nehmen immer dann einen recht beständigen Verlauf an, wenn sie einmal zu einer gewissen Ausprägung gelangt sind. Entwicklungstrends in eine bestimmte Richtung sind also relativ früh abschätzbar. Insofern ist ihre definitorische Bedeutung auch schon für die Altersklasse der 5- bis etwa 12-Jährigen sehr wertvoll. Das ist nicht zuletzt auch für die therapeutischen Bemühungen um solche Kinder von großer Bedeutung (vgl. A. Adam und M. Peters, 2003).

7.5 Ausblick auf eine präventive Therapie unter Einbeziehung aller frühkindlichen Verhaltensstörungen

Im Anschluss an die bisher weitgehend psychodynamisch gehaltenen Erklärungen über die Persönlichkeitsentwicklung des Menschen, das heißt wie gewachsene, innere Empfindungen sich auf die Gefühle auswirken, muss an dieser Stelle noch einmal eine mehr **biologische und soziale Entstehungsanalyse** dieser im menschlichen Leben fundamentalen Entwicklung erfolgen. Neben den genetischen Anlagen, die sich in den Temperamentsfaktoren und den Charaktereigenschaften des Kindes ausdrücken, sind es drei existenziell und umweltbedingte Voraussetzungen und Ereigniskonstellationen, die die individuelle Persönlichkeitsentwicklung des Menschen beeinflussen:

1. die biologischen Vorbedingungen wie Wachstum, Reifung und Lernen (Konstitution),
2. die Umweltbedingungen wie familiäre Verhältnisse, soziale Umgebung sowie der soziokulturelle Einfluss,

3. zufällige Ereignisse wie schwere Krankheiten, Unfälle, Trennung der Eltern oder Todesfälle

(in Anlehnung an H. Remschmidt, 2003).

Alle diese Einflussgrößen ergeben ein Wirkungsgeflecht, durch das die biologisch-genetischen Vorgaben der persönlichen Entwicklung in die eine oder andere Richtung ausgelenkt werden. Das betrifft vor allem auch die eindeutig negativen Einflussgrößen, welche Schäden an der Basis zur individuellen Persönlichkeit hervorrufen. Genau an diesem Punkt muss die präventive Therapie ansetzen.

Um diesen Standpunkt richtig zu verstehen, sollte Folgendes vorausgeschickt werden: Die moderne Hirnforschung geht davon aus, dass die negativen wie selbstverständlich auch die positiven Lebenseckdaten im reifenden Gehirn nicht lediglich eine Sache zeitlich begrenzter Ereigniskonstellation sind und mehr oder weniger wirkungslos an dem Menschen und seiner entstehenden Persönlichkeit vorüber gehen. Vielmehr werden sie zu einem organischen Bestandteil der sich in neuronalen Netzwerken organisierenden individuellen Hirnstruktur. Positive, aber eben auch negative Stressfaktoren spielen dabei eine entscheidende Rolle. Oder anders gesagt, das **biographische Langzeitgedächtnis** des Menschen ist entscheidender Konstrukteur seines Gehirns und der mit ihm verbundenen Persönlichkeitszüge, indem es mit seinem Speicher die innere Welt anfüllt und fortan gestaltet. Ist der Speicher voll mit negativen Erinnerungen, wird sich seine Persönlichkeit zum Schlechteren entwickeln bis hin zur völligen Deformierung. Ist sein Speicher voll mit positiven Erinnerungen, kann sich seine Persönlichkeit entlang der genetischen Anlagen frei entfalten.

Bei all diesen Erinnerungen spielt der emotionale Faktor, der jedem inhaltlichen Geschehen als Stempel aufgedrückt wird, eine entscheidende Rolle. Diese **emotionalen Erinnerungen** werden bereits von Geburt an gespeichert (implizites oder prozedurales Gedächtnis), die **biographischen** hingegen erst ab etwa dem dritten bis vierten Lebensjahr (explizites oder episodisches Gedächtnis). Auf diese Weise entstehen Bilanzen in der Gefühlswelt, die mit ihrem Vorzeichen die ganze Entwicklungsrichtung bestimmen. Schon bei der Geburt und danach in der Säuglingszeit beginnt diese Bilanz mit stark prägender Formung.

Ein weiterer Aspekt in diesem Zusammenhang ist unbedingt zu berücksichtigen: Erfahrungen lehren, dass die einzelnen Schritte in der Persönlichkeitsentstehung nicht zufällig aneinander gereiht sind und auch nicht beliebig mit den Einflussgrößen aus der Lebensumwelt eine Ursache-Wirkungsbeziehung eingehen. Es gibt ganz im Gegenteil bestimmte **Entwicklungsfenster**, die konstruktiv aufeinander aufbauen und eine zeitbegrenzte Empfänglichkeit für die jeweiligen Umwelteinflüsse erzeugen und mit ihrem Schließen diese Empfänglichkeit weitgehend wieder aussperren. Auf jeden Fall ist der Aufwand jeder weiteren Einflussnahme über das lebenszeitliche Limit hinaus wesentlich schwerer, wenn nicht gar unmöglich.

So lautet das Zeitfenster für die primäre Bindung null bis eineinhalb Jahre, für die Loslösung ein bis drei oder vier Jahre und für die Selbstentstehung eineinhalb bis fünf oder sechs Jahre. Diese hier genannten Grenzen sind relativ weit gefasst, weil sie stärker auf den therapeutischen Aspekt abzielen als auf den der psychosozialen Entstehung. So ist es immer noch sinnvoll, ein einjähriges Kind aus einer desolaten Familiensituation herauszunehmen und in einer gesunden Pflegefamilie groß werden zu lassen, obwohl ein ganzes Jahr unsichere oder vielleicht sogar desorientierte Bindung seine Grundvoraussetzungen zur Aufnahme von (neuer) Bindung und Vertrauen in Bezugspersonen minimiert haben. Auch ein dreijähriges Kind ist immer noch einer Loslösung zugänglich, obwohl ihm zwei Jahre originäre Loslösung fehlen und sich Elemente der erschwerten oder misslingenden Loslösung bereits eingeprägt haben. Aber mit Abschluss der jeweiligen Phasen in der frühen Kindheit sind Bindung, Loslösung und Selbstentstehung definitiv nicht mehr störungsfrei zu erreichen.

Diese Feststellungen sind nicht unerheblich für alle **Pflegeeltern**, die Bereitschaft dafür zeigen, ein vernachlässigtes oder misshandeltes Kind in Pflege zu nehmen oder zu adoptieren. Sie müssen sich darüber im Klaren sein, dass es nicht leicht ist, diesem Kind Bindung, Vertrauen und Loslösungselemente zurückzugeben, weil es sich in seiner Entwicklung wahrscheinlich bereits am Rande des dafür physiologischen Zeitfensters befindet und weil es hierzu negative Vorerfahrungen gesammelt und abgespeichert hat. Daraus lässt sich der Schluss ziehen, dass je jünger ein Kleinkind ist und je tiefer es sich noch im zeitgerechten Entwicklungsfenster befindet, desto einfacher der Umgang mit ihm ist und desto aussichtsreicher auch seine **Resozialisierung**. Beinahe ausgeschlossen ist die angestrebte Resozialisierung bei Kindern, deren grundlegende Basis zur Persönlichkeit weitgehend zerstört oder deren Entwicklungszeitfenster inzwischen weit überschritten ist.

Mehr oder weniger stark in Abhängigkeit einer günstigen Veränderung der Umweltfaktoren des Kindes hat es auch eigene, originäre Möglichkeiten, gestörte Entwicklungsprozesse aufzuholen. Das geschieht auf der Basis eines höheren **Funktionsniveaus**. So lehrt die Theory of Mind, dass sich das Kind ab dem Zeitpunkt von etwa vier Jahren in die Gedankenwelt eines anderen Menschen emotional wie auch logisch-kognitiv hineinversetzen kann. Das geschieht wohlgemerkt zunächst auf einem sehr einfachen Niveau. Mit der Zeit aber verbessern sich die Voraussetzungen dafür immer mehr, schon allein durch die Zunahme des logischen Verständnisses der Vorgänge im realen und sozialen Lebensgefüge. Durch diese Schritte erreicht das Kind langsam ein wirkungsvoll höheres Funktionsniveau, das es ihm ermöglicht, z.B. emotionale Defizite bei der Einfühlsamkeit in das Leid anderer Menschen durch geistige Reifung auszugleichen. Ob das dabei in der kindlichen Seele verankerte Ergebnis dieses Prozesses auch dasselbe ist, wie bei einer ungestörten psychosozialen Reifung, bleibt jedoch in Frage gestellt.

Im Schulalter stellt sich wiederum ein höheres Funktionsniveau ein, wobei jetzt das größere Regelverständnis und die Anerkennung autoritärer Grenzsetzung nur noch einem rein geistigen Vorteil entspringen. War es im vorigen Schritt immerhin noch größtenteils die Emotionalität, welche die verbesserte soziale Anpassungsleistung ermöglicht hat, so ist es in diesem Alter nahezu ausschließlich der kognitive Entwicklungsschritt. Überhaupt kommen fortan im Wesentlichen nur noch kognitive Entwicklungsschritte hinzu, die verständlicherweise eine ausreichend funktionierende Intelligenz voraussetzen. Hinzukommende emotionale Reifungsschritte setzen jetzt regelmäßig ein wie auch immer geartetes, psychotherapeutisches Geschehen voraus. Denn jetzt muss der Mensch um eines Erreichens verbesserter psychosozialer Anpassungsleistung willen immer erst den Schritt zurück in seine eigene emotionale Welt vornehmen, um da anknüpfen zu können, wo ihm der Fortgang in der emotionalen Reifung gewaltsam abgebrochen ist. Es gibt hierzu andere Vorstellungen in der Psychologie mit verhaltenstherapeutischem Ansatz, aber ich bin der Auffassung, dass es zu diesem Grundsatz keine nachweislich wirksame Alternative gibt. Dieser Grundsatz entspricht dem tiefenpsychologischen Ansatz.

Im Rahmen dieser Entwicklungsprozesse ist zu berücksichtigen, dass die Vorstellung von der automatischen Reifung über verschiedene Funktionsniveaus nicht nur die Persönlichkeit an sich betrifft, sondern auch deren Teilaspekte wie extreme Ängstlichkeit (Trennungsangst), sowie Opposition und Aggressivität. Während bei der Ängstlichkeit zunehmende Reifung sich in der Regel günstig auswirkt und zumindest die *entwicklungsbedingten* Angsterscheinungen auslöscht, kann bei der Aggressivität die geistige Reifung jedoch auch eine deutliche Veränderung zum Schlechten hervorrufen. Eine höhere mentale Leistung kann gerade bei den aggressiv-oppositionellen Handlungen über die gezielte Provokation bis hin zur Missachtung jeglicher gesellschaftlicher Normen, Werte, Gesetze und Regeln das unsoziale Handeln bis zur Dissozialität steigern. Kinder mit gleichzeitiger ADHS (s. 5. Kapitel) scheinen davon besonders stark betroffen zu sein. Auf die direkte Nähe zur Bindungsstörung schwerer ADHS-Verläufe hatte ich im zugehörigen Kapitel bereits hingewiesen.

Unter der Überschrift **Risikofaktoren** und **Schutzfaktoren**, bzw. protektive Faktoren, sind folgende Erkenntnisse zu den Bindungsstörungen beizutragen. Ihre Ausformulierung wirft auch ein Schlaglicht auf die präventiven Strategien in der frühkindlichen Erziehung. Risikofaktoren lassen sich am besten aus sogenannten **Längsschnittstudien** ablesen. Eine in sich vergleichbare Gruppe von Kindern wird über viele Lebensjahre hinweg gezielt und in regelmäßigen Abständen auf bestimmte psychosoziale Kriterien untersucht. Oder man nimmt einfach eine Jahrgangskohorte von Kindern, teilt sie nach bestimmten Sozialkriterien auf und beobachtet die Entwicklungsverläufe der beiden Gruppen über viele Jahre. Solche Längsschnittstudien, die heute schon weitgehend ausgewertet sind, hatte ich im Kapitel über die ADHS-Kinder bereits vorgestellt. Allerdings wurden in keiner der bekannten Studien bisher dezidiert Daten über die Bindungsvorgänge, die Selbstentstehung und/oder die Persönlichkeitsentwicklung erhoben.

Aus den genannten Studien lassen sich aber auch ohne den zu fordernden Fokus fast zwanglos Fakten für die Persönlichkeitsentwicklung ableiten, die sich wie folgt zusammenfassen lassen: Ein angeboren günstiges Temperament mit unproblematischen Charaktereigenschaften, verbunden mit einer ausreichend hohen Intelligenz, bieten vom Kind her gesehen die besten Voraussetzungen für eine unkomplizierte psychosoziale Entwicklung. Vonseiten der Lebensumwelt stellen große elterliche Einfühlsamkeit, Zusammenhalt der Familie, Ausbleiben schwerwiegender Traumata und gute Bildung die besten Voraussetzungen für eine gesunde seelische Entwicklung dar. Aktuell muss man vielleicht hinzufügen, dass die nicht zu frühe, pro Tag nicht zu lange und sachgerecht eingeführte frühe Fremdbetreuung als ein weiterer günstiger Faktor für die Persönlichkeitsentwicklung gelten darf. Deren Wirkung ist aber nicht besser, als die einer guten und stabilen Familie. Alle genannten günstigen Voraussetzungen fasst man unter dem Begriff **Resilienzfaktoren** zusammen.

Die dazu passgenauen negativen Aspekte zählen verständlicherweise als Risikofaktoren. Beim Kind sind es das schwierige Temperament mit ungünstigen Charaktereigenschaften wie z.B. hohe Impulsivität, Unduldsamkeit oder großes Phlegma, u.U. verbunden mit geringer Intelligenz. Der zusammenfassende Begriff für diese Voraussetzungen beim Kind ist der der **Vulnerabilität** (seelische Verletzbarkeit). Solche Kinder sind also deutlich empfindlicher für eine Kritik aus der Lebensumwelt und für ein instabiles Beziehungsgefüge. Auf Seiten der Umwelt selbst wirken sich die Familie mit fehlender psychosozialer Unterstützung des Kindes, die zerbrechende Familie, das Unterbleiben von Bildung sowie in vorderster Linie alle Formen von Misshandlung, Missachtung und der sexuelle Missbrauch ungünstig aus. Hingegen ist der fehlende Wohlstand keineswegs automatisch ein Entwicklungsrisiko für das Kind, wenn auch ein zu beachtendes. Der sogenannte Migrationshintergrund wirkt sich mehr durch seine Sprach- und Bildungsbarrieren negativ aus, als durch die mangelhafte soziale Integration im Land, in das die Familie eingewandert ist.

Das Hauptproblem der **Fremdbetreuung als Risikofaktor** ist in erster Linie ihre falsche Einleitung. Damit verbunden sind aber auch die realen Arbeitsvoraussetzungen der Erzieher/innen und Tagesmütter. So ist der ungünstige Betreuer-Schlüssel im Verhältnis zur Kinderzahl immer ein zusätzlicher Risikofaktor. Auf dieses Thema werde ich noch einmal genauer eingehen.

In dem von mir vorgestellten Konzept ist der Dreh- und Angelpunkt der Persönlichkeitsentwicklung des Menschen im Kräftefeld von Risiko- und Schutzfaktoren die mehr oder weniger ungestörte Entwicklung des Selbst. Handelt es sich bei dem Kind um ein weitgehend ausgewogenes, authentisches Selbst, so ist von einer gesunden Persönlichkeitsentwicklung auszugehen. Da dieser Entwicklung eine sichere Bindung und eine gelungene Loslösung zugrunde liegen, kann für die weitere psychosoziale Entwicklung des Kindes von einer hohen Resilienz ausgegangen werden. Auch leicht unausgewogene Selbstkonstruktionen dürften hier noch einzubeziehen sein, da das zu erwartende, höhere Funktionsniveau, wie auch positive Veränderungen in der Lebensumwelt auch ohne soziale und pädagogische Hilfen eine Selbstkorrektur zum Besseren hervorrufen können.

Problematisch werden die Entwicklungen am Übergang zum unausgewogenen Selbst mit minderwertigen Gefühlen oder grandiosen Zügen. Je höher der Anteil des falschen Selbst bei diesen Kindern wird und je mehr diese dadurch unter innerer Dauerspannung stehen, desto schwieriger gestaltet sich ihre Persönlichkeitsentwicklung. Geht die weitere Entwicklung offenkundig in Richtung reaktiver Bindungsstörung, wird die Persönlichkeitsentwicklung pathologische Züge annehmen müssen. In dieser Gruppe tauchen auch die Kinder mit schwerer Trennungsangst und/oder aggressiv-oppositioneller Verhaltensstörung (mit und ohne ADHS) auf.

Aufgrund dieser Ausführungen muss jedes therapeutische Vorgehen sowohl auf die Veränderung der Umweltvoraussetzungen als auch auf die Nachreifung der Persönlichkeit setzen. Lassen sich die Lebens- und Umweltbedingungen für das Kind auch durch das Kinder- und Jugendhilfekonzept mit zuletzt **aufsuchende Hilfen** nicht nachhaltig zum Guten beeinflussen, muss die Frage aufgeworfen werden, ob das Kind nicht besser eine Zeitlang aus seinem Milieu herausgenommen und in einer sozialtherapeutischen Einrichtung oder in einer Pflegefamilie untergebracht wird. Dieser Schritt ist für das Kind allerdings häufig eine weitere Niederlage, da es sich (je nach Alter) bis zu einem gewissen Grade selbst als Mitverursacher seiner Schwierigkeiten sieht und die Eltern in seiner Vorstellungswelt entlastet. Auf diese zusätzliche Verletzbarkeit muss besonders Rücksicht genommen werden. Das Kindeswohl ist also nicht nur eine äußerliche Sicherheitsmaßnahme.

Auf drei Säulen soll die Behandlung der Persönlichkeitsstörungen nach Herpertz-Dahlmann und Herpertz (2003) stehen:

1. Psychoedukation
2. gezielte Verhaltenstherapie
3. Psychodynamik, ausnahmsweise muss auf
4. Medikamentöse Therapie

zurückgegriffen werden.

Das sich daraus ableitende Behandlungskonzept deckt sich weitgehend mit dem, was bei anderen unter Mehrdimensionales Hilfekonzept fungiert (A. Adam und M. Peters, ebd.).

Im Rahmen der **Psychoedukation** geht es darum, Stärken und Schwächen des Kindes herauszuarbeiten und die Stärken als Ressourcen zu erkennen und zu fördern sowie die Schwächen als Störfaktoren herauszuselektieren und nach Möglichkeit zu beseitigen. Dazu benötigt das Kind neben erklärenden Sätzen des Therapeuten vor allem ein **neues Vorbild**, denn es geht darum, bessere und der Gemeinschaft zuträglichere Eigenschaften in seinem Inneren zu verankern. Das Kind soll nicht nur lernen, sich geschickt an die Gesellschaft anzupassen und nicht immer wieder anzuecken, sondern vielmehr neue Reaktionsweisen als moralisch bessere und sozial förderliche aus innerer Überzeugung zu entwickeln. Dazu muss ihm aber erst einmal die Gesellschaft als eine überwiegend freundliche und ihm selbst zugeneigte, menschliche Gemeinschaft gezeigt werden. Dazu ist es von entscheidender Bedeutung, dass das Kind nachträglich lernt, sich in die Gefühls- und Gedankenwelt der anderen Menschen hineinzuversetzen, um eben das zu erreichen, was beim natürlichen Prozess als Empathie, Mitleid und Einsicht resultiert.

Jede therapeutische Einrichtung ist gehalten, die gestörte Ausgangslage des Kindes in einer Analyse zu beschreiben und die therapeutischen Schritte auf genau dieses Störungsbild zu programmieren. Mit anderen Worten, es gibt so gut wie keine Standards. Vor allem hat es keinen Sinn, das Kind mit einem ganzen Bündel an Erziehungsmaßnahmen zu überfrachten. Das erzeugt nur Angst und neue Ablehnung. Vielmehr müssen alle Schritte im Einzelnen mit dem Kind abgesprochen und dabei Ziele vereinbart werden, die auch im Auge des Kindes erreichbar erscheinen.

Es gibt also nur ein Grundgerüst in den therapeutischen Empfehlungen, das sich wie folgt zusammenfassen lässt. Es handelt sich hierbei um eine Kombination aus verhaltenstherapeutischen Maßnahmen und psychodynamischen Einflussnahmen.

1. Konkret werden momentane Zuspitzungen und allgemeine Stressfaktoren nach Möglichkeit ausgeschaltet. Ob dazu eine Herausnahme des Kindes

aus dem familiären Umfeld und dem gesamten Milieu angezeigt ist, muss im Einzelfall entschieden werden.

2. Das Kind wird an eine Therapeutin/einen Therapeuten gebunden, der/die federführend die Behandlung übernimmt. Ko-Therapeut/inn/en bekommen zusätzliche Aufgaben. Es wird also mit mehreren neuen Bezugspersonen gearbeitet.

3. Der Alltag des Kindes wird neu strukturiert. Entweder noch in der Familie mit aufsuchenden Hilfen oder es wird in einer therapeutischen Einrichtung der Schulalltag des Kindes wie auch das gesamte Freizeitverhalten gestaltet. Einbindung des Kindes in Pflichten wird gepaart mit bewusst gelassenen Freiräumen.

4. Die neu gestaltete Lebensumgebung wird gezielt zum Aufbau verbesserter Handlungs- und Reaktionsweisen genutzt, die Funktion von besseren Vorbildern wird gezielt herausgearbeitet. Die Fehler alter und schlechter Vorbilder werden besprochen.

5. Persönliche Ressourcen werden jetzt konkret aufgespürt und zur Stärkung des eigenen Selbstkonzepts genutzt. Persönliche Schwächen werden schrittweise durch Verhaltensregulation abgebaut und der dadurch erzielte, soziale Gewinn wird positiv herausgestellt.

6. Spezielle Interessen des Kindes müssen gefunden und zur Stabilisation der Persönlichkeit genutzt werden. Darin wird das Kind besonders unterstützt, da es sich selbst in der alltäglichen Langeweile verliert. Die neue Identifikation wird zur Stärkung der Persönlichkeit ausgenutzt.

7. „Sichere innere und äußere Orte" werden entdeckt. Das Kind muss erfahren, dass es für seine Versagensmomente, seine Trauergefühle und seine Selbst-Verzweiflung Rückzugsmöglichkeiten gibt, bei denen es auf freundliches Verständnis trifft und inneren Seelenfrieden finden kann.

8. In einem nächsten Schritt werden gezielt Bewältigungsstrategien eingeübt und Problemlösungsmöglichkeiten aufgezeigt. Solche Fähigkeiten sind in der Regel wenig entwickelt und brauchen eine genaue Anleitung. Infantile Abwehrmechanismen müssen aufgegeben werden.

9. Ein ganz entscheidender Schritt ist die erklärende Vermittlung von gesellschaftlichen Norm- und Wertvorstellungen sowie ethisch-moralischen Überzeugungen. Das Kind muss jetzt das gewissermaßen in einem Theoriekurs lernen, was sich sonst über die Ausbalancierung von Scham und Stolz in der Seele automatisch ausbildet. Dazu sollten die in der eigenen gestörten Entwicklung erworbenen, fragmentarischen Vorstellungen genutzt werden.

10. Die vielen unangepassten („dysfunktionalen") Denkmuster und Verhaltensformen müssen schrittweise abgebaut und durch neue Sozialstrate-

gien und höhere geistige Flexibilität aufgelöst werden. Das betrifft alle Lebensbereiche des Kindes und erzwingt eine Nachreifung bislang nicht altersgemäß gelöster Entwicklungsaufgaben.

Erst im letzten Schritt werden gezielte psychotherapeutische Maßnamen eingeleitet, und es wird dann im Einzelfall auch psychopharmakologische Hilfe in Anspruch genommen. Dabei stehen Methylphenidat bei begleitender ADHS-Symptomatik und Antidepressiva bei regressiv-depressivem Rückzug im Vordergrund.

Zum Abschluss der Besprechung der Bindungsstörungen möchte ich noch einmal einen Blick auf das Beziehungsgefüge der drei Hauptstörungen der psychosozialen Entwicklung in der frühen Kindheit Angst, Aggression und Bindungsverlust werfen. Folgende Schlussfolgerungen lassen sich jetzt aufstellen: Während bei den trennungsängstlichen Kindern und denjenigen mit einfach aggressiv-oppositionellen Verhaltensweisen die Basis zur Persönlichkeitsentwicklung noch vorhanden ist, auf der eine Therapie aufbauen kann, ist gerade diese Basis bei den bindungsgestörten Kindern massiv beschädigt oder zerstört. Das macht die Therapie der Bindungsstörungen so schwierig bis fast aussichtslos.

Von den aggressiv-oppositionellen Entwicklungsstörungen sind die Kinder abzugrenzen, bei denen gleichzeitig eine schwerwiegende ADHS festgestellt werden kann. Diese Kinder befinden sich zumeist hart an der Grenze zur Bindungsstörung und wirken manchmal wie autistisch. Ihr stark unausgewogenes Selbst mit deutlicher Tendenz zur Minderwertigkeit fällt dabei aber auf den genetischen Boden eines Drangs zur Hypermotilität verbunden mit hoher Impulsivität sowie einem Mangel an Aufmerksamkeit ihrer Umgebung gegenüber. Auch solche Kinder sind regelmäßig schwer zu therapieren. Bei ihnen ist in vielen Fällen eine – zeitlich begrenzte – medikamentöse Therapie hilfreich.

Schließlich gibt es noch die Gruppe von Kindern aus dem Spektrum der reinen aggressiv-oppositionellen Verhaltensstörung, die wie die trennungsängstlichen zwar insgesamt eine relativ gute Prognose in der Behandlung haben, in gleichzeitiger Beeinträchtigung durch eine Bindungsstörung aber auch eine unheilvolle Entwicklung nehmen können. Ich denke dabei vor allem an diejenigen Kinder mit zunehmender Isolierung aus allen sozialen Bezügen und dem Verlust einer positiven Identifikation mit der altersgleichen Gruppe. Jugendliche und junge Erwachsene mit dieser biographischen Konstellation sind voller Sprengstoff hinsichtlich ihrer sozialen Gesamteinstellung. Im Rahmen der Besprechung der Dissozialität bin ich auf diese Gruppe in Verbindung mit den Gefahren, die sie konkret für die Gesellschaft darstellt, genauer eingegangen.

8. Gedanken zur aktuellen Lage des Kindes und der Familie im Abgleich mit der frühen Fremdbetreuung

8.1 Die aktuelle Lage des Kindes und der Familie

Die heutige Lage des Kindes hat sich im Vergleich zu der in den vergangenen Jahrhunderten zweifellos stark verbessert. Zugleich gibt es aber auch Verschlechterungen in den allgemeinen Lebensbedingungen. Diesen nur scheinbaren Widerspruch will ich aufklären.

Die Verbesserung der Lebenssituation des Kindes ist hauptsächlich auf drei Faktoren zurückzuführen: Erstens auf den allgemein stark **verbesserten Gesundheitszustand** sowie die nachweislich **bequemere Lebensführung**; zweitens auf das weitgehend **gesicherte Bildungsangebot** für alle Kinder und drittens auf die international existente Verfassung von **Kinderrechten**, soweit diese im Einzelnen auch Anwendung finden. Diese Verbesserungen gelten für die Kinder in den westlichen Industrienationen sicherlich sehr viel mehr, als für diejenigen in den sogenannten Entwicklungsländern.

In jüngster Zeit kommen bahnbrechende **Erkenntnisse der Entwicklungspsychologie** dazu, die zu weiteren Verbesserungen führen werden, wenn deren positive Auswirkungen auf die Lebensgestaltung der frühen Kindheit überall ausreichend anerkannt werden. Das ist aber bei Weitem noch nicht der Fall, was sicher nicht nur für die westlichen Industrienationen gilt.

Die Verschlechterungen der Lage des Kindes entspringen einerseits aus den nur unzureichend vollzogenen Konsequenzen aus den eigentlichen Verbesserungen, wenn gleichzeitig **Freiheiten**, die das Kind bis dahin genießen durfte, dadurch **eingeschränkt** werden. Das betrifft vor allem Fragen der Selbstbestimmung des Kindes und der freien Gestaltung seines es unmittelbar umgebenden Lebensraumes. Die große Beschränkung der persönlichen Freizeit und die zunehmende **Lebensfeindlichkeit der Verstädterung** stehen hierfür beispielhaft. Andererseits entsteht eine Verschlechterung aus dem dramatischen Rückgang der Kinderzahlen in den weit fortgeschritten industrialisierten Ländern mit zunehmender **Vereinzelung der Nachkommenschaft**. Denn abgesehen davon, dass Geschwister als etwa altersgleiche, familiäre Lebensbegleiter für die Teilung von schicksalhaften Entwicklungen und Begebenheiten fehlen, ergeben sich daraus allgemeine soziale Probleme. Durch die Ein- oder Zweikindfamilie fokussiert sich die Erwartungshaltung der Eltern auf die wenigen Kinder, die sie noch hervorgebracht haben.

Dabei geht die Erwartung in Richtung auf absolute **Perfektion** und hohen **Leistungsanspruch**. Der Wunsch nach Perfektion verbindet sich mit einer über die Maßen gesteigerten Forderung an die schnelle Anpassung des Kindes an die Erwachsenenwelt sowie an sein frühzeitig erfolgreiches Agieren in dieser Welt – am besten von Geburt an. Ein klarer Fingerzeig auf diese Tendenz ist die Tatsache, dass der kognitiven Entwicklungspsychologie weit mehr Augenmerk geschenkt wird als den emotionalen Entwicklungsprozessen des Kindes.

Vor allem dem Anspruch an eine optimale geistige Entwicklung dient neuerdings die gesamte Erziehung, wobei sich die Akzeptanz kindstypischer Verhaltensweisen verringert, emotionale Prozesse ausgeblendet werden, die Toleranz gegenüber normalen psychosozialen Hürden schwindet und Entwicklungsschwierigkeiten zweckorientiert negiert und unterbunden werden.

Ein weiterer Faktor jüngsten Datums ist, wenigstens in allen hoch industrialisierten Nationen, dazu gekommen: die **Aufbrechung familiärer Strukturen** als Hort der frühkindlichen Erziehung und die Vereinnahmung des Kindes noch vor dem Kindergartenalter durch staatlich-kommunale Erziehungseinrichtungen. Ehemals sozialistische Staaten haben diese Form des Kinderaufziehens in Gruppen oder „Kollektiven" schon immer propagiert und auch nach der Öffnung zur kapitalistischen Marktwirtschaft weitgehend beibehalten. In dieser Tendenz ist die Absicht der Gesellschaft eindeutig: Das Kind wird in ein eher sachdienlich merkantiles als in ein humanistisch gesellschaftliches Erziehungskonzept eingebunden und so einem gemeinschaftlich organisierten und an fremdes Personal delegierten Großziehen unterworfen. Die Individualität des Kindes läuft dabei Gefahr, aufgekündigt und einem **Normierungsgebot** von früh auf geopfert zu werden. Der Vorteil für die Gesellschaft ist das gemeinschaftlich überwachte und allen Kindern gleichermaßen übergestülpte Erziehungskonzept mit der Möglichkeit, dessen Inhalte permanent den allgemeinen Wünschen und Vorstellungen der Gesellschaft schon in den ersten Lebensjahren anzupassen. Ein fortgesetzt schwer kontrollierbares Erziehen der Kinder in ihren Ursprungsfamilien wäre mit diesem Prinzip nicht vereinbar.

Der andere Vorteil dieses Eingriffs in die Erziehung ist das Freiwerden beider Eltern für den Produktionsprozess schon bald nach der Geburt eines Kindes. Dies ist inzwischen auch das – allerdings nur selten offen – ausgesprochene Ziel der spätkapitalistischen Gesellschaft, die dafür eine Aushöhlung der Familie in Kauf nimmt. Ursprünglich schrieb sich der Kapitalismus die freiheitliche Grundordnung in jedem sozialen Bereich auf die Fahnen, also auch im Bereich der Familienpolitik. Das sozialistische System hingegen kannte die Maxime der „werktätigen Eltern" schon immer. Aber auch in der modernen, auf Vollbeschäftigung angewiesenen, kapitalistischen Marktwirtschaft passen individuelle familiäre Strukturen, ein familiengerechter Arbeitstag sowie mit dem Großziehen von Kindern vereinbare Arbeitszeiten längst nicht mehr zusammen.

Die allgemeine Sozialisierung der Familie mit dem Aufbrechen ihrer Strukturen wird nun gesellschaftspolitisch anders als mit **marktwirtschaftlichen Gründen** damit gerechtfertigt, dass vor allem der **Selbstverwirklichung des erwachsenen Menschen** Rechnung getragen würde. Dabei wird immer wieder besonders auf die Frauen geblickt, die früher durch die Mutterschaft an die Kindererziehung und den Haushalt über Jahre gebunden waren. Implizit wird damit zum Ausdruck gebracht, dass Selbstverwirklichung von erwachsenen Menschen und Erziehung der eigenen Kinder im Widerspruch zueinander stehen. Dass die persönliche Reproduktion in Verbindung mit dem Aufziehen der Kinder die höchste Form der Selbstverwirklichung des Menschen überhaupt sein könnte, ist dem auf rein wirtschaftliche Effizienz ausgerichteten Anspruch an den Einzelnen kein Begriff mehr. Diese Grundeinstellung gilt für Männer ebenso wie für Frauen.

8.2 Individuation vor Sozialisation

Aus entwicklungspsychologischer Sicht gibt es einen wichtigen Einwand gegen dieses Vorgehen in der frühkindlichen Erziehung. Der **Entwicklungsschritt der Sozialisation** des Menschen erfolgt immer erst **nach** erfolgreich **absolvierter Individuation**. Darin gleicht die menschliche Psyche der körperlichen Entwicklung, bei der die individuelle Kennung des Menschen (durch immunologische Prozesse) bereits ganz am Anfang in der Embryonalzeit stattfindet, also lange bevor sich das eigene Gewebe überhaupt mit der fremden Materie auseinandersetzen muss. Der Lehrsatz, „Eigenes" geht immer vor „Fremdem", ist von so fundamentaler Bedeutung in der Entstehung des Lebens, dass im Bereich der körperlichen Entwicklung dieses Prinzip als genetische Grundabsicherung an den Beginn der Entwicklung des Einzelindividuums gestellt worden ist.

Im Bereich der psychosozialen Entwicklung muss der Individuationsprozess in vergleichbarer Weise vor oder zumindest ganz am Anfang der Sozialisation stehen, damit der einzelne Mensch sich – selbst – erkennt, bevor er in die Auseinandersetzung mit der Gruppe treten muss. Die Übertragung körperlicher Entwicklungsmaxime auf psychosoziale Entstehungsprozesse ist ein Naturgesetz per se, dessen Aufkündigung mit großen Gefahren für die betroffene Spezies, hier also für den Menschen, verbunden ist.

Die Individuation des Menschen geschieht in der **Familie**, verbunden mit der Erfahrung, als werdendes Selbst Teil eines sozialen Systems auf kleinster Basis zu sein. Einen anderen Weg konnte die Evolution nicht gehen, da sie in der Sozialisation des Menschen auf zwei Dinge zu achten hatte: Erstens auf die Gewähr der unbedingten Individualität, die mit der geistigen Entwicklung eines Lebewesens zwangsläufig einhergeht, und zweitens auf die Notwendigkeit eines Lebens in sozialer Gemeinschaft, das nur im emotionalen Ausgleich mit den Mitmenschen gelingen kann. In Gruppen oder Herden lebende Tiere haben diese Problematik nicht in demselben Maße, weil sie keine dem Menschen vergleichbare Individualität ausbilden. Nur die Primaten kommen dem Menschen in dieser Hinsicht nahe, und auch sie haben ein weitgehend familiäres Erziehungsprinzip.

Die Familie ist neben der Grundlage zur Individuation aber gleichzeitig auch der psychosoziale Schutzraum für diesen elementaren menschlichen Prozess. Sie ist der Biotop für die Ausbildung des autonomen Selbst und die Leitschnur für die künftigen, in der Gruppe und der Gemeinschaft notwendigen Verhaltenweisen. Es gibt kein natürliches Sozialsystem, das dieser Entwicklungskonstellation überlegen wäre, sonst wäre es in den zigtausend Jahren menschlicher Vorgeschichte selektiv entstanden. Die gerade genannten entscheidenden Aufgaben kann die Familie aber nur dann übernehmen, wenn sie intakt ist und von der Gesellschaft als besonders schützenswert anerkannt wird. Auf diesen Punkt werde ich noch einmal zurückkommen.

Die **moderne Familie** muss bei all dem, was über sie zu sagen ist, befreit werden aus ihrem idealtypischen Bild einer idyllisch-harmonischen Gemeinschaft. Sie muss wieder das werden, was sie im Ursprung als evolutionäres Ziel gewesen ist, der unübertreffbar beste soziologische Ort für das Heranwachsen der menschlichen Nachkommenschaft. Spannungen in diesem System sind dabei vorprogrammiert und nützlich für die individuelle Entwicklung.

Die eigentliche, das heißt die erweiterte Sozialisation des Menschen findet allerdings dann außerhalb der Familie in der Gruppe statt. Als Gruppe gilt hier die Gemeinschaft der etwa gleichaltrigen Mitmenschen, also die Gruppe der Kinder und darüber hinaus derjenigen Personen, die diese Gruppe beaufsichtigen. In der Gruppe muss das Kind seine Individuation sich selbst unter Beweis stellen und gegen die vermeintlichen und tatsächlichen Angriffe der anderen Gruppenmitglieder verteidigen. Ähnliches gilt in der Auseinandersetzung mit den (zunächst noch fremden) Erziehungspersonen, wobei diese kraft ihrer natürlichen Autorität dem Kind vorläufig eine andere Verhaltensperspektive vorgeben.

8.3 Frühe Fremdbetreuung

In der frühen Fremdbetreuung wird nun der Prozess der Sozialisation in das Entwicklungsstadium der Individuation hinein vorverlagert. Das schafft nicht unerhebliche Komplikationen. Das Kind benötigt zur Individuation wie gezeigt den kleinsten Teil des gesamten Sozialsystems. Das ist die Familie. Eine innere Auseinandersetzung mit zu vielen Bezugspersonen gleichzeitig erzeugt eine **Verwirrung in der Identifikation.** Bindung und Loslösung, wie sie zur Individuation gefordert sind, funktionieren ungestört nur im Rahmen der emotionalen Integration als der Vereinnahmung positiver Gefühle in der Auseinandersetzung mit den Bezugspersonen und über den Weg der Identifikation. Anders gesagt, die positive emotionale Integration ist die Basis für die Identifikation mit der (Bezugs-)Person, mit der sie zustande kommt. Identifikation mit einer auf diese Weise geliebten Person erzeugt nun die grundlegenden Voraussetzungen einer sich entwickelnden Identität. Das heißt auf einen kurzen Nenner gebracht, Identifikation schafft sich über den Weg der positiven Emotionen erste Identität und führt in einem zweiten Teilschritt zur Individuation. Grundlage für einen erfolgreichen Durchgang dieser Form ist also die emotionale Integration. Die aber kann nur in der Mutter-Kind-Dyade und im zweiten Lebensjahr in der Mutter-Vater-Kind-Triade störungsfrei ablaufen. Soziale gesunde und der emotionalen Integration dienliche Familienverhältnisse sind dabei vorausgesetzt. Ich möchte diesen unverzichtbaren Entwicklungsprozess als **Primäridentifikation** bezeichnen.

Mit Tagesmüttern oder Erzieher/inne/n in frühen Fremdbetreuungsgruppen kann dieser Elementarvorgang nur dann einigermaßen störungsfrei ablaufen, wenn diese Personen sich langsam über Gewöhnungs- und Akzeptanzprozesse beim Kind zu einer zuverlässigen Ersatzbezugsperson gemacht haben. Dieser in seiner Funktion gelingende Prozess entspräche dem einer **Sekundäridentifikation.** Vor jeder institutionalisierten Fremdbetreuung gab es ähnliche Prozesse mit Großmüttern, großen Schwestern, Tanten oder Ammen, die über das erste Lebensjahr und die Stillzeit hinaus die Kinder mit großgezogen. Das Prinzip der langsamen Gewöhnung an diese Personen (oft von Geburt an) und ihre Ausbildung zur Ersatzbezugsperson war seinerzeit in der Regel gewahrt (abgesehen von Todesfällen bei den Eltern). In dieser Konstellation hat man also Beispiele dafür, dass das Prinzip funktioniert und keine gestörten Kinder hervorbringt. Die Voraussetzung ist aber, dass als eigentliche Basis das kleinste soziale System auch gewährleistet bleibt und möglichst unverändert bis zum Schritt in die Sozialisation aufrechterhalten wird. Damit ist klar, dass in den ersten zwei Lebensjahren das Tagesmütter-Prinzip der institutionalisierten Fremdbetreuung vorzuziehen ist.

Der Vollständigkeit halber soll erwähnt werden, dass erst nach der Individuation und Sozialisation das Kind als volles Mitglied in das gesellschaftliche Leben eintritt und die Gemeinschaft gezielt und aktiv mitgestalten lernt. Auch dieser Schritt gelingt nur dann störungsfrei, wenn die Möglichkeit zur ungestörten Sozialisation vorher gewährleistet gewesen ist.

Fehlerhafte Prozesse in der körperlichen Selbst-Kennung können bekanntermaßen zu autoimmunologischen Krankheiten führen mit Zerstörung von eigenem Gewebe durch fehlgeleitete Immun(Abwehr-)zellen. Ganz ähnlich verhält es sich mit fehlerhaften Entwicklungen in der psychologischen Selbstentstehung. Autoaggressive oder antisoziale Verhaltensweisen können die entstehende Fehlentwicklung in der Persönlichkeitsausbildung zur Gefahr für sich selbst und die Gemeinschaft werden lassen.

Ich möchte noch einen Schritt weiter in die grundlegenden Entwicklungsvorgänge des Menschen zurückgehen: Sogar in der rein körperlichen, statomotorischen Entwicklung gilt eine strenge Abfolge von aufeinander aufbauenden Entwicklungsschritten. Werden diese unterlaufen, können krankhafte Prozesse die Folge sein. Und in der geistigen Entwicklung wird niemand bezweifeln, dass der Spracherwerb immer vor der verbalen Auseinandersetzung mit dem Mitmenschen steht und die Schriftsprache erst dann gelingt, wenn die Grammatik verstanden ist. Anzumerken ist, dass solche Prozesse in Wahrheit zeitlich etwas überlappend verlaufen.

Es gibt noch viele andere Beispiel im gesellschaftlichen Kontext, die das Prinzip „die eigene oder Einzelentwicklung geht immer vor der Fähigkeit zum erfolgreichen Mitagieren in der Gemeinschaft", denkt man nur an die Musik mit Chor oder Orchester. Keine Stimmführung, kein Instrument würde im Gesamtklang der Gruppe harmonisch mitschwingen, wenn zuvor nicht in Einzelstunden der erforderliche Part eingeübt worden wäre. Welchen Grund soll es geben, diesen auf einem Naturgesetz basierenden Vorgang infrage zu stellen und das ausgerechnet im sensibelsten Bereich der gesellschaftlichen Entwicklung?

Ein anderer gewichtiger Aspekt, der die frühe Fremdbetreuung begleitet, wird gerne in der allgemeinen Diskussion ausgeblendet. Es geht um das Verhältnis zwischen außerhalb von zu Hause stattfindendem Fremdeinfluss auf die Ansichten und Meinungen des Kindes und dem familiären und elterlichen Einfluss. Je kürzer die Zeit ist, die die Kinder noch mit den Eltern verbringen, desto geringer wird der elterliche Einfluss auf ihre Auffassungen und Meinungen über das, was in der Gemeinschaft opportun ist und was nicht. Der Fremdeinfluss wird demzufolge immer größer. Umso größer wird aber auch der Konflikt für das Kind, wenn die Eltern mit dem, was das Kind in der Krippe oder der Kindertagesstätte gelernt hat, nicht einverstanden sind. Es kommt beim Kind dadurch sehr schnell zu einem Loyalitätskonflikt, den es nicht lösen kann. Da es aber mehr Zeit am Tage in der Gruppenbetreuung verbringt als zu Hause, und dort mit den Kindern und den Erzieher/inne/n zurechtkommen muss, bleibt ihm letztendlich nichts anderes übrig als sich gegen die eigenen Eltern zu stellen.

Drei **Chancen** bietet die **frühe Fremdbetreuung** dem Kind. Erstens die Herauslösung des Kindes aus seiner relativen Isolation in der Einkindfamilie. Sie ist unbestritten und hat vor der Institutionalisierung der Fremdbetreuung schon zu anderen Bemühungen geführt wie Kinderspielgruppen und Elterntreffs mit Kindern. Zweitens profitieren die Kinder gut von der frühen Fremdbetreuung, die von ihren Müttern allein großgezogen werden. Da in der Rumpffamilie der Vater fehlt und oft kein adäquater Ersatz zu finden ist, ist die Erzieherin/der Erzieher in der Kinderkrippe, soweit sie/er sich als konstante Ersatzbezugsperson anbietet und auf Dauer so versteht, ein einigermaßen funktionierender Ersatz. Voraussetzung ist aber eine Kinderbetreuungszahl, die die Größenordnung von vier Kindern nicht übersteigt. Drittens kann eine frühe Fremdbetreuung dazu beitragen, aufkommende Spannungen in der Familie auf ein erträgliches Maß herunterzufahren. Eine permanent gestresste, überforderte Mutter wird manchmal ihrer Aufgabe nicht mehr gerecht. Eine vorübergehende Entlastung von dem Kind oder den Kindern kann für sie heilsam sein. Gleichzeitig kann sie ihre Selbstverwirklichung vorantreiben, was ebenfalls zu ihrer Ausgeglichenheit beiträgt (F. Becker-Stoll und M. Textor, 2007).

In Anbetracht dieser Vorgaben an das sozialpolitisch angestrebte Konzept der frühen Fremdbetreuung ließe sich folgende Kompromisslösung zwischen gesellschaftspolitischer Notwendigkeit und berechtigtem kindlichen Anspruch auf ein Aufwachsen innerhalb der Familie erarbeiten: In den ersten zwei Lebensjahren gebührt der intrafamiliären Erziehung der absolute Vorrang vor jeder außerfamiliären Betreuung. In den nächsten zwei Lebensjahren käme die kindgerechte frühe Fremdbetreuung für alle Kinder zum Zuge, deren Eltern ihre Kinder nicht weiter alleine großziehen können. Vom vierten bis sechsten Lebensjahr steht der Kindergarten wie bisher zur Verfügung. Die Sozialpolitik schafft für dieses Konzept die finanziellen und institutionellen Voraussetzungen.

8.4 Mutterrolle gegenüber Erzieher/innenrolle

Es gibt inzwischen mehrere Untersuchungen und Studien, die die Funktion der Erzieherin/des Erziehers in der frühen Fremdbetreuung im Vergleich mit der Mutterrolle beleuchten (L. Ahnert, 2007 s.o.). Allen diesen Studien ist gemeinsam, dass der tiefenpsychologische Aspekt von Bindung und Loslösung und deren Psychodynamik, also deren wechselseitige Wirksamkeit auf die Gestaltung der kindlichen Seele, nicht ausreichend beachtet werden. Lediglich die pädagogische Binnensicht der Vorgänge in der Betreuungseinrichtung selbst wird zum Objekt der Betrachtung gemacht. Daher kommt das manchmal folgenschwere Störungsverhalten der Kinder zu Hause in ihren Ursprungsfamilien nicht zur Untersuchung.

Die Rolle der Mutter und die der Erzieherin (in beiden Fällen gesunde Beziehungen vorausgesetzt) unterscheiden sich in ganz wesentlichen innerpsychischen und psychosozialen Faktoren. Das besondere Problem mit einem männlichen Erzieher im Alter zwischen eins und drei Jahren findet hierbei keine Berücksichtigung. Ihre Zahl ist noch äußerst gering. Die Unterschiede bestehen in:

1. aus der Sicht des Kindes:
a) Unvoreingenommenheit gegenüber der Mutter, Voreingenommenheit gegenüber der Erzieherin. Das heißt für die Beziehungsaufnahme zur Erzieherin spielen Sympathie und Antipathie eine wesentliche Rolle. Die Mutter ist zunächst einmal immer sympathisch.
b) Urvertrauen und Vorbehaltlosigkeit der Mutter gegenüber, zunächst Misstrauen und Skepsis/Zweifel der Erzieherin gegenüber.
c) Dyadische Beziehungsstruktur mit der Mutter, eher triadische mit der Erzieherin.
d) Innere Abbildung der Mutter wie die „Muttersprache". Innere Abbildung der Erzieherin wie eine Fremdsprache.

2. Beziehungsgestaltung der Mutter/Erzieherin zum Kind:
a) Geburtserfahrung aufseiten der Mutter, keine derartige Urerfahrung mit dem Kind auf Seiten der Erzieherin.
b) Lebenslange Identifikation der Mutter mit ihrem Kind, keine bei der Erzieherin.
c) Schicksalsgemeinschaft von Mutter und Kind, nicht so bei der Erzieherin.
d) Extrem hohes Verantwortungsgefühl bei der Mutter, deutlich weniger bei der Erzieherin.

3. Bindungstechnische Vorgänge zwischen Kind, Mutter und Erzieherin:

a) Einfühlsamkeit bei der Mutter in aller Regel höher als bei der Erzieherin.

b) Emotionale Integration gelingt am besten bei der Mutter (oder Adoptivmutter) und nur begrenzt bei der Erzieherin (Identifikation, s.o.).

c) Stressreduktion bei der Mutter zunächst immer besser als bei der Erzieherin (Voraussetzung sind entspannte Lebensumstände der Mutter).

d) Beruhigung, Besänftigung und Zuwendung können mit der Zeit sicher gleichwertig sein, manchmal sogar bei der Erzieherin besser gelingen.

e) Gleiches gilt für Zuverlässigkeit, Verlässlichkeit und Sicherheit.

f) Für das Kind kalkulierbare Erwartungen an die Bezugsperson bei der Mutter höher als bei der Erzieherin.

g) Liebevolle Unterstützung in Beziehungsgestaltung und Exploration sind bei Mutter und Erzieherin sicher gleichwertig, wieder mit der Möglichkeit, bei der Erzieherin besser zu gelingen.

Zieht man eine Bilanz, gelangt man zu dem Schluss, dass die Mutter-Kind-Bindung immer eine höhere Qualität besitzt, als die Erzieherin-Kind-Beziehung, letztere aber auch gewisse Vorteile haben kann. Voraussetzung ist natürlich, dass die Mutter einfühlsam und liebevoll mit ihrem Kind umgeht und psychisch stabil ist. Gleiches sollte man auch von der Erzieherin erwarten, was aber den Unterschied zwischen Mutter und Erzieherin nicht aufhebt. Für Erzieherin könnte ebenso gut auch Tagesmutter stehen, wobei kleine Unterschiede nicht zu übersehen sind. Die Tagesmutter kann sich ähnlich wie eine Großmutter schon im ersten Lebensjahr als Ersatzbezugsperson ganz individuell einbringen und eine Eins-zu-eins-Beziehung mit dem Kind aufbauen. Die Erzieherin hat immer das Manko, sich gleichzeitig auch um die Gruppe kümmern zu müssen, die gleichartige Ansprüche an sie stellt, wie das einzelne Kind. Ein weiteres Problem der Gruppe ist ihr Kinderwechsel im Altersrhythmus.

8.5 Ausblick auf die Familienpolitik

Wenn die Familie also grundsätzlich der Ursprungsort menschlicher Individuation sein soll, dann muss die Gesellschaft die **Familie als besonders schützenswert** ansehen und ihr die notwendigen Vergünstigungen zugestehen, die sie braucht, um ihren gesellschaftlichen Auftrag im Aufziehen der Nachkommenschaft zu erfüllen. Dieser Aufruf steht in keinem grundsätzlichen Gegensatz zur frühen Fremdbetreuung. Das Großziehen der Kinder kann die Familie auch in **Kooperation und Arbeitsteilung** mit Einrichtungen zur **frühen**

Fremdbetreuung verwirklichen. Es muss nur geklärt sein, dass die Familie das Vorrecht vor jeder anderen Form eines Erziehungsangebot besitzt, vorausgesetzt, sie erweist sich als sozial sicher und stark genug, diesen natürlichen Auftrag auch übernehmen zu können. Jedes Kind hat das Recht, in seiner Familie aufgezogen zu werden.

Alles Weitere ist dann eine Frage der Formulierung der **Familien- und Sozialpolitik**, denn der soziale Lebensraum wird entscheidend vom Staat mitbestimmt und gehört dem Gesellschaftsleben. Demokratische Prinzipien müssen in der Organisation gewährleistet sein. Auf vier Aspekte ist besonderes Augenmerk zu richten:

1. Verhinderung des Abgleitens der Familie in die Armut besonders bei höherer Kinderzahl (Kindergeld, steuerliche Erleichterungen für Familien mit Kindern usw.).

2. Vergünstigungen für die Familie, damit sie auch unter großem finanziellen Druck als Familie bestehen kann (z.B. Sonderkredite, Erleichterungen bei Wohnungssuche und Hausbau, Befreiung von Kosten für den Kindergarten und „Schulgeld" usw.).

3. Schaffung von familiengerechten Arbeitsplätzen in der Zeit des Kindergroßziehens (Arbeit zu Hause, Fortbildungsmöglichkeiten während des Kindergroßziehens usw.).

4. Ausweitung des Familiengeldes auf insgesamt drei Lebensjahre nach der Geburt und bis zum dritten Kind (als Ideal). Finanzielle Anrechnung der Erziehungszeiten auf die spätere Rente (sowohl bei der Frau als auch beim Mann).

Einiges von den aufgezählten Maßnahmen ist bereits verwirklicht, weil es dem modernen Sozialstaat absolut abträglich wäre, es nicht zu tun. Ingesamt ist die Wirklichkeit hierzu aber noch unbefriedigend. Das Problem zunehmender **Armut von kinderreichen Familien** ist ein nicht wegzudiskutierender Faktor aktueller Sozialpolitik. Gut 20% aller Kinder in der Industrienation Deutschland gelten als arm! Der **Rückgang der Kinderzahl** pro Familie ist weiterhin eklatant, auch wenn einige wenige Monate Geburtenzuwachs einmal ein positiv stimmendes Bild ergeben. Derzeit liegt die Geburtenrate in der Bundesrepublik Deutschland bei etwa 670.000 Kindern pro Jahr. Das sind weniger Kinder pro Jahr als alte Menschen sterben. Ein nachhaltiger Trend zu mehr Kindern existiert de facto nicht. Die zwingende Folge ist ein Ausbluten der Sozialversicherungssysteme. Immer weniger erwerbstätige junge Menschen müssen immer mehr in Rente lebende ältere Menschen versorgen. Es entsteht ein ungesundes Verhältnis zwischen den einzelnen Bevölkerungsgruppen.

Die Scheidungsrate von in ihren gegenseitigen Ansprüchen erschöpften Eltern und solchen, die an den vermeintlich hohen Hürden scheitern, die Kinder stellen, liegt anhaltend hoch. Zwischen einem Drittel bis zur Hälfte aller Ehen werden geschieden noch bevor die Kinder 18 Jahre alt geworden sind. Die versprochene Entlastung der Familie durch die stark ausgeweitete, frühe Fremdbetreuung lässt auf sich warten (Ziel sind 750.000 Plätze bis 2013). Dabei ist noch gar nicht ausdiskutiert, wie viel zusätzliche Belastung auf die Familien durch die frühe Fremdbetreuung zukommen könnte, falls diese nicht fachgerecht ausgeführt wird. Die beschränkten finanziellen Mittel steuern derzeit geradezu einem solchen Problem entgegen. Das Armutsproblem kinderreicher Familien, wobei Kinderreichtum heutzutage schon bei drei Kindern beginnt, verschärft sich deutlich durch die Tatsache, dass viele dieser Familien einen Migrationshintergrund (s.u.) aufweisen. Alle genannten Zahlen stammen aus aktuellen, statistischen Veröffentlichungen.

8.6 Die Rolle der Familie in der Gesellschaft

Bevor ich auf die globalen Faktoren zur Lage und Frage der Familie zu sprechen komme, möchte ich noch einmal die **fundamentale Funktion der Familie** für die frühkindliche Entwicklung herausstellen. Die Familie vereint drei grundsätzliche Aspekte der menschlichen Sozialisation, um nicht zu sagen der Zivilisation im Allgemeinen: den **biologischen**, den **soziologischen** und den **politologischen**. Der biologische Aspekt ist vielleicht der eingängigste, zugleich aber auch der umstrittenste: Die Familie dient zur Reproduktion menschlicher Nachkommenschaft. Die vor dem Gesetz geschlossene Ehe der Eltern wurde Jahrhunderte lang zur Voraussetzung gemacht. Außerehelich gezeugte Kinder galten erst nach Adoption durch den Vater als familiär. Heutzutage gibt es aber bald ebenso viele außerehelich gezeugte Kinder wie innereheliche, so dass eine **Ehe der Eltern** als eine Voraussetzung für Kinder nicht mehr gefordert werden kann. Entsprechend haben sich die Gesetze geändert. Zu den biologischen Eigenschaften der Familie gehört nach wie vor die gelistete Generationenfolge (Stammbaum) sowie die Aufgabe zur Erhaltung der Art. Letztere Aufgabe könnte natürlich auch ohne Familie gesichert sein, wenn auf verwandtschaftliche Verhältnisse kein Wert mehr gelegt wird.

Der soziologische Aspekt der Familie hat sich im Laufe der Jahrhunderte der Menschheitsgeschichte mehrfach gewandelt. Geblieben ist die körperliche und psychosoziale Absicherung der Kinder. Gerade dieser Punkt ist in jüngster Zeit aber ebenfalls ins Wanken geraten, propagiert man doch, aus oben angeführten Gründen, dass das Aufziehen der Kinder delegierbar ist und nicht zwangsläufig in der Familie stattfinden muss. Hier hat nun seit etwa 50 Jahren scheinbar unerwartet die Entwicklungspsychologie, abgeleitet aus der Verhaltensforschung der Tiere, eine neue Maxime aufgestellt. So wie die Prägung bei Tieren unverzichtbarer Bestandteil ihres gesunden sozialen Wachstums ist (verhaltensbiologisch und durch Hirnforschung hinreichend belegt, A.K. Braun u.a., 2002, 2003), ist die Bindung unverzichtbarer Bestandteil des gesunden psychosozialen Aufwachsens von Menschen (Einzeluntersuchungen an Menschen durch die Hirnforschung begründen inzwischen diesen Standpunkt).

Die dieser Forderung zugrunde liegende **Bindungstheorie** wird in den letzen Jahren zunehmend Bestandteil einer Betrachtungsweise zum Großziehen von Kindern, die einen Status von Allgemeingültigkeit annimmt. Die Auflösung der Familie als aktueller, gesellschaftspolitischer Zeit- und Entwicklungsfaktor und die Bindungstheorie mit der Forderung nach definierter Elternschaft über mindestens drei Lebensjahre stehen sich vorläufig nahezu unversöhnlich gegenüber.

Leicht aus der Bindungstheorie abzuleiten, aber auch althergebrachtes Erfahrungsgut, ist die Wichtigkeit der Familie als stillschweigend wirkendes Vorbild für soziale Kompetenz des heranwachsenden Kindes. Fragen des Aufbaus von Empathie und sozialem Perspektivwechsel sowie Aufbau von Gewissen und Vernunft sind in der Familie gut beantwortet, soweit die Familie sozial-ethisch funktioniert. In der delegierten Fremdbetreuung bleibt diese Frage vorläufig unbeantwortet. Historische Versuche einer extrafamiliären Erziehung von Kindern (z.B. Kibbuz-Bewegung in Israel, Kollektiverziehung im Sozialismus) und Studien zur Fremdbetreuung, soweit sie schon ausgewertet sind (s.o.), stellen gerade diesen Punkt in Zweifel oder sind, was den historischen Versuch anbelangt, abgebrochen worden.

Bleibt noch ein weiterer Vorteil der Familie, der für die Zukunft der Menschheit von entscheidender Bedeutung sein wird. Ich denke dabei an die Versorgung und Pflege der alten und kranken Menschen. Ohne ein in der Identifikation überzeugendes Großwerden der Kinder bei den Eltern wird es keine Bereitschaft bei diesen Kindern geben, später ihre alten und vielleicht kranken Eltern zu pflegen oder wenigstens sich um deren Pflege zu kümmern. Dazu müssen allerdings überhaupt erst einmal Kinder vorhanden sein. Eine Übernahme von Verantwortung für diese alten Menschen wird von den Kindern nicht zu erwarten sein, die nicht von ihren Eltern selbst großgezogen wurden. Hingegen wird ihr Anspruch auf das eventuell zu erwartende Erbe wachsen.

Der politologische Aspekt der Familie kann ebenfalls nur skizzenhaft ausgeführt werden. Die Frage, ob die Familie als kleinste soziale Einheit, abgesehen einmal vom kinderlosen Paar, notwendig ist, um als Mosaikbaustein für das ganze gesellschaftliche Muster zu dienen, mag immer kontrovers zu diskutieren sein. Solange sich diese Diskussion aber der Frage nach dem Groß-werden der Nachkommenschaft enthält, findet diese Diskussion im luftleeren Raum statt. Das **Funktionieren der Gesellschaft** findet seinen Ursprung im Funktionieren der Familie mit Kindern. Geben und nehmen, dienen und for-dern, Macht durchsetzen oder sich unterwerfen, kämpfen oder zurückweichen, alle diese Funktionen oder Strategien der real existierenden Gesellschaften, ja der Völker an sich intern wie untereinander, ist das Ergebnis von Lernpro-zessen innerhalb der Familie. Ob all diese Funktionen besser oder überhaupt noch zu erzielen sind, wenn die Kinder ohne feste Familienbande aufgezogen werden, bleibt als Frage dahin gestellt. Auch die jetzt angestrebte parallele Er-ziehung von Familie und Fremdbetreuung gibt keineswegs bereits eine Ant-wort auf diese Frage.

Aktuellen Statistiken zufolge können in der Bundesrepublik Deutschland nur noch gut 70% der Familien als triadisch intakt gelten. Das heißt knapp 30% aller Familien sind sogenannte Patchworkfamilien oder verwirklichen alternative Lebenskonzepte. Vor allem bei den letzteren steht das Kind nicht mehr im Mittelpunkt der Partnerschaft, sondern ist allenfalls noch willkom-mene Zierde. Partnerschaften, die aufgrund ihrer Zusammensetzung keine ei-genen Kinder bekommen können, halten sich für geeignet, Kinder zu adoptie-ren und gemeinsam großzuziehen. Die Frage nach dem Bedürfnis des Kindes hinsichtlich einer funktionierenden Elternschaft mit Bindung und Loslösung sowie Vorbild und fester Beziehungsstruktur spielt bei solchen Entscheidungen keine Rolle. Wenn es auch nicht heißt, dass solche Lebensgemeinschaften zum Großziehen von Kindern grundsätzlich ungeeignet sind, so bedeutet es doch, dass die Eignung zur Elternschaft kritisch hinterfragt werden muss. Der be-rechtigte Anspruch von Kindern an überzeugte und verständnisbereite Eltern gibt diese Haltung vor.

8.7 Die versagende Familie

Die Familie als rechtsgeschützter Raum wirft manche Problematik auf, die in diesem Zusammenhang von großer Tragweite ist. Bisher habe ich immer die Betonung auf die sozial-ethisch funktionierende, also die intakte Familie ge-legt. Nur sie ist das adäquate Gegenbild zum extrafamiliären Kinderaufziehen. Dieser Faktor kommt in den **Sozialhilfemaßnahmen** zum Tragen. Sozialhilfe-maßnahmen, insbesondere die „**aufsuchende Hilfe**" sind von dem Gedanken getragen, vor allen weiteren Eingriffen in die Problemfamilie die Familie nach Möglichkeit zu erhalten. Die Gesellschaft ist daran interessiert, die Familie als sicheren Ort für die Kindererziehung möglichst lange zu erhalten.

Tagespolitische Meldungen, aber vor allem das gesammelte sozialpädagogische Wissen der Menschheitsgeschichte wissen jedoch von katastrophalen Familienverhältnissen zu berichten. Aktuelle Zahlen und Statistiken meinen, eine Zunahme von **Gewalt in den Familien** feststellen zu können. So erschreckend solche Meldungen auch sind, sie dürfen nicht zu der kurzschlüssigen Annahme führen, die Familie sei ein gefährlicher Ort für Kinder. Die schlechte oder die zerbrochene Familie ist kein Paradebeispiel für den Vorteil der extrafamiliären Erziehung von Kindern, wie es so oft und eilfertig von Politikern herbeigeredet wird, um damit die Fremdbetreuung zu propagieren. Sie ist ein Beispiel für das punktuelle Versagen der humanen Gesellschaft insgesamt. Damit soll nicht gesagt sein, dass ganz einfach der Gesellschaft an dem Desaster in einer einzelnen Familie Schuld gegeben werden kann. Es soll nur zum Ausdruck gebracht werden, dass allein die Gesellschaft mit ihren demokratisch eingerichteten Institutionen in der Lage ist, die Familie aus ihren ruinösen Zuständen zu befreien. Zu diesen Institutionen zählen alle sozialen Hilfeeinrichtungen wie Jugendämter, Wohlfahrtspflege und Kinderschutzbund wie auch Kinderärztinnen und -ärzte, Psycholog/inne/n und im juristischen Bereich die Familiengerichte.

In dem Moment des Versagens der Familie, wobei die eigentlichen Ursachen an dieser Stelle nicht beleuchtet werden sollen, ist die Familie kein rechtsgeschützter Raum mehr in dem Sinne, dass das öffentliche Auge keinen Einblick haben darf in das, was Eltern mit ihren Kindern machen. Das **Kindeswohl** geht immer eindeutig vor dem Rechtsschutz der Familie, denn das Kind ist das schwächste Glied in der Kette. Kraft gesetzlicher Bestimmungen zum Wohle des Kindes (KJHG) dürfen Kinder von Amts wegen aus den Familien herausgenommen werden, um sie vor dem gewalttätigen Übergriff ihrer Eltern zu schützen. Dieselben Schutzmaßnahmen gelten völlig zu Recht auch bei schwerwiegender Vernachlässigung und psychischer Misshandlung sowie bei allen Formen des sexuellen Missbrauchs.

8.8 Die Familie mit Migrationshintergrund

Bleibt noch ein Punkt zur sozialpolitischen Rolle der Familie zu erwähnen, der zwar von jedem Gesellschaftsmitglied für sich und seine Familie in Anspruch genommen wird, der auch von der Politik prinzipiell gewollt ist, der aber mit Familie in der öffentlichen Diskussion nur selten in Zusammenhang gebracht wird. Gemeint ist die Familie als der Identifikationsort für das Kind schlechthin und Quelle für seine **ethnische Zugehörigkeit**. Auch dieser Aspekt hat sehr unterschiedliche Seiten. Politisch gewollt ist immer die im eigenen Kulturraum integrierte Familie. Aber wie verhält es sich z.B. mit **Migrantenfa-**

milien, die in einem fremden Kulturraum leben? Wie stellt sich Identifikation für die Kinder her, wenn die Eltern aus verschiedenen Herkunftsländern stammen? Ist familiäre Identifikation auch immer gewünschte soziale Identifikation?

Aus der Sicht des Kindes stellt sich die **Identifikationsfrage** also keineswegs immer eindeutig dar, insbesondere wenn ein solcher Migrationshintergrund vorliegt oder die Eltern beide unterschiedlichen Nationen angehören. Einerseits wird vom Kind verlangt, die ethnische Zugehörigkeit seiner Familie zu achten, sowie die damit verbundenen Sitten und Gebräuche zu akzeptieren und auf sich selbst anzuwenden. Andererseits steht vor ihm das gemeinschaftliche Lebensumfeld, das die Werte und Normen der angestammten Gesellschaft vorgibt, in der es lebt. Der Konflikt in der Identifikation ist vorgegeben und letztendlich unausweichlich. Stellt sich das Kind positiv zu den Sitten und Gebräuchen der Gesellschaft seiner Umwelt ein, droht es, die Identifikationsnotwendigkeit mit der Familie zu verspielen. Verhält es sich umgekehrt, gilt dasselbe in Bezug auf die Gesellschaft, wobei ein gewisser Gewinn jetzt in der besseren sozialen Einbettung in der Familie liegt. Die Ausgrenzung aus der Gemeinschaft im realen Lebensumfeld ist häufig die Folge. Das Problem des Spracherwerbs ist dem Problem der ethnischen Zugehörigkeit direkt anhängig.

8.9 Resilienz und Salutogenese

Der Kinder- und Jugendsurvey (KIGGS, s.o.) hat sich unter anderem anderen zur Aufgabe gesetzt, die familiären und sozialen Ressourcen von Kindern in einen Zusammenhang mit **Salutogenese** (gesundheitsfördernde Lebens(eck) daten) und **Resilienz** (Widerstandsfähigkeit gegen psychosoziale Erkrankungen, s.o.) zu stellen (bundesweit untersucht wurden über 17.000 Kinder zwischen 0 und 17 Jahren, ab 11 Lebensjahren durch Befragung der Kinder selbst). Die Ergebnisse der Studie weisen aus, dass etwa 20% aller Kinder mindestens grenzwertig oder tatsächlich schon defizitär in ihren sozialen Zusammenhängen aufwachsen. Bei Kindern mit Migrationshintergrund steigt diese Zahl noch einmal um einige Prozentpunkte an. Lediglich ein hoher sozioökonomischer Status scheint den Kindern einen gewissen Schutz vor psychosozialen Belastungen zu bieten.

Als sozialpsychologisch geforderte Lebensform für die gesunde seelische Entwicklung des Kindes werden in der Studie drei entscheidende Schutzfaktoren ausgemacht: intakte Familie mit einem guten Familienklima und guter sozioökonomischer Status mit unterstützenden Angeboten an die Kinder. Dazu kommt als dritte Komponente die individualpsychologische Konstitution mit einer möglichst günstigen Temperamentsveranlagung des Kindes, sozialer Offenheit und spontaner Kontaktfreudigkeit. Eine gute Bindung zu den Hauptbezugspersonen wird vorausgesetzt, wobei das Loslösungsprinzip, wie schon mehrfach betont, noch keinen Einzug in das Bewertungsschema gefunden hat. So ist immer nur von der Mutter-Kind-Bindung die Rede.

In der aktuellen Politik ist die Familie längst zum Spielball der Sozialpolitik geworden. Je nach gewollter Strategie wird die Familie als schützenswerte, soziale Kern- und Keimzelle bezeichnet und ihre finanzielle wie ethisch-moralische Unterstützung als dringende Aufgabe einer gerechten Gesellschaftspolitik angesehen. Oder sie wird diametral entgegengesetzt als verzichtbares, weil überkommenes Sozialisierungsprinzip dargestellt, dessen real feststellbare Auflösungserscheinungen zeitgeschichtlich in den gesellschaftlichen Fortschritt passen. Damit wird ihr dann zugleich die Basis einer moralischen Untermauerung des Individuums als Grundform menschlicher Sozialisation entzogen. Das Prinzip des geschützten Lebensraums für die menschliche Nachkommenschaft wird stillschweigend aufgekündigt und dem Sozialisationsprinzip der delegierten Erziehung anheim gestellt. Kinderpsychologische oder gar entwicklungspsychologische Fragen werden in diesem Zusammenhang erst gar nicht gestellt.

Das Kind wird somit wieder zu dem Objekt degradiert, das es über Jahrhunderte bereits gewesen ist. In diese Objekthaftigkeit geht die irrtümliche Ansicht ein, die Kindheit sei nur ein Übergangstadium zum Erwachsenwerden. Der große Gewinn der Rousseau'schen Lehre in den Zeiten der Aufklärung zur Stellung des Kindes in der Gesellschaft oder auch „**die Entdeckung der Kindheit**" wird kapitalistisch marktwirtschaftlich geforderten Gesellschaftsstrukturen überraschend freimütig geopfert. Kann das der Kanon menschenwürdiger Gesellschaftspolitik sein?

Wie steht es mit der Übernahme der Kinderrechte, die in der UN-Menschenrechtskonvention eigens für Kinder proklamiert worden sind, in nationales Recht? So steht in der Präambel der Konvention zu lesen: „Die Vertragsstaaten dieses Abkommens – überzeugt, dass der Familie als Grundeinheit der Gesellschaft und natürliche Umgebung für das Wachsen und Gedeihen aller ihrer Mitglieder, insbesondere der Kinder, der erforderliche Schutz und Beistand gewährt werden sollte, damit sie ihre Aufgaben innerhalb der Gemeinschaft voll erfüllen können – haben folgendes vereinbart ..." Und nicht nur dort steht die Forderung: Jedes Kind hat ein Recht auf Erziehung in seiner Familie. Die Familie ist ein um der Kinder willen gesellschaftlich absolut schützenswertes Gut, und zwar weltweit.

Nachwort

Die Crux der modernen Familie für das Kind beruht auf drei Faktoren: erstens dem arbeitspolitischen Dilemma, weil Vollbeschäftigung beider Eltern das Familienleben drastisch einschränkt. Zweitens auf der drohenden Verarmung der Familie bei mehreren Kindern, weil Grundausstattung für das Leben und ideale Bildungsangebote hohe Kosten verursachen. Und drittens auf dem enorm gestiegenen Leistungsanspruch an das einzelne Kind, weil nur noch wenige Kinder bis hin zum Einzelkind in der Familie großgezogen werden. Alle diese Ursachen tragen mit dazu bei, dass ein Großteil der Ursprungsfamilien bereits auseinanderbricht, bevor die Kinder das Erwachsenenalter erreicht haben. Die Belastungen sind für den Zusammenhalt der Ehepartner zu hoch und „pfropfen" sich auf die gesellschaftspolitisch und weltanschaulich bedingten partnerschaftlichen Probleme auf.

Der hohe Anspruch an das einzelne Kind ist in paradoxer Weise verbunden mit zu geringen zeitlichen und zugleich auch emotionalen Ressourcen der Eltern, das mit hohen Erwartungen belastete Kind durch angemessene Förderung zu unterstützen. Bei mehreren Kindern steigt dieser Druck noch einmal exponentiell an und steigert das Armutsrisiko beträchtlich. Die Folge ist nicht nur eine Zunahme von Versagenserlebnissen bei den Eltern, sondern auch beim Kind bzw. bei den Kindern. Bei den Kindern ist es aber nur ein scheinbares Versagen (was sie auf Grund ihres Alters noch nicht erkennen können), denn in Wahrheit klaffen nur Leistungsanspruch und dazu notwendige Förderung weit auseinander. Die Folgen auf das frühkindliche Verhalten sowie die psychomotorischen Fertigkeiten sind indes evident. Frühe Erziehungshilfe und therapeutische Interventionen (wie Physio-, Ergo- und im Einzelfall auch Sprachtherapie) sollen diesem Mangel immer häufiger Abhilfe schaffen.

Aber das Dilemma bleibt, denn das „versagende Kind" fühlt sich bei einer dergestalt delegierten Förderung weiter als unvollkommen und defizitär und verliert zunehmend an Selbstwertgefühl und Selbstkompetenz. Getreu der Darstellung einer Annahme von Scheinselbstfunktionen mit schlechter Haltekraft (schlechter emotionaler Kitt, s. Kapitel 7 über die Selbstentwicklung) sowie der Ausbildung von regelrecht falschen Selbstanteilen, geht diese Nachjustierung sich unvollkommen fühlender Kinder letztlich zu ihren eigenen Lasten aus.

Das soll nicht heißen, dass es durchaus Entwicklungsprobleme bei Kindern gibt, die auch therapeutischer Hilfe bedürfen; und dass es Kinder gibt, die aus solchen Maßnahmen erheblichen Entwicklungsnutzen ziehen. Nur alle anderen Kinder, die ebenfalls therapiert werden, spüren intuitiv, dass ihnen eigentlich etwas anderes fehlt, nämlich die körperliche und psychosoziale Förderung in der Familie, und sie nur wegen dieses Mangels defizitär geblieben sind. Man sollte nicht glauben, dass Kinder so etwas nicht spüren könnten.

In Anbetracht dieser Entwicklungen hat sich in der Sozialpädiatrie und Kinder- und Jugendmedizin ein Begriff herausgebildet, der diese Fehlentwicklung offen als „neue Morbidität" ausruft (H. Hölling und H.G. Schlack, 2008). Inhalt dieser neuen Morbidität ist die Feststellung einer deutlichen Zunahme seelischer und funktioneller Entwicklungsstörungen bei Kleinkindern und Schulkindern in den letzten Jahren. Laut Untersuchungen der Weltgesundheitsorganisation leiden in Europa mittlerweile etwa 2 Millionen Kinder an „psychischen Störungen", wobei in der Definition emotionale Störungen und Störungen des Sozialverhaltens zusammengeschlossen sind. Als häufigste Störung der Emotionalität gilt inzwischen die Angststörung mit einer durchschnittlichen Prävalenz – der zu erwartenden Häufigkeit – von über 10%. In meinen Ausführungen über die Angststörungen im frühen Kindesalter hatte ich noch mit früheren Zahlen von etwa 4% operiert, was optimistischer klang. Was ich damit zum Ausdruck bringen möchte ist, dass offensichtlich eine erhebliche Zunahme gerade dieses Störungsbildes zu verzeichnen ist.

Den Angststörungen folgen zahlenmäßig die aggressiv-dissozialen Störungen mit 7,5%. Wenn man die Zahl der hyperkinetischen Störungen inklusive der depressiven Störungen mit etwa 4,5% beziffert, dann erreichen die Kinder mit ADHS und Sozialstörung insgesamt gut 10%, was meinen Angaben im dem entsprechenden Kapitel dieses Buches entspricht.

Aus diesen Zahlen, die der KIGGS-Studie entnommen sind, lässt sich so etwas wie eine Trendwende ablesen. Denn die Anzahl der Kinder mit Angststörungen und depressiven Erscheinungen übersteigt in den letzten Jahren offensichtlich die der Kinder mit aggressiv-oppositionellen Störungen mit und ohne ADHS oder kommt wenigstens auf eine vergleichbare Größe. Über die Ursachen dieser Entwicklung muss dringend nachgedacht werden.

Nicht berücksichtigt in diesem Zahlenwerk sind die Kinder mit psychosomatischen Störungen (oder auch Somatisierungsstörungen), die in der Häufigkeit ebenfalls zunehmen und mit ca. 10% angegeben werden. Des Weiteren nicht berücksichtigt sind die Kinder mit chronischen körperlichen Krankheiten. Auch die haben bei der aktuellen Entwicklung einen Anstieg zu verzeichnen.

Als Ursachen für die Zunahme der psychischen Störungen werden folgende Risikofaktoren angeschuldigt: niedriger sozioökonomischer Status, Status der Berufstätigkeit der Mutter, Unvollständigkeit der Familie und Migrationshintergrund. In der von mir am Anfang des Kapitels erstellten Analyse der Situation der modernen Familie werden alle diese Risikofaktoren bereits erwähnt. Darüber hinaus habe ich aber versucht, die eigentlichen Risikostrukturen im Licht der Gesellschaftsentwicklung, die dieser Entwicklung zugrunde liegen, zu erhellen.

Was derzeit noch fehlt und worum ich mich in diesem Buch bemühe, ist die Betrachtung der Negativentwicklung auf individualpsychologischer Ebene. Das heißt, es muss untersucht werden, wie alle diese Risikofaktoren auf das einzelne Kind und seine psychosoziale Entwicklung einwirken und welche Voraussetzungen das Kind benötigt, trotz z.T. vieler unvermeidlicher sozialer Belastungen zu einem stabilen und ausgewogenen Selbst zu gelangen.

Dafür habe ich neben die gesellschaftspolitischen und sozialpsychologischen Risiken die Entstehungsursachen der frühen Bindungsstörungen und ihre Folgewirkungen auf die spätere Kindheit und Adoleszenz gestellt. Ich bin der Auffassung, dass sich die sozialen Risiken wie soeben aufgezählt letztendlich immer über den Weg der frühen Bindungsstörungen an der krankmachenden Entwicklung zur „neuen Morbidität" beteiligen.

Nehmen wird das Beispiel der allein erziehenden Mutter (dabei stehen 90% allein erziehende Mütter 10% allein erziehenden Vätern gegenüber!): Das Auseinanderbrechen der Familie zu einem Zeitpunkt, an dem schützenswerte Kinder noch in der Familie leben, führt in einem ersten Schritt mit hoher Wahrscheinlichkeit zur Armut der Restfamilie. Weitere Schritte wie frühe Fremdbetreuung und geringere Bildungschancen folgen auf dem Fuße. Einzig die hoch engagierte Mutter, die mit ihrer Doppelbelastung gut fertig wird, kann dieses Risiko einigermaßen auffangen. Für diese Entwicklung ist sozialpolitisch nicht ausreichend vorgesorgt.

Im Gegenteil: Die weitgehend schlecht versorgte Mutter wird durch das Scheidungsgesetz gezwungen, selbst dann für ihren Lebensunterhalt mitzuverdienen, wenn noch ein oder mehrere Kleinkinder zu Hause zu versorgen sind. Diese Rechtsprechung basiert auf der Grundlage, dass die Mutter, wenn sie beruflich ausgebildet ist, eine verfügbare Kraft auf dem Arbeitsmarkt darstellt und sich vermitteln lassen muss. Die Arbeit als eine ihre Kinder aufziehende Mutter bleibt unberücksichtigt oder wird schlicht negiert. Diese Haltung schließt die Auffassung in der Gesellschaft ein, dass Kinder auch durch jeden Anderen aufgezogen werden können und ihrer Mutter über lange Zeit am Tage nicht bedürfen. So wird es unvermeidlich, dass die Mutter ihre Kinder in eine Form der frühen Fremdbetreuung abgeben muss, ganz gleich, ob das Kind dafür schon geeignet ist oder nicht und Kind und Mutter die Trennung überhaupt ertragen können. Das Familienparadigma wird also bedingt durch sozialpolitische Grundhaltungen einfach auf den Kopf gestellt. Die Rechtsprechung folgt mit ihrer Gesetzgebung auf dem Fuße.

Also bedingt ein Auseinanderbrechen der Familie beinahe automatisch ein hohes Armutsrisiko für denjenigen der beiden Eltern, der die Kinder übernimmt. Um der Armut einigermaßen zu entgehen, sieht sich die Mutter (oder selten der Vater) gezwungen, sich gegen das Interesse ihrer Kinder auf Bindung und Loslösung dem Arbeitsmarkt zur Verfügung zu stellen. Schließlich wird sie/er vom Gesetz dazu gezwungen. Das Kind erlebt nun nicht nur die Trennung seiner Eltern und muss sie verarbeiten, erlebt nicht nur den sozialen Abstieg seiner noch bestehenden Restfamilie und deren sich veränderndes Lebensumfeld, sondern muss sich obendrein auch noch mit der Konfrontation der frühen Fremdbetreuung auseinandersetzen (sofern es noch unter vier Jahren alt ist). Eine sanfte Ablösung in die Fremdsituation ist bisher erst selten Realität und für die arbeitende Mutter oder den Vater auch kaum bewältigen. Wer in diesem System hält das auch wirklich für nötig? So darf man sich nicht wundern, dass sich Alleinerziehung letztendlich zu einem extrem hohen Risiko für die gesunde psychosoziale Entwicklung des Kindes auswächst.

Auf Fragen, was an dieser Entwicklung zu ändern ist und wie die sozialen Systeme zu strukturieren sind, damit unsere Kinder in sicheren emotionalen und sozialen Verhältnissen aufwachsen können, hatte ich im vorigen Kapitel viele Hinweise gegeben. Zwei Punkte will ich hier noch einmal hervorheben: erstens die finanzielle und soziale Unterstützung der Familie während der Phase des Großziehens von Kindern. Dadurch soll die Entscheidung, ob hauptsächlich familiäre Erziehung oder frühe Fremdbetreuung in den ersten Kindheitsjahren gewählt wird, erleichtert werden. Frühe Fremdbetreuung sollte dann nur noch als Ergänzung zur familiären Erziehung aufgefasst werden und nicht mehr als ihr Ersatz. Zweitens die Hilfe und Unterweisung der Eltern bei ihrem Bemühen, ihre Kinder emotional und psychosozial gesund großzuziehen. Dadurch soll gewährleistet werden, dass bindungstheoretische Grundlagen fester Bestandteil einer abrufbaren und jederzeit verfügbaren Erziehungshilfe werden.

Es wird für die moderne Gesellschaft Zeit zu verstehen, dass Umweltpolitik und Erhalt unseres Lebensraumes Erde auch gleichbedeutend sind mit Lebensumweltpolitik und Erhalt unseres Sozialraumes Familie und Gesellschaft. Ökologie ist immer auch soziale Ökologie. Unsere Kinder sind die Ressource für unsere soziale Zukunft. Was nützt die Rettung der Erde, wenn ihre Bewohner in der Überzahl psychisch krank werden, weil die aufgebauten Sozialsysteme versagen und richtige Entwicklungspsychologie nicht anerkannt wird?

Eine letzte Frage soll im Abschluss besprochen werden, eine Frage, die ebenso gut auch ganz am Anfang hätte stehen können. Gemeint ist die Frage nach den Kinderrechten, so wie sie in der UN-Kinderrechtskonvention 1989 von der Vollversammlung der Vereinten Nationen niedergeschrieben worden sind. Diese Kinderrechte sind im Jahr 1992 zwar von der Bundesrepublik

Deutschland ratifiziert worden, aber noch längst nicht vollständig in nationales Recht umgesetzt worden. Das heißt konkret, dass die Kinderrechte darauf warten, in entsprechenden Paragraphen in das Grundgesetz der Bundesrepublik Deutschland aufgenommen zu werden. Immerhin ist es bereits gelungen, das Recht des Kindes auf eine gewaltfreie Erziehung ins Bürgerliche Gesetzbuch hinein zu schreiben. Besondere Rechte sind auch geschaffen worden, einen aggressiv auftretenden Elternteil polizeilich aus der gemeinsamen Wohnung entfernen zu lassen. Die Restfamilie hat seitdem das Recht, in der Wohnung ohne den Täter und vor ihm geschützt verbleiben zu können. Alles das sind wichtige Fortschritte in der Ausstattung der Kinder mit Rechten und in Schutzmaßnahmen für die Familie. Aber das große Bekenntnis zu den Grundrechten von Kindern in der Verfassung fehlt einstweilen noch.

Daran lässt sich ablesen, dass Kinder bis heute als eine rechtlich zu vernachlässigende Bevölkerungsgruppe angesehen werden. Begreiflich ist das nicht, sind Kinder doch die Lebensversicherung einer Nation in der Zukunft. Nur das seelisch gesunde Großwerden und das körperliche Wohlergehen von Kindern garantiert eine erfolgreich agierende und spannungsarm kooperierende Gesellschaft von morgen. Was in die Kinder investiert wird, emotional in der Familie und in den die Familie ergänzenden Einrichtungen, geistig in den Bildungsstätten sowie körperlich im Gesundheitswesen und in der Umweltpolitik, zahlt sich bereits in zwanzig bis dreißig Jahren vielfach aus. Gerade auch in den aktuellen Ansätzen zur frühen Fremdbetreuung muss dieser Grundsatz verstanden sein.

Es kann also nicht angehen, dass Kinderbetreuung hauptsächlich ein politisch ausgeschlachtetes Zahlenspiel ist, durch das Deutschland im internationalen Vergleich aus der Schlusslichtposition herausgeholt wird. Ebenso wenig überzeugend ist eine Argumentation pro Kinderbetreuung auf dem Boden schlecht vergleichbarer oder nicht ausreichend ausgewerteter Auslandsvorbilder. Der internationale Vergleich ist in Bezug auf die kindgerechte Frühbetreuung auch zweitrangig. An erster Stelle steht die entwicklungspsychologisch gestützte, die kindlichen Bedürfnisse und das Kindeswohl beachtende Frühpädagogik. Nur das Beste kann hier für unsere Kinder gut genug sein.

Wenn alle psychosozialen Anstrengungen dahin gehen, eine gute Familie für jedes Kind zu garantieren, eine Familie, die frei von permanentem wirtschaftlichem Druck existieren kann und dadurch ausreichende Ressourcen für das gesunde Aufziehen ihrer Kinder erhält, dann darf die frühe Fremdbetreuung diesen Ansprüchen nicht nachstehen. Eine gute Fremdbetreuung setzt optimal ausgebildetes Erziehungspersonal voraus sowie Betreuungsverhältnisse, die sich mit der Familie vergleichen lassen. Der immer gültige Maßstab ist die gute Familie als Ursprungsbiotop für das risikofreie Aufwachsen des Kindes.

Literatur

Adam, Albert & Peters, Monique (2003). Störungen der Persönlichkeitsentwicklung bei Kindern und Jugendlichen. Ein integrativer Ansatz für die psychotherapeutische und sozialpädagogische Praxis. Stuttgart: W. Kohlhammer

Ahnert, Lieselotte (2007). Von der Mutter-Kind- zur Erzieherinnen-Kind-Bindung? In: Becker-Stoll, F. & Textor, Marten R. Die Erzieherin-Kind-Beziehung. Berlin, Düsseldorf: Cornelsen Scriptor

Ainsworth, M.D.S., Blehar, M.C., Waters, E. & Wall, S. (1978). Patterns of attachment. A psychological study of the strange sitaution. Hillsdale, NJ: Lawrence Erlbaum

Bauer, Joachim (2004). Das Gedächtnis des Körpers. Wie Beziehungen und Lebensstile unsere Gene steuern. München: Piper

Bauer, Joachim (2005). Warum ich fühle, was du fühlst. Intuitive Kommunikation und das Geheimnis der Spiegelneurone. 6. Aufl., Hamburg: Hoffmann und Campe

Bauer, Joachim (2007). Unser flexibles Erbe. In: Gehirn und Geist. Das Magazin für Psychologie und Hirnforschung, 9, 58-65

Bensel, Joachim & Haug-Schnabel, Gabriele (2008). Wie wird man Welterkunder? Erlebte und gelebte Bindung machen Lust auf mehr! Vortrag auf der 13. Jahrestagung der Gesellschaft für die seelische Gesundheit in der frühen Kindheit, Freiburg

Becker-Stoll, Fabienne & Textor, Martin R. (Hrsg.) (2007). Die Erzieherin-Kind-Beziehung. Berlin, Düsseldorf: Cornelsen Scriptor

Bischof-Köhler, Doris (1994). Selbstobjektivierung und fremdbezogene Emotionen. In: Zeitschrift für Psychologie, 202, 349-377

Bischof-Köhler, Doris (2000). Kinder auf Zeitreise. Bern, Göttingen: Verlag Hans Huber

Blanz, Bernhard (2003). Angststörungen. In: Herpertz-Dahlmann, B., Resch, F., Schulte-Markwort, M. & Warnke, A. (Hrsg.). Entwicklungspsychiatrie. Biopsychologische Grundlagen und die Entwicklung psychischer Störungen. Stuttgart, New York: Schattauer, S. 744-770

Bowlby, John, Ainswort, Mary (1953/2001). Frühe Bindung und kindliche Entwicklung. 4. Aufl., München, Basel: Ernst Reinhardt Verlag

Braun, Anna K., Bock, Jörg u.a. (2002). Frühe emotionale Erfahrungen und ihre Relevanz für die Entstehung und Therapie psychischer Erkrankungen. In: Strauss, B., Buchheim, A. & Kächele, H. (Hrsg.). Klinische Bindungsforschung. Methoden und Konzepte. Stuttgart, New York: Schattauer

Braun, Anna K., Bock, Jörg (2003). Die Narben der Kindheit. In: Gehirn und Geist. Das Magazin für Psychologie und Hirnforschung, 1, 51-53

Braun, Anna Katharina (2008). Ins Gehirn geschaut. Wie frühkindliche Bindungs- und Trennungserfahrungen die Entwicklung des Gehirn beeinflussen. Vortrag auf der 13. Jahrestagung der Gesellschaft für die seelische Gesundheit in der frühen Kindheit, Freiburg

Bredy, T.W., Grant, R.J., Champagne, D.L. & Meaney, M.J. (2003). Maternal care influences neuronal survivel in the hippocampus of the rat. In: European Journal of Neuroscience, 2003, 18, 2903-2909

Braus, Dieter F. (2004). EinBlick in das Gehirn. Moderne Bildgebung in der Psychiatrie. Stuttgart, New York:Georg Thieme

Brisch, Karl-Heinz (1999). Bindungsstörungen. Von der Bindungstheorie zur Therapie. 7. Aufl., Stuttgart, New York: Klett-Cotta

Brisch, Karl-Heinz & Hellbrügge, Theodor (Hrsg.) (2007). Kinder ohne Bindung. Deprivation, Adoption und Psychotherapie. Stuttgart, New York: Klett-Cotta

Bürgin, Dieter (2008). Sich binden – sich trennen – sich finden. Vortrag auf der 13. Jahrestagung der Gesellschaft für die seelische Gesundheit in der frühen Kindheit, Freiburg

Chechko, Natalya, Wehrle, Renate, Erhardt, Angelika u.a. (2009). Unstable prefrontal respon-ses to emotional conflict and activation of lower limbic structures an brianstem in remitted panic disorder. In: PLoS ONE, 1-15

Döpfner, Manfred, Frölich, Jan & Lehmkuhl, Gerd (2002). Hyperkinetische Störungen. Göttingen, Bern: Hogrefe

Döpfner, M., Schürmann, St. & Lehmkuhl, G. (2000). Wackelpeter und Trotzkopf. Heidelberg: Beltz PVU

Fallgatter, A.J., Ehlis A.C., Seifert, W.K. et al. (2004). Altered response control and anterior cingulate function in attention-deficit/hyperactivity disorder boys. In: Clinical Neurophysiology, 115, 973-981

Fallgatter, A.J., Ehlis A.C., Seifert, W.K. et al. (2005). Diminished prefrontal brain function in adults with psychopathology in childhood to attention deficit hyperactivity disorder. In: Psychiatry Research: Neuroimaging, 138, 157-159

Freud, Sigmund (2000). Das Ich und das Es. 8. Aufl., Frankfurt a.M.: Fischer

Grawe, Klaus (2004). Neuropsychotherapie. Göttingen, Bern: Hogrefe

Grossmann, Karin & Grossman, Klaus E. (2003). Elternbindung und Entwicklung des Kindes. In: Herpertz-Dahlmann, B., Resch, F., Schulte-Markwort, M. & Warnke, A. (Hrsg.). Entwicklungspsychiatrie. Biopsychologische Grundlagen und die Entwicklung psychischer Störungen. Stuttgart, New York: Schattauer, S. 221-241

Haug-Schnabel, Gabriele (2009). Aggression bei Kindern. Praxiskompetenz für Erzieherinnen. Freiburg, Basel: Herder

Heinz, Andreas & Mann, Karl (2001). Neurobiologie der Alkoholabhängigkeit. In: Deutsches Ärzteblatt, Jg. 98, Heft 36, 2279-2283

Herpertz-Dahlmann, B., Resch, F., Schulte-Markwort, M. & Warnke, A. (2003). Entwicklungspsychiatrie. In: Herpertz-Dahlmann, B., Resch, F., Schulte-Markwort, M. & Warnke, A. (Hrsg.). Entwicklungspsychiatrie. Biopsychologische Grundlagen und die Entwicklung psychischer Störungen. Stuttgart, New York: Schattauer, S. 303-351

Herpertz-Dahlmann, B. & Herpertz, S.C., Persönlichkeitsstörungen. In: Herpertz-Dahlmann, B., Resch, F., Schulte-Markwort, M. & Warnke, A. (Hrsg.). Entwicklungspsychiatrie. Biopsychologische Grundlagen und die Entwicklung psychischer Störungen. Stuttgart, New York: Schattauer, S. 1052-1078

Hölling, Heike & Schlack, Robert (2008). Ressourcen/Risiken für die psychische Gesundheit von Kindern und Jugendlichen. In: Kinderärztliche Praxis. Soziale Pädiatrie und Jugendmedizin, Heft 4, 217-222

Hüther, Gerald (2001). Bedienungsanleitung für ein menschliches Gehirn. Göttingen: Vandenhoeck & Ruprecht

Hüther, Gerald & Bonney, Helmut (2007). Neues vom Zappelphilipp: ADS/ADHS: verstehen, vorbeugen und behandeln. Patmos Verlag: Düsseldorf

Julien, Robert M. (1997). Drogen und Psychopharmaka. Heidelberg, Berlin: Spektrum Akademischer Verlag

Kiehl, Kent. A. (2006). A cognitive neuroscience perspecitve on psychopathie: Evidence für paralimbic system dysfuntion. In: Psychiatry Research, 142, 107-128

Kohut, Heinz (1981). Die Heilung des Selbst. Frankfurt a.M.: Suhrkamp

Laucht, Manfred & Schmid, Martin H. (2005). Entwicklungsverläufe von Hochrisikokindern. Ergebnisse der Mannheimer Längsschnittstudie. In: Kinderärztliche Praxis. Soziale Pädiatrie und Jugendmedizin, 11, 348-354

Ledoux, Joseph (1998). Das Netz der Gefühle. München: Carl Hanser Verlag

Mattejat, Fritz (2003). Entwicklungsorientierte Psychotherapie. In: Herpertz-Dahlmann, B., Resch, F., Schulte-Markwort, M. & Warnke, A. (Hrsg.). Entwicklungspsychiatrie. Biopsychologische Grundlagen und die Entwicklung psychischer Störungen. Stuttgart, New York: Schattauer, S. 408-449

Marschall, Joachim (2009). Die Sprache der Tränen in: Gehirn und Geist. Das Magazin für Psychologie und Hirnforschung, 10, 42-47

Mahler, Margaret, Pine, Fred & Bergmann, Anni (1980). Die psychische Geburt des Menschen. Frankfurt a.M.: Fischer

Matthys, W., von Engeland, H. & Resch, F. (2003). Störungen des Sozialverhaltens. In: Herpertz-Dahlmann, B., Resch, F., Schulte-Markwort, M. & Warnke, A. (Hrsg.). Entwicklungspsychiatrie. Biopsychologische Grundlagen und die Entwicklung psychischer Störungen. Stuttgart, New York: Schattauer, S. 984-1005

McGowan, P.O., Sasaki, A., D'Alessio, A.C. et al. (2009). Epigenetic regulation of the glucocorticoid receptor in human brain associates with childhood abuse. In: Nature Neuroscience, 12, 342-348

Meaney, Michael (2005). In: Verhaltenstherapie, 15, 110-112

Mössle, Thomas & Kleimann, Matthias (2009). Machen Computerspiele gewaltbereit? In: Kinderärztliche Praxis, 80, 33-41

Molina, B.S., Hinshaw, S., Swanson, J.M. et al. (2009). The MTA at 8 years: prospective follow-up of children treated for combined-typ ADHD in a multisite study. In: Journal American Acadamy of Child and Adolescent Psychiatry, 48, 484-500

Papousek, M., Schieche, M. & Wurmser, H. (2004). Regulationsstörungen der frühen Kindheit. 1. Nachdruck, Bern, Göttingen: Verlag Hans Huber

Petermann, F., Döpfner, M. & Schmidt, M.H. (2001). Aggressiv-dissoziale Störungen. Göttingen, Bern: Hogrefe

Posth, Rüdiger (2007). Vom Urvertrauen zum Selbstvertrauen. Das Bindungskonzept in der emotionalen und psychosozialen Entwicklung des Kindes. Münster, New York, München, Berlin: Waxmann

Posth, Rüdiger (2004). Loslösung, Trotz und frühe Selbstgefühle. Anfänge der Persönlichkeitsentwicklung. In: Kinderärztliche Praxis. Soziale Pädiatrie und Jugendmedizin, 8, 528-536

Remschmidt, Helmut (Hrsg.) (2005). Kinder- und Jugendpsychiatrie. Eine praktische Einführung, 4. Aufl., Stuttgart, New York: Georg Thieme

Remschmidt, Helmut (2003). Die Bedeutung von Entwicklungsprozessen für die Manifestation psychischer Störungen. In: Herpertz-Dahlmann, B., Resch, F., Schulte-Markwort, M. & Warnke, A. (Hrsg.). Entwicklungspsychiatrie. Biopsychologische Grundlagen und die Entwicklung psychischer Störungen. Stuttgart, New York: Schattauer, S. 257-269

Roth, Gerhard (2003). Fühlen, Denken, Handeln. Wie das Gehirn unser Verhalten steuert. Frankfurt a.M.: Suhrkamp

Schlack, Hans G. (2008). Wir brauchen eine pädiatrische Gesundheitswissenschaft. Editorial. In: Kinderärztliche Praxis. Soziale Pädiatrie und Jugendmedizin, 4, 197

Schneider, Silvia (2004). Angststörungen bei Kindern und Jugendlichen. Grundlagen und Behandlung. Berlin, Heidelberg, New York: Springer

Singer, Wolf & Metzinger, Thomas (2002). Ein Frontalangriff auf unser Selbstverständnis und unsere Menschenwürde. In: Gehirn und Geist. Das Magazin für Psychologie und Hirnforschung, 6, 32-35

Sodian, Beate (2003). Die Entwicklungspsychologie des Denkens – das Beispiel der Theory of Mind. In: Herpertz-Dahlmann, B., Resch, F., Schulte-Markwort, M. & Warnke, A. (Hrsg.). Entwicklungspsychiatrie. Biopsychologische Grundlagen und die Entwicklung psychischer Störungen. Stuttgart, New York: Schattauer, S. 182-194

Spitz, René A. (1976). Vom Säugling zum Kleinkind. 5. Aufl., Stuttgart: Klett-Cotta

Stern, Daniel N. (1992). Die Lebenserfahrung des Säuglings. Stuttgart: Klett-Cotta

Weich, S., Patterson, J., Shaw, R. & Stewart-Brown, S. (2009). Family relationships in childhood and common psychiatric disorders in later life: systematic review of prospective studies. In: British Journal Psychiatry, 194, 392-398

Waxmann

Rüdiger Posth

Vom Urvertrauen zum Selbstvertrauen

Das Bindungskonzept in der
emotionalen und psychosozialen
Entwicklung des Kindes

2009, 2. aktualisierte Auflage, 434 Seiten, br., 29,90 €,
ISBN 978-3-8309-2155-4

*Es ist ein evidenzbasiertes Buch, ganz im Sinne des heutigen
Wissens, und ganz im Sinne der Bedürfnisse der Kinder und
unserer Gesellschaft geschrieben! [...].*
Laktation und Stillen, 4/2007

*Es wäre allen Eltern und Kindern zu wünschen, dass dieses
rundum gelungene Werk künftig neben jeder Wiege liegt.*
Gehirn und Geist, 12/2007

*Somit ist „Vom Urvertrauen zum Selbstvertrauen" einerseits
ein Ratgeberbuch für Eltern und pädagogische Profis und
zugleich ein wichtiger Diskussionsbeitrag gegen die heute
übliche allgemeine Ökonomisierung und Funktionalisierung
des Menschen.*

*Die Empfehlungen sind praxistauglich und [der Autor] setzt
mit dem Buch einen Grundstein für jedes Kindes- und El-
ternglück.*
Kundenrezensionen auf amazon.de

MÜNSTER · NEW YORK · MÜNCHEN · BERLIN

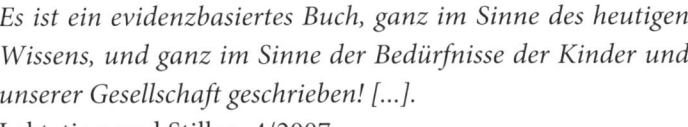